U0459972

国家出版基金项目
NATIONAL PUBLICATION FOUNDATION

国际教师教育思想史研究丛书

总主编／王长纯　饶从满

俄罗斯教师教育思想史研究

ELUOSI JIAOSHI JIAOYU SIXIANGSHI YANJIU

李艳辉／著

东北师范大学出版社
长　春

图书在版编目（CIP）数据

俄罗斯教师教育思想史研究／李艳辉著. —长春：
东北师范大学出版社，2023. 10
（国际教师教育思想史研究丛书／王长纯，饶从满主编）
ISBN 978 - 7 - 5771 - 0676 - 2

Ⅰ. ①俄… Ⅱ. ①李… Ⅲ. ①师资培养-教育思想-
思想史-研究-俄罗斯 Ⅳ. ①G451. 2 ②G40-095. 12

中国国家版本馆 CIP 数据核字(2023)第 201680 号

□策划编辑：张 恰
□执行编辑：刘晓军
□责任编辑：孙红光 □封面设计：张 然
□责任校对：李敬东 □责任印制：许 冰

东北师范大学出版社出版发行
长春净月经济开发区金宝街 118 号（邮政编码：130117）
电话：0431—84568220
传真：0431—85691969
网址：http：//www. nenup. com
电子函件：sdcbs@ mail. jl. cn
东北师范大学音像出版社制版
长春新华印刷集团有限公司印装
长春市浦东路 4199 号（邮政编码：130033）
2023 年 10 月第 1 版 2023 年 10 月第 1 次印刷
幅面尺寸：170 mm×240 mm 印张：20 字数：295 千

定价：86. 00 元

总序

近年来，党和国家出台了一系列重要文件，推动了教育发展和教师教育的改革。2019年中共中央、国务院印发的《中国教育现代化2035》明确提出要建设高素质专业化创新型教师队伍；大力加强师德师风建设，将师德师风作为评价教师素质的第一标准，推动师德建设长效化、制度化；夯实教师专业发展体系，推动教师终身学习和专业自主发展；努力提高教师政治地位、社会地位、职业地位。这是实现我国教育现代化的重要目标。

建设高素质专业化创新型教师队伍，尤为重要的是坚持并深化教师教育的改革与发展。而要深化教师教育的改革与发展，必要的国际借鉴是不可缺少的。要实现真正有效的借鉴，我们不仅要考察世界主要国家的教师教育改革的政策与实践举措本身，更要看其教师教育改革与发展的政策与实践背后的思想。编撰出版“国际教师教育思想史研究丛书”就旨在尝试对世界主要国家的教师教育思想史乃至现代国际社会教师教育思想演化做出系统的梳理和阐释，为我国教师教育改革与发展提供必要的思想资源。编撰出版“国际教师教育思想史研究丛书”的意义还在于：在高速运行的当代社会，重新整理那些被淡忘的现代化进程中产生的著名教育家和他们的经典著述，重新发现已经被搁置起来的教师教育政策，重新探索不同教师教育思想的关联或纠缠的内在逻辑线索，对于开阔我国教师教育的视野，深化我国的教师教育思维，和而不同，形成中国特色的教师教育思想是一件应当做的事情。我们相信我国教师教育改革必将凭借对现代化进程中已经留下的宝贵思想资源的因与革，加强高素质专业化创新型教师队伍建设，一定会在创造公平与高质量的教育过程中有所作为，有所前进。

“国际教师教育思想史研究丛书”坚持以马克思主义为指导，以“和而不同”作为基本的文化立场，坚持社会科学方法论中的历史性原则、客观性原则、主体性原则、整体性原则和发展性原则，聚焦于探讨教育现代化中国际教师教育思想演进的规律。

“国际教师教育思想史研究丛书”包括国际教师教育思想史研究论纲以及美国、英国、德国、法国、俄罗斯、日本六个国家教师教育思想演化的历史研究。

我们热忱邀请了国内有关教育学者参与撰写，主编为王长纯、饶从满教授。具体分工是：首都师范大学王长纯教授撰写论纲分卷；河北师范大学副教授郭芳博士撰写美国分卷；首都师范大学教育学院教授张爽博士撰写英国分卷；辽宁师范大学教授周成海博士撰写德国分卷；首都师范大学教育学院张梦琦博士、山西大学外国语学院任茹茹博士撰写法国分卷；宿迁学院教授李艳辉博士撰写俄罗斯分卷；青岛农业大学外国语学院徐程成博士撰写日本分卷。

本丛书撰写过程中各位作者都阅读了大量中外教育家的经典著作，参考了大量国内外学者的研究成果，在此向这些教育家致敬，向有关学者们表示谢意。

我们教师教育思想史的研究一直得到尊敬的顾明远先生的亲切关心与支持，得到了北京师范大学朱旭东教授、西南大学陈时见教授的有力支持与帮助，在此谨向顾先生，向朱旭东教授、陈时见教授致以诚挚的谢意。

本丛书撰写得到东北师范大学出版社张恰总编辑的积极支持和鼓励，有关编辑老师为丛书的出版付出了艰苦的努力，在此一并对他们表示由衷的谢意。

本丛书的研究与写作必定存在很多问题，恳请读者多加批评，不吝赐教。

2023 年 8 月

目录

第一章

绪　论

第一节 俄语语境下的教师教育概念

在我国的学术话语体系中，20 世纪 90 年代以前教师职前培养称为师范教育，教师职后教育称为教师的继续教育，而后在教育改革中开始用教师教育概念涵盖教师的职前、入职和职后教育。在俄语语境下，一直使用 педагогическое образование 来表达“教师教育”这个概念，但是，我国翻译者习惯将俄罗斯语境下的教师教育翻译成“师范教育”。我国把俄罗斯教师教育称为“师范教育”并没有真正反映出俄语 педагогическое образование 的准确含义。本书中会同时使用与教师培养相关的几个概念，因为与中国的学术话语转换不同，虽然当代俄罗斯教师教育体系也具有开放性的特点，但是，俄罗斯的学术话语体系中仍然使用 педагогическое образование 这一概念，俄罗斯学术界无须进行从“师范教育”向“教师教育”的概念更替。在俄语语境下对教师和教师教育概念的相关论述可以证明这一观点。

汉语中“教师”的概念在俄语中对应的词汇是 педагог。1954 年，苏联百科全书出版社出版了由苏联科学院院士维杰斯基（Б. А. Введенский）主编的三卷本的《百科词典》，在第二卷中对 педагог 的词义解释为“教师是从事教学或教育工作的人，包括中小学教师、学前教育机构或托儿所的教师、技术学校或者高等学校的教师”。在该《百科词典》中对 педагогическое училище 词条的解释如下：“师范学校主要为初等学校培养教师。在苏联时期，中等师范学校也为幼儿园培养女教师，培养体育教师和高年级的少先队辅导员。在苏联时期，中等师范学校的招生对象是 7 年制学校的毕业生。”① 俄语中的 педагогическое училище 通常被翻译成汉语的“师范学校”。

① Б. А. Введенский. Энциклопедический словарь（в 3 т.）［М］. Москва：Большая советская энциклопедия，1954：619.

汉语中“教师教育”的概念在俄语中对应的词汇是 педагогическое образование。在苏联和俄罗斯联邦两个历史时期都有很大影响力的杰出心理学家、哲学家瓦西里·瓦西列维奇·达维多夫（В. В. Давыдов）主编的《俄罗斯教育学百科词典》中，对 педагогическое образование 的界定如下：“教师教育是为学前教育、初等教育、基础教育（базовое образование，相当于我国的初中教育）和中等教育（среднее образование，相当于我国的高中教育）等普通教育机构培养教师的教育体系。此外，这类工作者还包括在职业教育机构讲授通识教育学科的教师、儿童和青年补充教育机构的教育工作者、社会教育工作者等。在日常生活中 педагогическое образование 概念使用更广泛，有时它表示对所有参与年轻一代教育和养育的人所进行的专业培训（例如，谈论父母的师范教育）。随着教育活动的分化，特殊教育（дефектологическое образование）、工程师范教育开始成为独立的领域。师范教育是教育体系的组成部分，是决定教育发展水平和发展前景的最关键的环节之一。”① 俄罗斯《现代教育学简明词典》将教师教育定义为：专门培养教育机构工作者。②

由此可以看出，对俄罗斯而言，整体上不存在由师范教育转向教师教育的问题。俄语中的 педагог 原初即为“教师”之意，педагогическое образование 本身即具有“教师教育”之意，只不过很早以前被我国译成“师范教育”而已。其实，在当代俄语中，педагогическое образование 已经完全具有教师教育的内涵，应译为“教师教育”。不过，为行文方便，本书中暂时沿用我国传统上使用的“师范教育”概念来论述俄罗斯职前教师教育，在使用“教师教育”的概念时则包含师范教育和教师技能提升体系。

---

① В. В. Давыдов. Российская педагогическая энциклопедия: в 2 т. Т. 1. А – М［EB/OL］. Гл. ред. В. В. Давыдов. Москва: Большая Российская энциклопедия, 1992, 1993. – 608 с. http: //niv.ru/doc/dictionary/pedagogical-encyclopedia/articles/254/pedagogicheskoe-obrazovanie. htm.

② Т. Б. Санжиева, Ю. Г. Резникова, Т. К. Солодухина и др. Краткий словарь современной педагогики［М］. Улан-Удэ: Издательство Бурятского госуниверситета, 2001: 67.

第二节 俄罗斯教师教育思想史研究的意义

一、俄罗斯教师教育思想史研究对我国教师教育高质量发展的意义

研究俄罗斯教师教育思想及其历史演进具有重要的现实意义。教师教育的高质量发展需要教师教育思想研究。教师教育的高质量发展需要多方面的保障，而教师教育思想研究无疑会为教师教育高质量发展提供不可或缺的基础。教育高质量发展是教育发展到一定水平后所设立的一种新目标，是对教育优质状态的追寻。该追求表现出鲜明的全球性特征。[①] 建设高质量的教师教育体系是我国教师教育面临的重要任务。《中共中央关于制定国民经济和社会发展第十四个五年规划和二〇三五年远景目标的建议》明确提出了“建设高质量教育体系”的目标。建设高质量教师教育体系是目前我国教师教育发展的新目标、新任务。

教师教育体系一直被我国政府赋予重要的发展地位。教师是教育的第一资源，其对教育改革和教育发展的重要作用是不可替代的。2018 年 1 月 20 日，中共中央、国务院下发的《中共中央 国务院关于全面深化新时代教师队伍建设改革的意见》提出了“造就党和人民满意的高素质专业化创新型教师队伍”的政策目标。同年，教育部颁布了《教师教育振兴行动计划（2018—2022 年）》，提出了以下政策目标：“经过 5 年左右努力，办好一批高水平、有特色的教师教育院校和师范类专业，教师培养培训体系基本健全，为我国教师教育的长期可持续发展奠定坚实基础。师德教育显著加强，教师培养培训的内容方式不断优化，教师综合素质、专业化水平和创新能力显著提升，为发展更高质量更加公平的教育提供强有力的师资保障和人才支撑。”

---

① 李广．新时代师范大学高质量发展：现实诉求、历史依据与实践逻辑［J］．清华大学教育研究，2021，42（4）：62-69.

对各国教师教育思想史进行研究，可以为不同国家教师教育领域的科学研究活动和人才培养活动提供基础。教师是教育改革和发展的主体和关键，教师教育是教育改革的突破口并具有优先发展的地位，这已成为国际社会的共识。俄罗斯历史上有很多教育家对教师教育的丰富论述，有过许多教师教育政策法令，这些教育政策法令也折射出俄罗斯不同时期的主流教师教育思想。这些主流思想的实践既有成功的经验，更有许多值得吸取的教训。这是我们研究俄罗斯教师教育思想史的基本意义。

从古罗斯到当今的俄罗斯联邦，俄罗斯的发展经历了漫长而复杂的历史进程。在此进程中，各种文明对俄罗斯的文化和教育都产生过影响，融合了多种文明的俄罗斯形成了独特的教育理念和教育经验，形成了独特的教育传统。[①] 和苏联时期相比，俄罗斯联邦时期的教师教育思想和教育实践领域都发生了很大变化，这值得中国学者去关注和研究，因为它能为构建中国新时代教师教育思想体系提供参照，为我国新时代的教师教育发展提供理论借鉴。

研究俄罗斯教师教育思想可以为中俄教师教育领域在人才培养方面的合作提供有利条件，有助于推动中俄学者在教师教育思想领域开展联合研究工作。“实施‘丝绸之路’师资培训推进计划”是我国教育部印发的《推进共建“一带一路”教育行动》提出的重要任务之一：“开展‘丝绸之路’教师培训，加强先进教育经验交流，提升区域教育质量。加强‘丝绸之路’教师交流，推动沿线各国校长交流访问、教师及管理人员交流研修，推进优质教育模式在沿线各国互学互鉴。大力推进沿线各国优质教学仪器设备、教材课件和整体教学解决方案输出，跟进教师培训工作，促进沿线各国教育资源和教学水平均衡发展。”合作的基础是在相互了解之后找到合作的弥合点，分析合作各方的优势，确定自己的独特地位，提出切合实际的合作目标和实施方案。因此，研究俄罗斯和中国教师教育的现状和创新举措、教师教育的制度设计和思想基础是中俄两国在教师培养这一领域进行合作的一个前提条件。

---

① Джуринский，А. Н. История российской педагогики：учебное пособие［М］. Южно-Сахалинск：СахГУ，2010：5.

二、俄罗斯教师教育思想史研究对我国教师教育思想建设的意义

教师教育思想史研究是对教师教育理论历史发展和论证的深度理解和阐释。就教师教育的研究而言，开展思想史层面的梳理是掌握本领域知识体系、有效重新进行理论建构的必要前提。在当代中国教育话语中，如果说教师教育学的研究可以被划分为“教师教育思想史研究”、“教师教育学理论与实践研究”以及“教师教育学科发展与改革研究”三个部分，那么，只有筑牢其思想史研究基础，才能够“由史入论”，将理论反哺于教育实践，进而在学科和教育活动范畴去践行，在当下具体的教育环境进行检验和改革。因此，只有了解整个领域的知识体系，创新发展和改革意识才有支撑和根基。① 分析教师培养的历史和经验对解决当代专业化取向的师范教育问题具有重要意义，可以引发我们对当代教师培养问题的深刻反思，并在改进和解决问题的过程中处理好传统与现代的关系，有利于教师教育的守正创新。

研究俄罗斯教师教育思想及其历史演进具有重要的理论价值。构建和完善教师教育理论体系需要加强教师教育思想研究。教育思想研究向来是教育研究的一个重要组成部分，教师教育显然也需要开展思想研究，教师教育思想研究理应成为教师教育研究的一个组成部分。但由于教师教育研究自身的滞后性，长期以来人们似乎遗忘了对教师教育思想的研究。② 正如我国教师教育研究者指出，“当前我国关于教师的理论体系并不完善，大部分内容是关于教师观、教师专业发展、教师道德等方面的，缺乏哲学层面的探讨，更少见本体论意义的研究，且现有的讨论大多局限于经验判断、应然规范以及技术取向研究”③。

重视和加强教师教育思想研究是我国教师教育研究的重要任务。未来教师教育的发展需要基于一定的思想依据或理论基础。客观地讲，自从19世纪末我国师范教育产生以来，教师教育经历了一百多年的历史发展，有关教师

---

① 刘忠晖，李有增. 叙事在教师教育思想史研究上的运用［J］. 中国高等教育，2019（2）：19-21.

② 朱旭东，等. 教师教育思想流派研究［M］. 北京：北京师范大学出版社，2017：1.

③ 郭芳. 教师哲学思想研究：以20世纪下半叶的美国为例［M］. 北京：北京师范大学出版社，2017：3-4.

教育历史发展的研究积累了不少的成果，但一百多年来关于教师教育思想的研究却并不多见。其实从教育研究来看，思想的研究没有被放置在一个重要的地位上，这就形成了一种只有实践的教师教育，而没有思想的或理论的教师教育研究的基本格局。仅有实践的教师教育是不够的，还需要思想的或理论的教师教育研究。教师培养模式的设计，需要找到相应的思想依据或理论基础，这也是我们未来教师教育需要进一步探讨的议题。①

20 世纪 80 年代以来，世界范围内教育改革的浪潮汹涌澎湃，教师在教育改革中发挥着越来越重要的作用，教师教育的专业标准和培训模式也发生了巨大的变化。进入 21 世纪以来，我国教师教育在实践上进行了积极的探索，出现了多样化的教师培养模式。在赞叹教师教育领域发生的可喜变化的同时，我国开始重视对教师教育思想的研究。我国的教师教育机遇与挑战并存，加强教师教育理论与实践研究是一件非常有意义的事情。② 我国教育学研究者在 2006 年前后提出“教师教育学科建设”的倡议。作为指引新时期教师教育改革与发展方向的政策文件，2018 年我国先后发布的《中共中央 国务院关于全面深化新时代教师队伍建设改革的意见》《教师教育振兴行动计划（2018—2022 年）》等都提出教师教育学科专业建设行动，教师教育学科建设受到前所未有的关注和重视。此后，有关“教师教育学科”内涵及其性质、知识体系构建、研究方法等的理论探讨蓬勃开展。尽管如此，有研究者指出，我国教师教育研究尚未形成严密的学科概念体系和清晰的学科性质界定，只是简单移植其他学科的研究方法，过于强调研究的实用性，缺乏健全的学科制度等。在 2018 年 6 月北京教育学院组织召开的新时期教师教育学科建设研讨会上，国内知名教育学者也认为“教师教育成‘学’”尚需努力，需要加强教师教育的理论研究和教师教育学科发展的系统筹划。③ 因此，进行教师教育学术思想的历史研究有助于推动我国教师教育学科建设。

研究教师教育思想史，通过沟通古今的跨文化对话，以平等与相互尊重的态度探索不同民族国家不同语境下教师教育思想演变的特点与走向，能促

① 朱旭东，等. 教师教育思想流派研究［M］. 北京：北京师范大学出版社，2017：9.
② 郭志明. 美国教师教育 200 年［M］. 北京：中国社会科学出版社，2017：5.
③ 杨跃. “教师教育学科建设”的“去学科化”憧憬［J］. 中国教育学刊，2020（4）：85-90.

进我国教育的改革与发展，并为世界教师教育理论新的发展做出自己的努力。[①] 中国教育改革的实践和当代教师教育发展都在呼唤着有中国自己特质的多样化的教师教育思想。[②] “在现代教育意义上，国内外的教师具有相似的职业使命，对职业内涵的理解虽然由于国情不同、文化不同而有所差别，但正是在这相同与不同之间，我们可以以他人为镜，看清楚自己的道路，从不同的道路走向共同的目标。”[③] 简而言之，教师教育思想研究不仅有利于教师教育理论创新，而且可以为教师教育的发展提供理论依据，是理性地、科学地发展教师教育的有力保障。

俄罗斯教师教育思想史研究可为我国教师教育思想建设、教师教育理论体系构建和完善提供有益的参照。此外，这种研究还有助于丰富和拓展我国教师教育理论研究领域，增加教师教育思想史研究的国别多样性，为进行教师教育思想史的国际比较提供多样选择的可能性，还可以为我国构建教师教育理论体系提供思想参照，为我国教师教育发展提供域外经验。

第三节 俄罗斯学者对教师教育思想史研究的检视

一、俄罗斯教育思想史研究的流派

一般而言，所谓教育思想史是指一国（例如中国、美国、英国）或一个区域（例如西方）教育思想产生、演变、发展的过程。在教育史研究工作实践中，大多数学者通常都对教育思想或教育制度做较为宽泛或模糊的处理，并不刻意寻求对它们的内涵或外延进行精确的界定。大体上，教育思想史研

① 王长纯，等. 教师教育思想史研究：上、下册［M］. 长春：东北师范大学出版社，2016：56.

② 王长纯，等. 教师教育思想史研究：上、下册［M］. 长春：东北师范大学出版社，2016：57.

③ 郭芳. 教师哲学思想研究：以20世纪下半叶的美国为例［M］. 北京：北京师范大学出版社，2017：4.

究中的教育思想既包括各个时期相继出现的著名教育家的较为系统的教育学说，也涉及其他社会人士（哲学家、思想家、政治家等）提出的教育主张，以及不同社会中实际发挥影响作用的、以各种形式呈现的教育观念、习俗和传统。① 在此框架下，教师教育思想史则是指一国或一个区域教师教育思想产生、演变、发展的过程。教师教育目标观、教师观、教学观、课程观、实践观、专业发展观等构成了教师教育思想体系。

目前，俄罗斯学者对19世纪上半叶俄罗斯历史事件的研究兴趣增加。自20世纪90年代以来，俄罗斯学术界开启了对那个时代的主要趋势进行重大反思的过程，而且这种反思至今依然在继续。研究者们克服了以前的某些刻板印象，开始重新评估历史事件，越来越多地注意到一个事实：19世纪上半叶是俄罗斯国家教育体系渐进的、相当密集的发展时期，尽管当时存在各种困难和矛盾。类似的观点也反映在那些研究19世纪上半叶俄罗斯教育史和教育思想史的一些专著和博士论文中。在俄罗斯大学的教育学史和教育史教科书、文集中，19世纪上半叶被评价为俄罗斯国家教育体制形成和教育思想发展的重要阶段。

在分析俄国尼古拉时代教育的时候，有俄罗斯学者认为，尽管那个时代社会生活存在一定的局限性，但是，不同的、多样化的和多流派的教育思想都得到了相当有效和富有成果的发展。尽管具有相当程度的假设性，总体来看，俄罗斯教育思想研究包括以下这些方向（流派）：

——国家保护主义流派（А. С. Шишков，С. С. Уваров，П. А. Ширинский-Шихматов и др.）；

——自由主义流派（В. Н. Каразин，В. В. Измайлов，И. М. Ястребцев，В. В. Попугаев，И. П. Пнин，А. П. Куницын и др.）；

——社会教育学流派（Е. О. Гугель，П. С. Гурьев，П. Г. Редкин，А. Г. Ободовский，В. Ф. Одоевский，Т. Н. Грановский и др.）；

——社会保守主义流派（И. В. Киреевский，А. С. Хомяков，С. П. Шевырев и др.）；

① 张斌贤. 教育思想史与教育制度史的关系：脱节与重构［J］. 教育史研究，2021，3（4）：41-47.

——宗教教育学流派［О. М. Новицкий，Святитель Филарет（Дроздов），Святитель Иннокентий（Попов-Вениаминов），Архиепископ Евсевий（Орлинский）и др.］；

——社会改革流派（П. Я. Чаадаев，В. Г. Белинский，Н. А. Добролюбов，А. И. Герцен，Н. П. Огарев и др.）。[①]

二、俄罗斯学者透过教师的生活研究苏联教师群体

教师史研究是教师教育思想研究的内容之一。进行教师教育思想史研究，需要从以下三个层面展开：首先，关注教师教育思想学派的发展脉络。教师教育研究需要关注本领域有史以来的教育理论先师和后来者的思想继承，还要关注这些领域研究者的文本和论证，理清思想继承、发展的脉络和观点创新，并揭示其中的路径和规律。在这个意义上，教师教育思想史可以由以下三个基本问题组成：第一，教师教育学提出的主要命题、发生的教育事件、发展历程、主要特征有哪些？第二，这些命题和事件的思想来源、时代背景和历史语境是什么样的？第三，这些命题和事件之间的内在逻辑、未来发展趋势及当下意义又是什么？其次，结合时代背景对教育事实进行梳理，了解教师教育思想史上的主要命题。其中，既包括纵向的美洲、欧洲以及中国思想发展研究，如"教师教育思想史传统研究""教师教育思想流派发展研究"，也包括横向的研究，如"教师教育政策与变革""教师学习与专业发展"等，以及教师教育培养方式等研究，即对我们培养教师进行研究，如"如何培养教师""教师如何教"等问题。最后，明确教师教育思想的观念背景和时代背景。思想史上的命题和教育事实皆非无本之木，都能在思想进程中找到它们产生的思想源头、理论架构和教育诉求。[②]

俄罗斯教师史研究是教师教育思想史研究的应有之义。俄罗斯学者对苏联教师群体进行了深描画像，《教师的日常生活》是这方面的代表性研究成果

① Половецкий Сергей Дмитриевич. Современные подходы к изучению истории педагогической мысли России в первой половине XIX века［J］. Проблемы современного образования，2017：134-142.

② 刘忠晖，李有增. 叙事在教师教育思想史研究上的运用［J］. 中国高等教育，2019（2）：19-21.

之一。我国有学者①对此进行了比较详细的阐释，主要内容如下：

20 世纪 20 年代，苏联革命家列宁、克鲁普斯卡雅、布哈林、卢那察尔斯基的著作关注教师这一新的知识分子阶层的生活和活动经验，界定了这个社会阶层在社会中的作用和任务以及在知识生产中扮演角色（“发明者”和“执行者”）的区分。教育界知识分子的政治观点，例如教师对革命的态度、旧建制学校教师与新政府的关系、他们如何向苏维埃教师队伍过渡，也成为关注的主题。20 世纪 20 年代是布尔什维克社会实验的时代，创造了学校和教师新的历史，当时有关教师历史的出版物都在强调革命前教师的“生活负担”，以突出当时教师群体的低水平工资和社会声望。

20 世纪 30 年代，少有著作研究知识分子问题，几乎没有关于教师史的专门著作，只有一些文章分析了名师的教学创意和教学方法以及他们与学生的关系，这种状况一直持续到卫国战争期间和战后。20 世纪四五十年代之交，苏联教师史研究形成两个方向：一个方向是分析旧派教师转入苏联教师队伍的情况，几乎没有主题触及日常生活；另一个方向是新教师教育体系形成的历史、教师培训等，体现学者对苏联教师学校生活变化的零星思考。

关于教师日常生活的实证研究最早源于 20 世纪 60 年代初，那时恰逢苏联社会学的兴起。这一时期教师数量急剧增加，各个学科都对教师群体产生了浓厚的研究兴趣。20 世纪 60 年代至 80 年代后半期，苏联学者关于教师群体研究可以分为以下几个方向：围绕苏联文化的形成和发展进行研究，研究主题包括学校研究以及新的知识分子和旧式专家的关系；关于苏联知识分子的历史，其中包括教师历史；将教师作为一个独特的社会/职业群体，剖析教师群体的社会功能。这一时期学校、教育、教师历史方面的出版物绝大多数是关于党和国家在苏维埃不同的历史阶段如何构建教育制度体系的。

俄罗斯学术界对教师群体的关注度不够，俄罗斯与教育学相关的学术作品非常丰富，但大部分以学生为导向。教师虽然被人们视为知识传授者和国

---

① 白娜，马强. 苏联教师群体的深描画像：《教师的日常生活》导读［J］. 民族高等教育研究，2021，9（2）：25-32.

家意识形态传播者，但是仍然被置于学者研究的领域之外，对教师的教育日常生活、工作、私人生活的关注更是少之又少，尤其鲜有人尝试对俄罗斯地方教师的研究。①

三、俄罗斯重视教师教育领域教学和教养理论建设的思想

教学理论和教养理论是教师教育思想研究的重要主题内容。教师应该具备什么样的素质？教师教什么？教师如何教学？教师教学的效果如何？这些问题是教师教育必须做出回答的基本问题。对这些问题的不同回答形成了不同的教师素质观、课程观和教学观，这些都是未来的教师必须掌握的基本理论。

一个国家在不同时期教师教育人才培养目标的差异和演变直接影响教师教育内容的变化。教师的知识结构理论决定了教师培养过程中课程体系的设置和教育内容的选择。我国心理学家申继亮等认为，教师的知识结构包括本体性知识（学科知识）、条件性知识（教育学、心理学知识）、一般文化知识、实践性知识。教师所具有的本体性知识、条件性知识、一般文化知识属于教师的间接知识。教师的实践性知识属于教师的直接知识。教师本体性知识是指教师所具有的特定的学科知识。教师的本体性知识是教学活动的基础。教育科学和心理科学知识是教师成功地进行教育教学的条件性知识，它包括三个主要方面：学生身心发展的知识、教与学的知识和学生成绩评价的知识。教师的本体性知识是教学活动的实体部分。教师条件性知识对本体性知识的传授起到一个理论性支撑作用，实践性知识对本体性知识的传授起到实践性指导作用。条件性知识可以解决教学过程处理问题的原则问题，而实践性知识则可以解决教学过程处理问题的方式方法问题。②

---

① 白娜，马强. 苏联教师群体的深描画像：《教师的日常生活》导读［J］. 民族高等教育研究，2021，9（2）：25-32.

② 衷克定，申继亮，辛涛. 论教师知识结构及其对教师培养的意义［J］. 中国教育学刊，1998（3）：53-56.

苏联和俄罗斯联邦两个历史时期的学者们都非常关注教学理论和教学法的研究。俄罗斯哈巴罗夫斯克国立师范大学的卓罗塔列娜·斯韦特兰娜·阿列克谢耶芙娜 1998 年撰写了题目为《50 年代中期至 60 年代中期苏联教学论中课堂教学理论的发展》的博士论文。该论文将 20 世纪 50 年代至 60 年代苏联教学理论研究转向的情况做了比较系统的梳理，介绍了 20 世纪 50 年代以后苏联课堂教学理论的概念的演变，以及课堂教学模式的变化。俄罗斯下诺夫哥罗德国立师范大学的科兹罗娃·加林娜·尼古拉耶夫娜 2005 年将苏联建国到 20 世纪中期苏联中学教育体系的建立及实施做了比较全面的研究，研究结果体现在其教育科学博士学位论文《20 世纪上半叶中学教育活动体系中的德育研究》中。①

四、研究评析

教师教育思想史的研究需要得到重视。正如美国教师教育协会公开发行的《教师教育杂志》（Journal of Teacher Education）特约评论员玛里琳的观点：“虽然教师教育史与教育研究史始终是交叉并行的，但是研究从未像现在这样受到重视。”② 苏联解体后，包括高等师范教育和基础教育在内，俄罗斯教育领域发生了很大变化。加大对俄罗斯整个教育体系的研究，对我们来说，非常具有借鉴意义。目前来看，关于俄罗斯教师教育思想的研究还不够丰富，因此，进一步研究俄罗斯教师教育思想就很有必要。关于俄罗斯教师教育思想的研究需要持续化和不断深化，而且有待于系统化和结构化。

本书力图突破已有研究成果的不足，对俄罗斯教师教育思想进行系统研究，分析其产生、发展、演变的历程，并对俄罗斯教师教育思想变迁进行深层次的文化和历史因素分析。

---

① 杨大伟. 凯洛夫《教育学》在中国和苏联的命运之研究［D］. 上海：华东师范大学，2008.
② 郭元捷. 教师质量：美国教改的下一个重心［N］. 中国教育报，2007-03-12（8）.

第四节 俄罗斯教师教育思想史研究的设计

一、研究内容框架

教育是人类社会存在和发展的奠基性“工程”，而教师则是这一“工程”的“工程师”。从世界范围来看，教师已经形成了一个庞大的群体，这一群体成为人类文明传递和发展的最根本力量。[①] 教师职业产生与发展的历史可以概括为三个阶段。第一阶段，从兼职到专职，教师职业产生。第二阶段，从专职到专业，教师专业地位确立。第三阶段，从数量到质量，教师专业发展运动兴盛。[②] 正如教师职业的产生与发展过程一样，世界各国的教师教育和教师教育思想也经历了一个产生、发展和演变的历史进程，其中，教师教育思想是引领教师教育改革与发展的重要因素之一。

俄罗斯是世界教育大国，其教师教育也非常具有特色。本书将俄罗斯作为国别教育研究对象，对俄罗斯教师教育思想史进行系统研究，分析俄罗斯教师教育思想产生的社会背景，阐释俄罗斯教师教育思想的主要内容和发展逻辑，评价其对俄罗斯教师教育体系和办学实践的影响。

本书主要包括五章内容，其具体结构设计如下：

第一章　绪论

第二章　沙俄时期的教师教育思想

第三章　苏联时期的教师教育思想

第四章　俄罗斯联邦时期的教师教育思想

第五章　结语

本书对俄罗斯教师教育思想史的历史分期主要遵循三个依据：第一，中国历史学界对俄罗斯国家发展常用的分期方法；第二，俄罗斯教育史学家的

① 黄崴. 教师教育体制：国际比较研究［M］. 广州：广东高等教育出版社，2003：1-2.

② 教育部师范教育司. 教师专业化的理论与实践［M］. 北京：人民教育出版社，2003：19-25.

观点；第三，俄罗斯教师教育产生和发展的实际情况。

当代俄罗斯著名教育史学家、比较教育学家 А. Н. Джуринский 在其著作《俄罗斯教育学史》中将俄罗斯教育思想和教育发展的历史进程划分为以下几个阶段：基辅罗斯、莫斯科公国、俄罗斯帝国（沙俄）、苏联、当代俄罗斯。俄罗斯的教育学和教育走过了一条复杂艰难的历史道路。经过多个世纪的努力，教育学观点在俄罗斯逐渐变成了一门科学，教育系统也成为一种强大的社会机构。А. Н. Джуринский 认为，教育学和学校是俄罗斯文化和社会演进的一个重要的（尽管不是唯一的）因素。①

俄罗斯的教育起源于基辅罗斯时代（882—1240），也称为古罗斯时代。古罗斯教育是俄罗斯教育史的开端，是俄罗斯教育发展史的最初阶段。俄罗斯教育与俄罗斯国家的历史发展不可分割，俄罗斯教育史学家编写俄罗斯教育史或俄罗斯教育学史都以古罗斯时期的教育为起点。基辅罗斯的教育是俄罗斯国家教育发展的原点。为了系统地、历史地了解俄罗斯教育，需要从俄罗斯教育发展的源头开启探索之旅。

俄罗斯历史上有相当长一段时期没有专门培养师资的教育机构。已有研究指出，俄罗斯历史上职业教师的产生是在 17 世纪中叶至 17 世纪末俄罗斯西南和南部“东正教学术中心”——基辅-莫吉拉学院和斯拉夫-希腊-拉丁语学院出现之后。而关于专门的师资培养问题，直到 18 世纪之后才逐渐引起重视。② 因此，从基辅罗斯时期到 18 世纪俄罗斯教师教育制度建立之前的历史时期，可以称为俄罗斯教师教育的史前期。

在俄罗斯教师教育史前期，主要是由神职人员承担教师工作。在古罗斯出现了以主教、高级僧侣、苦行僧为主的特殊的教师群体。他们潜心信教，又不忘履行世俗义务。在启蒙知识的传播、编年史的编写以及文学艺术等的创作方面，这些神职人员起到了决定性的作用。他们当中的不少人在自己的住处开设了家庭学校，免费为附近的孩子们传授知识。其中，由僧界创办的“高级僧侣学校”（第一个“高级僧侣学校”创建于 1702 年的罗斯托夫市）

---

① А. Н. Джуринский. История российской педагогики: учебное пособие [М]. Южно-Сахалинск: СахГУ, 2010: 5.

② 王长纯，等. 教师教育思想史研究：上、下册 [M]. 长春：东北师范大学出版社，2016：397.

在初级教育的传播和发展中扮演了重要的角色。“高级僧侣学校”除了设置一些与宗教精神培养有关的科目（如东正教的基本教义）以外，学生还要学习读、写、算数、修辞以及拉丁文和希腊文语法，到了学习的后期还要学会各种手艺。这批拥有外语知识、基础知识以及实践操作能力的僧侣被统治者视为为国家机构服务的重要的人才，如莫斯科军医学校通晓拉丁语的人几乎都曾是僧侣学校的学生。① 俄罗斯的教育、文学、诗歌、建筑的兴起与东正教有着密不可分的关系。东正教向世人宣传上帝的慈悲与仁爱的同时，造就了一批不仅通晓俄语、拉丁语、希腊语，而且拥有自然学科和社会学科知识的神职人员。就是这些宗教界文化精英开始肩负起俄罗斯民族的教育使命。②

在俄罗斯教师教育史前期，蒙师承担对居民的世俗教育。蒙师早在 12 世纪就出现在基辅公国，他们主要是教堂的下级职员和一些会读会写的世俗“教书匠”。③ 蒙师主要是在神职人员阶层中生成的一个有学识的施教群体。他们在担任神职的同时，还利用其他时间进行教学活动，教授孩子简单的阅读和计算，赚取外快。教学地点一般在儿童的家中，受教者大多是一般家庭的孩子。13—14 世纪，蒙师教学活动较为普遍，甚至成为当时主要的世俗化教育教学形式。后来蒙师阶层的构成有了变化，民间有学养的人也开始招收门徒，授业传道，他们当中专职者和兼职者都有。④ 有学者认为，蒙师把教儿童作为一种副业甚至是主要职业。跟随蒙师学习是 13—14 世纪时期基辅公国的常见现象。当时跟随一个蒙师学习的男孩子数量已达到 8—12 人，即已经构成真正学校。⑤ 13—14 世纪，在修道院和某些教堂曾存在过一些识字学校，但王公和教堂都没有开办足够数量的学校，未能满足日益增长的培养识字人的需要。为此，居民的教育需求主要是靠蒙师来满足。⑥ 蒙师进行的世俗教育活动有与教会冲突的地方，因为蒙师中的一些人是不信仰东正教的，在其教

---

① Андреев А. Л. Российское образование: социально-исторические контексты [M]. Москва: Наука, 2008: 26.

② 翁泽仁. 东正教与俄罗斯教育 [J]. 思想战线, 2010, 36 (2): 97-100.

③ H. A. 康斯坦丁诺夫, 等. 苏联教育史 [M]. 吴式颖, 等译. 北京: 商务印书馆, 1996: 186.

④ 高金岭. 俄罗斯基础教育 [M]. 广州: 广东教育出版社, 2004: 11.

⑤ H. A. 康斯坦丁诺夫, 等. 苏联教育史 [M]. 吴式颖, 等译. 北京: 商务印书馆, 1996: 186.

⑥ 王长纯, 等. 教师教育思想史研究: 上、下册 [M]. 长春: 东北师范大学出版社, 2016: 396.

学中自然有贬斥教会的内容出现。但对于教会而言，他们也需要依赖蒙师阶层，毕竟宣扬东正教的蒙师是大有人在的。① 力图垄断教育的教会尽管也被迫使用蒙师，但总的来说，其对蒙师的工作是持否定态度的，因为这些世俗教师常常反对正统的东正教，这在诺夫哥罗德、普斯科夫、莫斯科“异教”活动时期（16 世纪）就已经表现得一清二楚了。②

16 世纪至 17 世纪前半叶，乌克兰和白俄罗斯建立了与波兰天主教会学校相对立的兄弟会学校。里沃夫学校是第一个乌克兰兄弟会学校，创建于 1586 年。当时该校制定了《里沃夫学校章程》，这是一份出色的教育文件，被乌克兰和白俄罗斯的其他兄弟会学校所借鉴。《里沃夫学校章程》详细地规定了教师应当具备的品质，比如教师应当是“信教、明是非、谦虚贤明、温和、能自制、不贪杯、不淫乱、不重利、不易怒、不嫉妒、不引人发笑、不说下流话、不迷惑人、不胡言乱语、不助长异教”的人；他对儿童应当严厉而热爱；除了道德教育，他还应当关心学生的健康，用游戏、比赛等来对儿童进行体育教育。此外，其还对兄弟会学校的教师提出了民主要求，“教师应一视同仁地教导和热爱所有儿童，不论其是富家子弟还是贫苦孤儿，以及那些街头行乞者。要视各人的学习能力来教他们，但不得对某些人比对其他人卖力”③。

由此可见，从基辅罗斯时代到 18 世纪俄罗斯教师教育制度建立前，俄罗斯已经产生了关于教师素质思想的萌芽和粗浅认识。尽管如此，这段历史时期毕竟是俄罗斯教师教育的史前期，俄罗斯教师教育制度尚未建立，教师教育思想尚未产生。因此，本书对俄罗斯教师教育思想史进行了三个阶段的历史分期：沙俄时期、苏联时期、俄罗斯联邦时期，分别作为本书中三个重点章节的内容。本书的研究内容锁定在沙俄时期、苏联时期、俄罗斯联邦时期的教师教育思想，梳理俄罗斯教师教育思想发展的历史脉络。

在每一章内容的写作过程中，笔者遵循三大逻辑：一是理论逻辑，分析俄罗斯国家发展的每一个历史时期教师教育思想形成与发展的社会条件和中小学教育发展的状况，阐释每一个时代俄罗斯教育家的教师教育思想；二是

---

① 高金岭. 俄罗斯基础教育［M］. 广州：广东教育出版社，2004：10.

② 王长纯，等. 教师教育思想史研究：上、下册［M］. 长春：东北师范大学出版社，2016：396.

③ H. A. 康斯坦丁诺夫，等. 苏联教育史［M］. 吴式颖，等译. 北京：商务印书馆，1996：189.

政策逻辑，对不同时期的俄罗斯教育政策，特别是教师教育政策的文本内容进行分析，揭示教育政策体现的教育理念和教育思想；三是实践逻辑，梳理在不同历史阶段占主导地位的俄罗斯主流教师教育思想引领下，俄罗斯教师教育体系的发展完善和教师培养活动的变化走向。

简而言之，本书主要研究教师教育政策中体现出来的和教育家提出的主流教师教育思想，试图从政治、经济和社会发展宏观背景，中小学教育发展进程，教师教育体系及教师培养活动，主流教师教育思想本身等维度来剖析俄罗斯教师教育思想的产生和演变过程。

二、研究思路与方法

本书通过梳理俄罗斯国家的历史演变和社会发展，剖析不同历史时期俄罗斯国民教育体系的演进，分析俄罗斯教师教育发展的社会背景、教师教育思想的变化及其与中小学教育的互动发展，基于整体思维和系统思维对俄罗斯教师教育思想进行历时性考察。逻辑与历史的统一是辩证逻辑的方法之一。马克思和恩格斯从唯物主义的基本立场出发，批判改造了黑格尔的逻辑与历史的统一的方法，使之成为科学的辩证逻辑的方法，其基本观点之一是理论的逻辑进程与客观现实的历史发展进程相一致。恩格斯说："历史从哪里开始，思想进程也应当从哪里开始，而思想进程的进一步发展不过是历史过程在抽象的、理论上前后一贯的形式上的反映。这种反映是经过修正的，然而是按照现实的历史过程本身的规律修正的，这时，每一个要素可以在它完全成熟而具有典范形式的发展点上加以考察。"

本书主要采用文献研究、历史研究、比较研究等多种方法，遵照历史研究与现实研究，理论研究与实践研究，宏观研究与中观研究、微观研究相结合的原则，力图在历史与现实、理论与实践的统一中阐释和分析俄罗斯教师教育思想的历史演进和发展脉络。

本书遵循教师教育思想史研究的新路径，不仅研究俄罗斯教育家的教师教育思想，而且从思想的角度来考察俄罗斯教师教育政策，并力图建立起教育家的教师教育思想与教师教育政策理念的关联。

第二章

沙俄时期的教师教育思想

第一节

沙俄时期教师教育思想发展的社会背景

沙俄时期是一个漫长的历史阶段，其从第一位沙皇产生到苏联建立。鉴于18世纪之前俄罗斯教育制度还没形成，出于研究的需要，本章中所指的沙俄时期限定在18世纪至1917年苏维埃政权建立这一历史阶段。

一、沙俄时期的政治、经济和社会发展

（一）君主专制与中央集权国家制度的巩固

俄罗斯是跨越欧、亚两个大陆的国家，主要国土面积在欧洲。但是，俄罗斯国家教育体制的产生要晚于欧洲。18世纪前，政权组织和寺院成为俄罗斯的文化中心。[①] 1613年，米哈伊尔·罗曼诺夫（Династия Романовых）建立了俄罗斯罗曼诺夫王朝，俄国由封建王朝国家转为封建帝国。1682年，彼得·阿列克谢维奇·罗曼诺夫（Петр Алексеевич Романов）继承皇位，并成为一位具有开创精神的君主，被称为彼得一世、彼得大帝。彼得一世（1672—1725）通过一系列改革，使俄国的军事、经济实力明显增强。在他统治时期，俄罗斯在军事上积极扩张领土，成为真正意义上的俄罗斯帝国（Российская Империя）。从1613年到1917年，是俄罗斯历史上极具特征的历史时期，帝国统治时期成为俄罗斯历史上最为重要的时期之一。[②]

17世纪末的俄国是一个落后的、长期与欧洲文化中心隔绝并带有浓厚的东方色彩的国家。彼得一世自称是“寻师问道的小学生”，率俄国使团亲赴西欧，考察了那里的经济、政治、文化制度，回国后倡导和主持了俄国的经济、政治、军事和文化改革。在政治方面，加强皇权的专制权力和中央集权制，

---

① Н. Х. 罗佐夫，张男星. 俄罗斯的教师教育：过去与现在［J］. 大学（研究与评价），2007（1）：69-78.

② 彭运潮. 论俄罗斯帝国的建立及其文化特点［J］. 内蒙古师范大学学报（哲学社会科学版），2002（S2）：133-134.

整肃吏政；在经济方面，引进西方先进的科学技术和工场制度，改良农业，发展商业；在军事方面，从无到有建立一支现代化的正规军队。①彼得一世在改革中打破了过去按出身门第、论资排辈的贵族世袭制度，选拔和任用官员唯才是举，使一些无能的贵族丢了官，这就削弱了大贵族的势力，从而加强了沙皇的专制权力。

女皇叶卡捷琳娜二世是在彼得一世之后的又一位重要沙皇，对俄罗斯的发展也产生了重要影响。叶卡捷琳娜二世（Екатерина II，1729—1796），原名索菲亚·弗雷德里卡·奥古斯塔，1762 年通过宫廷政变登上皇位，成为俄罗斯历史上第四位女皇，也是唯一一位可以与彼得大帝相提并论的沙皇，执政 34 年。“彼得曾为俄国打开对着欧洲的窗口，而她则打开了一扇大门。彼得迫使欧洲承认强大而独立的俄罗斯的存在，而她则确立了俄国作为欧洲一流强国的地位。”②

彼得一世之后，俄国历代沙皇都坚持以维护农奴制度和君主专制制度为前提的欧化路线。彼得一世的改革是俄罗斯历史发展进程中的关键事件，对俄罗斯历史影响巨大。尽管彼得一世很早就关注西方，引进西方技术与政治管理制度，但是，这一切更多的是与俄罗斯传统相结合，并为大一统的专制帝国服务。当时的沙皇俄国虽然经历了彼得大帝与叶卡捷琳娜开明专制时期的文明开化与学习西方，但是，对于民主、法制、市场等近代国家要素的追求，始终让位于大一统的中央皇权的需求。

（二）封建农奴制度的维护、瓦解与资本主义的开启

叶卡捷琳娜二世在统治前期实行开明专制，这对当时俄国政治、经济发展起到了极大的推动作用。从经济领域来看，主要表现为俄国工场手工业的发展获得了比较大的进步。③ 18 世纪六七十年代，俄国社会中的资本主义生产关系逐渐形成和扩大，这种新的生产关系的发展虽然仍旧受到封建农奴制的严重阻碍，但对农奴制的生产关系也起着瓦解作用。18 世纪后期俄国工商

---

① 张建华．西方文化之于俄国：动力？抑或阻碍？［J］．俄罗斯文艺，2005（1）：50-51，5.

② 吴式颖．俄国教育史：从教育现代化视角所作的考察［M］．北京：人民教育出版社，2006：144.

③ 戈·瓦·普列汉诺夫．俄国社会思想史：第二卷［M］．孙静工，译．北京：商务印书馆，1999：257.

业获得了比较大的发展，城市倍增。19 世纪初，俄国的手工工场已有数千所，工业中心区域也开始形成，资本主义因素继续扩大。但同西欧国家，特别是同英、法比较起来，俄国仍是一个落后的国家，封建农奴制成为生产力进一步发展的桎梏。在国内外各种进步力量的压力下，沙皇亚历山大一世政府再次许诺改进朝政和教育。但是，在 1812 年反拿破仑战争取得胜利，俄国巩固了国内外地位以后，便又全力维护建立在农奴制经济基础上的专制统治。①

俄罗斯社会精英和政治精英都意识到了农奴制是俄罗斯发展的障碍。19 世纪初的俄国仍然处于专制集权的封建帝国时期，俄国人民在沙皇暴政与农奴制压迫下生活极为艰难。② 19 世纪三四十年代，俄国的资本主义经济处于迅速发展时期，俄国农村根深蒂固的农奴制经济便成为社会进步和经济发展的严重阻碍。③ 俄罗斯知识分子极力对农奴制开展了批判，屠格涅夫的《猎人笔记》就是批判农奴制体制的一大力作。沙皇政府中的一些有识之士认识到废除俄国农奴制的迫切需要。废除农奴制是一场资产阶级性质的改良运动，加速了俄国资本主义经济的发展。农奴制的废除是俄国现代化进程中的重大里程碑，它直接影响俄国历史的发展。

（三）引进西方文化，促进国家现代化和思想文化的发展

在俄罗斯的历史发展中，引进西方文化是其促进国家现代化的通常选择。有学者指出，俄国引进和吸收西方文化在历史上有四次高潮。第一次高潮为 10 世纪末，基辅罗斯大公弗拉基米尔统治时期将基督教（希腊正教）引入俄国；第二次高潮为 17 世纪末 18 世纪初，彼得一世和叶卡捷琳娜二世时期依照西方的经济、文化模式进行的大规模改革；第三次高潮是 19 世纪 20—70 年代，即十二月党人等贵族革命家和车尔尼雪夫斯基、别林斯基等民主主义革命者对“自由”“民主”思想的传播及实践；第四次高潮是 19 世纪 80 年代至 20 世纪初，以普列汉诺夫、列宁为代表的新一代革命家传播马克思主义及

① 王长纯，等. 教师教育思想史研究：上、下册［M］. 长春：东北师范大学出版社，2016：405.

② 雷蕾. 当代俄罗斯爱国主义教育研究［D］. 长春：东北师范大学，2016.

③ 高添. 农奴制压迫下的个性异化与自我消解［J］. 渤海大学学报（哲学社会科学版），2020，42（2）：123-126.

把该理论与俄国革命具体实践相结合的过程。①

东正教与专制政治文化传统在俄罗斯历史发展中有着重要作用。东正教在一定程度上主导着俄罗斯人的精神世界，专制制度维护着世俗世界的统治，二者不是截然分开的，东正教通过各种形式广泛地渗入政治生活中。正是在东正教与专制政治统治的影响下，俄罗斯形成了独特的文明形态。在这两种核心文化因素的作用下，“宗法-专制”主导的文化模式形成，它长期作用于俄罗斯的法治进程。②

彼得一世的改革具有历史的进步意义，促进了社会的进步，推动了俄国的现代化，为俄国跻身于世界强国之林奠定了基础。③ 彼得一世在社会文化方面实施的改革最为引人注目，其社会影响也最为深远。他试图使俄罗斯抛弃传统的价值观念和生活方式，接受文明开化的西方文化的熏陶。其改革的最可贵、最成功之处就在于他通过改革打破了俄罗斯人长期形成的闭塞守旧的思维方式和价值观念，为因袭封闭的俄罗斯文化注入了新鲜的成分，使其深深地打上了西方文化的烙印，自此俄罗斯文化便呈现出开放的特征，从而为俄国现代化的启动创立了必要的前提条件。④

二、沙俄时期中小学教育的发展状况

（一）18 世纪上半叶沙俄中小学教育的发展状况

彼得一世在俄罗斯的历史上被称为“彼得大帝”，对俄罗斯国家和教育的发展起到了重大的推动作用。彼得一世执政后特别重视教育，除了实施一系列政治、经济、文化改革外，还特别出台了教育改革措施，如文字改革、普及中等教育、扩大图书出版业、开设国家科学院等。彼得大帝特别重视人才的培养，如邀请外国专家和科学家在本国讲学并就职从业，同时派本国科学

① 张建华．西方文化之于俄国：动力？抑或阻碍？［J］．俄罗斯文艺，2005（1）：50-51，5．

② 杨昌宇．俄罗斯法治进程中的核心文化因素及其影响［J］．俄罗斯中亚东欧研究，2012（1）：17-24．

③ 滕大春．外国教育通史：第 3 卷［M］．济南：山东教育出版社，2005：425-429．

④ 张建华．西方文化之于俄国：动力？抑或阻碍？［J］．俄罗斯文艺，2005（1）：50-51，5．

家出国留学，学成回来后对其进行严格考核后方可录用。[①] 彼得一世在教育领域的改革举措概括如下：

1. 创建各种实科专门学校，发展职业教育

为了改变俄罗斯的落后面貌，彼得一世以欧洲为榜样，在军事、国家行政制度、财政、工商业、农业、文化、科学、教育等方面进行了改革，旨在增强俄罗斯的国家实力。17 世纪俄国曾多次与欧洲国家及土耳其等交战，俄国在军事及其他方面的落后在战争中明显暴露出来。因此彼得一世继位后萌生了开设实科，尤其是与军事有关的实科专门学校的想法。[②] 为了反击贵族保守派和培养改革所需要的各方面人才，彼得必然地注意到了教育问题。他认为“学院和学校是国民教育的非常重要的事业”，“良好的坚实的学习，就像形成教会、国家一切利益的种子、根或基础一样”。他特别注意军事人才与装备的配备，教育改革从开设与军事有关的实科专门学校开始。[③]

正是由于彼得大帝的教育改革，俄罗斯开始构建和发展职业教育。在 18 世纪初，俄罗斯相继成立了航海学校、炮兵学校、医科学校、军官学校（军事指挥学校 приказная школа）以及其他学校，这些学校隶属于相关的国家机构管辖。[④] 彼得一世的教育改革开启了俄罗斯实科教育的发端。彼得一世倡导发展实科教育，开启了俄罗斯职业教育的发展历史，其意义不限于教育领域，其对增强俄罗斯的国家实力和人民生活水平都有促进作用。

2. 建立多种类型的初等学校，发展初等教育

初等教育面向的人群狭窄是 18 世纪以前俄国教育的显著特征，当时甚至许多贵族都是文盲，或者仅仅满足于初步的读写知识。数学和航海学校及炮兵学校的初级班，主要就是为解决许多入学者不能读、写、算而建立的预备性教学组织。[⑤] 此外，彼得一世致力于发展初等教育，也采取了如下一些改革措施。

---

① 彭运潮. 论俄罗斯帝国的建立及其文化特点［J］. 内蒙古师范大学学报（哲学社会科学版），2002（S2）：133-134.

② 谢雪峰. 彼得一世与 18 世纪俄罗斯高等教育改革［J］. 高等教育研究，2000（2）：104-106.

③ 滕大春. 外国教育通史：第 3 卷［M］. 济南：山东教育出版社，2005：425-426.

④ А. А. Леонтьев. История образования в России от Древней Руси до конца XX века（Начало）［J］. Русский язык，2001（33）：4.

⑤ 滕大春. 外国教育通史：第 3 卷［M］. 济南：山东教育出版社，2005：426-427.

（1）计算学校。1714 年，彼得命令全国各地设“计算学校”。到 1722 年前夕，在俄罗斯的不同城市开设了 42 所“数学学校”（цифирные школы，也有学者翻译成计算学校），保障提供初等数学教育。① 贵族和官吏的子弟从 10 岁到 15 岁都必须学习一些计算和几何知识。数学和航海学校的数学班学生，不少被派往各地充当教师。学生学完必要的学科后发给“学习证书”。若无此证书，学生以后则不能获得结婚证，也不能在今后的公务活动中获得晋升。彼得的这一命令，可以说是俄国第一个义务教育法令。然而在实际中，贵族子弟不愿进这种学校，教会和修道院也不想提供支持。② 后来，数学学校的学生数量大幅度减少。原因在于，教区学校开放，几乎所有牧师和执事的孩子都转到教区学校学习，商人和工匠们也不愿意将他们的孩子送到数学学校，他们更愿意教自己的孩子们手工艺。因此，数学学校的主要生源是士兵的孩子和军官的孩子，一些学校不得不关闭。③

（2）俄语学校。1717 年彼得下令要求“木工、船员、冶炼工人及其他注册的所有职工必须教以读写”。据此，在 1719 年彼得格勒的海军工厂中首先设立了俄语学校。此后在喀琅施塔得、勒文里、塔乌罗夫的造船厂中也相继设有俄语学校。各校儿童一般 7 岁入学，前 4 年学读写，后 2 年学计算与几何，以后就可派往海军工厂中或轮船上当工人。许多希望子女能尽早独立生活的船员及其他职工，都积极送自己的孩子入学。当时彼得格勒俄语学校的学生中，一般职工的子弟占了绝大多数。④

（3）宗教学校。宗教学校是 1721 年新的《宗教条例》颁布后普遍设立起来的。最初准备建立的是以“宗教学校”或“宗教学院”为名称的中高等学校，但 1722 年的一份训令指出：“神学、哲学及必要的语言教育，由于这些方面教师的不足而不可能实行……在宗教学校，只让儿童学习《儿童初学入门》一书。”该书是彼得一世直接要求编写的俄语教科书，其中有字母、拼

① А. А. Леонтьев. История образования в России от Древней Руси до конца XX века (Начало) [J]. Русский язык, 2001 (33): 4.

② 滕大春. 外国教育通史：第 3 卷［M］. 济南：山东教育出版社，2005：426-427.

③ А. А. Леонтьев. История образования в России от Древней Руси до конца XX века (Начало) [J]. Русский язык, 2001 (33): 4.

④ 滕大春. 外国教育通史：第 3 卷［M］. 济南：山东教育出版社，2005：427-428.

音、十诫和忏悔文的注解，也流行于其他各种初等学校。后来，宗教学校中又增设算术和几何。[①] 到1725年，俄罗斯总共有大约50所主教区设立的女子宗教学校（епархиальные школы）。一些教会学校（女子宗教学校）主要通过增加“中等”和“高等”年级而拓展了课程设置，并开始以“宗教学校”（семинария）来命名。在这类学校，除了识字之外，学生们还学习语法、修辞学、哲学和神学。[②]

（4）守备队学校。除上述几种学校外，1721年彼得还发布了在各部队设立“守备队学校”，对士兵的子弟进行初等教育的教令。在乌拉尔矿区及一些工厂中也设有初等学校。[③] 彼得去世后，在1732年，出现了驻军学校（гарнизонные школы），不仅可以提供初级军事教育，而且提供初等数学教育和工程教育。[④]

3. 建立科学院和大学及其附属学校，发展中等和高等教育

创办科学院，附设预备中学和附属大学，肩负科研和教学的双重职能。早在1716年彼得一世访问欧洲的时候，莱布尼兹等著名学者就曾劝他在俄国设立科学院。第二年，彼得一世被授予巴黎科学院院士称号。受此鼓励，从1721年起他便让自己的侍医起草设立科学院的计划，并亲自进行了补充修改，于1724年1月28日正式发布了设置科学院令。该令指出，设立科学院是为了语言、科学和艺术的研究、翻译书籍，要为国家的实际利益做出贡献。科学院内分三个部分：一部分以数学研究为主，一部分以物理（含天文、化学、植物等）研究为主，一部分以人文科学（含历史、法律等）研究为主。为了培养俄国自己的高级人才，科学院还附设大学和预备中学。其中大学分为法学、医学、哲学三个系。大学的预备学校则分为两部分：初级部分3年，主要教授德语，故称德语学校；高级部分2年，称为拉丁语学校，但也学习希腊语等学科。彼得一世要求将科研与教学相结合，第一批院士由聘请来的欧

① 滕大春. 外国教育通史：第3卷［M］. 济南：山东教育出版社，2005：427.

② А. А. Леонтьев. История образования в России от Древней Руси до конца XX века（Начало）［J］. Русский язык，2001（33）：4.

③ 滕大春. 外国教育通史：第3卷［M］. 济南：山东教育出版社，2005：428-429.

④ А. А. Леонтьев. История образования в России от Древней Руси до конца XX века（Начало）［J］. Русский язык，2001（33）：4.

洲著名学者担任，除研究外还必须在附设的大学和中学任教，以便逐步以培养出来的俄国院士取代外国人。由于科学院的建立，彼得格勒成了当时俄国科学、文化和教育的中心。①

1755年，在著名科学家罗蒙诺索夫的倡导下，在莫斯科建立了类似的大学，即莫斯科大学，设法律、哲学和医学三个系，同时创办了附属于莫斯科大学的两个文科中学。莫斯科大学的创办是俄国18世纪教育史上的重要事件。大学生中既有贵族，也有平民。面向贵族开放的文科中学主要设置以下课程：俄语、拉丁语、算术、几何、地理、哲学和外语。在面向平民开放的文科中学，主要讲授艺术、音乐、唱歌、绘画和技术科学等课程。②

（二）18世纪下半叶沙俄中小学教育的发展状况

18世纪下半叶，俄国开始建立国民教育制度，其标志是成立国民学校委员会，制定国民学校发展方案。

1762年叶卡捷琳娜二世上台之时，俄国的莫斯科周围、乌拉尔地区、彼得格勒和里加等地已成为主要的工商业地带。在工商业发展的同时，城市中要求设立学校的呼声渐高。许多地方出现了由私人或自治团体筹办起来的各种学校。这种自由发展引起了上层统治者的注意和不满，出于掌握学校和培养顺民的需要，他们学习欧洲其他国家，继彼得一世之后，进行建立和改善国家教育制度的工作。

当时欧洲教育界影响较大的是法国的教育思想和奥地利、普鲁士的教育制度。奥地利在1774年实行了教育改革，校长塞尔维亚人费·伊·扬科维奇（1741—1814）曾参与其事。叶卡捷琳娜不喜欢法国的激进思想，所以她选取了与俄国国情近似的奥地利为榜样，于1782年聘请扬科维奇来俄国主持教育改革，同年成立了国民学校委员会，由3名政府官员和科学院、莫斯科大学及附属学校的教授和教师组成。国民学校委员会的任务是制定设置国民学校的方案，制定教学计划，出版教学用书和设计教具，并考虑师资培养问题。

① 滕大春. 外国教育通史：第3卷［M］. 济南：山东教育出版社，2005：429.

② А. А. Леонтьев. История образования в России от Древней Руси до конца XX века（Начало）［J］. Русский язык，2001（33）：4.

1783 年以国库经费建立的“圣彼得堡中心国民学校”就是为了培养师资。

18 世纪后期，俄国社会运动高涨，主要表现之一就是要求发展国民教育，特别是建立国民学校的呼声日益强烈。1786 年，国民学校委员会颁布了《俄罗斯帝国国民学校章程》（《Устав народных училищ Российской империи》），由叶卡捷琳娜二世签署实施。俄罗斯研究者指出，根据 1786 年颁布的《俄罗斯帝国国民学校章程》，俄国进行了学校教育改革，在 18 世纪末，沙俄国家形成了一个稳定的国民教育体系。《俄罗斯帝国国民学校章程》批准了班级授课制。当时根据该章程进行的学校教育改革成为俄罗斯历史上教育发展的一个重要阶段。沙俄国民学校的数量迅速增加，到 18 世纪末，已经形成了一个学校系统，其中顶部是大学，上层是提高型教育机构（学员团、教育之家、斯莫尔尼研究所等），底层是国民学校。①

《俄罗斯帝国国民学校章程》规定，在各城区设立 2 年制的初级国民学校，在省城设立 5 年制的中心国民学校。这是俄国历史上颁布最早的有关国民教育制度的法令。叶卡捷琳娜二世统治期间共开设了 200 多所国民学校，形成了小学和重点学校网络，奠定了建立中等和高等教育的基础，制定了培养教师的专门计划，所有这些总体上为 19 世纪初新的教育改革奠定了基础。通过改革，俄罗斯第一次建立了历史上统一的、无阶层差别的普通学校体系，开始实行统一的教学计划，并且一改几个世纪以来从未变化的传统教学组织形式，开始引入班级授课制，尝试使用直观性教学，在高年级甚至开始引导学生自主思维。但是，叶卡捷琳娜二世时期制定的庞大的教育发展计划过于理想化，改革计划实际并没有完全得到落实。她提出省城和县城分别设立小学和中学，因此 18 世纪 80 年代各地开始设立国民中小学，但计划只实现了一部分。

直到 18 世纪末，俄国的国民教育仍然十分落后，每个省只有一所中学，半数以上的县城没有小学。虽然开设了一些平民子弟学校，但总体来说，平民受教育的机会仍然很少，教育对象基本上还是贵族子弟，学校整体处于不

---

① А. В. Кирьякова, Е. А. Гараева. История педагогики и образования: учебное пособие［М］. Оренбург: ОГУ, 2020: 73.

稳定和不独立的状态。此外，开明专制对教育产生了一定的消极影响。叶卡捷琳娜二世提出教育要培养效忠于国家和女皇的顺民，她制定政策推动平民教育，可是也明确表示庶民无须接受教育。初等教育的普及性和义务性没有被当时法律所接受，而这两条原则是国民教育的奠基石。因此，叶卡捷琳娜二世的教育改革未能改变俄罗斯教育的落后状态。①

对俄罗斯来说，19 世纪下半叶是一个大改革时期，改革主要体现在废除农奴制、地方自治，倡议私人在创建普通中等学校方面的作用不断增强。沙皇亚历山大二世在其统治的开始就着手准备和实施了涉及农民、司法、军事和学校等领域的一系列改革。1856 年，沙俄国民教育部授权学校管理总局学术委员会（Ученый комитет Главного управления училищ）修改 1828 年批准通过的文科中学和中等学校章程。②

三、沙俄时期中小学教育的发展特点

（一）沙俄教育改革显现出的欧化趋势

17 世纪中叶，沙俄教育逐渐“罗马化”（拉丁化 латинизация），其基础是从西欧借鉴来的思想。主张净化俄罗斯东正教的老信徒运动当时正在沙俄积聚力量蓄势待发。在 17—18 世纪，选择基于西欧传统和思想的文化和教育成为当时俄罗斯的优先事项。③

一般认为，彼得大帝改革是俄罗斯社会现代性的起点。④ 为了让俄罗斯摆脱愚昧、野蛮，进入文明阶段，在彼得一世所进行的各项改革中，教育领域的改革是首要任务。“欧化”是沙皇俄国时期教育改革的指导思想。彼得一世的西欧之行使其认识到，只有向西欧学习，通过改革才能改变俄国落后的局面。而社会改革需要大批适应社会发展和现代化建设需要的人才，以前的宗

---

① 姜晓燕. 试析叶卡捷琳娜二世时期的教育改革［J］. 纪念《教育史研究》创刊二十周年论文集（17）：外国教育政策与制度改革史研究，2009：440-442.

② Перцев В. В. Гимназическое образование в дореволюционной России：вторая половина 19 – начало 20 века［J］. Концепт，2013（1）：46-53.

③ А. В. Кирьякова，Е. А. Гараева. История педагогики и образования：учебное пособие［M］. Оренбургский гос. ун-т. Оренбург：ОГУ，2020：65-66.

④ 姜磊. 俄罗斯知识分子群体的缘起和演变研究［J］. 国外社会科学，2016（6）：53-64.

教教育无法满足这一需要，因此，彼得大帝大刀阔斧地进行了教育改革，开启了俄国的教育现代化进程。①

彼得大帝梦想创建一个统一的、不分阶层的教育系统（единая внесословная система образования）。但事实上，他建立的教育系统既不是统一的，也不是不分阶层的。彼得没有专门提出和设定普通教育的任务，普通教育是顺便提供的，他只是将普通教育看作职业教育的一部分和接受职业教育的条件。尽管如此，彼得建立的教育体系在俄罗斯教育的历史发展中发挥了巨大作用，极大地推动了俄罗斯教育向欧洲教育系统的融入。此外，彼得在1714年宣布，所有阶层（农民除外）的儿童都必须接受教育，接受教育是一种义务。正是彼得使俄罗斯引入了至今仍然在使用的俄语字母，正是彼得使西欧的许多教科书最早被翻译成俄语。当时翻译的主要是关于自然科学、数学和技术科学的教科书以及天文学、防御工事等。②

（二）沙俄教育从宗教化向世俗化过渡的趋势

东正教在俄罗斯教育体系中曾经发挥重要的作用，在俄罗斯教育发展史上曾经承担过世俗教育的义务。东正教提倡理性，强调人的思想、感情和智慧，追求知识和技术，既主张维护民族独立，又肯定外来文化的积极作用。在与西欧日趋频繁的接触之下，东正教与时俱进，开始承担起文化的世俗化任务。在彼得时期，东正教教会的教育机构所占比例极大，与国立教育机构和民间教育机构一起构成了彼得教育改革中民众初级教育的三大组成部分。“在东正教教堂里不仅有神学教学机构，还有初级民族教育形式的广泛组织（除了教堂的教区学校外，甚至还有大部分的文化学校）。”③ 俄罗斯科学院社会学研究所的学者对此做出评价：“从彼得一世开始，教堂就没有离开过俄罗斯的教育空间。”④

---

① 李雅君. 俄罗斯暴风骤雨式教育改革模式探析［J］. 外国教育研究，2010，37（5）：63-67.

② А. А. Леонтьев. История образования в России от Древней Руси до конца XX века（Начало）［J］. Русский язык，2001（33）：4.

③ Андреев А. Л. Российское образование：социально-исторические контексты［M］. – М.：Наука，2008：105.

④ Андреев А. Л. Российское образование：социально-исторические контексты［M］. – М.：Наука，2008：87.

彼得大帝时期，东正教成为俄罗斯初级教育和扫盲运动的重要推动力。东正教传道者成为俄罗斯民族启蒙教育运动的先驱，从一开始就推崇普及教育、大众化教育。东正教教士是彼得教育平民化措施的最早和最广泛的实施者。教育平民化让广大的俄罗斯民众没有阶层、贵贱之分，他们也开始接受基础教育和更高级的科学教育，从而成为知识的受益者。据俄罗斯的资料表明，16—17 世纪俄罗斯 78% 的贵族，50% 的高、中级阶层的地主，20% 的城镇居民，15% 的农民处于脱盲状态。这一切皆是东正教教士们的功劳。在这个阶段，由于与神职人员中的科学人士接触，非宗教界人士开始从事文学创作。这些人当中不仅有沙皇伊凡雷帝，还有王公贵族。所以说，俄罗斯的教育、文学、诗歌、建筑的兴起与东正教有着密不可分的关系。①

到 17 世纪末，随着俄国社会的发展，国家迫切要求打破教会对学校事业的垄断，将教育的管理权收归国家，建立世俗教育制度。彼得一世发展了有益于国家的非宗教的科学，鼓励敢于创新的思想和行动。他把科学、教育和文化看作俄国“欧化”和人民获得幸福的重要手段。学校由国家管理、为国家育人，教育与宗教分离，是教育发展的进步趋势。教育世俗化使学校从蒙昧主义统治下解放出来，走上科学化的道路。教育世俗化促进了公立教育制度的迅猛发展，实现了教育社会职能的转变。学校是为社会、为国家培养人，而不是为教会培养人。学校培养的是公民和爱国者，而不是教士和牧师。② 叶卡捷琳娜二世执政时期提出教育责任应当由国家承担，所以她所实施的教育改革从一开始就受到政府的直接推动，教育世俗化的趋势进一步加强，这对俄罗斯教育的影响极其深远。③

（三）建立统一的学制，国家开始参与教育管理

1786 年 5 月，沙皇政府颁布了第一个有关国民教育制度的正式法令——《俄罗斯帝国国民学校章程》（《Устав народных училищ Российской империи》）。该章程规定了全俄统一的学制，如在各省应设立 5 年制的中

---

① 翁泽仁. 东正教与俄罗斯教育［J］. 思想战线，2010，36（2）：97-100.

② 李雅君. 俄罗斯暴风骤雨式教育改革模式探析［J］. 外国教育研究，2010，37（5）：63-67.

③ 姜晓燕. 试析叶卡捷琳娜二世时期的教育改革［J］. 纪念《教育史研究》创刊二十周年论文集（17）：外国教育政策与制度改革史研究，2009：440-442.

心国民学校，在每个县应设立 2 年制的初级国民学校，并确定了学制、教学科目、教科书、参考资料、学生数量和他们的学业负担。俄国教育史上这一重大事件标志着这个国家教育法制化和制度化的开端。由于该法令的实施，初、中等教育完全被忽视，外省缺乏学校教育的情况稍有改变。[①]《俄罗斯帝国国民学校章程》规定各地国民学校由当地政府负责领导，由它们委托学官和校长进行管理。在中央则设立总管理处，学校经费不仅国库支付，而且地方自治和商人也要负担。《俄罗斯帝国国民学校章程》规定给予全体国民以教育的机会，不论其阶级出身、性别如何，甚至农奴也可进入城市的学校，然而实际上并未完全办到。尽管如此，它依然是俄罗斯在历史上最早发布的系统的初等教育学制令，在一定程度上推动了当时教育的发展。

后来，1804 年《俄罗斯帝国大学章程》（《Устав университетов Российской империи》）和 1804 年《大学附属学校章程》（《Устав учебных заведений，подведомственных университетам》）的颁布和实施，使俄国学校的教育体系及其布局结构得到进一步改善，这主要体现在按学区划分来构建学校体系。按照 1803 年颁布的《国民教育暂行章程》的规定，在全国设立莫斯科、圣彼得堡、喀山、哈尔科夫、维里诺、德尔泊六个大学区，每区设大学一所，学区内的各级学校由大学管理，而整个学校系统最后统归国民教育部管理。[②] 整个学校体系由三类学校构成——教区学校、县立学校和文科中学（或称省立学校），其中，前两类学校是免费的、不分阶级的。与叶卡捷琳娜二世执政时期的学校体系不同的是，这三类学校是普通教育的三个相互衔接的阶段。教区学校，学制 1 年，主要学习神学、阅读、写字、初步算术，毕业后可升入县立学校；县立学校（前身是原来的初级国民学校），学制 2 年，除继续学习神学和算术外，还有语法、地理、历史、初级物理以及历史和工艺学；文科中学（省立学校），学习公民学和社会学（按现在的称法）以及逻辑学、心理学、伦理学、美学、政治经济学、商业科学、工艺学、物理和自然科学等

① 王长纯，等. 教师教育思想史研究：上、下册［M］. 长春：东北师范大学出版社，2016：406.

② Либеральные преобразования в просвещении начала XIX в［EB/OL］. https：//studentam.net/content/view/1486/125/.

科目。

尽管倡议教育平民化，但是，沙俄教育的阶层化问题还是比较突出。当时亚历山大一世并不重视培养非贵族出身的学生，农民、工匠家庭的大部分学生不能升入县立学校接受中等教育，只能在教区学校学习。1817 年以后，这一学校体系的进步性质就被剔除殆尽，倒向了保守主义立场。[①] 亚历山大一世去世和十二月党人起义失败之后，俄国教育体系继续走向保守。直到 1826 年，沙皇政府才正式下令组建学校特别筹备委员会，责成该委员会立即推行统一教学体系。尼古拉一世清楚地知道，同革命的、自由的思想斗争应该从学校开始。于是，教育体系重新强调阶级基础——“谁也不能获得超出自己身份的教育”[②]。

这一时期，就整个普通教育体系的情况来说，并没有多大改变，但是，所有学校的管辖权却全部由大学转给了学区行政当局，即国民教育部。文科中学的教学情况发生了很大变化，希腊语和拉丁语成为学校的主要教学科目，一些实用学科只允许作为补充知识在学校里教授。当时，文科中学被看作进入大学的必经之路，体现出很强的阶级性。因此，非贵族子弟进入大学的通道实际上已被封死。而贵族寄宿学校和私立学校则完全受国家监控，实行封闭教学，并且要求教学计划符合国家规定的学校教学计划。[③]

第二节 沙俄时期教师教育的产生与发展

一、18 世纪沙俄的教师培养以非专门化的教师教育机构为主

作为一个社会的教育问题，教师教育与普通学校的广泛发展和普及教育

① 王长纯，等. 教师教育思想史研究：上、下册［M］. 长春：东北师范大学出版社，2016：406.

② А. А. Леонтьев. История образования в России от Древней Руси до конца XX века（Начало）［J］. Русский язык，2001（33）：4.

③ 王长纯，等. 教师教育思想史研究：上、下册［M］. 长春：东北师范大学出版社，2016：405.

的实施密切相关。教育发展的每一个阶段都与教师培养制度的根本变化有关。[①] 1779 年，俄罗斯历史上第一所教师学堂创办。直到 1917 年前，各种类型的教师教育机构不断出现。在这一历史时期，俄罗斯形成了相当广泛的师范教育网络体系，为俄罗斯不断发展的文化和教育领域培养教师和指导师（наставник）提供了保障。

尽管与 17 世纪相比较，沙俄一些教育机构已经开始进行师资培养工作，但是，18 世纪的沙皇俄国还不能称得上已经形成教师教育体系。遗憾的是，在俄罗斯师范教育历史中，18 世纪是两种趋势互相斗争的时期：一种观点是开明的公众认识到需要对不同类型学校的教师进行专门的培训，另一种观点则坚持完全相反的认知，认为除了学科知识外，教学不需要任何特殊的、专门的技能。与沙俄权力当局所持的立场有关，这两种观点的博弈持续了整个 18 世纪。[②] 这严重阻碍了师范教育的发展，使沙俄长期以来一直面临教师紧缺的问题。

整体来看，18 世纪俄罗斯培养教师主要是在非专门化的教师教育机构进行。当时参与教师培养的机构具体如下：

（一）莫斯科大学附属教师学堂——综合大学承担教师培养

莫斯科大学实际上是俄罗斯第一所高等师范学校。1779 年 11 月 13 日，莫斯科大学创办了俄罗斯第一所教师学堂，学制是 3 年，为莫斯科大学和喀山大学的附属文科中学以及寄宿学校和其他封闭式管理的学校等培养教师。[③] 但是，这所学堂存在的时间并不太长。

莫斯科大学的建立源于罗蒙诺索夫对在俄罗斯建立高等教育体系的重视和对当时教师人才培养问题的思考。早在 1724 年，由彼得一世创立的圣彼得

---

① Российская педагогическая энциклопедия. Педагогическое образование. Лит.: Состояние, проблемы и стратегия развития педагогического образования, под ред. А. А. Вербицкого, М. Н. Костиковой, М., 1996. [EB/OL]. http://niv. ru/doc/dictionary/pedagogical-encyclopedia/articles/254/pedagogicheskoe-obrazovanie. htm.

② Войтеховская М. П. История педагогического образования в России: учебное пособие. Часть I [М]. – Томск: Издательство Томского государственного педагогического университета, 2013: 21.

③ В. И. Смирнов. Зарождение и развитие системы педагогического образования В России (конец XVⅢ-начало XX вв.) [J]. Историко-педагогический журнал, 2013 (1): 59-74.

堡科学院就建立了一所附属大学和一所附属文科中学，其目的是培养俄罗斯的科学人才。但是，文科中学和大学并没有胜任这项任务。因此，罗蒙诺索夫一再提出在莫斯科创办大学的问题。他在给当时的教育部长苏瓦洛夫（И. И. Шувалов）的信中提出此建议，并成为建立莫斯科大学项目设计的基础。苏瓦洛夫熟悉俄罗斯科学和文化的发展状况，对罗蒙诺索夫的许多创新举措提供过帮助。苏瓦洛夫对女皇说出创建莫斯科大学的建议后，1755 年 1 月 25 日，伊丽莎白·彼得罗夫娜女皇亲自批准了建立莫斯科大学的法令。1755 年 4 月 26 日（另一观点是 5 月 7 日），在伊丽莎白·彼得罗夫娜加冕周年纪念日的庆祝活动当天，莫斯科大学举行了开班仪式。大学最初设法律、医学和哲学 3 个系，所有学生首先要在哲学系开始大学的学习，在那里可以接受自然科学和人文学科的基础培训，然后，可以自己选择主修法律、医学或哲学专业，在相应的系继续接受专业教育。与欧洲的大学不同，莫斯科大学没有神学院，因为在当时的沙皇俄国已经存在一个特殊的教育系统来为东正教会培养神职人员。莫斯科大学的教授们不仅用当时公认的科学语言——拉丁语授课，而且用自己祖国的语言——俄语授课。后来，在 1940 年，为了纪念伟大的科学家、莫斯科大学的主要奠基人米哈伊尔·罗蒙诺索夫，莫斯科大学开始以他的名字命名。①

1755 年，根据罗蒙诺索夫的建议，莫斯科大学也创办了一所普通世俗教育学校——设有贵族和平民两个部的文科中学。说到这个文科中学的作用，罗蒙诺索夫曾形象地说：“大学没有文科中学等于没有种子的田野。”② 莫斯科大学附属文科中学的活动一直延续到 1812 年，这期间在此学习的学生多达 3000 人以上。1757 年，莫斯科大学在教授们的倡议和支持下创办了喀山的文科中学。此外，莫斯科大学还开设了一所贵族寄宿学校，俄国历史上许多伟大的社会、科学、文学和艺术活动家及一些教育家都曾在这里就读。

1757 年，莫斯科大学受国家委托，负责考察外国教师和寄宿学校创办人，开始组织面向外国教师的从教资格考试，旨在审核外国教师获得在俄罗斯从

① История Московского университета［EB/OL］. http：// www. msu. ru/info/history. html.

② Аксентьева Е А. Из истории подготовки учительских кадров в России во второй половине XIX начале XX вв［J］. Народное образование，2009（3）：59.

事教育活动的资格。那些通过考试的人将获得一份证书，证明他们具有担任私立寄宿学校教师的资格。此后，沙俄政府曾多次向莫斯科大学征求意见，即能不能由莫斯科大学培养一些能够“通过考核”和“称职”的教师以满足国家师资需求。显然，这一任务仅靠一所大学的力量是不能解决的。但是，这一事实说明，官方承认“大学是当时师资培养最重要的中心”。随着普通中等教育和初等教育的发展，沙俄产生了建立专门的师资培养机构的需要和意识。

莫斯科大学实际上是俄罗斯第一所重视师资培养的世俗高等教育机构，对 18 世纪下半叶的教师培养做出了一定的贡献。1779 年，在德国人约翰·格奥尔格·施瓦列茨（Иоганн-Георг Шварец，1751—1784）的倡议下，莫斯科大学开设了 3 年制的师范学堂（Педагогическая семинария），旨在为莫斯科大学附属文科中学和喀山文科中学培养师资。莫斯科大学附属师范学堂首先开设了教育学课程，其学生来自教会学校，同时是莫斯科大学的学生。因此，可以把师范学堂看作高等教师学校。师范学堂的学生广泛阅读本国的教育文献，也阅读国外文献。从国外引进的书籍中，作为当时的教育学百科全书，从德语翻译过来的《教师及普通教育体系》（《Учитель или Всеобщая система воспитания》）很受学生欢迎。在师范学堂执教的是来自莫斯科大学的教授和文科中学教学水平较高的教师。师范学堂的毕业生被派往文科中学、寄宿学校和其他教育教学机构执教，或者去担任翻译工作。

在沙俄国家中等学校网展开之前，莫斯科大学已经积极工作了几十年，为国家培养了必要的师资力量，其学生是 18 世纪至 19 世纪初等和中等学校教师最主要的来源。[①] 除了极少数的例外，莫斯科大学附属师范学堂几乎所有的学生都成为教育工作者，其中一些成为著名的教育家、政治活动家和宗教活动家。约翰·格奥尔格·施瓦列茨去世后，莫斯科大学附属师范学堂没有得到政府的支持，于 1791 年关闭。[②]

---

① 王长纯，等. 教师教育思想史研究：上、下册［M］. 长春：东北师范大学出版社，2016：402.

② Глава 7. Развитие высшего педагогического образования в России（XVIII – начало XX века）［EB/OL］. https：//www. rsu. edu. ru/wp – content/uploads/e – learning/ZUMK – razvitie – vishego – pedagogicheskogo–obrazovaniya–za–rubezhom–i–v–rossii/07. htm.

（二）俄国科学院附属大学——研究机构参与教师培养

1724 年 1 月，彼得一世下令创建俄国科学院。1725 年，在圣彼得堡根据彼得一世的遗志创办了俄国科学院，次年科学院又设立了附属大学和文科中学。与西欧科学院不同，俄国科学院的任务不仅限于发展科学，还在于培养“将来对人民有益”的学者和有教养的人。科学院的活动集中体现在以下四个方面：科学研究、技术应用、文化教育和师资培养。科学院执教人员主要是一些从国外聘请的知名学者和教师，按照协议规定，他们应该给大学生和中学生授课，履行大学教授和中学教师的职责。而科学院附属文科中学的教师则由科学院院长任命。数学家、文学家和翻译家阿达杜罗夫（В. Е. Ададуров，1709—1780）是附属文科中学第一批俄国本土教师之一。来到学校后，他很快就成为科学院初级研究员。他既在附属文科中学里教授算术、几何、俄语和修辞，也在大学里讲课。他用俄语和德语两种语言授课。此外，他还担任从莫斯科斯拉夫-希腊-拉丁语学院转来的大学生班的班主任。

科学院是彼得一世的心血结晶，也是他最喜欢的创意。在圣彼得堡建立了附属于科学院的俄罗斯第一所大学，并建立了大学附属文科中学。彼得所创建的这些教育系统在他去世后于 1726 年开始运行。当时，大学的教授主要是从德国邀请的，其中很多教授是欧洲著名的学者，例如数学教授伯努利（Бернулли）和欧拉（Эйлер）。起初，大学里的学生数量很少，他们绝大多数都是贵族的子女或者是居住在俄罗斯的外国人的孩子。但是，这种情况持续时间不长，学校很快就引入了奖学金制度，为享受“国家资助”的学生（依靠国家付费学习的学生）留有特殊名额。获得国家资助的学生中也有平民，甚至还有农民（例如，罗蒙诺索夫，М. В. Ломоносов）。在大学附属文科中学的学生中，也有士兵、木匠和农民的子女，但他们通常仅限于低年级（初级）的学习。①

1747 年沙皇俄国批准通过了《圣彼得堡皇家科学和艺术学院章程》。该章程规定，科学院分为两部分——科学院本身和重获创办权的科学院附属大

---

① А. А. Леонтьев. История образования в России от Древней Руси до конца XX века (Начало) [J]. Русский язык, 2001 (33): 4.

学。至此，科学院人文部转交给了大学。[1] 俄国科学院曾为俄国培养了大批从事科学和教育活动的学者，其对于教育，特别是对于教师培养的意义，已远远超出了附属大学和文科中学的办学范围。在对教育产生广泛影响的同时，科学院也是一个科学思想中心——通过实践和教学活动普及科学知识，创办《圣彼得堡消息报》，出版科学、教育文献。这些活动给当时俄国教师提供了极大帮助。[2]

（三）圣彼得堡中心国民学校——中小学教师培养机构

沙皇俄国于 1783 年创办了圣彼得堡中心国民学校（Петербургское главное народное училище 字面意思是圣彼得堡主要国民学校），其建立的目的就是培养教师。圣彼得堡中心国民学校第一批学生就是 1783 年从亚历山大-涅夫斯基、喀山和斯莫尔神学院以及莫斯科斯拉夫-希腊-拉丁语学院招收进来的。在那里，未来的教师可以掌握广泛的通识教育课程（курс общеобразовательной подготовк），学校特别重视让学生学习那些毕业后将要讲授的学科。此外，学校组织学生从理论和实践两个方面来学习“教学方式”（Способ учения）——组织教学过程的方法。《俄罗斯帝国国民学校章程》规定，“在每所主要国民学校中，除了让学生学习通识教育课程外，对希望成为小型国民学校教师的学生要进行专门训练，培养有意愿者做好担任教师职责的准备”[3]。

（四）圣彼得堡师范学堂——专门教师培养机构的短暂办学

1786 年，从圣彼得堡中心国民学校分离出一部分力量，组建了圣彼得堡师范学堂，不久后被称为师范文科中学，维持运行到 1801 年。这是一所封闭学校，允许严厉惩罚学生（最严重的惩罚方式是关禁闭，一个月内只给面包和水用以维持生存），但体罚是不允许的。

圣彼得堡师范学堂特别重视宗教道德教育，其教学计划与中心国民学校

① 王长纯，等. 教师教育思想史研究：上、下册［M］. 长春：东北师范大学出版社，2016：403.

② 王长纯，等. 教师教育思想史研究：上、下册［M］. 长春：东北师范大学出版社，2016：401-402.

③ В. И. Смирнов. Зарождение и развитие системы педагогического образования В России（конец ⅩⅧ -начало ⅩⅩ ВВ.）［J］. Историко-педагогический журнал, 2013（1）：59-74.

基本相同，实行班级授课制。同时为师范生提供专业教学资料，并组织他们在圣彼得堡初级国民学校开展教育实习。但是，圣彼得堡师范学堂从组建到停办只是短短地存在了十几年时间（1786—1801），总计培养出 425 名教师，其中，一部分毕业生去中心国民学校的高年级任教，另一部分去低年级任教。①

（五）18 世纪沙俄时期教师教育发展简析

18 世纪是俄罗斯教师教育的萌芽阶段，是其教师教育制度形成的酝酿阶段。在这一阶段，沙皇俄国的教师教育步履蹒跚、发展缓慢。究其原因，大体上可以概括为以下两方面：一方面，18 世纪的俄国政治精英对发展教师教育存在钟摆现象；另一方面，当时俄国的政治精英和社会精英关于如何发展教师教育的思想相互矛盾，这或许就是问题的症结所在。

18 世纪沙皇俄国的教师培养还没有实现专门化。有俄罗斯学者指出，在 18—19 世纪，大多数教师的培养都是教师自己独自活动的结果。不可否认，这是教师生成的一种方式。但是，教师的自我教育和创造潜能实现却非常有局限性。根据著名教育家卡普捷列夫（П. Ф. Каптерев）的观点，教师培养的非专门化这种情况经常导致“真诚敬业的教师逐渐失去了教学的热情，教学变成了例行公事”②。

尽管如此，与 17 世纪相比，由于俄国科学院及其附属大学和文科中学的创建和教师培养活动，这一时期师资培养工作还是表现出一些明显的不同。首先，师资培养体现出了一定的集中性；其次，师资培养水平明显提高。为了克服传统派和达官贵族在科学和教育人才成长道路上设置的障碍，为了将科学院变成俄国科学、教育、文化和师资培养中心，俄国许多学者、哲学家、作家和评论家都做出了不懈努力，罗蒙诺索夫的教育活动是一个最好的例证。

二、19 世纪上半叶沙俄教师培养体系的初建

基础教育的质量取决于教师，教师影响到整个职业教育体系。试图减少

---

① Н. В. Седова. История педагогического образования в России [EB/OL]. http://ideashistory.org.ru/pdfs/33sedova.pdf.

② В. И. Смирнов. Зарождение и развитие системы педагогического образования В России (конец ⅩⅧ-начало ⅩⅩ ВВ.) [J]. Историко-педагогический журнал, 2013 (1): 59-74.

和节约教师培养培训的经费，在任何时代拒绝发展完整的教师教育体系，都会使社会和国家付出沉重的代价。[①] 19 世纪上半叶沙俄教师培养的组织形式如下：

（一）宗教学堂

教师是任何学习过程中的必要参与者。在 19 世纪，培训知识渊博且受过良好教育的教师的问题非常紧迫，尤其是在县级学校（уездное училище）和教区学校（приходское училище）。在 1800 年，俄罗斯共有 315 所学校，在校就读学生总数 19915 人，但是，在学校工作的教师只有 790 人。也就是说，每所学校平均只有 2—3 名老师。当时，普通人（случайные люди）成为教师是很平常的现象。当时的教师培训主要由 1802 年成立的国民教育部、东正教教团或牧首（Синод）和玛丽亚皇后所辖部门负责管理。

在 19 世纪上半叶，宗教学堂仍然是从事教师培养最主要的学校。宗教学堂的部分毕业生进入大学继续学习，部分毕业生则去教师学堂继续学习。但是，绝大多数毕业生从事了教学活动。在国民教育部部长 Д. А. 托尔斯泰（Д. А. Толстой）的倡议下，从 1866 年起，宗教学堂开始引入教育学课程，要求神职人员必须在星期日学校上课。宗教学堂录取 2 年制学校的毕业生，其学制为 3 年。宗教学堂的教学内容包括以下科目：上帝的旨意（Закон Божий），俄语和文学，数学，自然科学，物理学，地理，历史，绘画，唱歌，教育学和小学教学法（методика начального обучения）。宗教学堂还开设了附属实验学校，目的是对宗教学堂的学生进行实践培训。[②]

（二）大学附属教师学院或师范学院

在 1803 年 1 月 24 日，沙皇政府发布了《关于学校的设置令——关于国家的国民教育体系》，批准了发展公共教育的初步规定。这就需要为发展公共

① Войтеховская М. П. История педагогического образования в России：учебное пособие［M］. Часть I / М. П. Войтеховская. – Томск：Издательство Томского государственного педагогического университета，2013：40.

② Т. К. Авдеева. Эволюция педагогического образования в России XIX – начала XX века［J］. Ученые записки Орловского государственного университета. Серия：Гуманитарные и социальные науки，2012（2）：213-219.

教育培养大量的教师。该法令第二章第 39 条规定：“每所大学都必须建立一个教师学院（учительский институт）或师范学院（педагогический институт）。被大学录取到这两类学院的学生将获得教师候选人资格，并在学习内容方面享有特殊的福利。”教师学院是为国民学校（народное училище）培养高级教师的机构。

根据 1804 年《大学附属学校章程》（Устав учебных заведений, подведомых университетам）的规定，每所大学中必须创建师范学院，师范学院的学制是 3 年，其招生对象限定为已经接受完大学教育的高校毕业生。师范学院的学生要在 3 年内持续接受针对所选定学科的学术教育，并要掌握教师职业技能，要进入有丰富经验的教师课堂，听这些教师讲课，并要尝试上课。圣彼得堡师范学院还制定了自己的“规则”，要求 3 年级的大学生必须在教授的指导下学习“教育学”或“教学方式”（педагогией, или способом учения），目的是为学生提供方法上的建议。在莫斯科大学，教授们向未来的教师传授“教育和教学规则”（педагогические и дидактические правила），并设置许多教育主题与学生们进行对话。①

为了培养教师，1804 年，在首都建立了由教师学堂转型而成的师范学院。后来，在以下一些俄罗斯大学先后开设了师范学院：1804 年（也有俄罗斯学者认为是 1820 年），德普特大学（Дерптский университет）建立了师范学院。1811 年，哈尔科夫大学（Харьковский университет）开设了师范学院。1812 年，喀山大学（Казанский университет）创建了师范学院。1834 年，基辅大学成立了师范学院。关于其他师范学院的信息很少，仅有的消息是，在 1828 年，在所有师范学院中学习的学生是 260 人。

在当时，师范学院并不是独立办学机构，而是大学的一个组织部门。当时在师范学院学习的学员通常是那些在大学中决定从事教学工作的、最优秀的大学毕业生。那时，未来想做教师工作的大学生要学习他们所选专业的学科（科学），在 3 年内要形成教学能力——“能够清晰地、系统地组织教学的

① В. И. Смирнов. Зарождение и развитие системы педагогического образования В России (конец ⅩⅧ-начало ⅩⅩ вв.)［J］. Историко-педагогический журнал, 2013 (1): 59-74.

艺术”。那些以优异的成绩结束师范学院学习的毕业生获得了硕士学位并留在大学任教，其余的毕业生则被分配到中等学校担任低年级和高年级教师。[①]

（三）主要师范学院和第二类主要师范学院

1803 年，教师学堂的地位被恢复，确定为文科中学，并于 1804 年改建为圣彼得堡师范学院。在 С. С. 乌瓦洛夫（С. С. Уваров）统治期间，1816 年 12 月 23 日，圣彼得堡师范学院被改组为主要师范学院（Главный педагогический институт），被赋予了大学的地位，学制 6 年，用于为中等学校和高等学校培养教师。[②] 主要师范学院的任务是为俄罗斯帝国教育部管理的所有学校（主要是文科中学，其次是教区学校）培养教师，也为高等教育机构培养教授和大学教师。

有俄罗斯研究者指出，主要师范学院是典型的尼古拉耶夫教育营。根据规定，学生必须在早上 7 点在学校集合并准备课程，8 点他们要统一做祈祷，然后听福音书诵读，之后吃早餐。从 9 点到下午 3 点上课。下午 3 点 15 吃午餐。在午餐期间，“在不破坏公共环境的安静的情况下，允许学生以所有受过教育的人特有的谦虚态度一起谈论自己学习的讲座课程的内容”。主要师范学院开设的课程如下：2 年的初级（通识）课程；3 年的高深科学课程，在以下三类科学中选择一种来学习：哲学和法律科学、物理和数学科学、历史和言语科学；最后 1 年专门用于学习教育学的相关课程。教师培养是多学科的，也就是说，主要师范学院的毕业生可以教授 2—3 个科目，因此，物理和数学系的毕业生可以教授数学、物理和地理学。[③]

在 1817 年，俄罗斯创建了第二类主要师范学院，学制为 4 年，旨在为县

---

① Т. К. Авдеева. Эволюция педагогического образования в России XIX – начала XX века［J］. Ученые записки Орловского государственного университета. Серия：Гуманитарные и социальные науки，2012（2）：213-219.

② В. И. Смирнов. Зарождение и развитие системы педагогического образования В России（конец XVIII-начало XX ВВ.）［J］. Историко-педагогический журнал，2013（1）：59-74.

③ Т. К. Авдеева. Эволюция педагогического образования в России XIX – начала XX века［J］. Ученые записки Орловского государственного университета. Серия：Гуманитарные и социальные науки，2012（2）：213-219.

立学校（уездное училище）和教区学校（приходское училище）培养教师。在1819年，主要师范学院改建为圣彼得堡大学，从1822年开始，在圣彼得堡大学内建立了教师学院（Учительский институт）①。第二类主要师范学院的所有学生都进入圣彼得堡大学学习。此后，俄罗斯师范学院经历了八九年的断裂期，在此期间俄罗斯没有专门的、独立的高等师范院校，教师培养仅仅在大学中进行。

1828年，主要师范学院被重新批准为封闭式教育机构，并建立了严格的内部制度，为国民教育部管理的高等院校和中等学校培养教师。根据当时的规定，主要师范学院的毕业生自动获得“文科中学教师”的称号，并被要求在国民教育部管理的学校至少工作8年。1852年，主要师范学院物理和数学系的高级课程被划分为两个部分：数学科学和自然科学。该系的学习期限是4年。被录取到该系的大学生是由平民（разночинец）组成的，主要是神学院的学生。国家为该系的大学生提供资助，并提供宿舍。从1829年到1858年，主要师范学院总计培养了682名教师，其中43名成为大学教师和大学教授，377名成为中学教师，262名成为小学教师。1859年，主要师范学院再次被取消，取而代之的是在大学开设了为期两年的教师培训课程班，该课程班持续设置到1863年。②

三、19世纪下半叶沙俄教师培养体系的发展

19世纪下半叶俄罗斯教师教育获得了迅猛的发展。随着19世纪60年代的学校改革，俄罗斯师范教育体系开始发生重大变化。由于各级学校数量的迅速增加需要更多师资，这促进了政府、地方机构和社会组织加强教师培养活动的积极性，教师专门化培养的思想获得了发展。因此，在19世纪末20世纪初，俄罗斯建立了广泛的中等师范教育和高等师范教育体系，主要包括以

① В. И. Смирнов. Зарождение и развитие системы педагогического образования В России（конец ⅩⅧ-начало ⅩⅩ ВВ.）[J]. Историко-педагогический журнал，2013（1）：59-74.

② Т. К. Авдеева. Эволюция педагогического образования в России XIX – начала XX века [J]. Ученые записки Орловского государственного университета. Серия：Гуманитарные и социальные науки，2012（2）：213-219.

培养小学教师为主要使命的专门师范院校、教师班（педагогические классы）、教师课程班（педагогические курсы），还有以培养中学教师为使命的各种教师培养形式。下面逐一介绍各种形式的教师培养机构。

（一）19 世纪下半叶沙俄培养小学教师的独立的专门机构

19 世纪下半叶，沙俄建立了专门培养小学教师的独立的机构，主要是师范专科学校（специальные педагогические учебные заведения），承担培养小学教师的任务，包括二级教师学校（второклассные учительские школы）、教会教师学校（церковно-учительские школы）、教师学堂（учительские семинарии）等几类学校。①

1. 二级教师学校——为扫盲学校培养教师

二级教师学校有男子学校和女子学校之分，根据 1895 年法令而建立，为扫盲学校培养教师。学制为 3 年，教学内容是通识教育课程，了解教学方法的基础知识，特别重视东正教的宗教教育。二级教师学校的学生都在教堂的教区学校上第一堂课。1907 年，俄罗斯共有 420 多所二级教师学校，总计有 21000 名学生。1908 年后，由于扫盲学校的关闭，二级教师学校也开始关闭。

2. 教会教师学校——为扫盲学校和各种小学培养教师

教会教师学校（церковно-учительская школа）产生于 19 世纪下半叶，是由东正教教会部门（Ведомство православного исповедания）管理的学校之一，有男子教会教师学校和女子教会教师学校之分。自 1902 年开始，教会教师学校划分为二级学校和教师学校两类：第一类为扫盲学校培养师资，第二类为各种小学培养教师。3 年制的教学计划包括以下课程：上帝的旨意、普通历史和俄罗斯教会的历史、教学论和教学法、教堂唱歌和音乐、斯拉夫宗教语、通识教育科目、针线活（仅在女校开设）。教会教师学校创建了小学，并以此为基础进行实习实践。

二级教会教师学校也是属于宗教事务部门管理的学校。到 19 世纪末，二级教会教师学校得到了快速发展，其具体的发展动态详见下表。

---

① В. И. Смирнов. Зарождение и развитие системы педагогического образования В России（конец ⅩⅤⅢ-начало ⅩⅩ вв.）［J］. Историко-педагогический журнал, 2013（1）: 59-74.

19 世纪末至 20 世纪初，俄罗斯教会教师学校的数量

年份	教会教师学校数量
1896—1898	225
1899—1900	349
1901—1905	421
1907	427

二级教会教师学校的学习年限是 3 年，开设以下科目：上帝的旨意，宗教史，宗教通史和俄罗斯宗教史，宗教歌曲，俄语，斯拉夫宗教语，俄罗斯国家史，与自然现象有关的地理，算术，几何绘图和绘画，教学论，有关卫生、书法、针线活（在女子学校）的基本实用信息。二级教会教师学校下设有一级教会教区学校（одноклассные церковно-приходские школы），负责对学生进行教育实习实训，培养学生的教学能力。能够成功修学完成二级教会教师学校所有课程的学生，将会获得由理事会（советы оных）颁发的证书，授予毕业生教师称号或者扫盲学校女教师称号。教会教师学校的毕业生分布情况详见下表①：

1896—1900 教会教师学校的毕业生分布情况

扫盲学校 Школы грамоты	教区学校 Церковно-приходские	地方自治的学校 Земские	教育部管理的学校 Министерские	继续学习者 Продолжили обучение
1662	1182	1537	39	208
36%	26%	33%	1%	4%

3. 教师学堂——为地方小学培养教师

沙俄时期中央省下属的地方自治机构（земство）和城市管理机构可以创

① Т. К. Авдеева. Эволюция педагогического образования в России XIX – начала XX века［J］. Ученые записки Орловского государственного университета. Серия：Гуманитарные и социальные науки，2012（2）：213-219.

办教师学堂（учительская семинария）。[①] 教师学堂是中等职业学校，其目标是“向所有有东正教信仰，并有意愿将来在小学从事教师的各阶层年轻人提供师范教育”。教师学堂教授各种通识教育科目、教学论和教学法，高度重视教育实践。在20世纪初，教师学堂积极地讨论了教育大纲的更新问题，在培养未来国民教师的教学计划中引入了一些新内容：让这些未来的教师了解和掌握毕业后将去工作的地方的本地农业活动方式，及本地居民从事的手工业。

在19世纪60年代末至70年代初，在沙俄中央省下属的地方自治机构的倡议下，诺夫哥罗德（Новгород）、梁赞（Рязань）、维亚斯克（Вятск）、科斯特罗马（Костром）、库尔斯克（Курск）、萨马拉（Самара）和其他一些地方纷纷建立地方教师学堂。沙俄中央政府于1871年开始创建教师学堂网络，从1872年开始，教师学堂的活动开始受到专门条例的监管。1875年《国民教育部教师学堂指南》（《Инструкция для учительских семинарий министерства народного просвещения》）获得批准正式生效，一直延续到1917年。该“指南”中的很多观点几乎完全再现了普鲁士学校法规，教育家A. 季斯特尔韦格（А. Дистервег）极力反对这个教师学校“指南”并与之进行了抗争。

19世纪七八十年代，喀山、辛菲罗波尔（Симферопол）、乌法、辛比尔斯克（Симбирск）等地为有其他信仰的信徒开设了教师学堂和教师学校。1863年，莫斯科开设了一个军事部门的教师学堂。根据契诃夫（Н. В. Чехов）的观点，它是俄罗斯第一个在新起点上建立的师范学校。

隶属于教育部管理的教师学堂绝大多数是男子学校。这类学校面向社会各阶层的人开放，其办学的目标是为有意愿献身于教师活动的各阶层人民提供师范教育。教师学堂的招生对象主要是毕业于两班制农村普及教育学校（двухклассные сельские училища）并且有东正教信仰的年轻人。教师学堂的学习年限是3年。申请人需要通过入学考试，入学考试采用笔试和口试两种形式。笔试的科目包括：俄语（听写和写作）、算术（两道题）；口试的科目

---

① Т. К. Авдеева. Эволюция педагогического образования в России XIX – начала XX века［J］. Ученые записки Орловского государственного университета. Серия：Гуманитарные и социальные науки，2012（2）：213-219.

包括：上帝的旨意、斯拉夫宗教语和俄语、算术、几何学、俄罗斯历史、俄罗斯地理、唱歌。通过入学考试的科目清单可以看出，教师学堂对未来的教师提出了严格的要求。因为，一个决定献身于教育教学事业的人应该是学识渊博的人。教师学堂的教学计划详见下表。①

教师学堂的教学计划

科目	年级				总计
	预科	一年级	二年级	三年级	
上帝的旨意和斯拉夫宗教语阅读	4	4	2	2	12
俄语和斯拉夫宗教语	5	5	4	3	17
教育学	-	-	3	3	6
算数和初等代数	3	3	3	2	11
几何	2	2	2	1	7
历史	2	2	2	2	8
地理	2	2	2	1	7
自然科学和农业	2	3	3	2	10
物理	2	2	2	-	6
书法作品	2	2	2	-	6
绘画	4	3	3	2	12
唱歌	2	2	2	2	8
体操	2	2	2	2	8
实践课程	-	-	-	12	12
手工劳动	4	4	4	2	14
总计	36	36	36	36	144

截至 1917 年 1 月 1 日，俄罗斯教师学堂的总体分布情况见下表。

① Т. К. Авдеева. Эволюция педагогического образования в России XIX - начала XX века［J］. Ученые записки Орловского государственного университета. Серия: Гуманитарные и социальные науки, 2012（2）: 213-219.

教师学堂的分布（截至 1917 年 1 月 1 日）

大教学区（Учебный округ）	教师学堂的数量		总计
	男子学校	女子学校	
莫斯科	17	7	24
圣彼得堡	10	4	14
哈尔科夫（Харьковский）	16	—	16
敖德萨（Одесский）	9	2	11
喀山	16	2	18
奥伦堡（Оренбургский）	13	1	14
基辅	13	4	17
华沙	10	3	13
维伦斯克（Виленский）	10	3	13
里加（Рижский）	5	-	5
高加索	9	2	11
西西伯利亚	6	1	7
东西伯利亚	6	-	6
阿穆尔边疆区（Приамурский край）	3	-	3
土耳其斯坦（Туркестанский）	2	-	2

除了国立教师学堂外，还有沙俄时期中央省下属的地方自治机构办学的教师学堂和私人创办的教师学堂。与国立教师学堂不同，它们的特色在于提供更广泛的教育课程。除教授传统学科外，沙俄时期中央省下属的地方自治机构办学的教师学堂和私人创办的教师学堂还教授自然科学史、化学和人类生理学。

在众多的地方教师学校中，乌拉尔教师学校、坦波夫教师学校、特维尔教师学校和维亚特卡教师学校是办学比较成功的示范学校。沙俄时期中央省下属的地方自治机构，为教师创造了相应的物质和社会环境，使教师成为社会工作者，确立了教师的社会地位。为了提高教师的教学技能技巧，沙俄时期中央省下属的地方自治机构还通过组织召开了教师代表大会来进行课程培训。在会议培训的过程中，教师们得到了掌握合理的教学方法的教师的指导，讨论了在俄罗斯农村学校使用教学方法的条件，并听教育指导者的讲课，教师们自己也进行了试讲课。①

相对于教师学堂而言，沙俄时期中央省下属的地方自治机构还提出了一种新型的、更高水平的教师学校——教师常态化培训班，招收对象是已接受过普通中等教育的毕业生，为他们提供 2 年制的教师培训课程。此外，应该指出的是，地方自治机构在为教师组织夏季短期课程班培训（系统的讲座课程、教育实践课程、教育阅读、教学示范）方面也发挥了创造性作用。根据 1913 年的支出预算，40 个省的地方自治机构总计拨款 98. 65 万卢布用于教师培养培训。1914 年，43 个省的公共教育拨款总计为 1. 07 亿卢布。② 由此可见，1914 年沙俄各省的教育投入都有明显增加。

4. 教师学院——为城市小学和地区小学培养教师

以教师学堂或教师学院为代表的地方师范学校产生。随着国民学校体系的发展，各地开始建立教师学堂（учительская семинария）和教师学院（учительский институт）。教师学院成立于 1872 年，是 3 年制的男子学校，面向各阶层男子开放，旨在为城市小学和地区小学培养教师，从 1912 年起也为高级小学培养教师。教师学院的课程设置几乎与教师学堂的课程教学内容相同，非常重视教育实践。

教师学院一直是教育组织形式的“死胡同”，因为，直到 1917 年前，教师学院的毕业生都没有进入大学的权利。③ 而且，国民教育部不允许教师学院

---

① Т. К. Авдеева. Эволюция педагогического образования в России XIX – начала XX века［J］. Ученые записки Орловского государственного университета. Серия：Гуманитарные и социальные науки，2012（2）：213-219.

② Т. К. Авдеева. Эволюция педагогического образования в России XIX – начала XX века［J］. Ученые записки Орловского государственного университета. Серия：Гуманитарные и социальные науки，2012（2）：213-219.

③ Т. К. Авдеева. Эволюция педагогического образования в России XIX – начала XX века［J］. Ученые записки Орловского государственного университета. Серия：Гуманитарные и социальные науки，2012（2）：213-219.

的毕业生参加获得文科中学教师称号的考试，而未经任何教师培训的实科学校（реальные училища）的毕业生却享有参加这种考试的权利。教师学院的数量很少，1903 年总计只有 10 个，在 1917 年初共有 47 个，大约有 4000 人在教师学院就读。下表中的数据可以追溯到 19 世纪最后 20 多年俄罗斯教师学院的发展动态。

俄罗斯帝国时期国民教育部关于 1872—1894 年教师学院的统计数据①

年份	教师学院数量	教师人数	学生人数	毕业生人数	课程结束前离开教师学院的人数
1872	2	-	82	-	-
1880	10	-	586	148	58
1885	11	129	553	151	37
1890	10	130	514	164	33

5. 地方女子教师学校和女子教会学校——为乡村小学培养教师

地方女子教师学校（земские женские учительские школы）的设立目的是"使学生熟悉基础教学的新方法，为国民乡村学校培养女教师"。1870 年，特维尔和切尔尼戈夫的地方女子教师学校开始了师资培养活动。19 世纪 80 年代，在圣彼得堡、特维尔和科斯特罗马也开设了这类教育机构和其他形式的课程，旨在为国民学校培养教师。特维尔女子教师学校（Тверская женская учительская школа）由 П. П. 马克西莫维奇（П. П. максимович）创建，后来以他的名字命名，成为俄罗斯师范教育中的一个标志性现象。它自成立以后，培养了 1200 多名当之无愧的、深受尊敬的女教师。

女子教会学校（Женские епархиальные училища）成立于 1843 年，其毕业生主要在乡村小学任教。1900 年，在这些半封闭式的教育机构中开设了教师班，目的是为教堂和教区学校输送师资。

① Т. К. Авдеева. Эволюция педагогического образования в России XIX – начала XX века［J］. Ученые записки Орловского государственного университета. Серия：Гуманитарные и социальные науки，2012（2）：213-219.

6. 女子学院和女子学校——培养家庭教师

玛丽亚女皇机构的女子学院和女子学校（Женские институты и училища ведомства учреждений императрицы Марии）的学生在完成 7 年级的课程学习后，将获得家庭指导教师的资格证书，可以讲授在学习期间学业成绩良好的科目。在 19 世纪末，培养家庭教师的玛丽亚女皇女子学院和女子学校机构大约有 30 个，每所学校有不同的专业侧重。例如，仅在圣彼得堡一个地方就曾经存在如下学校：马林斯基孤儿院、尼古拉耶夫孤儿院、巴甫洛夫学院、爱国主义学院、奥尔登堡公主学院（институт Ольденбургской принцессы）、帝国少女教育学会（Императорское воспитательное общество благородных девиц）、圣卡杰琳娜学校（училище Св. Екатерины）、亚历山大罗夫学校（Александровское училища）和伊丽莎白女王学校（Елизаветинское училища）。

此外，东正教女子教会学校（Женские училища ведомства Православного исповедания）实施 6 年制的教师培养，学生完成为期 6 年的全部课程学习后，有权获得家庭教师称号，获得讲授她们成功掌握的科目的资格。1883—1884 年有 32 所这样的学校在运行。

（二）19 世纪下半叶沙俄培养中学教师的独立的专门机构

作为文科大学的历史和语言学院是 19 世纪末 20 世纪初教师教育大学化的典型体现。位于圣彼得堡和涅任（Нежин）的两所历史和语言学院承担为文科中学、实科学校和其他类型中学培养教师的任务。

圣彼得堡历史和语言学院成立于 1867 年，是一所实施封闭式管理的教育机构，设有附属文科中学。这所学院的招生规则明确规定，该学院招收 100 名大学生，招收文科中学或教会学校的毕业生。此外，该学院还拥有来自全国各个地区和东正教教团或牧首的 20—30 名奖学金获得者。① 圣彼得堡历史和语言学院主要培养历史和地理教师、俄语和文学教师以及古代语言教师，学制是 4 年：2 年的理论学习和 2 年的专业实习。圣彼得堡历史和语言学院在

① Т. К. Авдеева. Эволюция педагогического образования в России XIX - начала XX века［J］. Ученые записки Орловского государственного университета. Серия: Гуманитарные и социальные науки, 2012（2）: 213-219.

成立的最初几年，曾经对学生讲授过教育学科的课程，但是，从 1878 年开始，教育学这门课程就停止了讲授。在 1867—1900 年间，圣彼得堡历史和语言学院总计培养了 562 名教师，其中大多数是古代语言教师。①

与圣彼得堡历史和语言学院具有相同的地位的是 И. А. 别兹博罗德科（И. А. Безбородко）公爵的涅任历史和语言学院。该学院有一个提供宿舍的附属文科中学。②"为中等学校培养古代语言教师、俄语和文学教师以及历史教师"是别兹博罗德科公爵的历史和语言学院的建校目的。该学院位于涅任，其招生要求与圣彼得堡历史和语言学院的招生要求完全相同。在 1875—1900 年期间涅任历史和语言学院总计培养了 321 名教师，但是，其教师培养有很多不足之处。这所学院在 1878 年才开始讲授教育学课程，但是，教育学课程在当时没有得到应有的重视。国民教育部的学术委员会也被迫指出，"涅任历史和语言学院的教师培养，不仅在年轻人看来，而且在教师和领导者看来也是没有意义的"。

在 19 世纪末，除了历史和语言学院外，俄罗斯也有一些其他类型的大学参与教师培养。科学院、宗教学校、一些技术大学和私立学校（лицеи）也参与中学教师的培养。军事部门建立了自己的师范学校。在 1865—1882 年间，圣彼得堡军事中学培养了 100 名有高等教育学历的教师和 273 名通过了资格考试的教师。因军校的"反对改革"（контрреформа），文科中学的教师课程班于 1883 年关闭。③

（三）19 世纪下半叶沙俄创办培养中学教师的多种类型课程班

1. 教师课程班④

在 1858 年师范学院被取消和废除之后，教师课程班（Педагогические

---

① В. И. Смирнов. Зарождение и развитие системы педагогического образования В России（конец ⅩⅧ-начало ⅩⅩ ВВ.）[J]. Историко-педагогический журнал, 2013（1）: 59-74.

② Т. К. Авдеева. Эволюция педагогического образования в России XIX – начала XX века [J]. Ученые записки Орловского государственного университета. Серия: Гуманитарные и социальные науки, 2012（2）: 213-219.

③ В. И. Смирнов. Зарождение и развитие системы педагогического образования В России（конец ⅩⅧ-начало ⅩⅩ ВВ.）[J]. Историко-педагогический журнал, 2013（1）: 59-74.

④ В. И. Смирнов. Зарождение и развитие системы педагогического образования В России（конец ⅩⅧ-начало ⅩⅩ ВВ.）[J]. Историко-педагогический журнал, 2013（1）: 59-74.

курсы）开始承担培养中学教师的任务，其招生对象是大学毕业生，对他们进行教师职业教育培训。招收进来的大学毕业生需要掌握普通教育学和教学法的培训课程。为了满足对教师的日益增长的需求，1860 年 3 月政府发布了《地区教师课程班条例》（《Положение об окружных педагогических курсах》）。根据该条例，教师课程班必须开设为期 2 年的教师课程和 5 个专业的学科教师培养课程。教师课程班的学制是 2 年，每个学生都必须要掌握已经获得批准的教育学大纲，准备两篇学科专业领域的学术论文和教师教学内容的论文，撰写并进行学位论文答辩，并要进行一次试讲课程。学习成绩优异的学生有权获得进入大学工作的教师职位；学习成绩良好的学生则被分配到中学做教师；成绩差的学生会被派往县立学校（уездное училище）任教，在通过额外的竞争的条件下，有权调往文科中学工作。

这些 2 年制的教师课程班在 1860—1861 年间设立，但是，在 1863 年这些课程班已经不再存在。首先，由于已经大学毕业并愿意接受补充的教师专业培训的人数太少，生源不足。其次，教师课程班的培训内容和教学的组织不能满足学员的要求。再次，对中学教师的需求不断增加，因此，建立专门的高等师范院校的必要性变得越来越紧迫。最后，因为 Д. А. 托尔斯泰（Д. А. Толстой）更偏爱那些可以为古典文科中学输送师资的大学，满足这些要求的历史和语言学院应运而生，于 1867 年在圣彼得堡、1875 年在涅任先后被建立。

随着社会和教育运动的高涨，教师课程班的活动也变得越来越活跃。因此，在地方自治机构和教师社会联合会（общественные объединения учителей）的倡议下，在召开教师代表大会的时候组织教师进行短期培训课程，目的是为教师提供指导，提高他们的文化教育水平和教学法水平，学习和传播先进的教学经验。

与此同时，在中等学校也开设了教师培训课程班，旨在培养小学教师。从地方开始创办教师课程班活动算起，在第一个五年，根据奥索斯科夫（А. В. Ососков）的数据，“在俄罗斯开设了 20 多个初级教师课程班（примитивные педагогические курсы），但是，这些课程班主要还是由地区学校创办的”。

在 19 世纪 80 年代，家庭女教师和家庭指导师的培养任务由以下几个教师课程班来承担：由莫斯科女教师援助协会（Общество вспомоществования гувернанткам и учительницам）创办的 1 年制教师课程班；在赫尔松（Херсон）创办的 1 年制小学女教师教育班；由库班斯克男子教师学堂（мужская Кубанская учительская семинария）创办的 2 年制女子教师课程班。

由于 1907 年开始开展关于发展和普及教育的大辩论，教师课程班的教师培养也发生了一些变化，形成了 2 年制和 3 年制的课程学习规则，要求学生必须学习的课程如下：普通教育学科（общеобразовательные предметы）、教育学、学校管理学（училищеведение）、卫生学、小学教学法（методика начального обучения）、宗教歌唱（пение）、音乐，以及"根据当地需求"开设园艺（огородничество）、针线活（рукоделие）和手工劳动（ручной труд）等。教学实习实践活动主要是在小学基础上进行。

各种类型的教师课程班是教师交流、传播先进的教学理论和进步的教学经验的重要手段。

2. 女子高级课程班——为女性提供接受高等教育的机会

女子高级课程班（высшие женские курсы，缩写 МВЖК）对俄罗斯帝国的师资培养具有非常重要的意义。在获得沙皇亚历山大二世的批准后，俄罗斯历史学家和社会活动家弗拉基米尔·格里叶（В. И. Герье）创立了莫斯科女子高级课程班。这是俄罗斯第一所为所有阶层女性提供在本国接受高等教育机会的教育机构，在此之前，她们只能在外国大学学习。[①] 1872 年 11 月 1 日，在位于莫斯科沃尔霍卡（Волхонка）的第一男子文科中学的大楼里举行了莫斯科女子高级课程开班仪式。该课程班由弗拉基米尔·格里叶教授领导，为女子高等教育奠定了基础。此前存在的培养教师的女子课程班不是高等教育机构。莫斯科女子高级课程班的创建目的是"为学生提供在男子文科中学进行教学所需要的知识，或者培养学生做好能够在小学、不完全普通中学（прогимназий）和女子学校组织教学的准备"[②]。

莫斯科女子高级课程班于 1900 年恢复招生，并获得了国家机构的地位，

① История МПГУ ［EB/OL］. http：//mpgu. su/ob-mpgu/nasha-istoriya/.

② Т. К. Авдеева. Эволюция педагогического образования в России XIX - начала XX века ［J］. Ученые записки Орловского государственного университета. Серия：Гуманитарные и социальные науки，2012（2）：213-219.

开设了两个系——物理与数学系、历史与语言学系。在1905年第一次俄国革命期间，弗拉基米尔·格里叶去了国外，杰出的俄国思想家弗拉基米尔·韦尔纳斯基（Владимир Вернадский）被推选为莫斯科女子高级课程班的校长。但是，他并未同意担任校长职位。作为多种科学的创始人、生物圈学说的建立者，他在莫斯科女子高级课程班担任教授，并在这里开设了矿物博物馆。在同年，莫斯科女子高级课程班由36岁的谢尔盖·查普利金（Сергей Чаплыгин）——现代流体空气动力学的创始人之一，后来成为苏联科学院院士——领导。在他的领导下，莫斯科女子高级课程班发展成为一所规模很大的教育机构，在当时那个年代的所有主要科学领域均设有相应的科系。①

女子教育在圣彼得堡也得到了成功的发展。1878年，圣彼得堡开设了女子高级课程班，其中设立了三个部门：语言学和历史学、物理和数学（自然）、专门的数学。圣彼得堡女子课程班的第一任领导人是圣彼得堡大学俄罗斯史教授K. N. 别斯图热夫-留明（К. Н. Бестужев-Рюмин），根据他的名字，该女子课程班被称为别斯图热夫女子课程班（ВБК）。自1901年开始，女子高级课程班的毕业生获得了在中学所有班级和在男子中学四个低年级任教的权利。ВБК在1882—1916年间总计培养32届6933名毕业生，其中的大多数毕业生成为中学教师。1918年，别斯图热夫女子课程班重组为第三圣彼得堡大学（Третий Петроградский университет），并于1919年被合并到圣彼得堡大学。类似于莫斯科和圣彼得堡的女子高级课程班先后在喀山（1876年）、基辅（1878年）创立。在1905—1907年间，华沙、敖德萨、托木斯克、哈尔科夫、尤里耶夫等地也开设了类似的女子课程班。这些女子课程班都是在教授们的倡议下建立的公共机构。②

（四）19世纪下半叶沙俄中小学的教师班成为教师培养的组织形式

19世纪下半叶，作为非独立的教师培养机构，沙俄的一些中小学校内部开设的各种教师班（Педагогические классы），是当时沙俄时期教师培养的一

① История МПГУ［EB/OL］. http://mpgu. su/ob-mpgu/nasha-istoriya/.

② Т. К. Авдеева. Эволюция педагогического образования в России XIX - начала XX века［J］. Ученые записки Орловского государственного университета. Серия: Гуманитарные и социальные науки, 2012（2）: 213-219.

种组织形式。也就是说，当时沙俄的中小学本身就是教师教育机构，由中小学自己来培养基础教育学校所需要的教师。当时中小学的教师班主要有以下几种形式：

第一，教师班是两班制城市普及教育学校（двухклассные городские училища）的一部分。1872 年发布的《城市学校条例》（《Положение о городских училищах》）包含以下指示：希望以后成为城市学校教师的毕业生需要“在教师的指导下，复习学校课程，阅读所指示的必读书单，并协助教师进行课堂教学，而且要按教师的指示，指导学习成绩差、基础薄弱的学生复习教师讲过的内容，为其提供学习指导”。

第二，国民教育部的女子文科中学。自 1862 年起，7 年制的马林斯基女子文科中学（женские семиклассные мариинские гимназии）开始建立，并在培养国民教师方面发挥了非常重要的作用。这些学校的招生规则中提到，“除了设置 7 年制的普通教育课程，我们还可以建立第 8 年级的补充教师班，为希望获得家庭女指导师（домашняя наставница）和家庭女教师称号的人提供教师培训”。这些学校在招生规则中还指出，补充教师班的所有学生都必须学习教育学和教学论课程，学习俄语和算术的基础教学，并且每个学生都要选择一门学科，选择在获得家庭女指导教师或家庭女教师称号后将要讲授的学科。此外，她们在女子文科中学男教师和女教师的指导下还要进行教育实习实践活动。

第三，高级小学是根据 1912 年 6 月 25 日发布的条例，通过重组城市学校而建立的，有男子学校和女子学校两种类型。高级小学有时会开设教师班，但是，不应将小学的教师班视为重要的教师培养形式。①

四、20 世纪初至十月革命前沙俄教师培养体系的发展

20 世纪初俄罗斯的教师培养体系逐步完善，在培养中学教师的教育机构多样化发展思想影响下，出现了不同类型的教师培养机构。其中，以下一些

① В. И. Смирнов. Зарождение и развитие системы педагогического образования В России（конец ⅩⅧ -начало ⅩⅩ ВВ.）［J］. Историко-педагогический журнал，2013（1）：59-74.

教育机构为中等学校输送师资发挥了重要作用：别赫捷列夫（В. М. Бехтерев）心理神经学研究所，舍拉普京（П. Г. Шелапутин）师范学院，以尚尼亚夫斯基（А. Л. Шанявский）命名的莫斯科尚尼亚夫斯基人民大学。这一时期，社会和教育界进行了关于中等学校教师培养的大讨论，这些教育机构都是在大讨论中提出的项目基础上创建的。[①] 以下将分别简要阐述 20 世纪初至十月革命前期沙俄培养中学教师的教育机构及其教师培养工作。

（一）师范学院的独立建制——舍拉普京师范学院和女子宗教师范学院

1. 舍拉普京师范学院——为普通中学培养教师

以舍拉普京师范学院的建立和运行为标志，沙俄重新开始师范院校的独立建制。随着学校的发展，师资培养的问题仍然是迫切需要解决的问题之一。在 20 世纪初，像以前一样，俄罗斯帝国仍在进行各种尝试来解决这一问题。在这种背景下，1902 年，俄罗斯成立了高等学校改革委员会。为了提出改善教师专业和教学培训的建议，在高等学校改革委员会下成立了一个由院士组成的专门的子委员会，其由科学院院士尼基金（П. В. Никитина）、В. А. 拉泰舍夫（В. А. Латышев）、А. И. 维登斯基（А. И. Введенский）、В. В. 斯特鲁夫（В. В. Струв）、Е. Н. 谢颇金（Е. Н. Щепкин）等人组成。高等学校改革委员会子委员会提议，在大学的教学计划中增加教育学史和教育学、学科教学法和学校卫生学。同时谈及，大学的基础课程中应该有教育学方向的课程。讨论的结果是在哲学系教研室的教学计划中增加了教育学课程。同时，受国民教育部的委托，К. П. 亚诺夫斯基（К. П. Яновский）开发了作为独立机构的师范学院项目，该项目为舍拉普京师范学院的建立奠定了基础。[②]

从办学性质上看，舍拉普京师范学院是私立高等教育机构。[③] 1911 年，

---

① В. И. Смирнов. Зарождение и развитие системы педагогического образования В России（конец ⅩⅤⅢ-начало ⅩⅩ вв.）[J]. Историко-педагогический журнал, 2013（1）: 59-74.

② Т. К. Авдеева. Эволюция педагогического образования в России XIX – начала XX века [J]. Ученые записки Орловского государственного университета. Серия: Гуманитарные и социальные науки, 2012（2）: 213-219.

③ Слепенкова Е. А., Аксёнов С. И. Становление и развитие педагогического образования в России: XVIII – XX вв. [J]. Вестник Мининского университета, 2021（1）: 7.

在获得最高机关的批准后，舍拉普京师范学院在莫斯科创办。因其是在企业家舍拉普京的资助下创办的，所以，该师范学院建立时以资助者舍拉普京的名字命名。舍拉普京一生致力于俄罗斯教师培养和师范教育事业。舍拉普京师范学院由六个系组成：俄语和文学系，古代语言系，俄国史和世界历史系，数学、物理和宇宙学系，自然科学系，化学和地理系。该学院招收已经接受完高等教育的青年人，学习期限为 2 年。①

舍拉普京师范学院是一所新型的师范大学，其最重要的特征是强调中学教师的培养分为学术性和师范性两方面的培训。学生首先已经在不同的高等学校系统地掌握了所选择领域的科学知识和技能，然后才在舍拉普京师范学院学习一系列心理学和教育学学科。② 该师范学院开设的课程分为两类：一类是所有学生都要学习的公共课程，另一类是与中学学校特定科目对接的专业课程。该校开设了非常广泛的心理学和教育科学的课程，大学生要学习逻辑学、普通心理学和教育心理学、普通教育学和教育学史、学校卫生学和学科教学法（частные методики）。该学院还组织体育锻炼，学生也可以学习音乐和唱歌等选修课。③

舍拉普京师范学院不仅开设了非常系统的教师培养课程，而且非常重视教育实习。④ 该校的设施齐全，有教室和教育博物馆。除此之外，还有附属中学。该校大学生教育实习的主要基地是以舍拉普京命名的文科中学和以舍拉普京命名的实科中学。学院根据学科教学法组织讨论课，讨论听课学生口头的和书面的报告摘要，分析中学的教科书和教具，制作视觉辅助工具，进行实验演示等。大学生不仅要进入自己的导师的课堂听课，还要进入中学教师

① Т. К. Авдеева. Эволюция педагогического образования в России XIX – начала XX века [J]. Ученые записки Орловского государственного университета. Серия: Гуманитарные и социальные науки, 2012 (2): 213-219.

② В. И. Смирнов. Зарождение и развитие системы педагогического образования В России (конец XVIII-начало XX вв.) [J]. Историко-педагогический журнал, 2013 (1): 59-74.

③ Т. К. Авдеева. Эволюция педагогического образования в России XIX – начала XX века [J]. Ученые записки Орловского государственного университета. Серия: Гуманитарные и социальные науки, 2012 (2): 213-219.

④ В. И. Смирнов. Зарождение и развитие системы педагогического образования В России (конец XVIII -начало XX вв.) [J]. Историко-педагогический журнал, 2013 (1): 59-74.

的课堂听课，讨论这些课程并形成书面报告，准备示范课程大纲和教学日历，并给学生上课。该师范学院与毕业生之间的互动形式是举办年度大会，在年度大会上一起讨论青年教师关于教育问题和学科教学法问题的报告。截至1917年，该学院毕业生总计有95人，其中包括И. К. 安德罗诺夫（И. К. Андронов）和В. И. 列别杰夫（В. И. Лебедев）等著名的教育家。[①]

舍拉普京师范学院是当时私立高等教育机构的典型代表之一。十月革命后，在舍拉普京师范学院的基础上，1919年国民教育科学院（Академия народного образования）创建，后来改建为共产主义教育科学院（Академия коммунистического воспитания）。[②]

2. 女子宗教师范学院——为教区学校培养教师

在19世纪60年代，俄罗斯的教师教育体系开始发生明显的变化，这主要是当时沙俄进行的学校改革引发了各级教育机构的数量增加，出现了增加教师数量的必要性。其结果是，在20世纪初，沙俄已经形成了广泛的中等学校和高等学校体系。[③] 女子高等教育机构是当时沙俄高等学校体系的组成部分之一，从办学性质上看，国立和私立女子高等教育机构并存。其中，国立女子高等教育机构有2所——位于圣彼得堡的教育学院（Педагогический институт в Петербурге）和附属于莫斯科斯科尔新斯基修道院的女子宗教师范学院（Женский богословско-педагогический институт при Московском Скорбященском монастыре）。[④]

女子宗教师范学院创办于1914年9月，在俄罗斯女性教育发展中占据特殊地位。它是根据主教会议（Священный Синод）的决定而建立的，设立在

---

① Т. К. Авдеева. Эволюция педагогического образования в России XIX – начала XX века［J］. Ученые записки Орловского государственного университета. Серия：Гуманитарные и социальные науки，2012（2）：213-219.

② Слепенкова Е. А.，Аксёнов С. И. Становление и развитие педагогического образования в России：XVIII – XX вв.［J］. Вестник Мининского университета，2021（1）：7.

③ Кацалова Наталья Федоровна. Роль женского богословско-педагогического института в становлению высшего педагогического женского образования в России в конце XIX-начале XX вв.［J］. Актуальные направления научных исследований：от теории к практике，2015（4）：71-72.

④ Под ред. В. Г. Кинелева. Высшее образование в России. Очерк истории до 1917года［M］. М.：НИИ ВО，1995：133.

莫斯科斯科尔新斯基修道院内，其创建的目的是向女性提供高等神学和师范教育，并为女子中等宗教学校培养女性领导、教师和德育工作者。① 因此，使用“宗教学院”这个术语是仅用于指出其阶层性质，并强调师范教育特殊的基督教取向。② 女子宗教师范学院的毕业生应该在教区学校工作，并且要“为满足东正教教堂的需要积极行动，主要是做传教士”③。

（二）研究机构和综合大学参与教师培养

1. 圣彼得堡教育科学院的教师培养

1905 年资产阶级革命后，在民主运动的影响下，俄国成立了自由资产阶级的教育团体“教育联盟”，其宗旨是在各阶层居民中普及教育，探讨教育理论问题。在 1904—1907 年，在圣彼得堡军事教育机构管理总局的教育博物馆内组织了教育课程。在此基础上，根据课程委员会和圣彼得堡教育联盟的倡议，在 1907 年建立了教育联盟圣彼得堡教育学院（Петербургская педагогическая академия Лиги образования）。关于其成立时间有不同说法，俄罗斯学者斯米尔诺夫认为其是 1908 年建立的。教育科学院隶属于国民教育部，它是一个自治组织，由私人捐款维持运行。④

教育联盟圣彼得堡教育学院不仅开展科学的研究，还是高等教育机构，培养熟练的教师、国民教育问题的专家、校外教育组织者、学校领导干部和校医等。该学院的招生对象通常是已经接受过高等教育的人，学制是 2 年，所开设的课程分为三类：基础课程（教学心理学、教育学史、学校卫生学等）、补充课程（解剖学、生理学、心理学、哲学史、艺术史等）和专门课程

---

① Под ред. Э. Д. Днепрова, С. Ф. Егорова, Ф. Г. Паначина, Б. К. Тебиева. Очерки истории школы и педагогической мысли народов СССР. Конец XIX – начало XX вв. [M]. – M: Педагогика, 1991: 130.

② Попова О. Высшее женское образование и Русская православная церковь [J]. Высшее образование в России, 2008 (7): 155-160.

③ Т. К. Авдеева. Эволюция педагогического образования в России XIX – начала XX века [J]. Ученые записки Орловского государственного университета. Серия: Гуманитарные и социальные науки, 2012 (2): 213-219.

④ Т. К. Авдеева. Эволюция педагогического образования в России XIX – начала XX века [J]. Ученые записки Орловского государственного университета. Серия: Гуманитарные и социальные науки, 2012 (2): 213-219.

（学校学科教学法和教学史）。[①] 学生在学习完教育学、教育学史、普通教育学和教育心理学课程之后，还要学习人体解剖学和生理学。曾经在教育科学院授课的教师有：巴甫洛夫（И. П. Павлов）、拉祖尔斯基（А. Ф. Лазурский）、涅恰耶夫（А. П. Нечаев）、卡列耶夫（Н. И. Кареев）、博杜恩-杰-库勒特尼（И. А. Бодуэн де Куртенэ）、萨克特季（Л. А. Сакетти）、奥斯特洛夫斯基（А. Н. Острогорский）、沙赫马托夫（А. А. Шахматов）等。[②]

教育联盟圣彼得堡教育学院的学生有机会进行严格的科学工作，研究先进的经验以及进行独特的实习。教育实习在附属于教育科学院的一所私立商科学校进行。该商科学校是一所用于检测和评价教学方法的有特色的实验学校，它设有心理实验室和学校卫生办公室。[③] 1915 年因出现经费困难而被迫停办。

2. 圣彼得堡心理神经学研究所的教师培养

随着俄罗斯师范教育的发展，人们发现有必要对孩子的个性进行细致的研究，以形成合理的教育理论。在这样的背景下，在 1908 年（也有 1907 年的说法），科学院院士 В. М. 别赫捷列夫（В. М. Бехтерев，1857—1927）创建了心理神经学研究所（Петербургский психоневрологический институт），并负责组织和领导该研究所。它不仅是一个科学研究机构，也是旨在培养中学教师的高等教育机构。该研究所曾有一所附属弱智儿童学校，学习成绩低、紧张神经质和智力欠发达的儿童可以在那里接受全面教育。[④]

该研究所在科学发展计划中提出了发展和传播心理学、神经学及其相关科学知识的目标。为了实现教学目标，该研究所设立了普通教育系（下设自

---

① Т. К. Авдеева. Эволюция педагогического образования в России XIX – начала XX века［J］. Ученые записки Орловского государственного университета. Серия：Гуманитарные и социальные науки，2012（2）：213-219.

② В. И. Смирнов. Зарождение и развитие системы педагогического образования В России（конец ⅩⅤⅢ -начало ⅩⅩ ВВ.）［J］. Историко-педагогический журнал，2013（1）：59-74.

③ Т. К. Авдеева. Эволюция педагогического образования в России XIX – начала XX века［J］. Ученые записки Орловского государственного университета. Серия：Гуманитарные и социальные науки，2012（2）：213-219.

④ Т. К. Авдеева. Эволюция педагогического образования в России XIX – начала XX века［J］. Ученые записки Орловского государственного университета. Серия：Гуманитарные и социальные науки，2012（2）：213-219.

然科学和历史部门、语言和历史部门）、法律系和医学系。该研究所非常重视对人类学、心理学、解剖学和生理学、卫生学、教育学、教育心理学、学校管理学、教育学史、医学教育学等的学习和研究。[①] 由此可见，学生除了学习医学等相关学科外，还要学习教育科学的系列课程。

3. 综合大学参与教师培养

以莫斯科尚尼亚夫斯基国民大学（Народный университет им. А. Л. Шанявского）为代表的综合大学参与教师培养。以 А. Л. 尚尼亚夫斯基（А. Л. Шанявский）命名的莫斯科尚尼亚夫斯基国民大学创办于 1906 年，其主要目的是促进传播科学知识和培养教师。该大学有两个系：科普系和学术系。只有接受过中等教育的人才有资格在学术系学习，因为学术系的教学计划与大学的课程相似，学习期限为 4 年。

自 19 世纪下半叶开始，俄罗斯在教育发展方面的私人倡议明显加强。在强大的社会教育运动的浪潮下，自 19 世纪末起，俄罗斯开始积极发展非国立高等教育机构。到 1913 年，沙俄私立高等学校总计有 60 多所。舍拉普京师范学院、圣彼得堡教育科学院、圣彼得堡心理神经学研究所是当时私立高等教育机构的典型代表。与那些灵活性差、受到国家指令严格约束的国立高等学校体系相比，这类私立高校对当时的社会新需求做出了非常快速的反应。[②]

当时，沙俄的许多私立大学进行教师培养，但是，这种培养往往与公立教育机构的教师培养存在很大不同。在众多的私立高等教育机构中，一些大学在教师教育的组织方面积累了丰富的经验，也具有一定的声誉。在教师培养方面形成了丰富经验的私立大学包括：圣彼得堡心理神经学研究所、舍拉普京师范学院、莫斯科尚尼亚夫斯基人民大学、圣彼得堡教育科学院。设立在大学城的女子高等课程班旨在为女子文科中学培养教师，非常重视为教师提供心理学和教育学的现代化培训，创造性地朝着教师教育课程现代化的方向努力工作和探索。[③]

---

① В. И. Смирнов. Зарождение и развитие системы педагогического образования В России（конец ⅩⅤⅢ-начало ⅩⅩ ВВ.）[J]. Историко-педагогический журнал, 2013（1）：59-74.

② Слепенкова Е. А., Аксёнов С. И. Становление и развитие педагогического образования в России：XVIII – XX вв.[J]. Вестник Мининского университета, 2021（1）：7.

③ Слепенкова Е. А., Аксёнов С. И. Становление и развитие педагогического образования в России：XVIII – XX вв.[J]. Вестник Мининского университета, 2021（1）：7.

第三节

沙俄时期教育政策中的主流教师教育思想

影响 18 世纪俄罗斯教育发展的重要教育政策主要有 1783 年颁布的《俄罗斯帝国第一级和第二级国民学校教师指南》(《Руководство учителям первого и второго классов народных училищ Российской империи》) 和 1786 年颁布的《俄罗斯帝国国民学校章程》(Устав народных училищ Российской империи)、《俄罗斯帝国国民学校学生守则》(Правила для учащихся народных училищ Российской империи)。1802 年沙俄成立了教育部，统辖管理除教会学校以外的所有学校。在 19 世纪上半叶，沙俄颁布的与教师教育发展相关的教育政策主要有：1803 年颁布的《学校设置令：国民教育的国家体系》(《Указ Об устройстве училищ-о государственной системе народного образования》) 和 1804 年颁布的《大学附属学校章程》(Устав учебных заведений, подведомых университетам)。这两个教育政策中对教师培养做出了相关规定。在 19 世纪下半叶，沙俄颁布的主要教育政策包括：《俄国国民教育部女子学校章程》(《Положение о женских училищах ведомства МНП》，1958 年出台，1860 年修订)、《大学章程》(1863)、《初等国民学校章程》(1864)、《中等与预备中学章程》(1864)、《地方自治机关条例》(1870)、《教师教育令》(1870)、《教师学校章程草案》(1860) 和《教师学校方案》(1860) 等。最后两个文件是由沙俄时期著名教育家乌申斯基设计撰写的，对 19 世纪下半叶的教师教育发展产生了重要影响。上述这些政策反映了该时期沙皇俄国教师教育的主流思想。

一、教师培养由教会负责的思想占主导

沙俄在不同的历史阶段所出台的教育政策中蕴含着特定时期的主流教师教育思想。18 世纪沙俄颁布的两个主要教育政策《俄罗斯帝国第一级和第二级国民学校教师指南》(1783 年) 和《俄罗斯帝国国民学校章程》(1786 年)

促进了学校教育改革和学校数量的增加，刺激了教师教育的发展。通过分析这两个教育政策的内容，我们可以发现18世纪沙俄教育政策中的主流教师教育思想。

（一）教会学校负责教师培养

18世纪沙俄的学校与教会之间的关系密切。教师培养是教会事务的思想在18世纪的沙俄时期根深蒂固，教师培养由教会负责，无须建立专门化机构的思想占主导地位。在18世纪初，俄罗斯还没有专门的、世俗性的教师培训机构，教会学校负责教师培养。当时教师培养的功能由具有不同目标定位的学校来实施，主要是圣政主教会议管理的教育机构——基辅和莫斯科科学院（Киевская и Московская академия）、圣三一宗教学校（Троицкая семинария）、诺夫哥罗德宗教学校（Александро-Невская семинария）和亚历山大·涅夫斯基宗教学校（Александро-Невская семинария），后者后来成为主要的宗教学校。这些宗教学校不仅培养教士等神职人员，还培养农村小学教师。亚历山大·涅夫斯基宗教学校每隔两年录取其他神学院的优秀学生，培养他们做好从事教学活动的准备。除了传统课程之外，该神学院还设置了教会历史、力学、自然历史、数学和实验物理学等课程。最后两个层次的课程是哲学和神学，这两门课程学业成绩最好的学生被任命为低年级的教师。高年级毕业生当时可以去听沙俄帝国科学院成员的私人课程。神学院为学生们提供了相当高水平的知识，使毕业生能够成功地从事各种类型的服务。最强的是语言培训，许多毕业生被派往俄罗斯驻欧洲外交使团、外交学院、东方使团——中国、日本等工作。①

在18世纪六七十年代，沙皇政府虽然曾多次提出师资培养问题，但始终没有得到实际解决。沙皇政府认为，初等学校的教学不需要任何专业知识，这是教会及其神职人员的工作，而教会也完全赞同并推行这一思想。1772年，教会委员会在其拟定的《城市学校方案》中再次强调这些学校的教师不需要

---

① Глава 7. Развитие высшего педагогического образования в России（XVIII – начало XX века）[EB/OL]. https：//www. rsu. edu. ru/wp-content/uploads/e-learning/ZUMK-razvitie-vishego-pedagogicheskogo-obrazovaniya-za-rubezhom-i-v-rossii/07. htm.

接受专业培养。[①] 那时，中等学校师资培养问题也没有得到很好地解决。沙皇政府认为，可以聘用莫斯科大学毕业生来担任中等学校的教师。而此时，西方许多国家已经出现了专门的师资培养机构。

（二）教师需要专门化培养的思想初步形成

教师教育是以专门的教师培养机构的出现为标志的，专门的教师培养机构的出现也就是教师教育思想出现的发端期，它反映出现代历史设立专门机构培养教师的主张与要求的深远意义。[②] 18 世纪沙俄已经形成通过建立专门的教师教育机构来培养自己的教师的思想。

1747 年的《圣彼得堡皇家科学和艺术学院章程》第 36 条指出："俄罗斯不能仅满足于拥有已经取得科学成就的学者，而要拥有随时能够补充到他们岗位上去的年轻人。特别是科学院机构的创建，不能再像科学院创建之初那样大部分都由外国人主持，将来应该由本国人来组织。"[③] 当代俄罗斯著名教育研究者斯米尔诺夫（В. И. Смирнов）在其论文《俄罗斯教师教育体系的产生与发展（18 世纪末至 20 世纪初）》中引用乌申斯基的观点来说明 18 至 19 世纪期间沙皇俄国的教师问题。该学者指出，当时"俄罗斯国民教育的最大缺陷是缺乏受过专门培训并能履行教师职责的好教师。乌申斯基（К. Д. Ушинский）用这句话说明了当时俄罗斯教育的一个事实。在 18 至 19 世纪期间，培养能够实现国家教育理想的教师是最尖锐的问题之一……但也是一直被忽略的问题之一"[④]。

彼得一世执政期间，国家极其需要教师，尽管如此，他却几乎没有做出关于组织教师专门培训的任何决定。在伊丽莎白（Елизавет）女皇统治期间，当权政府在 1757 年曾组织圣彼得堡科学院和莫斯科大学的教授对家庭教师进行资格鉴定，但是，对教师称号的申请却没有提供关于教师资格鉴定和教学

---

① Седова Н. В. История педагогического образования в России［EB/OL］. https：//www.elibrary. ru/item. asp? id=22036003&ysclid=lhd9d4s2lj253798687.

② 王长纯，等. 教师教育思想史研究：上、下册［M］. 长春：东北师范大学出版社，2016：5.

③ Богданова А. А.，Левшин Б. В.，Киселева Л. Н. и др. Уставы Академии наук СССР［M］. Москва：Издательство"Наука"，1975：49.

④ В. И. Смирнов. Зарождение и развитие системы педагогического образования В России（конец ⅩⅧ-начало ⅩⅩ вв.）［J］. Историко-педагогический журнал，2013（1）：59-74.

实践活动的方式等任何信息。1764 年，季莉捷（Ф. Г. Дильтей）教授向叶卡捷琳娜二世政府提出了一个不同寻常却颇有趣味的建议——创建“叔叔学校”（дядьские школы）。但是，政府依然采用通常做法，建议根本没有被采纳。尽管如此，政府终究采取了一些培养教师的措施。[①] 在叶卡捷琳娜二世推行改革新政时期，她继续与德国进行文化教育交往，同时在思想上打开了与法国启蒙主义交流的大门，并确立了沙俄在欧洲的一流强国地位。在国民教育方面，叶卡捷琳娜二世女皇政府在 1786 年公布了《俄罗斯帝国国民学校章程》（《Устав народным училищам Российской Империи》），它标志着俄罗斯现代教育制度的开端。

《俄罗斯帝国国民学校章程》由当时的国民学校委员会起草。该章程规定：在各省设置 4 级 5 年制（最后一级 2 年）的免费中心国民学校；在县及以下的各区城镇设置 2 年制的免费初级国民学校，其课程与中心国民学校的前 2 年（初级部）相同。中心国民学校的高级部主要以培养初级国民学校教师为目标。不论哪种学校，宗教课及“人与公民的义务”都是必须学习的重要课程。在初级国民学校还有读、写、算及文法课，在中心国民学校的高级部设有机械、物理、地理、历史、自然、建筑等学科。想升入文科中学和大学的学生，还可学习拉丁语和其他外国语。

在 18 世纪上半叶，沙皇俄国并没有创办专门培养师资的教育机构，教师基本上都是由学校自行培养。当时，一些科学、教育和教学法文献的出版对这一时期教师教育发展具有重要意义。出版活动的快速发展和国内外教育文献的大量涌现，在一定程度上弥补了沙皇俄国师资培养工作的不足，促进了教师的自我教育及其技能的提高。

在 18 世纪下半叶，沙皇俄国建立自己的专门教师教育机构的思想开始出现，教师需要专门培养的意识初步形成。18 世纪许多进步思想家，如拉吉舍夫、罗蒙诺索夫、纳维科夫等人也提出要培养俄国自己的教师，学校和青年

---

① В. И. Смирнов. Зарождение и развитие системы педагогического образования В России（конец ⅩⅧ-начало ⅩⅩ вв.）[J]. Историко-педагогический журнал, 2013（1）: 59-74.

要防备那些国外的无知分子和冒险主义者。① 由此可见，当时的俄国已经意识到培养本国专门人才的必要性。创建专门的师资培养机构思想的提出则应归功于罗蒙诺索夫，因为是他赋予了科学院附属大学和文科中学以“教师教育性质”这样一个极为重要的意义。②

为了解决师资短缺问题，克服教师自我教育的不足，18 世纪沙皇俄国采取了一些解决教师培养问题的行动，建立了俄国科学院、莫斯科大学、圣彼得堡中心国民学校以及后来从国民中心学校分离出来的圣彼得堡师范学堂（1786 年）等进行教师培养的机构。18 世纪俄国教育事业的发展及师资培养情况，可以说，在 18 世纪下半叶才开始出现培养师资的国家教育机构，只不过当时进行教师培养的机构数量屈指可数。其中，俄国科学院和莫斯科大学对教师培养发挥了重要的作用。圣彼得堡师范学堂是 18 世纪沙俄独立设置的师范教育机构，它的建立和运行表明，当时的沙皇俄国开始出现专门进行教师培养的师范教育机构，这是教师教育专门化思想萌芽的具体体现。遗憾的是，它只存在了短短的五年时间。

已有研究表明，在恩・伊・诺维可夫的倡导下，在 1779 年，莫斯科大学开办了俄国历史上第一个教师进修班，其第一批学员便是莫斯科大学附属中学的学生。但这还不能说明沙俄的教师教育制度由此开始形成。1786 年《俄罗斯帝国国民学校章程》的制定与实施标志着俄国教师教育进入初创阶段。但是，18 世纪的俄国并没有解决教师教育的问题，教师教育制度的最终确立是在 19 世纪 60 年代以后。③

1786 年颁布的《俄罗斯帝国国民学校章程》对沙俄学校事业，特别是对教师教育制度的形成具有标志性意义，它第一次以立法程序规定了国民教师学校培养师资的制度。该章程颁布之初，圣彼得堡亚历山大-涅夫斯基神学院在为中心国民学校和初级国民学校配备教师的工作中起到了重要作用，学院的首要职责就是为这些学校培养教师。之后，培养教师的任务又委托给了圣

---

① Калинникова Н. Г. Педагогическое образование в России：уроки истории［J］. Народное образование，2005（4）：304-318.

② 王长纯，等. 教师教育思想史研究：上、下册［M］. 长春：东北师范大学出版社，2016：404.

③ 王长纯，等. 教师教育思想史研究：上、下册［M］. 长春：东北师范大学出版社，2016：403.

彼得堡中心国民学校。

二、教师观的初步提出

1783 年颁布的《俄罗斯帝国第一级和第二级国民学校教师指南》和 1786 年颁布的《俄罗斯帝国国民学校章程》这两个文件对教师提出了明确的要求，规定教师应该具备如下品质：笃信宗教、品行端正、态度友好、谦恭、勤奋、对学生公正和宽厚。同时强调指出，教师不只是知识的传授者，首先他应该是一个教育者。《俄罗斯帝国国民学校章程》还要求教师应成为帝王忠实的仆人，否则，他在上帝、政府、学生家长、孩子和自己面前就是有罪之人。①

《俄罗斯帝国国民学校章程》要求教师严格按照教科书和教学指导书规定的内容和方法进行教学，不得插入任何其他内容，要严守上课时间，公平地对待学生。此外，还对教师的日常生活和道德品质、社会交往等方面提出了很多要求。对于学生，要求“尊敬自己的老师，听他的话并正确地履行之”，要按照“学生规则”办事，否则将受到惩罚。之后发布的《学校创办章程》中指出：应努力使教师懂得教学的艺术，尤其是要作风正派、品行端正、勤勉好学；教师不应该对学生发脾气，而应该态度温和、宽厚，尤其要有耐心。②

18 世纪俄罗斯教育出现了从宗教化走向世俗化的趋势，“祖国之子”思想成为启蒙主义思想家和沙皇共同接受的观点。但是，作为影响国家发展的政治精英和社会精英对“祖国之子”思想的理解和目的完全不同。18 世纪起源于欧洲的启蒙运动为俄国思想文化领域带来了巨大冲击，俄国启蒙主义者打破了原有教育宗教化的格局，赋予了教育世俗化以社会地位。在对本国教育倾注了新的审视与期待之后，俄国逐渐确立了培育祖国“好公民”的教育理念和目标，即“兼具宗教思维与世界眼光的公民，能够保持本民族传统的公民，时刻准备维护祖国利益的公民”。俄国著名启蒙主义者拉吉舍夫在关注人、公民和爱国者教育问题的同时，提出了“祖国之子”（Сын Отечества）的概念。所谓“祖国之子”，指的是真正的爱国者，对同胞充满了真挚的情

---

① Желваков Н А. Хрестоматия по истории педагогики［M］. Москва：Учпедгиз，1938：162-166.

② Рождественский С. В. Материалы для истории учебных реформ в России в XVIII-XIX веках［M］. Петербург：Товарищество“Обществ. польза”，1910：335.

感，期待国家的完整性和同胞生活的平静安康，并渴望人们之间的情感不断成熟，“当他确信用自己的牺牲可以保卫祖国并为祖国带去荣誉的时候，他愿意付出生命，并且绝不迟疑”。此时的“爱国者”、“公民”和“祖国之子”等概念在其内涵与外延上具有同质性特征，在他们身上集中体现了个人对祖国的热爱、忠诚与奉献。①

为了维护沙皇专制制度，叶卡捷琳娜二世也对“祖国之子”进行了论述与解读。与启蒙主义学者立场和观点不同的是，叶卡捷琳娜二世只是假借“公民”、“祖国”及“责任”之名，她所谓的“祖国之子”，并不是真正意义上的“祖国之子”，而是“听话的顺民”，他们不能对政府说或做任何不体面的、不道德的话或事情，不能评论政府和法律的不足。沙皇集团所传递的“祖国之子”形象是服务于沙皇专制制度的，隐瞒了爱国者的实质，推崇塑造的是缺少个人思想与主见的人，以及盲目服从政府权力和法律的人。这一类“祖国之子”是启蒙主义者极力批判和抵制的。这一时期，具有先进思想的启蒙主义者不畏沙皇专制，层层剥开专制和农奴制度的可憎面容，不断向社会阶层传递和渗透的“祖国之子”成为俄罗斯爱国者的直接形象来源，即自由的人、智慧的人、勤劳的人，热爱祖国，热爱同胞，不为回报，能够视民族利益为最高利益，具有强烈的民族自豪感，且能够为祖国命运担忧的人。②

三、教学论思想的萌芽

1783 年沙俄颁布的《俄罗斯帝国第一级和第二级国民学校教师指南》是教学论思想萌芽的体现。该政策文件中对教师提出了具体、明确的要求。俄罗斯教师教育也由于最高权力的介入得以进入初建期。③

本书阐述包括沙俄时期在内的不同历史阶段俄罗斯的教学论思想，主要是基于师范教育的学术性与师范性相统一的思想，教学论能够保障师范教育的师范性。教师专业知识和能力是教师开展教育教学活动的基础和保障。教学论在教师培养中具有重要的地位和作用，是教师专业知识的重要组成部分。

---

① 雷蕾. 当代俄罗斯爱国主义教育研究［D］. 长春：东北师范大学，2016.
② 雷蕾. 当代俄罗斯爱国主义教育研究［D］. 长春：东北师范大学，2016.
③ 王长纯，等. 教师教育思想史研究：上、下册［M］. 长春：东北师范大学出版社，2016：21.

关于课程与教学论的研究对象大体上有三种认识：一是活动说，把课程与教学活动作为研究对象；二是规律说，把课程与教学的规律作为研究对象；三是问题说，把课程与教学活动的问题作为研究对象。

教师知识是“教师专业素质的重要组成部分，也是教师专业有别于其他专业的最基本的标志。教师对教师知识的掌握与运用程度直接决定着他们专业水准的高低”。美国当代著名教育家、世界教师教育研究最具代表性的人物之一舒尔曼（Lee S. Shulman）在1987年提出了教师知识所蕴含的七种知识要素，分别是一般教学法知识、学科内容知识、学科教学知识、关于教育目标及价值的知识、课程知识、教育情境知识、针对学习者及其特点的知识。[①]舒尔曼的教师知识观提出后，美国当时大多数教师教育机构将之作为教师教育课程设置的理论根据。其影响不局限在美国教育界，世界上其他国家研究者对此问题开始关注。我国心理学家林崇德认为，教师专业知识包括本体性知识、文化性知识、实践性知识和条件性知识。[②]条件性知识涵盖了教师进行教学时需要的心理学、教育学、教学法知识，主要对应着舒尔曼提出的一般教学法知识、学科教学知识和课程知识。[③]

条件性知识是保障教师完成教育教学任务的重要条件。课程与教学理论是教师实现有效教学的理论基础。一个人，要想成为一名合格的教师，特别是成为优秀的教师，必须掌握课程与教学理论。有关课程与教学的知识是条件性知识的一个重要组成部分。对有关课程与教学本质、规律及其方法技能的认识与掌握是做好课程与教学工作的前提。追求教学的有效性实际上是教学领域的永恒的课题。有效教学首先应该是合理的，或者说是具有合理性的。所谓合理性，一是合目的，二是合规律。合目的是价值理性问题，合规律是工具理性问题。课程与教学的价值取向的定位、课程与教学的内在规律的认

---

① 朱淑华，唐泽静，吴晓威. 教师知识结构的学理分析：基于对西方教师知识研究的回溯［J］. 外国教育研究，2012，39（11）：118-126.

② 林崇德. 教育的智慧：写给中小学教师［M］. 北京：开明出版社，1999：38.

③ 朱淑华，唐泽静，吴晓威. 教师知识结构的学理分析：基于对西方教师知识研究的回溯［J］. 外国教育研究，2012，39（11）：118-126.

识把握，都需要课程与教学理论的指导。① 教师知识结构与教师个人的专业发展关系密切，教师的知识结构在教师生涯的不同发展阶段往往呈现出不同的知识要素和组织形式。② 因此，在教师培养过程中需要加强教师条件性知识的教学，教师教育的师范性不可忽视。

其实，在18世纪沙俄就有了教学论思想的萌芽。叶卡捷琳娜二世推行新思想的新政时期，大力推行学校改革（1782—1786年）。18世纪80年代正值文艺复兴时期，受文艺复兴影响，在继续与德国进行文化教育交往的同时，俄罗斯打开了与法国启蒙主义交流的大门，并确立了欧洲一流强国的地位。叶卡捷琳娜二世聘请奥皇二世向她推荐的塞尔维亚人、著名的斯拉夫教育家扬科维奇（Ф. И. Янкович，1741—1814）参与建立国民教育制度的工作。1782年扬科维奇成为俄国国民学校委员会的顾问，他当时担负着确定改革的教育学基础，并建立初等教育教学论的重任。

因此，俄罗斯历史上教学论思想的产生与叶卡捷琳娜二世聘用的外国教育家扬科维奇的名字密不可分，他为沙俄学校编写了一系列教科书等教学材料。在俄罗斯教育史的文献中可以发现，《俄罗斯帝国第一级和第二级国民学校教师指南》这一教学条例参考了扬科维奇在奥匈帝国居住时编写的《教师手册》。但是，《教师手册》只是构建俄罗斯教学论基础的一部分。俄罗斯国民学校委员会基金的文件证明，《俄罗斯帝国第一级和第二级国民学校教师指南》的基础也包括俄国教育家的贡献。1782年10月4日，俄罗斯国民学校委员会会议明确指出，扬科维奇的手册很出色，但是内容安排还有欠缺。根据这一意见，该会议通过了一项要求尽快修改《教师手册》的决议。③

莫斯科大学教授符·弗·斯维托夫把扬科维奇《教师手册》中的语法材料找出来，再根据罗蒙诺索夫关于俄语语言的理论做了重新编制，以“认识字母、划分音节、阅读、正字表”编排表格并把这个表格以附录的形式放入

---

① 关文信. 初等教育课程与教学论：第二版［M］. 北京：中国人民大学出版社，2011：27.

② 朱淑华，唐泽静，吴晓威. 教师知识结构的学理分析：基于对西方教师知识研究的回溯［J］. 外国教育研究，2012，39（11）：118-126.

③ 王长纯，等. 教师教育思想史研究：上、下册［M］. 长春：东北师范大学出版社，2016：20-21.

“教师指南”。《俄罗斯帝国第一级和第二级国民学校教师指南》和扬科维奇的《教师手册》的最大不同之处就是前者具有世俗性质，学校的宗教教学被完全剔除，其核心是教学的形式和方法，与此相应，该书的各章分别是：教学总论，问题的阅读，认识字母、拼音，书写，算术，学校秩序和考试。该书明确阐述教学的方法。“教学方式意味着教师应当根据学习的方式去教授自己的学生。”《俄罗斯帝国第一级和第二级国民学校教师指南》指出，教师应当不再是个别地、一个接一个地进行教学，而应当同时教授发展水平一致的所有学生，教师要在准确的时间段根据课表、按照某一学科进行班级教学，并确立教师在所有的教学阶段的领导作用。这种教学方式与夸美纽斯的班级授课制非常相似。

也有研究指出，《俄罗斯帝国第一级和第二级国民学校教师指南》是由当时科学院和莫斯科大学的专家们所写的重要教学论论文。它对学校教学和教育工作的所有问题提出了较全面的教育思想和教师工作的具体建议，建议教学工作用班级授课制来代替个别教学制度。它被视为正规的教学理论，政府规定教师要严格执行其所有建议，无论如何都不能违背。① 当时教师的处境极其困难，沙皇政府对教师境况的漠视以及缺乏对教育事业的合理领导，降低了教师工作的意义，致使人们不愿当教师。

四、教师培养模式的多样化思想

19 世纪上半叶沙俄教育政策中体现的主流教师教育思想可以概括为中小学参与教师培养、教师培养专门化、教师教育大学化等思想。

（一）教师学校培养模式与基础教育学校参与模式

在 19 世纪，沙俄的小学教师和中学教师是分开培养的，由不同的教育机构分别来培养。19 世纪的沙俄形成了三种小学教师培养模式，具体如下：

1. 由教师学校培养教师

第一种小学教师培养模式是在教师学堂（учительские семинарии）、教会教师学校（церковно-учительские школы）和两年制师范学校（второклассные

① 王长纯，等. 教师教育思想史研究：上、下册［M］. 长春：东北师范大学出版社，2016：408.

учительские школы）培养教师。由国民教育部管辖的教师学堂学制是 4 年（也有 3—4 年的说法），其课程体系包括上帝的法律、俄语和宗教斯拉夫语言、文学、算术（代数和几何学的最基础知识）、自然科学、物理学、历史、地理、绘画、唱歌、教育学、俄语和算术教学法。在地方自治机构开设和管辖的教师学堂学制延长，最多不超过 7 年，开设的课程数量相对也有所增加，比如解剖学、生理学和法学等都被列入课程体系。教会教师学校的学制是 3 年，开设的课程包括上帝的法律、宗教史、宗教斯拉夫语言、宗教唱歌、圣像绘画。两年制师范学校主要设立在俄罗斯帝国郊区，学习期限是 1—3 年，为扫盲学校培养教师。这种教师教育培养模式是为特定类型的小学培养教师，完全是基于实用主义原则来进行课程的设置的。①

2. 不完全中等教育承担教师培养任务

第二种小学教师培养模式是将教师培养纳入不完全中等教育的轨道，主要由女子文科中学（женская гимназия）和教区学校（епархиальное училище）来承担教师培养任务。这种教师培养方案实施的主要形式是教师班（педагогические классы），其为学生提供教育学方面的专门教学计划，目的是使学生熟悉教学过程和教育术语，扩大他们的视野。1843 年 10 月 22 日，为女子神职人员创建的沙皇乡村学校（Царскосельское училище）成立，该校后来成为俄罗斯帝国教区女子宗教教育机构的典范。②

3. 在普通教育基础上进行教师专业培训

第三种小学教师培养模式是在接受普通教育的基础上再进行补充的教师专业培训，开设教师课程班（педагогические курсы）。随着 1907 关于普及教育（всеобщее обучение）大讨论的开始，教师课程班的学习时限缩减为 2—3 年。课程分为理论课和实践课，教学科目包括普通教育的各种学科、教育学、教学论、学校学、卫生学、初等教育教学法。根据当地需求，还要补充学习

① Российская педагогическая энциклопедия ［Z］. Педагогическое образование. Лит.: Состояние, проблемы и стратегия развития педагогического образования, под ред. А. А. Вербицкого, М. Н. Костиковой, М., 1996. http://niv. ru/doc/dictionary/pedagogical-encyclopedia/articles/254/pedagogicheskoe-obrazovanie. htm.

② С. П. Васильева. Епархиальные училища в России конца XIX - начала XX в. в России особенности образовательского процексса［J］. Вестник ТГУ, 2008 (9): 87-90.

唱歌、音乐、园艺、针线活、体力劳动。此外，还要进行教育实习。①

19世纪初，沙俄三种小学教师培养模式的形成与大力发展普通教育密切相关。1803年1月24日，沙皇政府教育部发布了《学校设置令：国民教育的国家体系》（Указ《Об устройстве училищ-о государственной системе народного образования》），对当时俄罗斯教师教育的发展起到了很大的促进作用。该法令第二章清晰地提出了各层次学校设置和办学的相关规定，涉及中小学教师培养及其教师工作相关的内容。该法令第二章第32条规定："在教区学校，老师要教阅读、写作和初级算术（первые действия арифметики）；讲授上帝的旨意的主要原则，教导学生对君主、上级和邻近人的职责要求和良好行为；采用相应的方式简单地、清晰地向学生陈述事物的一般状况，努力向学生提供关于事物的正确概念。"第二章第33条规定："如果教区牧师和神职人员本人担任与其职务称号相对应的教师职位，那将是非常有益的：东正教主教公会（Святейший Синод）应该尽快在教堂组织洗礼活动，以保障无论是牧师，还是教区居民，都可以没有丝毫负担地在短时间内付诸行动，开始工作。"第二章第34条规定："地区学校招收的学生应该来自教区学校，需要向学生讲授以下课程：俄语语法和波兰语、德语及其他当地语言的语法，简明地理和历史，几何和自然科学的基础知识，人类和公民的义务，有益于当地工业和满足边疆地区需求的实用知识。"第二章第35条规定："在文科中学（гимназий）应该开设如下课程：精密科学，拉丁语、法语和德语，逻辑学，纯数学原理和力学、流体力学以及社会中最需要的物理学中其他部分的基础知识，简明自然科学史，地理学通论（всеобщая география），政治经济学原理和商业的基础知识。此外，学生必须阅读和翻译在教育领域工作的教师的文集，为学生提供关于上帝的旨意和公民义务的清晰概念。不受教师编制限制，可以吸引体操老师加入学校的教学工作。"②

---

① Российская педагогическая энциклопедия [Z]. Педагогическое образование. Лит.: Состояние, проблемы и стратегия развития педагогического образования, под ред. А. А. Вербицкого, М. Н. Костиковой, М., 1996. http: //niv. ru/doc/dictionary/pedagogical-encyclopedia/articles/254/pedagogicheskoe-obrazovanie. htm.

② Т. К. Авдеева. Эволюция педагогического образования в России XIX - начала XX века [J]. Ученые записки Орловского государственного университета. Серия: Гуманитарные и социальные науки, 2012 (2): 213-219.

（二）教师培养专门化与教师教育大学化思想

沙俄时期中学教师形成了两种主要培养模式，体现了教师培养专门化、教师教育大学化思想。

教师培养专门化思想体现在《学校设置令：国民教育的国家体系》的政策内容中。《学校设置令：国民教育的国家体系》明确提出了要建立教师学院（учительский институт）或师范学院（педагогический институт）的相关规定。该法令第二章第 36 条规定："大学的招生对象是来自文科中学的毕业生，或者通过测试被认定为达到文科中学毕业生水平的学生。在大学中要教授各个领域的科学，要教授能满足国家公共服务所必需的各种名称和不同类型的科学。"第二章第 38 条规定："在教区和地区学校及文科中学中组织教学将使用统一的书籍和规则：在每一所大学中，教学方法和教学的内容主题将由教授大会确定，并提交受委托人（попечитель）审议核准。"第二章第 39 条规定："每所大学都必须建立一个教师学院（учительский институт）或师范学院（педагогический институт）。被大学录取到这两类学院的学生将获得教师候选人资格，并在学习内容方面享有特殊的福利。"①

教师教育大学化思想体现在《大学附属学校章程》（《Устав учебных заведений，подведомых университетам》）的政策内容中。1804 年沙俄颁布了《俄罗斯帝国大学章程》和《大学附属学校章程》等教育法令，1804 年的教育改革具有一定的进步性。根据 1804 年《大学附属学校章程》的规定，必须在每所大学中创建师范学院，师范学院的学生要在 3 年内持续接受针对所选定学科的学术教育，希望在县立学校（уездное училище）、教区学校（приходское училище）和其他学校担任教师的人，也允许接受相应的教育，做好在文科中学任教的准备。

19 世纪初，俄国进行了第一次自由民主的教育改革，扩大了处于自由状态的公民子女接受教育的机会。人们意识到有必要建立师范教育的国家制度。

---

① Т. К. Авдеева. Эволюция педагогического образования в России XIX – начала XX века［J］. Ученые записки Орловского государственного университета. Серия：Гуманитарные и социальные науки，2012（2）：213-219.

因此，沙皇政府被迫采取了一系列教师培养的举措。

为了为文科中学和县立学校培养教师，沙俄开设了专门的师范学院（педагогические институты），作为大学的组成部分，学制 3 年。师范学院的教学计划包括所选择的专业课程和学科教学方法，需要经由大学教授会议批准。从 1835 年开始，为文科中学和县立学校培养教师的年限增加到 4 年。当时在教学培训过程中采用了学生对教授的访谈、辩论、研讨课、实践训练、试讲、“示范课程”及其随后的分析等方式。每位教师都做好讲授 2—3 个学科的准备。①

自 1859 年开始沙俄实施新的教师培养模式——招收已经具有大学教育文凭的毕业生进行教师培养。沙俄废除了教育学院后，开设了 2 年制的教师课程，招收的是历史-语言系或者物理-数学系的毕业生，对来自这些专业的大学毕业生进行教育基本理论和教学法的培训。在 19 世纪下半叶，沙俄古典文科中学培养受过专业训练的教师，其大部分是毕业于位于圣彼得堡和涅任两地的历史和语言学院，它们是国立教育机构，等同于高等院校。② 也就是说，当时沙俄中学教师的培养尝试采用两段式教师培养模式。两段式教师培养模式是指大学教育+教师教育模式，学生分别接受学术性和师范性的专业培训，在接受完学科专业培训之后，再接受教师专业培训。

要建立培养中学教师的教师教育机构网络的问题曾被多次提出，但是，这个问题的解决每次都被推迟了。在沙俄政府将师范学院关闭后，文科中学教师的培养工作完全由大学来承担。而大学的教学计划中只是设计了少量的、专门的教育学科的课程。大学毕业生中申请教师职位的人有机会在文科中学和州立文科中学（прогимназия）完成为期一年的实习。

---

① Войтеховская М. П. История педагогического образования в России: учебное пособие［М］. Часть I / М. П. Войтеховская. - Томск: Издательство Томского государственного педагогического университета, 2013: 58.

② Российская педагогическая энциклопедия［Z］. Педагогическое образование. Лит.: Состояние, проблемы и стратегия развития педагогического образования, под ред. А. А. Вербицкого, М. Н. Костиковой, М., 1996. http://niv. ru/doc/dictionary/pedagogical-encyclopedia/articles/254/pedagogicheskoe-obrazovanie. htm.

在教学人员严重短缺的情况下，沙俄政府决定建立新型的教育机构——教师学院和教师学堂。在19世纪90年代的圣主教（Св. Синод）结构中，宗教会议建立了教会教师学校和二级学校教师班。但是，中学教师的专业培训问题在19世纪的沙皇俄国尚未得到解决。①

在19世纪末20世纪初，俄罗斯形成了高等师范教育产生的先决条件。当时的社会教育运动和乌申斯基（К. Д. Ушинский）、卡普捷列夫（П. Ф. Каптерев）等学者的研究成果对高等师范教育方法论体系的形成产生了很大的影响。

在20世纪初，俄罗斯形成了关于大学教师教育的两种不同理念。

第一种理念是由大学的教育学教研室或教育系来组织教师专业培训。其中，由莫斯科的教授们（Б. И. Дьяконов，А. Н. Реформатский，В. А. Вагнер，Г. И. Россолимо 等人）共同开发的由教育系培养教师的模式是比较有影响力的模式。其教育的内容基于乌申斯基关于儿童全面研究的思想，将教育学的理论教学与研究工作的组织相结合。为了进行教育实习，组织了附属于教育系的辅助教育机构。

第二种理念是通过接受大学后教育来培养教师，并明确凸显大学后教育的科学研究取向。例如，根据扬诺夫斯基（К. П. Яновский）的设计，教师培养采取2年制，按照学生选定的两个学科和两个额外的学科进行培养。第一年学习教育理论，第二年组织学生到中小学进行教育实习。该项目在莫斯科舍拉普京师范学院实施。

在20世纪初，俄罗斯还形成了一种整合的教师教育模式，将教师专业培训与接受高等教育同步进行。比如，女子高等课程班（Высшие женские курсы）接近大学教育的水平。在最初两年提供普通科学文化教育，以讲座课的形式组织教学，然后在文科中学或小学进行教学实践。教研室根据独立制

---

① Войтеховская М. П. История педагогического образования в России：учебное пособие［М］. Часть Ⅰ / М. П. Войтеховская. Томск：Издательство Томского государственного педагогического университета，2013：60.

定的教学计划组织教育培训，由教研室下设的专业小组来进行。①

五、构建中等和高等两级教师教育体系的思想

19 世纪的俄罗斯已经形成了建立初等和高等两级教师教育体系的思想，开始重视发展高等师范教育。根据这一时期的政策要求和进步教育家的影响，沙俄政府开始实施创办初等和高等两级教师教育体系。其不仅包括初等和高等不同层次的教师教育，也包括各自内部师范生的培养和教学。这从另一方面说明了当时的俄国教师教育更加规范与成熟。

（一）建立培养小学教师的中等师范教育体系

直到 19 世纪 60 年代前，俄罗斯进行教师培训的教育机构非常少。1804 年俄国政府试图建立一所高等师范院校，在圣彼得堡建立了一所师范学院，但很快（1819 年）它就变成了综合性大学。到了 19 世纪中叶，为国民学校培养小学教师的教师学堂（учительские семинарии）只有 3—4 个。国民学校的大部分教师是宗教管理局（духовное ведомство）提供的。②

19 世纪 50 年代末至 60 年代初，有三项关于师资培养的建议在沙皇俄国得到了普遍认可：第一，在所有大学为那些受过高等教育并有志从教的人附设 2 年制的师训班；第二，在师训班开设 4—5 个班的寄宿制文科中学；第三，在每一个学区都创办为县立和农村学校培养教师的师范学堂。《学区师训班章程》规定，所有进入师训班的人都应该具有“完美的道德品质和令人称赞的生活方式”，并建议每人提交一份“政治可靠和道德坚定”证明。根据教师专业需要设置五个培养方向，教育学（附带讲解教学法）是必修课。师训班学生在学习期间应该提交两篇文章（一篇是科学性的，一篇是教育性的），

---

① Российская педагогическая энциклопедия [Z]. Педагогическое образование. Лит.: Состояние, проблемы и стратегия развития педагогического образования, под ред. А. А. Вербицкого, М. Н. Костиковой, М., 1996. http://niv.ru/doc/dictionary/pedagogical-encyclopedia/articles/254/pedagogicheskoe-obrazovanie.htm.

② § 2. Педагогическое образование [EB/OL]. https://studentam.net/content/view/1496/125/.

根据给定的题目撰写论文并通过答辩，公开授课一次。①

19 世纪下半叶，俄国提出建立完整的培养初等教师的教师学校的思想。这在乌申斯基撰写的《教师学校章程草案》（1860）、《教师学校设计》（1860）中得到了充分体现。首先，这种教师学校不应该是沙皇政府统治的末端，而应是尊重农民和儿童的、实现人的教育的教育机构。同时，这两个文献对教师学校的规模、管理、组织、教学课程、教育实习，以及编制经费等提出了基本构想。乌申斯基的这一思想反映了废除农奴制后俄国教育发展的方向，其进步意义不容置疑。

1861 年乌申斯基发表《师范学校章程》。在该章程中，乌申斯基就师范学校的组织结构、规模、类型、课程结构、教学实习等方面提出了自己的构想。根据此章程，地方开始兴办师范学校。19 世纪 70 年代的圣彼得堡地方师范学校和特维尔女子师范学校是当时地方开办师范学校的两个成功案例。地方师范学校招生对象为信仰东正教以及品行端正的 5 年制中学毕业生，主要课程为俄语、数学、神学、本国史、世界史、地理、教学法和艺术、音乐等，培养的师资一般输入小学。②

从 19 世纪 60 年代起，沙皇俄国教师教育的面貌开始发生变化，开始发展多样化的教师教育形式，为国民学校培养教师成为国民教育的首要任务。为了解决教师培养这个重要任务，以科尔夫（Н. А. Корф）代表的新的地方自治机构开始创办地方师范教育机构，得到了社会公众的广泛支持。在 19 世纪下半叶，沙俄培养小学教师的教育机构有教师学院（учительские институты）、教师学堂（учительские семинарии）、女子文科中学（женские гимназии）、宗教学校（епархиальные училища）、两年制学校（второклассные училища）、教会教师学校（церковно-учительские училища）、教师课程班（педагогические курсы）以及其他教育机构。③ 上述内容表明 19 世纪沙皇俄国已经建立了比较

① Н. В. Седова. История педагогического образования в России［EB/OL］. http：//ideashistory. org. ru/pdfs/33sedova. pdf.

② 周玉梅. 俄罗斯教师教育发展研究［D］. 石河子：石河子大学，2015.

③ § 2. Педагогическое образование［EB/OL］. https：//studentam. net/content/view/1496/125/.

多样化的小学教师培养体系。

（二）开始发展培养中学教师的高等师范教育体系

19 世纪沙俄教师教育体系的多样化特点不仅体现为构建中等和高等两级教师教育体系，也体现为教师培养模式的多样化。高等师范教育的产生也是实施教师培养大学化模式的基础。在 20 世纪初，俄罗斯的师范教育体系在为普通教育系统提供师资保障方面面临两项需要解决的主要任务：一是培养足够数量的教师；二是为不同类型的教育机构培养具有必备能力素质的专业人才。第一项任务的解决需要创办大量的专门培养教师的教育机构，这需要实施普及初等教育计划，扩大提高型小学和文科中学、实科中学等中等教育机构的网络。第二项任务必须通过进行师范教育改革才能解决，需要改革师范教育内容和改造学校类型。①

沙皇俄国在前一时期曾举办过高等师范院校，不过后来停办。俄国现代化的发展对教师教育提出了更高的要求，举办高等师范机构已是必然选择。在落实 1863 年颁布的《大学章程》过程中，沙皇政府不得不重新开办高等师范学校：1867 年开办了圣彼得堡文史学院，1875 年在涅任开办了文史学院，1872 年通过了创建七个师范专科学校的决议。为便于开展教育实习，在每一个师范学院附设 1—2 个班的城市学校。这类学校最初的培养目标是城市学校教师。

对于中学教师的培养，除大学外，还有培养女教师的女子高等课程班。

沙俄时期在师资培养方面做出过贡献的一些高等学校（这些学校的毕业生有一部分是在普通学校任教）列举如下：圣彼得堡文史学院、涅任文史学院、圣彼得堡别斯图热夫高等学堂、莫斯科格尔耶高等女子学堂、教育部管辖的高等女子学堂、哈尔科夫劳动妇女互助协会高等女子学堂、舍拉普京师范学院、圣彼得堡教育学院、圣彼得堡和基辅福禄培尔高等学堂、圣彼得堡玛丽娅皇后教养机关管理局女子师范学院、圣彼得堡艺术学院附属艺术师范

① Войтеховская М. П. История педагогического образования в России：учебное пособие. Часть I ［М］. – Томск：Издательство Томского государственного педагогического университета，2013：61.

班、神学院（历史和文学科）、符拉迪沃斯托克东方语言学院、洛赫维茨卡娅-斯卡隆自然科学高等女子学堂、尤里耶夫私立女子大学进修班、沙尼亚夫斯基大学、喀山高等女子学堂、托姆斯克高等学堂、拉耶夫高等女子学堂、圣彼得堡列斯冈夫特学院、莫斯科 4 年制语言学院、莫斯科波尔拉茨基高等女子学堂等。①

在 20 世纪的第一个 15 年期间，俄罗斯高等师范院校的形象已经初步形成，它被视为教育科学的中心、教育和德育（教养）领域先进思想的形成中心、新的教学法中心。与此同时，在已有的非国立大学（包括高等课程班）的基础上，对各种基础师范教育和补充师范教育（旨在对没有接受过专门教育的人提升技能和获得学位的大学后教育）的模式进行了调试。沙俄政府在师范教育领域面临的迫切任务是尽快建立一个国立的高等师范教育机构体系。解决这些问题的主要障碍是：财政问题——大学办学投入一直使财政部付出沉重代价；能在师范大学工作的高素质专业人员短缺；权力机构的保守主义和官僚主义。②

六、教师教育课程开发与实施的思想

女子文科中学高年级的教师班是沙俄时期多样化的教师培养组织形式之一。下面以女子文科中学的教师培养大纲为例来分析沙俄时期教师教育内容思想。

在沙俄时期，教师教育内容存在学术性和师范性失衡的问题，二者之间的失衡主要体现为对师范性的忽视。教师教育培训是沙俄教师教育体系的弱点，分配给教育学科的教学时间特别能证明这一观点。例如，在女子文科中学高年级课程的非必修课程中，以及在 3 年制教师学堂和教师学院的 2 年级

---

① 帕纳钦. 苏联师范教育：重要历史阶段和现状［M］. 李子卓，赵玮，译. 北京：文化教育出版社，1981：2.

② Войтеховская М. П. История педагогического образования в России：учебное пособие［M］. Часть I Томск：Издательство Томского государственного педагогического университета，2013：69.

和 3 年级课程教学计划中，每周仅分配 2 个小时用于进行教育学的教学。①

在很长一段时间内，沙皇俄国一直存在教师教育学术性和师范性之争。在 19 世纪第二个 30 年期间，沙皇俄国师范教育的发展受到阻碍，一直被关于教师职业培训和自我培训的任务和内容的矛盾观念所困扰。教师专业教育的目标和手段被认为是向学生传授毕业后将要任教学科的科学基础知识，而教育大纲并未规定，教师要掌握系统化的教育学科的知识。此外，还有 1804 年和 1828 年颁布通过的学校章程，也根本没有对教师必须掌握专门的教育教学知识做出任何要求。在 1846 年，《教师职位候选人测试条例》（《Положение об испытаниях кандидатов на учительские места》）对教师的教育学知识提出一些要求。该条例规定必须确认教师职位的申请人对教学规则、教学计划和教科书编写规则的掌握程度。但是，这些测验带有形式主义的性质，因为常有考官本人“实际上根本不知道采用什么方法来测试教师职位申请人”。

在 19 世纪 40 年代，人们开始逐渐认识到教育学在教师专业培养内容中的实际意义和地位。在尼古拉一世时，国民教育部长乌瓦洛夫（С. С. Уваров）谈及，尽管“在结束主要师范学院各系最后一门课程之后，还要开设为期 1 年的实践教学课程，向学生讲授教学论的一般规则和教学方法，但是这门短期课程并不能满足学生的需求。应该教会学生设计不同学科的课程，并且在教师的指导下学生能在同学们在场的情况下组织教学和讲课。为了培养不仅能够讲授一门特定的学科知识，而且能够成功管理整个学校的教师，我认为有必要建立一个专门的教育学教研室，旨在保障教育学科课程的教学水平，使其教学质量达到可以与学院全部课程体系中其他学科相比的同等水平”②。

沙俄时期的女子文科中学 7 年级（高年级）的教育学课程内容包括：关于体育、智育、道德教育和宗教教育的普通教育学知识，关于一般教学论和

① В. И. Смирнов. Зарождение и развитие системы педагогического образования В России（конец ⅩⅧ-начало ⅩⅩ вв.）[J]. Историко-педагогический журнал, 2013（1）: 59-74.

② В. И. Смирнов. Зарождение и развитие системы педагогического образования В России（конец ⅩⅧ-начало ⅩⅩ вв.）[J]. Историко-педагогический журнал, 2013（1）: 59-74.

专门学科教学法的教学论知识，关于小学教学的教学法知识。女子文科中学7年级所学习的理论，或者得到了教育实践中的实际例子的验证和支持（这些实例“既有新时代的教育实践，也有古代人民的教育实践”），或者是引用“新时代和古代教育家的观点”。

在女子文科中学8年级附加的教师班、教师学堂和教师学院中，教育学课程的教学计划相对来说比较详细。比如，女子文科中学教师班对学生进行理论培训的内容包括以下要素：

（1）教育学和教学论方面的内容。在教师的指导下学习季特捷斯（Ф. Диттес）编写的教科书《实用教育学概论》（《Очерк практической педагогики》）：教师要让学生独立学习教材每一个章节，随后要求学生依次转述每一章节主要内容；教师对学生的回答进行评价，并给出必要的解释和实用说明。

（2）学科教学法方面的内容。在小学俄语教学法的课堂上，教师展示阅读和写作教学的各种方式，向学生介绍乌申斯基（К. Д. Ушинский）和科尔弗（Н. А. Корф）的教学法论著；阐明语法概念和规则，要求学生必须学习语法基础教材上的“所有细节”。

（3）算术教学内容。在算术基础教学法的课程中，教师向学生讲授计算和算术规则的教学方法，并向他们介绍最好的算术教科书和练习题集（задачник）。除了算术这门课程外，包括小学教育的其他所有学科在内，在教师的指导下，学生需要按照国民教育部规定的文科中学课程使用的两本教科书学习每一个学科。

（4）教育学的实践教学内容。教育学的实践教学包括以下内容：学生必须履行女子文科中学低年级德育教师（воспитательница）的职责；学生要进行“近距离的教育观察”即教育见习，进入所选定的学科的课堂听课。经过强制要求的教育实习后，每个学生都有义务进行试讲课，而且试讲课的数量应该足够多，保障教师能够根据试讲课正确地判断学生的教学水平和教学法掌握水平（уровень педагогической и методической подготовленности ученицы）。

女子文科中学教师培养大纲的课程内容和教学安排是混乱的，主要体现在两方面：一是教师教育大纲的无序性，二是教育学教材的适用性不足。

教师教育大纲的无序性问题比较突出。1913 年，索洛维耶夫（И. Соловьев）分析了女子文科中学附加的 8 年级教师班的教育学科课程教学计划和教学大纲，并在《教育简报》（《Вестник воспитания》）杂志上发表了自己的文章。索洛维耶夫在文章中指出，8 年级教师班教育学科课程的主要缺点是对教育学史的梳理和教学大纲的不足："……教育学史尽管是零散的（эпизодическая），教学大纲也不能混乱无序。应当提及教学大纲的现状，不能只是简单地采用个别的教育学论文以及尚未有任何哲学和历史依据的理论，学生甚至都不用了解教育家的生平。"在当时那些年的教育学期刊中经常能看到这种尖锐的负面评论。

教育学教材的适用性不足也是比较突出的问题。教育学的教学及其教科书经常受到批评。比如，教育学教师布拉伊洛夫斯基（С. Браиловский）于 1896 年在《俄罗斯学校》杂志上发表文章，遗憾地指出，文科中学 7 年级的教育学课程被简化为学习叶利尼茨基（К. В. Ельницкий）、奥列斯尼茨基（М. А. Олесницкий）或罗辛（П. Рощин）编写的教材。根据布拉伊洛夫斯基的观点，组织学生这样学习教育学的主要缺陷是"那些教材不适合 7 年级学生的认知和理解能力"。为了证明这一点，文章的作者引证一名自己的女学生的看法。当她根据叶利尼茨基编写的教材《普通教育学》来学习教育学这门课程时，"相当大的困难是教材中有大量的难以理解的术语。如果无法完全避免术语，那么，至少应该为我们讲授、解释和理清教育学原理（основы педагогики）及其发展，这是非常有益的。简而言之，希望在教材中能少使用语义模糊的学术术语，更多地使用学生理解的、能够清晰阐释学科思想和内容的学术语言"。至于季特捷斯编写的《实用教育学概论》教科书，布拉伊洛夫斯基做出了如下评价：第一，这是 8 年级学生要学习的教科书，但是却复制了 7 年级的教育学；第二，这本教材没有意义，极其枯燥无趣。它是一种典型的反例，不应该成为这样编写教科书的反例……①

在沙俄时期，教育学已经成为教师培养中的内容，但是，教师的教育培

① Браиловский, С. Педагогика, как предмет обучения в женских гимназиях [J]. Русская школа, 1896 (7-8): 255-270.

训比较薄弱，教育学教研室的建立没能确保对教师进行足够的教育培训。究其原因，当代俄罗斯学者斯米尔诺夫（В. И. Смирнов）认为，当时关于教师活动的流行观点在很大程度上可以解释这一问题所在：首先，将教师活动视为一种艺术。教育艺术取决于教师的先天教育能力，也可以在直接的教学实践过程中加以掌握。其次，教师的教育艺术是掌握了一套教学规范和规则的结果。在这种情况下，教学理论的实际意义被低估了。乌申斯基对他所生活时代的教师状况曾经这样写道："当时经常会遇到鄙视教学理论，甚至对教学理论怀有敌意的教育实践者，尽管他们甚至都不知道教育理论领域最重要人物的名字，或者是未曾谋面仅仅听说而已。"①

七、重视发展女子师范教育的思想

由于沙俄初等教育的迅速发展，中小学师资的来源继续扩大。1864 年，俄国初等国民学校首次允许录用女教师。在这种形势下，俄国高等女子教师学校得到了较快发展，招收对象为女子中学或女子贵族中学的毕业生，旨在培养女子中学或男子中学低年级的教师。主要开设的课程有文史、物理、专门数学、法律等。

女子高级课程班（высшие женские курсы）在沙俄的很多地方先后创办，对中学教师的培养发挥了重要作用。最初，莫斯科女子高级课程班设置的是 2 年制的教育大纲，几乎没有专业领域的课程，在课程计划中历史和语言学学科居于主导地位。② 后来，莫斯科女子高级课程班的学习从 2 年制改为 3 年制，课程大纲中既包括人文科学，也包括自然科学。③ 到 19 世纪 80 年代中期，莫斯科女子高级课程班的学员已超过 200 人，这在当年来说，学生人数已经很多。但是，该课程班于 1886 年停止招生，此后其以在理工博物馆为女性开设的"公开讲座"和由莫斯科女性教育家和教师协会组织的"集体课

---

① В. И. Смирнов. Зарождение и развитие системы педагогического образования В России（конец XⅧ-начало XX вв.）［J］. Историко-педагогический журнал, 2013（1）：59-74.

② История МПГУ［EB/OL］. http：//mpgu. su/ob-mpgu/nasha-istoriya/.

③ Т. К. Авдеева. Эволюция педагогического образования в России XIX – начала XX века［J］. Ученые записки Орловского государственного университета. Серия：Гуманитарные и социальные науки, 2012（2）：213-219.

程”的形式存在。[①]

女子高等课程班的毕业生具有在中等学校任教的资格。女子高级课程班学生的专业学术水平与大学水平相当，但是，专业的教师培训常常是薄弱的。比如，在著名的别斯图热夫历史学和语言学女子课程班中，根本没有开设教育学理论，也没有让学生进行教育实习。与此相反，莫斯科高等女子课程班的学生学习了逻辑学、心理学、教育学、教育和教学史（история воспитания и обучения）、儿童生理学和卫生学、心理病理学（психопатология）、解剖学和感官生理学（физиология органов чувств）。[②] 尽管莫斯科女子高级课程班的学生有机会接受出色的教育，但她们却无法获得专家证书的毕业文凭，课程班仅向毕业生提供“听课”证书。这种情况直到 1915—1916 学年才发生了变化。[③]

根据 1911 年 12 月 19 日颁布的法律《关于对女子学生掌握学校课程的测试和学校对其授予学位和女教师称号的制度》规定，女子课程班获得了高等教育机构的地位，其教育大纲被认定为“相当于大学提供的课程”，其毕业生可以参加由国家考试委员会组织的“面向男子学生”的毕业考试。关于 1911 年 12 月 19 日法律的适用问题委员会于 1912 将上述所有形式的女子高级课程都认定为大学课程。一些私立女子高级课程也获得了相同的地位：M. A. 洛赫维茨卡亚-斯卡龙（M. A. Лохвицкая-Скалон）的自然科学课程，Н. П. 拉耶夫（Н. П. Раев）的历史、文学和法律课程，莱斯加夫特的（П. Ф. Лесгафт）生物实验室课程（圣彼得堡），В. А. 波尔托拉斯卡娅（В. А. Полторацкая）的历史、语言学和法律课程（莫斯科），А. В. 日库利娜的普通教育夜校课程（общеобразовательные вечерние А. В. Жикулиной，基辅）。这些女子课程班的大多数毕业生都进入了教育领域担任教师。[④]

---

① История МПГУ［EB/OL］. http：//mpgu. su/ob-mpgu/nasha-istoriya/.

② В. И. Смирнов. Зарождение и развитие системы педагогического образования В России（конец ⅩⅤⅢ-начало ⅩⅩ ВВ.）［J］. Историко-педагогический журнал，2013（1）：59-74.

③ Т. К. Авдеева. Эволюция педагогического образования в России XIX – начала XX века［J］. Ученые записки Орловского государственного университета. Серия：Гуманитарные и социальные науки，2012（2）：213-219.

④ Т. К. Авдеева. Эволюция педагогического образования в России XIX – начала XX века［J］. Ученые записки Орловского государственного университета. Серия：Гуманитарные и социальные науки，2012（2）：213-219.

八、加强国家对教师教育进行管控的思想

沙俄时期的教师教育是教会与教育部共同管理。从教师教育的管理体制上看，沙皇俄国时期的师资培养具有双重管理的特点。这种观点在当代俄罗斯学者、奥尔洛夫国立大学教授 T. K. 阿芙杰娃（T. K. Авдеева）的论文《19 世纪至 20 世纪初俄罗斯师范教育的演变》中可以得到验证。当时进行教师培养的教育机构，既有隶属于沙俄国民教育部（Министерство народного просвещения）的师范教育机构，也有隶属于东正教事务管理局（духовное ведомство）的师范教育机构。① 东正教事务管理局有自己的学校网络，为教区小学和识字学校培养教师；还设有女子教会学校，这些学校分为师范学校和第二类师范学校。② 这是由当时沙皇俄国的教育管理体制决定的。沙皇俄国国民教育的双重结构（一部分学校属教育部系统，另一部分则由东正教事务管理局主管）导致了师资培养上的一种双重性。

18 世纪末，俄罗斯教育体系的发展是在泛欧洲趋势的背景下进行的。19 世纪上半叶是俄罗斯、西欧国家和美国教育制度形成的时期：古典教育学完全形成；形成了国家教育体制，即教育管理结构、学校立法、国民教育发展理念，形成了对教育机构办学活动进行监管的制度框架和法律基础。俄罗斯和西方国家在整个 19 世纪教育发展过程中存在一个共性问题——学校与教会之间的密切互动关系。欧洲国家学校与教会的分离过程持续了整个 19 世纪，而俄罗斯学校与教会的分离更晚，发生在 20 世纪苏维埃政权建立之后。③

19 世纪六七十年代，沙俄一系列带有自由主义性质的改革为加快教师教育的发展创造了条件。一些省地方自治机构按照乌申斯基的《师范学堂草案》开办了地方师范学堂和教师学校。但沙皇政府深恐教师教育的发展超出自己

---

① T. K. Авдеева. Эволюция педагогического образования в России XIX - начала XX века [J]. Ученые записки Орловского государственного университета. Серия: Гуманитарные и социальные науки, 2012 (2): 213-219.

② 帕纳钦. 苏联师范教育：重要历史阶段和现状 [M]. 李子卓，赵玮，译. 北京：文化教育出版社，1981：3.

③ Войтеховская М. П. История педагогического образования в России: учебное пособие [M]. Часть I Томск: Издательство Томского государственного педагогического университета, 2013: 6.

的控制，遂于1870年颁布了《师范学堂章程》，1875年又颁布了《国民教育部师范学堂细则》。这两个文件规定，教师学校的设立要以官吏制为基本原则。师范学堂的招生对象主要是两级学校毕业生，年龄在16岁以上，信仰东正教并提交“行为良好”的证明，必须通过入学考试，师范学堂可设预备班。师范学堂学制3—4年，设有宿舍，对需要的学生提供助学金，领取助学金的学生必须在初等学校服务4年以上。主要课程为神学、俄语和教会斯拉夫语、算术、几何、俄国和世界史、地理、自然、习字、图画、教育学原理和小学教学法、体操、唱歌和教育实习。强调对未来的教师进行忠君和忠于东正教的教育。

沙皇政府对教师管理既有进步因素，也有专制思想的印记。比如，1864年沙皇政府废除了教师官等制，代之以许可证式的称号制。教师称号需要授权获得，任命权在学校管委会，学校在这一方面具有自主权。但是，1874年沙俄教育部又明令，再次将教师任命纳入沙皇权力体制之内。这种举措完全背离了19世纪60年代俄国教育民主运动的潮流。此外，宗教因素充斥于教学内容和培养目标。这一时期沙俄教育领域中进步主义与保守主义两种力量的博弈是十分激烈的，说明俄罗斯教师教育经历了艰难的发展历程，其教师教育思想也是在充满矛盾和复杂性的反复博弈中逐步发展的。

19世纪下半叶，沙皇俄国教师的工资主要由地方自治局支付。在19世纪60年代，有些地方自治局的初等教育拨款主要是向教师发放“奖金”。从70年代开始，这些“奖金”变成教师工资的经常性补充，也就是所谓的“追加补贴”，而教师的工资仍然需要农村公社发放。在不同地区，这种追加款多寡不一，但均不足教师工资的一半。从70年代末开始，教师工资基本由地方自治局支付，而“追加补贴”则由农村公社提供。从90年代起，地方自治局开始独自承担起教师的工资。在19世纪后期，教师工资和福利占到了地方自治局教育支出的55%—60%。到1902年时，73.4%的县级地方自治局承担起了本县境内教师工资的全部支出，只有26.6%的县级地方自治局还与农村公社共同支付教师的工资。随着地方经济的发展，地方自治局逐渐承担了教师的全部工资。①

① 张广翔，李青．19世纪至20世纪初俄国地方自治局兴学之举［J］．俄罗斯学刊，2012，2（2）：73-83.

第四节
沙俄时期教育家的教师教育思想

在废除农奴制后，俄国建立了基本上能够相互衔接、体现出较强世俗化倾向的普通教育体系，教师教育制度最终得以确立。19世纪下半叶至20世纪初是沙皇俄国教师教育的大发展时期。这一时期俄国教育家的杰出代表是皮罗戈夫、乌申斯基和卡普捷列夫等。他们的教育思想对俄国教育事业及教师教育发展产生了极为重要的影响。

一、皮罗戈夫论教师教育

尼古拉·依万诺维奇·皮罗戈夫（Н. И. Пирогов，1810—1881）是沙俄时期著名的外科专家和解剖学家，是俄国实用外科的实验解剖学的创始人，野战外科学的奠基人，其医学方面的研究成果使沙俄外科学达到当时欧洲一流水平。皮罗戈夫也是19世纪下半叶杰出的教育家和教育活动家，曾先后担任过敖德萨学区和基辅学区的督学，由于锐意改革当时的学校教育，于1861年被沙皇政府解职。由于在科学和社会活动方面的巨大成就，1881年5月他被授予莫斯科荣誉公民的称号。1897年莫斯科建立了皮罗戈夫纪念馆。

皮罗戈夫认为，俄国当时教育的最大弊病就是等级制度、狭窄的专业主义和事务主义方向。皮罗戈夫认为等级制度是每个人能以自己相应的能力和天赋接受教育的障碍。而这个障碍是不公平的，不符合教育的、道德的和社会的要求。皮罗戈夫要求，随着农奴制的取消，也应该消灭教育的等级制度，建立对所有等级儿童都开放的学校。但是，皮罗戈夫一方面批判了俄国教育的等级制度，另一方面在某种程度上是在维护教育的等级性。他认为，决定每个人接受什么样的教育，接受多少教育的决定因素不是属于某一个阶层，而是接受教育的时间与才能，以及物质上的保证等。这里所谓的“物质上的保证”就意味着这种教育制度下的学校还不是对所有阶层开放的，特别不是面向广大贫困阶层人民的子女开放的。正如俄国民主主义革命者所批评的那样，为了使教育对全国各阶层子女开放，仅仅宣布学校是无等级的、法律上人人都可以进入学校接受教育还是不够的，应该从根本上改善这些阶层的生存环境和生活的物质条件。

皮罗戈夫是温和自由主义的典型代表，局限性和矛盾性是他世界观的一个突出特点：一方面表现出对沙俄政府农奴制度和官僚体制的不满，另一方面又反对与之进行坚决的斗争。他认为，只要君主有善良的意愿，就有可能使国家生活得到必要的改善。在改善社会生活的众多手段中，皮罗戈夫把教育放在了头等重要的位置。终其一生，他十分重视学校的发展、统一学校制度的建立和教育的进步。皮罗戈夫是一位杰出的学者，他以自己的研究成果对医学做出了巨大的贡献。他对发展科学和传播学知识做了不懈的努力，不断地强调了科学的认识意义与教育作用。与此同时，他又是一个十分虔诚的宗教徒。皮罗戈夫把改善人的道德的希望寄托在宗教上。他认为宗教是道德的最重要的基础。他相信，宗教和科学是能够共生、合作，并一起发展的。皮罗戈夫世界观的上述特点在他的教育活动和教育观点上也得到了反映，表现在他的某些动摇性和不彻底性。

尽管如此，必须承认，皮罗戈夫深刻地体察到俄罗斯现代化进程中出现的种种负面影响和不良现象，他试图以自己的教育观点使俄罗斯在经济增长的同时，获得社会的进步和个体道德水平的提高。产生于现代化重要时期的皮罗戈夫教育思想对于19世纪下半叶俄罗斯的教育发展产生了巨大的影响，而且至今仍具有重要的意义。可以说，当代俄罗斯教育思想的主流浸透着包括皮罗戈夫、乌申斯基在内的杰出教育家思想的深刻影响。皮罗戈夫对沙俄资本主义现代化的批判、对人性回归的呼唤、对普通教育和教师教育的论述都具有重要意义。①

皮罗戈夫关于教育教学的观点和教师教育思想是非常丰富的，以下逐一阐述。

（一）创办专门的教师教育机构来培养教师

在19世纪中叶，沙俄对应该由谁来培养教师以及如何培养教师的问题还

---

① 王长纯，等. 教师教育思想史研究：上、下册［M］. 长春：东北师范大学出版社，2016：425-433.

没有找到明确的、统一的答案。皮罗戈夫批评教师学院（Главный педагогический институт）缺乏为未来教师组织教育实习的实践。与中小学生一起工作需要专业知识、教学能力和德育能力，需要考虑到儿童的年龄特征，因此，皮罗戈夫坚持要为作为准教师的大学生提供实践课程，并指出应该根据培养小学教师或者中学教师的任务不同使教师教育差异化。①

皮罗戈夫高度重视教师的作用与教师的专业培养。皮罗戈夫认为，教师培养工作是教育事业中最重要的工作，"不培养教师，我们永远达不到我们所希望的教育目的。如果我们要生活在未来，这种培养现在就应该是通往未来的奠基石"。

皮罗戈夫开发设计了四个教师学堂项目。第一个教师学堂项目是敖德萨项目（1857 年），他建议在黎塞留学园（Ришельевский лицей）建立一所教师学堂，负责培训三种类型学校的教师：教区学校、县立学校以及文科中学。沙俄国民教育部考虑了这个项目，但不认为有可能建立这样一所教师学堂，并建议他准备一所旨在培养中学教师的学校设计。皮罗戈夫设计的第二个教师学堂项目是基辅教师学堂项目（1858 年），旨在建立一个为文科中学和贵族县立学校培养教师的学校。他建议在第七和第八学期向基辅大学的大学生进行教师教育专业的培训，在课程结束时，毕业生必须在当地文科中学作为编外教师实习一年。根据沙俄教育部的许可，基辅教师学堂于 1859 年 1 月 1 日开始工作，但是，这是"作为临时措施，在创办实践取向的教师课程班之前可以运行"。在 1858 年冬季，皮罗戈夫收到了沙俄教育部的邀请，让他制定此类教师课程班的目标、任务和内容。作为这类教师课程班设计的结果，皮罗戈夫的第三个教师学堂项目是教育文科中学项目（проект педагогической гимназии，1859 年）。这是一个特殊的高等教育机构，它是基于沙俄时期最好的文科中学创办的。这些学校在提供普通中等教育的基础上，还要讲授教育学科课程。在 1859 年 9 月，皮罗戈夫开始设计第四个教师学堂项目，旨在专门为特殊学校系统中的教区学校和县立学校培养教师。

---

① Войтеховская М. П. История педагогического образования в России：учебное пособие. Часть I [M]. Томск：Издательство Томского государственного педагогического университета，2013：40.

皮罗戈夫的所有项目都建议创办专门的教师教育机构。皮罗戈夫认为，不管教师课程班培训教师的时间持续多长时间，那只是一种临时措施，一种短期措施。在他所设计的所有教师学堂项目中，他都建议，要特别重视实践，重视学习教育学、心理学，以及掌握特定教育层次学校的教学法。与此同时，在1859，所有大学的教育学院被全部关闭。沙俄政府对教师教育下了赌注，节约经济是影响政府做出关闭大学教育学院的决定性因素，因为教师课程班对国家财政投入来说更经济，并且以这种模式将学生培养为训练有素的专业人才速度更快，从他们那里获得回报预计会更快。①

（二）论教师的职业素养

皮罗戈夫在其教育活动和教育论著中对教师问题进行了多方面的阐述。他认为，教师，任何一个教育阶段的教师，只有当他们把教学与教育学生联系在一起时，才能符合自己的使命。他指出，每一个教师首先应了解，科学不仅是为了获取知识，在它里面有时深深隐藏着另外一个重要因素，从表面上察觉不到，这就是教育因素。谁不善于利用它，谁就不知晓科学的全部性质。换言之，每一位教师应能同时完成教学与教育两重任务。

皮罗戈夫提醒教师，学生不仅通过教学，而且更是通过教师的全部行为、全部个性品质接受教育。他指出，教学与教育的真正成功在于教师个性生动的、富于教育性的力量之中。

皮罗戈夫要求教师首先要受过充分的专门的培养，同时应该在道德和普通文化方面站得高些。皮罗戈夫建议由教师学校或中学、初级中学附属教育培训班担任教师培养工作。他要求中学教师要具有大学教育水平，并接受大学附设的教育课程的补充培训。

皮罗戈夫极力主张教师应全心全意地为教育事业服务。他无法忍受官僚主义习气在教育工作上的表现。他认为，哪里有官僚，哪里就没有真正的教师，哪里就不会有真正的青少年教育。皮罗戈夫希望，每一个从事像教育这

---

① Войтеховская М. П. История педагогического образования в России：учебное пособие［M］. Часть I Томск：Издательство Томского государственного педагогического университета，2013：40.

样重要事业的人应该很好地明了这个真理，怀着真诚的愿望从事这一事业，全心全意地为人民服务。

（三）论教师的专业成长

在重视教师培养的同时，皮罗戈夫还提出了教师继续教育的重要思想。在19世纪上半叶提出这样的思想是十分难得的。皮罗戈夫指出，教师在教师教育学校所接受的教育不是教师培养的终结，不能把精通业务作为教师培养的终点。据此，皮罗戈夫提出了许多珍贵的思想。

皮罗戈夫认为，教师独立地提高自己的知识水平和完善自己的教育能力的工作是十分重要的。皮罗戈夫指出，在这项工作中与教师日常实际工作相联系的探索性研究具有特殊重要的意义。皮罗戈夫认为，在实际的教学教育工作中，教师只有成为教育者，他自己才能完全受到教育。每一所学校都应该成为教师成长的园地。[①] 皮罗戈夫这一思想具有超前性。一百年以后，在教师专业化运动中，美国学者才提出学校不仅是培养学生的地方，也是教师专业发展的园地。皮罗戈夫还指出，教师不仅应自学，而且应该向他人学习。他主张，教师应该经常听同事们的课，还可以邀请同事们来听自己的课。皮罗戈夫还建议，学校教育委员会应该经常对一些课进行讨论。他认为举办教师代表会议也应该是丰富教师知识和经验的重要措施。

（四）教学理论

在法国大革命前后，德国文化的发展突飞猛进，迅速走向繁荣昌盛，德国的思想与理论对俄国产生了重大影响。俄国先进的知识分子力图运用这些思想和理论解决俄国的社会问题，其中也包括发展教学论以解决普通教育中的教学问题。从19世纪中期开始，在沙皇政府酝酿废除农奴制的大背景下，俄国进步知识界发动了矛头直指封建教育制度的公共教育运动。在此期间，皮罗戈夫和乌申斯基关于教学理论的阐释标志着俄罗斯教学论的成熟。[②]

皮罗戈夫强调要运用适当的教学方法，促进学生牢固地掌握所学习的知

---

① Пирогов Н. И. Избранные педагогические сочинения [М]. М.: Изд – во Академии педагогических наук РСФСР, 1953: 23.

② 王长纯，等. 教师教育思想史研究：上、下册 [M]. 长春：东北师范大学出版社，2016：431.

识。他提醒人们重视不牢固掌握知识的后果。他认为，知识掌握不牢固对教育事业是有害的，这种不牢固掌握知识的教学会助长儿童对科学和事业的轻浮、自以为是的态度。皮罗戈夫因此认为，宁可学习得少些，但要学好些。他认为十分重要的是学生在学习过程中有学习的兴趣，养成独立学习的习惯。为此，他提出两个条件，即教材的通俗性和高度的教学艺术。皮罗戈夫指出，教学法艺术的基础在于直观性和语言的良好结合。他的许多教育论著都阐述了这一问题。他强调，所有学校教育只建立在直观或语言单一方面的基础上就会犯大错误。皮罗戈夫认为，直观性主要是作用于外部感觉，使儿童对自己产生深刻的内部的感觉体验。语言也是从外部进入，以自己的声音对人的最主要的、最本质的能力——思维发生作用。皮罗戈夫指出，发展这种思维的时候，当然谁都不会不作声地用直观性去进行。但是儿童的注意力在直观学习条件下能对事物的外表给予特别的指向，使得事物的意义比单纯的语言教学更容易理解。①

皮罗戈夫十分重视教学方法的作用。皮罗戈夫对教学方法有精彩的说明："我认为，对儿童进行教学，主要的不是教授他们什么，而是如何向他们教授应学的内容，更好地、艺术地把最普通的日常科目教给儿童。这对于儿童未来而言，要比那些叙述不当、不易被儿童理解的伟大真理要百倍有益。"② 为了使这个"主要"的东西不至于被忘掉，永远成为学校教师集体的注意中心，皮罗戈夫建议，每日至少召集一次讨论不同教育及教学方法的会议。③

皮罗戈夫指出："我们的外部感觉依靠经验与思维而内化，但是感觉的逻辑有自己的特点，这是建立在作用于我们对存在的意识上的某种机制，但不能使我们了解这一意识。因此，我们的感觉的逻辑不需要语言和建立在分音节符号上的思维，感觉的发展是与思维的发展相吻合的。"④

---

① Пирогов Н. И. Избранные педагогические сочинения［М］. М.: Изд－во Академии педагогических наук РСФСР, 1953: 33.

② Пирогов Н. И. Избранные педагогические сочинения［М］. М.: Изд－во Академии педагогических наук РСФСР, 1953: 31.

③ Пирогов Н. И. Избранные педагогические сочинения［М］. М.: Изд－во Академии педагогических наук РСФСР, 1953: 32.

④ Пирогов Н. И. Избранные педагогические сочинения［М］. М.: Изд－во Академии педагогических наук РСФСР, 1953: 33.

皮罗戈夫指出，建立在直观的发展外部感觉的练习基础上的教育是自我教育的起点，教师应继续这种教育，努力抓住发展儿童注意力的最初机会，既不让它很快消失，也不使之只集中在一个方面。只要儿童有意识地用语言的思维让教师了解自己，教师就必须尽快地利用这个礼物，用之于做些实事，是实事，而绝不是无所事事。同时，他要求教师能深思熟虑地运用语言这个细腻而敏锐的工具。他指出，应该牢记，语言的礼物是唯一的，无论怎样估计都不会过分，它贯串于人的内部，比单独的外部感觉要深刻得多。但是为了达到这一目的，教师在运用语言这一工具时，必须不仅是为了获得对直观得到的材料的理解，而且要触及灵魂深处的那些隐藏于外部感觉下面的东西。

皮罗戈夫认为，随着学生年龄的增长，语言在教学教育中的作用不断增加，最终会代替直观的方法。为此，他提倡在中年级多运用讲故事、座谈、作文等方法。而对于低年级儿童，皮罗戈夫建议多采用游戏的方法。他把游戏称为早期教育的强大推动力。忘记和忽视儿童游戏是教育者的近视。同时，他也多次指出音乐、唱歌等艺术教育的重要性，认为这些能使精神高尚，培养思维、心灵和兴趣。①

（五）教育教学的目的在于培养道德高尚的人

皮罗戈夫重视普通教育对社会发展和个体成长的重要作用。在猛烈抨击沙皇俄国的教育现状的同时，皮罗戈夫高度评价了教育，特别是普通教育的作用。1856 年皮罗戈夫发表了他的代表作《人生问题》，是其关于公共教育运动的第一篇重要论文，体现了他的主要教育思想。在《人生问题》及其以后的一些文章中，他公开地、充分地、明确地表达了自己对现代教育状况、任务和性质的观点。他认为，教育不论在社会整体生活中，还是在个人生活中都发挥着巨大的作用，教育在很大程度上决定着人的未来，这是贯串在皮罗戈夫的《人生问题》和其他许多论文中的主导思想。

皮罗戈夫认为，教育教学目的在于培养道德高尚的人。皮罗戈夫在 1850 年 4 月 12 日写给未来妻子 A. A. 毕斯特洛姆的信中对他的教育目的与培养目

① Пирогов Н. И. Избранные педагогические сочинения［M］. M.: Изд－во Академии педагогических наук РСФСР, 1953: 33.

标做出了最初的说明。他认为，教育的主要目的在于把每个儿童培养成首先是善于为他人而生活的人，是能够把他人幸福视为自己幸福的人。他写道："作为一个以他人幸福为幸福的人，这就是真正的幸福，这就是生活的真正理想。"①

皮罗戈夫对当时俄国教育在教育目的、培养目标等方面的观点做了尖锐的批判。他认为，人的概念在教育系统中被专家所代替，这些专家包括机械师、海员、医生、律师等。因此，教育本身的性质越来越成为职业性的、单方面的。他写道："我清楚地知道本世纪科学艺术已取得的成就使职业知识为社会所必需。"皮罗戈夫强调："这并不意味着，现代社会只需要职业教育，而不需要一般人的教育。社会需要专业知识这是毫无疑问的，但它更需要真正的人。这就是为什么所有准备成为有用公民的学生必须首先成为人。所以每个人在接受专业教育之前，都应该经过一般人的教育这一阶段。也就是说要培养这样的人，不管将来将要选择什么样的职业道路，这种人都能够在他所不得不生活的环境与气氛中分辨是非，抗拒现代社会的诱惑，如个人利益、官衔、奖赏等，经得住'内心斗争'，按照自己的良心而不是由于恐惧遵循道德，也不是由于追求奖赏而去履行自己的职责。"②

与此相关，皮罗戈夫阐述了关于一般人的教育，对普通教育培养目标这个十分重要的问题进行了回答，即普通教育应该培养每个学生具备哪些个性品质。皮罗戈夫认为，应该努力使每个青年人的智力、才能获得充分的发展，培养他们具有自由的意志和高尚的道德信念：自然坦诚，热爱真理，捍卫真理，无私、自愿、认真地履行自己的每一项公民责任。

普通教育的首位任务在于使学生学会做人。皮罗戈夫认为，俄国当时教育的另一大弊病就是优良的专业主义方向。在《人生问题》中他写道："教育制度只关心培养青年人，让他们只追求早一些走上实际岗位。那里提供给他

① Пирогов Н. И. Избранные педагогические сочинения［M］. М.: Изд－во Академии педагогических наук РСФСР, 1953: 18.

② Пирогов Н. И. Избранные педагогические сочинения［M］. М.: Изд－во Академии педагогических наук РСФСР, 1953: 531-556.

们的是职务奖赏、私欲和社会的其他理想。"[①]他认为，这是在培养典型的名利熏心的人，对这些人来说，除了个人利益，除了在社会中谋取高官之外，没有任何神圣的东西。乌申斯基曾经对皮罗戈夫的教育思想做出重要的评价："皮罗戈夫在俄国第一次从哲学的角度观察教育，他看到的不是学校纪律、教学法和体育规则这些问题，而是人的精神的最深刻的生活问题。事实上，这不仅是生活问题，而且是人的精神的最重要问题。"[②]

皮罗戈夫认为，"所有准备成为公民的人，首先必须学会成为真正的人"，而"人应当服务并捍卫自己祖国的利益，只有这样的人，才是真正的人"[③]。俄国杰出的革命民主主义者车尔尼雪夫斯基十分了解皮罗戈夫的教育思想，并指出了其教育思想的局限——所谓"真正的人"概念的含糊。尽管如此，他还是热情地对皮罗戈夫表示了支持，因为皮罗戈夫深刻地揭示了在资本主义迅速发展过程中俄国教育存在的主要问题，阐述自己对教育目的、培养目标的充满人文精神的解释，表达了对人的命运的极大关怀，严厉地抨击了沙皇俄国的教育制度，高度评价了普通教育在教育体系中的主要作用。

二、乌申斯基论教师教育

康斯坦丁·德米特里也维奇·乌申斯基（К. Д. Ушинский，1823—1870），出生于图拉市，1849年毕业于莫斯科大学法律系，曾任法律专科学校教师、孤儿院教师、斯莫尔尼贵族女子学院学监。乌申斯基是19世纪卓越的俄国教育家，被称为"俄罗斯教育心理学的奠基人""俄国教师的教师""俄国科学教育的创始人"，代表作有《论公共教育的民族性》、《人是教育的对象》（1868—1869）、《祖国语言》（1864）、《儿童世界》（1861）等。他的教育观点和论著不仅在俄罗斯，而且在世界范围内产生了很大影响。乌申斯基对俄国和世界教育做出了杰出的贡献。1945年，在乌申斯基逝世75周年之

① Пирогов Н. И. Избранные педагогические сочинения [М]. М.: Изд - во Академии педагогических наук РСФСР, 1953: 259.

② К. Д. Ушинский. Собрание сочинений. Том 3 [М]. М.: Издательство Академии педагогических наук, 1948: 26-27.

③ 雷蕾. 当代俄罗斯爱国主义教育研究［D］. 长春：东北师范大学，2016.

际，苏联设立了乌申斯基奖章以表彰成绩卓著的教师和教育科学工作者。

乌申斯基将民族性作为他所构建的教育学体系的基础。乌申斯基以其卓越的理论探索和教育实践活动对19世纪后半期俄国教育的发展产生了积极的影响，并因而被誉为“俄国科学教育的创始人”和“俄国教师的教师”。[①] 可以说在某种意义上，乌申斯基是充满革命精神、科学精神和民主精神的俄罗斯教育思想的杰出代表。他对教育的许多基本问题都结合俄罗斯实际，从推动俄罗斯民族的进步出发，做了深刻的论述。[②]

（一）乌申斯基论教师培养

1. 论教师培养体系的构建

出于对教育事业的关心，乌申斯基对师范教育表现出充分的关注。乌申斯基主张建立培养教师的专门机构，建立师范学校网络，在大学创办教育系，建立培养师资的统一制度。乌申斯基清晰地做出判断——“人民自身意识到需要学习，可是教师却非常缺乏”。为了解决沙俄教师严重短缺的问题，他提出构建一套相对完善的教师培养体系，必须广泛建立和发展专门培养教师的师范院校，并附设教师实习学校，他主张在大学设立教育系来培养教师，从而为国家的教育发展提供师资保障。

乌申斯基在师资培养方面的重要贡献是他在1861年制定的《师范学校计划草案》。1861年，乌申斯基对斯莫尔尼女子学校进行改革时曾拟定了《师范学校计划草案》，该草案反映了乌申斯基对教师的要求和培养初等学校教师的设想。该草案强调：发展教师学堂是非常必要的；教师学堂应该是封闭式的教育机构，其招收的学生应该有足够的初步培训；教师学堂的教学内容应该是“不广泛却百科全书式的，特别适合于教师的使命”；教师学堂应该有一所附属“实践学校”；“教师学校不应该仅仅建立在大城市，还应建立在距离教育中心不远的地方”。[③] 在《师范学校计划草案》中，他提出师范学校应设

---

① 吴式颖，李明德. 外国教育史教程：第三版［M］. 北京：人民教育出版社，2015：270.

② 王长纯，等. 教师教育思想史研究：上、下册［M］. 长春：东北师范大学出版社，2016：433.

③ Т. К. Авдеева. Эволюция педагогического образования в России XIX – начала XX века［J］. Ученые записки Орловского государственного университета. Серия：Гуманитарные и социальные науки，2012（2）：213-219.

在小市镇或乡村，师范生一律住校。除具备优秀的品质外，师范生还应掌握俄语、文学、数学、地理、历史、自然、医学、农业、教育学、心理学、生物学、学科教学法等专门的学科知识。① 截止到 1917 年 1 月 1 日的统计数据，俄罗斯共有 171 所教师学堂在运行，其中，有 145 所男子教师学堂，26 所女子教师学堂。② 在制定有关针对教师学堂的办学活动如何进行管控的法规时，沙俄政府考虑了乌申斯基《师范学校计划草案》中提出的主要观点。

乌申斯基主张大学要创办教育系，并对大学开设教育系做出具有超前意义的阐释。在沙皇俄国教师培养还在师范学校或培训班里进行的时候，乌申斯基就预测到建立大学教育系的必要性、前景，并提出具体的任务。这种超前性的论述对而后俄国教师教育政策与实践发挥了实际作用。③ 乌申斯基认为，为发展教育学，培养一批教育学者，最好的途径便是创办教育系。教育系的目的在于研究人和人性的一切表现及其教育艺术上的专门应用。他指出，如果在大学里设有医学系甚至财经系，而不设教育系，只能表明人们对身体健康和金钱的关心超过对精神健康的关心，对后代物质财富的关心超出对他们的教育的关心。教育系应该把研究任何人和人性的一切表现及其在教育艺术上的专门应用作为自身的工作职责。④ 乌申斯基对教育系提出三项任务：（1）研制全面研究人的科学，并专门使之用于教育艺术；（2）培养具有渊博知识的教育家；（3）在教师和公众之间传播教育学知识和信念。此外，大学教育系还应该为教师学院和培训班提供高水平的干部。⑤

2. 论教师教育的课程设置

乌申斯基确定了教育系应该学习的学科，包括生理学、解剖学、心理学、逻辑学、哲学、地理、统计学、政治经济学、历史。他认为教育系应该成为发展和传播教育科学的中心。乌申斯基在世的时候，他这一建议在专制制度

---

① 吴式颖，李明德. 外国教育史教程：第三版［M］. 北京：人民教育出版社，2015：270.

② Т. К. Авдеева. Эволюция педагогического образования в России XIX – начала XX века［J］. Ученые записки Орловского государственного университета. Серия: Гуманитарные и социальные науки, 2012（2）: 213-219.

③ 王长纯，等. 教师教育思想史研究：上、下册［M］. 长春：东北师范大学出版社，2016：440.

④ 吴式颖，李明德. 外国教育史教程：第三版［M］. 北京：人民教育出版社，2015：270.

⑤ 洛尔德基帕尼泽. 乌申斯基教育学说［M］. 范云门，何寒梅，译. 南京：江苏教育出版社，1987：28.

严酷的条件下并没有得以实现，但这种思想为后来俄罗斯教师教育的发展提供了正确的路径。

乌申斯基在《女子学校的教育学科课程大纲》(《Программе педагогического курса для женских учебных заведений》) 中指出了“六个必须”①：第一，必须从与根据心理规律总结出的教学结论有关的心理学课程开始教育学的教学；第二，开设心理学课程必须先修课程生理学概论（физиологическое обозрение），它是构成《心理学导论》（《необходимое введение впсихологию》）的要素内容；第三，必须在完成心理学和普通教育学的课程训练后，再进行一般教学论和学科教学论（общая и частная дидактика）的学习；第四，在一般教学论的课程中必须研究学习：基于心理发展规律的一般学习规则，学前教育和小学教育识字教学的规则，整个教学的总体计划及其合理性（《общий план всего ученья с его обоснованием)；第五，在学科教学论方面，在研究个别学科的教学规则时，必须选择该学科一种最佳版本的教科书，并按章节逐渐研究教材，清楚展示出儿童应该理解什么以及如何理解；第六，在进行《教育学简史》的教学时，必须指出其中最重要的时代和最好的教育学论著。

（二）乌申斯基的教师观

1. 关于教师作用的论述

乌申斯基强调，学校在对人的教育方面起着决定性作用，而教师是学校的主要工作人员，一切取决于教师。他说：“学校的精神有重大的意义，但是这种精神的存在，不是在墙壁上，也不是在纸片上，而是存在广大教育者的性格当中，并且由教育者的性格就可以转化为学生的性格……”② “无论有什么样的规程和教学大纲，无论学校有什么样的机构，有考虑得多么周密的方法，也不能代替教师在教育工作中的作用。”③ 由此可知，教师在学校工作中

① В. И. Смирнов. Зарождение и развитие системы педагогического образования В России (конец ⅩⅧ-начало ⅩⅩ вв.)［J］. Историко-педагогический журнал, 2013 (1)：59-74.

② 洛尔德基帕尼泽. 乌申斯基教育学说［M］. 范云门，何寒梅，译. 南京：江苏教育出版社，1987：307.

③ 康斯坦丁诺夫. 世界教育史纲：第一册［M］. 冯可大，李子卓，陈友松，等译. 北京：人民教育出版社，1954：333.

有着举足轻重的地位。

1857 年，乌申斯基发表了他的第一篇教育论文《论教育书刊的作用》。在该文中，乌申斯基努力提高教师的权威，指出教师的重大社会作用。在该文中，乌申斯基还勾画出国民教师的鲜明形象，并提出了对他们的基本要求。乌申斯基首先确信，教师是教育过程中最重要的因素，“教育者个性对青年心灵的影响是教科书、道德说教、奖惩制度都不可替代的教育力量”①。正是在这篇文章中，乌申斯基对国民教师的社会意义做了清晰的阐述：“教师站在当代教育的水平上，会感受到自己是过去历史上人们美好和高尚的东西和新一代人之间的中介者，是曾为真理、为幸福而斗争的人们的崇高理想的保存者。他感受到自己是过去与未来之间的生气勃勃的一环，是强有力的真理与善良的正直，并且意识到，他的事业尽管表面上是不足为奇的，但它是历史上最伟大的事业之一……”② 乌申斯基认为，道德教育是培养人形成道德品质最佳的途径，教师要善于运用说服、强制、表扬、鼓励、警告、惩罚等方法。

2. 关于教师素养的论述

在对教师的社会地位做了高度的评价之后，乌申斯基还对教师提出了很高的要求，在信念、人格、知识等方面都提出了新的要求。这些要求对当时以及而后俄国教育都产生了积极作用。

（1）教师要有坚实的信念

他认为信念是教师应具备的最重要品质。教师应该培养自己的学生具有明确世界观。要做到这一点，教师首先应当具有自己的世界观。乌申斯基指出：“人的教育的最重要的道路是信念，只有信念才能对培养信念产生作用。”③ 教师的信念不论是教训、监督，还是教学法指导都不能代替，缺乏坚

---

① К. Д. Ушинский. Собрание сочинений: 2 том [М]. Ред. коллегия: А. М. Еголин (глав. ред.), Е. Н. Медынский и В. Я. Струминский ; Акад. пед. наук РСФСР. Ин-т теории и истории педагогики. - Москва; Ленинград: Акад. пед. наук РСФСР, 1948: 29.

② К. Д. Ушинский. Собрание сочинений: 2 том [М]. Ред. коллегия: А. М. Еголин (глав. ред.), Е. Н. Медынский и В. Я. Струминский ; Акад. пед. наук РСФСР. Ин-т теории и истории педагогики. - Москва; Ленинград: Акад. пед. наук РСФСР, 1948: 32.

③ К. Д. Ушинский. Собрание сочинений: 2 том [М]. Ред. коллегия: А. М. Еголин (глав. ред.), Е. Н. Медынский и В. Я. Струминский ; Акад. пед. наук РСФСР. Ин-т теории и истории педагогики. - Москва; Ленинград: Акад. пед. наук РСФСР, 1948: 28.

定信念的教师容易变成盲目执行者。

乌申斯基认为教育书籍应该在培养教师的坚定社会信念和教育原理中发挥很大作用，他寄希望于此。1839 年 4 月乌申斯基向当时的国民教育部申请创办《信念》杂志，但未被批准。他认为，具有坚定信念的教师应该热爱自己的事业，忘我地为之服务。没有爱，教育活动便是形式上的、官僚式的，对受教育者没有任何深刻的作用。他认为，教师在工作中，主导的东西应该是严肃，可以有玩笑，但不能把整个事业变成玩笑，温柔而不过分，公正而不傲慢，善良而不软弱，有秩序而不呆板，而主要的是稳定的、经常的、理智的活动。

（2）教师要具有良好的人格

乌申斯基十分重视教师人格的作用，充分认识到教师个性人格的重要性。他认为，全部教育的基础是教师的独特个性，因为教师的个性是教育力量的源泉。他认为，“教师的人格就是教育工作的一切。教师的活动在外表上看来是微不足道而单调的，但是，它比任何别的活动更需要保持经常的热忱”[①]。

乌申斯基特别强调教师良好人格对学生心灵发展的巨大影响。他认为，教师对幼小心灵的人格（个性）的影响，构成一种教育力量，这种力量既不是教科书所能代替的，更不是什么道德格言和奖惩制度所能代替的。乌申斯基认为，“教师人格对于年轻的心灵来说，是任何东西都不能代替的最有用的阳光，教育者的人格是教育事业的一切”。

乌申斯基还具体指出了教师个性品质与学生培养的关系。他指出：“就连儿童的生活本身，他们的服装、饮食都可能受到教师的影响，因为，只有在个性的直接影响下，儿童的智力和道德才能得到培养、得到发展。任何形式和任何纪律以及规章制度都不能代替教师个性的影响。”[②] 他认为，在小学教学中，儿童心理发展是主要的。与此同时，他认为，教师的组织管理、教师的个性品质都具有重要的教育作用。他认为，必须使初级小学的教学没有任

① 康斯坦丁诺夫. 世界教育史纲：第一册［M］. 冯可大，李子卓，陈友松，等译. 北京：人民教育出版社，1954：333.

② 洛尔德基帕尼泽. 乌申斯基教育学说［M］. 范云门，何寒梅，译. 南京：江苏教育出版社，1987：307.

何个别的学科，一切都变成一个成年人理智的作用给儿童的营养，使所有不同的活动都达到一个理智的目标，即儿童的重要发展，使他们能为将来分科学习做准备。这种要求形成了一条规则：课业越多样化，学生精神越集中，越有利于小学低年级教学。①

乌申斯基关于教师人格的作用，早已经被广泛接受，对今天的教育和教师培养也产生着重要影响。

（3）教师要具有知识素养

乌申斯基在许多著作中多次强调，知识是教师的最重要素质之一，其不仅包括所教学科的知识，而且还有专门的教育知识。乌申斯基还研究了教师专门培养的各种问题。他认为，教师应该拥有他所教学科的多种多样的、清晰的、准确的知识。乌申斯基强调，国民教师必须接受全面的教育，特别是有关教育科学知识的教育，未来教师应该学习心理学、教育学、教育史。他认为，只学习教育理论知识还是不够的，还应该掌握教学教育的实际艺术。乌申斯基指出必须建立教育实习基地。作为教育实习基地的学校的教学应该是具有示范性的。

乌申斯基要求教师在教学时必须根据心理学、生理学和人体解剖学的科学原理组织教学，必须了解学生的本性及其特点，教学必须适应学生的心理和身体发展的水平和特点。乌申斯基强调，“如果教育学想从各方面去教育人，那么它就应当首先全面地了解人”。所以在教学过程中，要考虑儿童的心理特点，即考虑以神经系统为基础的心理过程和心理机能，它是正确地组织全部教学工作的最重要的条件。而正确地组织教学，则有赖于教师对儿童的意志、注意、记忆、思维等心理过程的正确了解及其在教学过程的正确利用。

乌申斯基指出，如果生理和心理学知识是可靠的，那么教育学的以上建议对于实际工作者是非常宝贵的。依靠这些，教师可以解决实践中提出来的许多问题。因此，对他们来说第一重要的是心理现象的规律，而后才是从中得出的建议、忠告等。乌申斯基还写道：“我们不应当对教师说，他们应该这样做或那样做。但是我们可以向他们讲，学习那些你们想要掌握的心理现象

① 王长纯，等. 教师教育思想史研究：上、下册［M］. 长春：东北师范大学出版社，2016：439.

的规律吧，并且运用这些规律对面临的具体情况采取行动。”

（三）乌申斯基关于教学原则的论述

乌申斯基指出，教学应该包括知识传授和能力培养两个方面，要遵循量力而行和循序渐进的原则、直观性原则、巩固性原则、知识性与系统性相结合的原则等。乌申斯基在提出了教学发展性这一总的、具有十分重要意义的一般原则的同时，又在其《国语教学指南》《瑞士教育旅行》等许多专著中阐述了关于教学具体原则的问题。他对教学原则的阐释使得教师培养有了具体明确的方向，也有助于普通教育的教学质量的提高。教学原则的确立对俄罗斯教师教育内容与实践都产生了巨大而久远的影响。①

1. 量力而行和循序渐进的原则

乌申斯基认为教学过程应当建立在儿童的年龄特点和心理特点的基础上，要符合学生的心理特点，遵循自觉性和积极性原则。因此，在对儿童进行教学时，必须注意对儿童状况的研究。乌申斯基强调教师教学过程中应当一方面考虑其可能性，量力而行；另一方面则要坚持对学生的要求，使之循序渐进。

乌申斯基写道：“长时间地进行一个方面的智力活动的能力，是任何一种学习的最重要的条件之一。可是，这种能力只能一点一点地逐渐发展起来，在这方面过早过分地努力，您只会损害这种能力的发展。并且，您还会发现，孩子不仅因此会停止向前发展，而且好像在后退，似乎他心灵中某一根拉得太紧的弦被绷断了。应该培养儿童长时间地从事某一活动的习惯，但必须小心翼翼地、逐步地去培养。”②

乌申斯基在《国语教学指南》中曾更为明确地指出：“应该遵守循序渐进的原则，注意逐步地发展儿童的力量。”③

---

① 王长纯，等．教师教育思想史研究：上、下册［M］．长春：东北师范大学出版社，2016：441.

② 乌申斯基．乌申斯基教育文选［M］．张佩珍，冯天向，郑文樾，译．北京：人民教育出版社，1991：317.

③ Ушинский К. Д. Избранные педагогические сочинения ［M］. Москва：Издательство Академии Педагогических Наук，1954：32.

2. 直观性原则

乌申斯基从儿童心理特征和思维特点出发，提出了教学的直观性原则，并给予了高度的重视。他曾对直观教学做了如下的定义："这就是这样一种教学，它不是由抽象的概念和词语构成，而是以直接为儿童所感知的具体形象为根据。这些形象或许是孩童在教师指导下直接在课堂上感知的，也许是孩童在上课之前自己经过独立观察已经感知的，所以，教师可以认定在孩童的心灵中已有一个现成的形象并且以这个现象为基础而进行授课。""这种由具体到抽象、由表象到思维的练习过程是非常自然的，并且是以明显的心理学规律为基础的。"

乌申斯基根据儿童的心理特征，论证了直观教学的必要性。乌申斯基指出："儿童是以形状、颜色、声音等感觉来思维的。要是有谁试图改变儿童的思维方法而压制儿童的天性，那必然是枉费心机，并给儿童带来危害。要是能使初级阶段教育教学做到有声、有形、有色彩，总之，使它尽可能大量地为儿童的感觉所接受，那么，我们就能够使我们的教学适应儿童的接受能力。"乌申斯基对教学直观性原则的论述充分地体现出他尊重儿童的教育思想。

直观性原则在乌申斯基的教学理论中占有重要地位。为了更好地遵循直观性教学原则，乌申斯基还指出了直观教学的一些具体方法。他主张，要通过自然界的实际事物和利用模型、图画、图片以及其他反映对象和现象的直观教具。他认为，直观教具不但能引起学生的兴趣，而且能唤起学生积极的思维活动。但应用这些实物和教具，必须由学科的特性和学生的年龄等条件来决定。一般说来，学生年龄越小，越应广泛使用直观性原则。同时，他又提醒教师不要过分迷恋于直观性原则，必须注意使教学从具体过渡到抽象，培养学生的抽象思维能力。

3. 巩固性原则

乌申斯基很重视儿童如何牢固地掌握知识的方法，为此，他要求教师注意复习学习过的知识培养儿童的记忆力。乌申斯基从提高教学质量出发，提出了巩固性原则，或者称为防止遗忘的复习原则。

乌申斯基在提出这一原则的同时，强调反对为了恢复遗忘的内容而复习。

他认为，这本身就说明教学中存在缺点，也表明学校教学大体上搞得很差。教学差的学校同质量差的建筑物一样，需要不断进行修理、改进，却永远也达不到完善；好的学校则不同，它不断复习已学过的内容，从不需要修补。①乌申斯基在阐释防止遗忘的复习原则时，强调一定要考虑和结合儿童的心理状态，他写道："儿童本人极不喜欢复习曾经熟记但都遗忘的内容，却非常喜欢讲述和转述他们已经记住了的内容。请利用我所指出的儿童的这种天性，请不断地进行防止遗忘的复习，以便永远避免复习遗忘的东西。"②

乌申斯基强调要深入掌握知识必须重视巩固性原则。他很重视复习、练习对巩固知识的作用，他认为自觉的积极性是复习的基础。复习的主要任务不是在记忆中再现已经忘记了的东西，而是预防遗忘。乌申斯基把复习分为消极和积极两种。消极的复习在于重新感知已感知过的东西，看已经看过的，听已经听过的，从而使感觉的痕迹更加深化。积极的复习，是指要独立地再现以前所感知的各种表象痕迹，如在复习功课时把书本合起来，努力凭记忆念出来。乌申斯基更重视积极的复习，确信积极的复习比消极的复习的效果更好，因为它更能把注意力集中起来。

4. 知识性与系统性相结合的原则

乌申斯基在论述初级阶段的语文教学时曾批评了当时俄国小学教学中的两个极端：其一是教师传授给学生的只是塞满了种种片段的、无联系的知识，像是一切摆放得乱七八糟的贮藏室；其二是片面强调体系的传授，而无实在的知识内容，犹如小铺子的每个货架上都写有物品名称，但架子里都空空如也。

在批评了上述两种倾向的同时，乌申斯基指出："真正的教育学避免这两种极端，它首先给学生以材料，而随着材料的积累又把材料组成体系。积累

① 乌申斯基. 乌申斯基教育文选［M］. 张佩珍，冯天向，郑文樾，译. 北京：人民教育出版社，1991：402.

② 乌申斯基. 乌申斯基教育文选［M］. 张佩珍，冯天向，郑文樾，译. 北京：人民教育出版社，1991：402.

的材料越众多、越多样，体系就会越系统，最终达到逻辑和哲学的抽象。”①乌申斯基同时强调了语文教师在实施知识性与系统性相结合原则中的作用。他指出：“要把孩子们获得的知识综合起来并使之形成一个严整的、合乎逻辑的体系，这个责任正是落在教授俄罗斯语言和文学教师的肩上，因为祖国语言正好是这样一种精神服装。各种知识要成为人类意识的真正的财富的话，它必须穿上祖国语言这种精神服装。”②

除上述原则以外，乌申斯基还要求教师在小学教学中培养学生的积极注意力、独立完成作业的习惯，并要求教师善于利用课业和教学方法的变换，以减轻学生学习疲劳程度。

（四）乌申斯基的教育学思想

乌申斯基把教育学分为广义和狭义两类：广义的教育学是教育者所必须或有用的一切知识汇集，这类知识中最重要的就是生理学和心理学；狭义的教育学是教育活动规则的汇集。③

1. 教育学需要严谨的理论建构

作为俄罗斯教育理论的杰出改革者，乌申斯基曾对教育科学做过许多深刻的论述。他首先批评了当时的教育研究。在乌申斯基以前，教育学可以说是实际材料的汇集，是未经系统化的事实的拼凑。当时人们认为，教育研究最重要的任务就是收集到更多的标准的经验材料。乌申斯基首先注意到，应该把收集到的材料从教育理论的角度进行研究和组织，没有不同层次上理论的概括，事实的汇集什么也说明不了，什么也证明不了。他要求每个教育研究者从这个或那个事实中，或从科学获得的大量事实的比较中揭示出每条规律、每条定则。只有依靠事实，理论才能有基础。④

---

① 乌申斯基. 乌申斯基教育文选［M］. 张佩珍，冯天向，郑文樾，译. 北京：人民教育出版社，1991：445.

② 乌申斯基. 乌申斯基教育文选［M］. 张佩珍，冯天向，郑文樾，译. 北京：人民教育出版社，1991：445.

③ 吴式颖，李明德. 外国教育史教程：第三版［M］. 北京：人民教育出版社，2015：270.

④ 王长纯，等. 教师教育思想史研究：上、下册［M］. 长春：东北师范大学出版社，2016：444.

在强调教育理论的知识作用的同时，乌申斯基又坚决反对把对事实进行思考当成教育理论本身。乌申斯基批评了所有想运用从思考中来的东西制定未来的教学方法的企图。

乌申斯基也对当时著名的德国教育家 K. 施密特的看法持批评态度。施密特用对教学教育过程的具体观察取代了抽象的思维，其表达与思想是含糊不清的，缺乏对规律的深刻揭示。

2. 哲学是教育学理论建构的基础

乌申斯基认为，建立科学的教育理论知识必然要具有哲学的基础。生理和心理学知识对发展教育理论是至关重要的，但是只有哲学才能成为教育理论体系的基础。这是乌申斯基在与无神论者巴乌尔松（1846—1908）的辩论中提出的深刻论断。乌申斯基坚决反对当时很时髦的实用主义名言：科学本身就是哲学。乌申斯基坚持认为，不论是对于教育学的科学练习，还是教育目标的制定，都必须寻找哲学的依据。

根据乌申斯基的思想，科学教育学知识是有其内在结构的，这种结构由前提和结论构成，而前提是一定哲学立场的教育人类学知识的综合。在所有的教育学里几乎没有例外，其在叙述方向、感情和激情教育的篇章中是最简短的、最不确定的和最令人费解的。教育学建设没有任何教育人类学的根据，因此所有的规则都伴有数量不定的例外，这些例外像规则本身一样缺乏根据。

3. 心理学是教学理论建构的基础

乌申斯基被称为“俄罗斯教育心理学的奠基人”，他的著作《人是教育的对象》以普通心理学研究中获得的原理来解释实际问题，被认为“奠定了俄国教育科学的科学研究基础”。

乌申斯基特别强调，教学理论既然是教学的科学，那么，教学本身也必须建立在一定科学基础之上。他认为教学必须建立在心理学基础上，如果教学理论不是建立在心理学之上，它就不能成为科学。他确认心理学应该是教学理论的一个重要源泉。

如果考察儿童心理发展问题的历史，教育科学的奠基人夸美纽斯首先开始对教学的科学原理进行了探索，这些探索的突出特点是意识到必须考虑儿童的特点及其精神成长的按阶段上升。年龄期的划分是对成长中的人的心理所经历的变化予以肯定的基本形式。年龄期的划分以及与之相应的学校类型是夸美纽斯的宏伟的教育学体系的组成部分。①

乌申斯基可以说是继夸美纽斯之后最伟大的里程碑式人物。当时在心理学上占重要地位的概念就是联想概念，各种心理现象都是依据联想的机制加以解释的。乌申斯基学说的特点是对儿童发展的各个年龄期做了心理学的解释。他在《人是教育的对象》这部著作中，探讨了注意的过程、表象联想、记忆、想象、感知和意志。②

（五）乌申斯基关于普通教育教学目的的论述

乌申斯基首先对沙皇俄国专制教育的教学目的进行了剖析和尖锐批判。他认为，教育的目的是培养全面和谐发展的人。这种人除了德、智、体全面发展以外，应该有劳动的习惯和爱好，并把祖国命运与个人结合起来。乌申斯基曾写道："不论是教学法，还是教育学，严格意义上来说，都不能称为科学。"③ 在这里，乌申斯基强调，教育的首要问题不是学校的教学科目、教学或教育规律问题，而是人的精神和人生问题，从而提出了"人是教育的对象"这个永恒命题。乌申斯基肯定了遗传在人的发展中的作用，同时，他强调环境与教育在人的发展和形成人的品质中的决定性意义。基于此，乌申斯基要求普通教育的教学目的建立要在培养人、培养精神上获得健康发展的俄罗斯人的基础上。而实现这个教学目的，必须认识到教育培养人的复杂性，人的培养需要情感和信念的支撑，需要教师的创造性劳动。

（六）乌申斯基关于公共教育民族性的论述

在沙俄教育改革的欧化趋势下，思考教育的民族性问题显得尤为必要。在教育国际化的进程中，必须处理好国际性与民族性的关系，防止在国际化的过程中被同化或完全西化。如何处理好二者之间的关系是包括教师教育在内的整个教育体系必须面临的问题之一。

---

① 赞科夫．教学与发展［M］．杜殿坤，等译．北京：人民教育出版社，2008：3-4.

② 乌申斯基．人是教育的对象：上卷［M］．郑文樾，译．北京：人民教育出版社，2007：385.

③ 乌申斯基．乌申斯基教育文选［M］．张佩珍，冯天向，郑文樾，译．北京：人民教育出版社，1991：23.

公共教育民族性的观点是乌申斯基最为最杰出的、最为深刻的教育思想之一。俄国《教育杂志》1857 年第 7、8 期连续刊载了乌申斯基《论公共教育的民族性》一文，该文深刻地阐述了公共教育的民族性问题。建立既是科学的，又是具有民族性的公共教育体系是乌申斯基的追求。他关于教育的所有论述都是在这一思想统领下展开的。无论是在教育活动实践中，还是在教育理论建构中，乌申斯基都非常重视教育的民族性原则，并将该原则作为自己全部教育活动的主导思想。

1. 民族性是教育与科学的区别所在

乌申斯基提出公共教育的民族性原则主要基于两方面的原因：一方面是对沙皇俄国斯拉夫派曾发起的“关于俄罗斯科学的民族性问题”的反驳，另一方面是对沙俄教育制度根本无视本民族特点而一味效仿西欧的批判。在分析了教育与科学的区别的基础上，乌申斯基明确地提出了自己的观点——教育具有民族性，科学没有民族性。

乌申斯基在《论公共教育的民族性》一文中首先区别了科学与教育。在 19 世纪中叶，俄国社会思潮的一个流派——斯拉夫派曾发起了关于俄罗斯科学的民族性问题。其反对俄国的西欧发展道路，把俄罗斯的社会制度理想化，发展了唯心主义的宗教哲学。该派强调每一民族的科学都应先有自己独特的性质，否定科学的普遍意义。斯拉夫派的这种观点遭到了人们的驳斥。乌申斯基反对斯拉夫派的这一立场。他指出，科学的原理应该带有普遍性、不变性，正如自然、理性和历史的规律本身带有普遍性和不变性一样：一切特殊的、全部的、未经人们所共有心理证明是正确的东西在科学中都没有地位，揭示世界规律的科学和世界本身以及人认识世界的理性一样，是人类共同的财富。乌申斯基指出：“每一个文明的民族，只有当她能用真理——这种真理对于一切民族来说永远是真理——去充实科学的时候，才可能对科学起作用。”①

乌申斯基在论述科学没有民族性时，也阐明了教育与科学的不同。适用

① 乌申斯基. 乌申斯基教育文选［M］. 张佩珍，冯天向，郑文樾，译. 北京：人民教育出版社，1991：11.

于科学的东西，不一定适用于教育。教育并非以发展科学为自己的目的，因而科学对教育来说不是目的。教育对人的各个方面施加影响，包括对其民族特点和个人特点——肉体、心灵和智慧施加影响，而且首先把人的性格作为对象。性格正是民族得以存在的土壤，所以，乌申斯基认为，教育具有民族性。

2. 教育的民族性原则

乌申斯基在其教育活动和教育理论中都重视民族性原则。教育的民族性是由一个民族的本性和历史形成的。每个民族都拥有各自独特的教育体系、目的和手段。每个民族都有其关于人的独特观念，它植根于这一民族的社会生活，并且随着民族的发展而发展。乌申斯基在分析欧洲教育的共同历史基础时指出，公共教育在成为国家和民族生活的一个组成部分之后，它在每一个民族中都走上了自己独特的道路，因而，每一个欧洲民族都具有自己独特的教育体系。在每一个国家中，在公共教育这一共同的名称下，在很多共同的教育形式下，隐藏着自己关于公共教育的独特概念，这个概念是由民族的本性和历史而形成的。

乌申斯基强调，必须制定完全符合本国、本民族特点的国民教育制度，必须重视首先使用本民族语言进行教学。乌申斯基的观点很明确，那就是由本民族自己创造并且建立在民族性基础上的教育体系具有巨大的教育力量。[①]只有民族教育才是民族发展历史进程中的一种积极手段。公共教育在发展人的智慧和自我意识的同时，使人身上所具有的民族性得到巩固和发展，并且还有力地促进整个民族自我意识的发展。对一个民族来说，公共教育也就是这个民族的家庭教育。[②] 与教育民族性相关的是祖国语言。乌申斯基认为，祖国语言和教育的民族性一样具有重大的教育作用和意义。同时，乌申斯基还强调，必须用祖国语言进行教育和教学，因为祖国语言包含着本民族的全部

---

① 乌申斯基. 乌申斯基教育文选［M］. 张佩珍，冯天向，郑文樾，译. 北京：人民教育出版社，1991：82.

② 乌申斯基. 乌申斯基教育文选［M］. 张佩珍，冯天向，郑文樾，译. 北京：人民教育出版社，1991：32.

精神生活的特征。

教育的民族性是由每一个国家的历史文化、民族传统和民族特性决定的；同时，每一个国家和民族的教育，也是在民族国家发展进程中形成和发展起来的，它反映这个国家和民族的特点。在对德、英、法、美等国公共教育进行比较分析的基础上，乌申斯基指出，虽然这些国家都有相似的教学形式，教学科目也一致，但教育体系都存在重大差别，这种差别是从每个民族所形成的独特的教育观念中产生的。它能反映出每个民族公共教育的方向和目的。在强调了公共教育民族性，批驳当时社会上流行的德国某些教育观点的同时，乌申斯基又肯定了不同国家、不同民族中的教育存在着一些共同的东西，这些东西应当学习、研究和借用。乌申斯基指出："一个民族的公共教育的特性表现得越明显，它就越能自由地向其他民族借鉴自己所需要的一切。"①

乌申斯基既反对盲目地向西欧各国仿效教育制度，又不赞成当时斯拉夫派拒绝学习其他民族教育经验的观点。这种对待其他民族教育的辩证态度无疑是十分可贵的。

乌申斯基把教育学的民族性理解为培养对祖国的热爱、对人民不朽力量的信仰，以及人民拥有解决教育问题的权力。乌申斯基的教育思想继承了俄罗斯教育思想的优秀传统，并且把它发展到一个重要的阶段。乌申斯基教育思想推动了俄罗斯民族文化的发展。

乌申斯基重视教育的民族性原则，号召教育不仅要考虑传统、信仰、习俗、母语的独创性和丰富性、社会心理特征，还要考虑世界观的水平、感知世界的取向。他主要呼吁要考虑这个民族对那些全人类的普遍价值和国家价值的态度，并最终以此来检验教育教学理念和目标的生命活力。② 乌申斯基认为，没有渗透爱国主义思想和人性思想的教育不是教育。他的育人理想清楚地反映了公民认同、爱国主义、人性的特点，这决定了教师在对年轻一代人

---

① 乌申斯基. 乌申斯基教育文选［M］. 张佩珍，冯天向，郑文樾，译. 北京：人民教育出版社，1991：62.

② Овчинникова Е. В. Реализация принципа народности в системе развивающего обучения К. Д. Ушинского［J］. Вестник Ленинградского государственного университета им. А. С. Пушкина，2018（4）：136-142.

进行教育时的主导地位。他指出，决定教育过程的民族性原则具有社会的、具体历史的和国家属性。① 乌申斯基指出，教育的民族性要求培养具有民族情感、道德高尚的人，要形成新一代人的爱国主义思想。他强调，爱国心和民族自豪感是儿童最宝贵的民族心理特征与道德品质，要重视从小培养儿童的这些爱国主义情感，在学校教育过程中要培养和巩固这些情感和品质。

构建知识体系时要遵循民族性原则，乌申斯基在科目选择和教育内容组织方面体现了这个原则。在解决教学内容的问题上，他提出了两种类型的内容：形式内容（发展学生的智力、观察力和理性）和材料内容（具体学习材料）。为了实现这些目标，首先，合理选择科目是必要的。在乌申斯基看来，教育的民族性、符合社会和时代的需求是选择科目时需要遵循的指导思想。不要看德国、法国、英国等国家需要什么，而应该考虑俄罗斯在当时的状态下需要什么，应该根据俄罗斯国家的历史、俄罗斯民族的精神和需求……②

由此可见，涉及教师教育，教师培养目标中要包含公民认同、教育情怀、爱国情怀、人性思想，教育内容中既要有国际要素，也要有国家和民族要素，教育教学过程中需要弘扬优秀的民族文化。乌申斯基要求在教育教学过程中要发扬本民族优秀的文化传统，必须用祖国语言进行教育和教学。

乌申斯基提出的教育民族性思想在今天依然具有现实意义。把现代化等同国际化、等同于西方化是错误的。俄罗斯许多优秀的教育思想家在社会进步中坚持教育的民族性，不断探讨民族主义、现代化与向西方学习的关系，并且留下了许多至今富有启发的观点，不仅对当时俄罗斯的教育发展产生了巨大的影响，而且对后来乃至今日的俄罗斯的教育都具有深刻的影响。

---

① Овчинникова Е. В. Реализация принципа народности в системе развивающего обучения К. Д. Ушинского［J］. Вестник Ленинградского государственного университета им. А. С. Пушкина，2018（4）：139.

② Овчинникова Е. В. Реализация принципа народности в системе развивающего обучения К. Д. Ушинского［J］. Вестник Ленинградского государственного университета им. А. С. Пушкина，2018（4）：136-142.

三、卡普捷列夫的教师教育思想

（一）卡普捷列夫的教育活动

卡普捷列夫·彼得·费奥多罗维奇（П. Ф. Каптерев，1849—1922）是19世纪下半叶至20世纪初著名的教育家、心理学家、教育学理论家和教育史学家，是俄罗斯教育学、心理学、家庭教育学和学前教育的奠基人之一。他的一生经历了沙俄和苏联两个历史时期，考虑到其主要教育活动在沙俄时期，其生命历程和教育活动只有短暂的几年时间是处于苏联时期，因此将其视为沙俄时期的教育家。他出身于乡村牧师家庭，接受了从低级到高级完整的宗教教育课程，这无疑对他个性的形成产生了影响。卡普捷列夫1872年毕业于莫斯科神学院。他曾经在圣彼得堡神学院做了六年的教师，后来在世俗教育领域继续从事教育教学活动，曾在圣彼得堡的中学和高等教育机构讲授教育学和心理学。作为一名教育实践者，他的经验是独一无二的。他曾在各种类型的学校任教：宗教学校和世俗学校，封闭的学校和开放的学校，公立学校和私立学校，沙俄的学校和苏联的学校，男子学校、女子学校和混合学校，中学、中等专业学校和高等专业学校。

卡普捷列夫研究了中小学教师的专业培养问题。在十月革命后的几年里，他领导了沃罗涅日市和沃罗涅日州培养教师的教育机构。卡普捷列夫任沃罗涅日大学教育学教授，也是该大学教育学院的首任院长，参与沃罗涅日州国民教育的组织工作。他积极参加了圣彼得堡扫盲委员会和各种教育学会的工作，是第一届全俄教育学心理学大会（1906）和第一届家庭教育大会（1912）的组织者之一，曾是圣彼得堡扫盲委员会、福禄培尔协会、教育学会等社会团体的活动家。

卡普捷列夫对俄罗斯教育学的理论建构做出了重要贡献。卡普捷列夫的代表作有《教学过程》（1905年）、《俄罗斯教育史》（1910年）、《家庭教育与教学百科全书》（1877年）、《教学论纲要》（1885年）、《俄罗斯新教育学：主要思想、流派与活动家》（1897年）、《论儿童本性》（1899年）、《教育心理学》、《家庭教育的任务与原理》等。卡普捷列夫在皮罗戈夫和乌申斯基的帮助下完成了教育学对人的重新定位，并在其著作《教学法概述：教育理论》（《Дидактические очерки. Теория образования》，1915年）中进行了介绍。

这部著作把俄国教育学作为一个连贯的科学体系，确定了教育的目标（外在的和内在的），确定了教育理论的研究对象——教学过程，将第斯多惠发现的教育学规律和原则进行了具体化，并对教育学的概念体系、教育方法、教育形式和手段等进行了准确界定和补充。俄罗斯的教育学从此成为一门科学。①卡普捷列夫是最早对俄国教育学的整个发展进行系统描述的人物之一。他将从古罗斯到19世纪末的俄国教育学的发展进行了历史分期：教会教育学（中世纪时期），国家教育学（从彼得一世到19世纪60年代），社会教育学（19世纪60年代以后）。② 在分析学校经验和过去的教学思想时，他首先挑出了有助于解决当时的德育（教养）和教育问题、符合公共教育需求的东西。他将教育学的历史与一般历史联系起来，将教育学理解为与公共利益密切相关的知识领域。他写道："无论是国家，还是教堂，只有社会本身才能影响、指导和管理学校事务。"

当代俄罗斯学者对卡普捷列夫做出了高度的评价："卡普捷列夫是俄罗斯国家教育史最伟大的教育家之一，他奠定了俄罗斯教育的基础。他半个世纪所有的教育活动都是无私地服务俄罗斯国家，无私地服务俄罗斯的教师群体和俄罗斯的孩子们。"③ 卡普捷列夫的学术和教育遗产是伟大的，也是多方面的。他的论著研究了学前教育学和学校教育学、家庭教育和师范教育、普通教育学和教育心理学、俄罗斯教育学史等领域的重要问题。他对沙俄本国教育家著作的实践和科学兴趣逐年明显增加。他的论著促进了19世纪末至20世纪初俄罗斯教育学中教养和教育的人文基础。卡普捷列夫创造性地发展了乌申斯基和皮罗戈夫在教育人类学中表达的关于人（人的教养和发展）的思想，继续探索教育理论的人类学基础。他非常重视儿童的道德教育问题。④

---

① А. П. Булкин. Антропологический поворот в педагогике: вехи и этапы [J]. Вестник МГЛУ. Образование и педагогические науки, 2019 (3): 35-45.

② Беленчук Лариса Николаевна. Историко-педагогическая концепция П. Ф. Каптерева [J]. Отечественная и зарубежная педагогика, 2014 (6): 31-42.

③ Богуславский Михаил Викторович. П. Ф. Каптерев—классик отечественной педагогики [J]. Отечественная и зарубежная педагогика, 2014 (6): 7-13.

④ Лунёв Р. С. Традиции педагогического мастерства в истории России конца XIX - начала XX вв. (На примере психолого-педагогической деятельности П. Ф. Каптерева) [EB/OL]. http://library.isu.ru/ru/resources/e-library/conf_works_ISU/tch2009.1_soderzhanie/Tch-1-81.

（二）卡普捷列夫论学校教育

在政治思想上，卡普捷列夫属于资产阶级自由派。他虽然批判沙皇专制主义，但反对对社会进行革命改造。在教育上，他主张建立对社会各阶层子弟一律平等的统一学制，认为改造国民教育制度的第一步是将初级学校改造为6年制学校，使其课程设置与城市学校相当。他坚持学校“自治”思想，反对国家干预学校教育，同时却要求学校与教会结成紧密的联盟。卡普捷列夫认为，教学的主要目的在于促使学生个性的自我发展。因此，他建议采取促进学生认识过程和鼓励学生积极性与独创性的学习方法，坚决反对加重学生的学习负担，强调高年级学生应有自由支配的学习实践，主张中学高年级实行分科教学并引入选课制。①

他认为，学校不应减少教育以维持外部纪律，学校的作用是确保儿童品格和世界观的发展，而这样的任务只能通过启发式的方法来完成；为了正确地制定教育和培训，必须具备儿童心理学知识，以不同方式影响不同的品质。最重要的是，平均水平的孩子也需要它。他要求学校高度重视有才能的学生，满足他们的需求，指导自我教育。他认为，教育学的基本原理是教育和培训的个性化；通识教育不是研究学科，而是学科发展人格；教学过程是一个不可分割的现象，个人和社会处于复杂的相互作用之中。卡普捷列夫倡导学校的自主权，以便老师在活动中获得独立，学生可以自由地发展对宗教、国家和社会的信仰和看法。他认为应改善教师的物质和法律状况以吸引有能力的人参加教师的工作。他从心理学的角度解决了教学论的所有问题。

（三）卡普捷列夫的教学论思想

卡普捷列夫力图从心理学角度论述教学论问题。卡普捷列夫确认教育学与哲学、社会学、儿童学的密切联系。他认为，哲学为教育学提供对世界、人类和个人进化的解释，社会学说明个人与社会之间的关系，儿童学与心理学为教育学提供作为自然实体的人的发展过程的知识。他还建议将教育学分为理论部分与实用部分。卡普捷列夫认为，教育学的实用部分是教育的实践

---

① 腾大春. 外国教育通史：第4卷［M］. 济南：山东教育出版社，1992：311-312.

艺术，是教育原理、原则与思想的实现，这一部分可因历史、民族或环境的条件而有异；教育学理论原则是具有普遍意义的，不可能分为“俄国的”、“英国的”和“德国的”，等等。他的心理学思想接近英国的联想心理学派。按照他的意见，教育心理学应该由普通心理学、年龄心理学和精神生活类型学说三部分组成。他的《教育心理学》一书便是按照这一结构撰写的。他提倡将教学论建立在心理学成就的基础上。①

卡普捷列夫创建了教学过程理论。作为沙俄时期著名的教育家、才华横溢的研究者和理论家，卡普捷列夫是最早使用“教学过程”这个术语的学者。通过分析他的主要学术论文和专著可以发现，他对教育本质的理解有所转变，这是他对自己的教育思想进行理论批判和重新思考的结果。在卡普捷列夫的著作中依次出现了三个教育学概念：学习、教学过程（pedagogical process，педагогический процесс）、教育过程（educational process，образовательный процесс）。这些概念演变的共同点是理论家对教育和教育学问题态度的改变。卡普捷列夫在其 1878—1905 期间的论著中开始阐述教育教学过程中的心理路线，提出了教育过程中的两个发展过程——“物质发展”过程和“正式发展”过程（the process of ‘material development’ and the process of ‘formal development’）。其中，第一个过程是学习过程本身，基于记忆，而第二个过程是实践和智力（逻辑）能力的发展过程。根据卡普捷列夫的观点，教育的过程基于这两个过程。②

教育教学工作的另一方面是教养（воспитание，也有人译为德育），卡普捷列夫认为这是“照顾”的行为。他强调，“在教养的过程中，教师应当注意学习、激励、记忆、说服、规定和纠正。应该给予学习者一切最好的东西。基于对“教育”和“教养（德育）”这两个术语的解释，他提出了“教学过程”这一术语。他在专著《教学过程》中，对教学过程做出了如下的解释：学习、教育、教养（德育）、发展、劝诫、严格和许多其他类似的词语决定了

① 腾大春. 外国教育通史：第 4 卷［M］. 济南：山东教育出版社，1992：311-312.

② O. B. Khovov. Pedagogic system and pedagogic process：subjectivity and reality［EB/OL］. https：//cyberleninka. ru/article/n/pedagogic-system-and-pedagogic-process-subjectivity-and-reality.

整个教学过程的不同特点、方面、手段和要素。后来，卡普捷列夫改变了对“教育”和“教养（德育）”这两个概念之间联系的看法，否定了“教学过程”的概念。他认为，教育包括教养（德育）这一要素。“从整体上看，教养（德育）的科学代表了一种结构化的逻辑复杂性。如果只把它考虑为教育中的一个要素，它就不可避免地失去了教育的一个重要方面，从整体中抽出的一部分永远不会产生整体那样的影响”。因此，“教学过程”这个术语就显得没有必要了，因为它的功能都是在“教育过程”的框架下实现的。①

（四）卡普捷列夫论教师的自我教育

卡普捷列夫在《教育理论》的《说教论》中讨论了教师的自我教育问题：“教师自己必须不断地学习、学习、学习。这是学者能给教师的最好的建议，这也是教师获得能力所必须要遵循的要求。”卡普捷列夫认为，停滞不前的教师通常不能使别人获得进步，他们能做的只是“教”或传授僵化的知识、公式和信息，以死气沉沉的、机械的方式复制他们自己已经死记硬背的东西，却希望别人也能学会。他把这种教师定义为“死记硬背的教师”，他们只是跟随着自己的习惯，不能做其他任何事情，不是凭着天职或内心对于这份工作的偏爱而做教师的。

① Каптерев П. Ф. Избранныепедагогическиесочинения［M］. - M.：Педагогика，1982：483.

第三章

苏联时期的教师教育思想

第一节 苏联时期教师教育思想发展的社会背景

一、苏联政治、经济和社会文化的发展

（一）十月革命与苏维埃社会主义共和国联盟的建立

1917年2月，由革命党人发起了二月革命，将罗曼王朝彻底颠覆，推翻了统治俄国300多年的沙皇政权。此后的十月革命，把俄共（布）推上了政治舞台，建立了世界上第一个社会主义国家——苏维埃。1922年12月30日，苏共召开了第一次苏维埃代表大会，这次大会通过了苏维埃宪法，正式确立了苏维埃国家的名称为苏维埃社会主义共和国联盟。①

十月社会主义革命的胜利具有重大的意义，它是世界历史上第一次成功的无产阶级革命，诞生了世界上第一个社会主义国家，给世界其他受压迫受剥削的民族和人民提供了宝贵的经验。

（二）加强苏维埃文化建设和教育发展

从882年第一个多民族中央集权国家基辅罗斯立国起，俄罗斯文化即开始积淀。至十月革命前，俄罗斯文化积淀深厚，已经成为人类文化宝库中极具价值和旺盛生命力的繁荣的民族文化。它经历了19世纪初叶以普希金为代表的“黄金时代”，19世纪末20世纪初以托尔斯泰、柴可夫斯基、阿赫玛托娃、列宾、高尔基和别尔嘉耶夫（Н. А. Бердяев）为代表的“白银时代”。此外，罗蒙诺索夫、门捷列夫、齐奥尔科夫斯基、巴甫洛夫和米丘林等享誉世界的科学家创造的成果也是俄罗斯文化不可分割的组成部分。俄罗斯文化是历史留给苏维埃国家的一份优秀的历史财富和民族遗产。②

---

① 彭运潮．论俄罗斯帝国的建立及其文化特点［J］．内蒙古师范大学学报（哲学社会科学版），2002（S2）：133-134.

② 张建华．苏联知识分子群体转型研究：1917—1936［M］．北京：北京师范大学出版社，2012：5-6.

十月革命可以说是政治革命、社会革命、经济革命以及更为深刻的文化革命的全方位变革。在十月革命的背景之下，建立一种既不同于历史上的俄罗斯文化，又不同于泛滥于世的资产阶级文化的全新文化——苏维埃文化，是年轻的苏维埃政权和政权领导者的历史使命。因此，在十月革命胜利的第三天，苏维埃人民委员会就建立了教育人民委员会，并将其视为自己的“强力部门”。对于国家有效治理和政权有效运作而言，文化领导权实际上就是掌握国家或民族的政治文化的主动权和影响权。以全新形式出现的苏维埃文化，既是达到上述目的的手段，更是目的之本身。[①] 根据列宁的观点，文化建设并不局限于发展教育和扫除文盲，还包括了更广泛的意识形态和精神文明建设。列宁宣布：“只要实现了这个文化革命，我们的国家就能成为完全社会主义的国家了。”[②]

（三）以马克思列宁主义为指导进行社会主义经济建设

作为执政党，苏联共产党以马克思主义为指导，开始了社会主义的建设进程。在经济方面，建立了高度集中的计划经济体制。根据《土地法令》，苏联政府在1918年初颁布了《土地社会化法令》，规定立即无偿地废除土地私有制，加强苏维埃政权在农村的政治经济基础。

1918年7月，全俄苏维埃第五次代表大会举行，通过了《俄罗斯苏维埃联邦社会主义共和国宪法（根本法）》，其中肯定了十月革命以来取得的成就，确定了苏维埃国家结构的基本原则。但与此同时，反对外国武装干涉和国内反革命武装叛乱的战争业已被迫展开。为了把所有的人力物力集中起来用于战争，苏维埃政权采取了一系列被称为“战时共产主义政策”的非常措施，其中包括余粮征集制；加快和扩大工业国有化；实行普遍劳动义务制；取消自由贸易，实行国内贸易国有化和实物配给制等。经过三年艰苦奋战，到1920年末，国内战争取得胜利。

---

① 张建华．苏联知识分子群体转型研究：1917—1936［M］．北京：北京师范大学出版社，2012：5．

② 中共中央马克思恩格斯列宁斯大林著作编译局．列宁选集：第4卷［M］．北京：人民出版社，1995：774．

1921年3月，俄共（布）[①] 第十次代表大会在莫斯科举行，由此苏维埃国家开始了从战时共产主义政策向新经济政策的过渡。1941年6月22日，法西斯德国发动对苏联的突然袭击，中断了苏联人民的和平生活与社会主义经济建设。卫国战争的胜利和国民经济的恢复与发展，使苏联在1950年前后成了世界上除了美国以外最强盛的国家。

二、苏联中小学教育的发展

（一）创建新的国民教育体系

在1917年夺取政权之后，列宁和他的布尔什维克追随者立即进行了第一次本国教育制度的改革。列宁成年后的整个一生都致力于实现他所坚信的历史发展的最后和最高阶段，即在俄罗斯和全世界建立共产主义社会。沙皇学校制度显然不适合一个以共产主义原则为基础的革命国家。许多布尔什维克认为，沙俄遗留下的学校是卑劣的机构，他们谴责师生之间的敌对关系，以及过多的家庭作业、严厉的惩罚、不合理的考试、死记硬背和反复操练。[②] 但最令布尔什维克愤怒的是，他们坚信，沙皇的学校制度是精英主义的、双轨制的、宗教和学术主导的制度，专为特权阶层的利益服务。[③]

十月革命后，新生的苏维埃政权立即开展了打碎旧的国家机器、创建新的政权机关的工作。1917年11月19日教育人民委员会建立，首任人民委员为卢那察尔斯基，副人民委员为历史学家波克罗夫斯基。[④] 1918年初，苏维埃政权颁布了一系列重要法令，如废除等级制度、国家与教会分离、学校与教会分离、男女平等、国内各族人民的权利一律平等。[⑤] 1918年6月26日，

---

① 布尔什维克党人曾于1918年3月举行了布尔什维克党的第七次代表大会。在这次代表大会上，批准了列宁的路线，并且通过决议，将俄国社会民主工党（布）改名为俄国共产党（布尔什维克），简称俄共（布）。

② SHEILA FITZPATRICK. Education and Social Mobiliv in the Soviet Union, 1921—1934［M］. Cambridge: Cambridge University Press, 1979: 7.

③ DELBERT H. LONG, ROBERTA A. LONG. Education of Teachers in Russia［M］. New York: Greenwood Press, 1999: 21-22.

④ 张建华. 苏联知识分子群体转型研究：1917—1936［M］. 北京：北京师范大学出版社，2012：71.

⑤ 王长纯，等. 教师教育思想史研究：上、下册［M］. 长春：东北师范大学出版社，2016：446.

列宁签署《关于俄罗斯共和国国民教育事务组织》(《Об орaганизации дела народного образования в российской республике》),进一步确定了教育人民委员会的职能,即负责教育、文化、艺术和科学领域政策的实施和行政管理。①

苏维埃政权创建之初,国家就着手创建新的国民教育体系。1918 年 9 月 30 日,苏维埃政权颁布了第一个普通教育法令——《统一劳动学校规程》。该“规程”指出,除高等学校外,全国所有学校均应称为“统一劳动学校”,废除旧时普通教育学校的复杂类型,构建完整的中等普通教育学校。按照“规程”规定,统一劳动学校分为两个阶段,招收 8—13 岁儿童的第一级学校(5 年学程)和招收 13—17 岁儿童的第二级学校(4 年学程)。第一级和第二级学校的教育一律免费,全体学龄儿童均须入学受教。②

1919 年俄共(布)举行第八次代表大会,通过了由列宁起草的新党纲。在有关国民教育的规定中,提出了用本民族语进行教学、男女同校、使学校成为绝对世俗化的教育机构、教学与社会生产劳动相结合等要求。与《统一劳动学校规程》一样,新党纲也确定了要对 17 岁以下的全体男女儿童实施免费的和义务的普通教育和综合技术教育的任务。就当时的社会状况来说,立即实现九年义务教育是不可能的。

1920 年,俄共(布)中央委员会召开第一次党的国民教育会议,从当时经济十分困难的现实情况出发,做出了用 7 年制学校(分为两段:第一阶段 4 年,第二阶段 3 年)作为普通学校的基本类型的决定。同时,还决定在 7 年制学校的基础上发展 3—4 年制的技术学校,在 4 年制学校基础上建立初级职业学校。在 20 世纪 20 年代初期,苏联形成了三种基本的普通教育组织形式,即 4 年制的初等学校,分为两个阶段的 7 年制学校(不完全中学),分为三个阶段的 9 年制学校。③ 20 世纪 20 年代,苏联致力于改造教师教学生的教学

① 张建华. 苏联知识分子群体转型研究:1917—1936 [M]. 北京:北京师范大学出版社,2012:71.

② 瞿葆奎,杜殿坤,等. 教育学文集·苏联教育改革:上册 [M]. 北京:人民教育出版社,1988:29.

③ 王长纯,等. 教师教育思想史研究:上、下册 [M]. 长春:东北师范大学出版社,2016:463.

法，而关注学生的个性、认知兴趣和精神需要。①

从1931年到1936年，苏联通过了关于在共和国内组织儿童学习工作的决议，如联共布中央委员会关于中学与小学的决定、关于小学和中学教科书的决定、关于学校历史和地理教学的决定、关于学生成绩4分制（后改为5分制）的决定。从此，苏联的教育形式发生了重大转折，课堂被确定为教学过程的基本形式，按照严格功课表进行，实行班级授课，每节课45分钟。按照分科原则建设普通学校的课程，保证系统科学知识的传授。1937年劳动学习从普通学校教学计划中删除。苏联发生了制度的再转变，从劳动学校走向学习学校。

从1917年十月革命到1937年的学校制度的改造，转型到再转型的过程中出现了不同的思想与主张。

（二）普及基础教育，发展职业教育

20世纪初期，沙皇俄国为了提高教师质量也做了大量的工作，但是仍然没有做到普及初等义务教育。1917年十月革命后，苏联教育得到了真正的普及，一些重要的问题得到了逐步解决：扫除文盲，消灭流浪儿，普及初等义务教育，普及7年义务教育，创建职业教育体系。在每一个地区中心开办的师范学院承担了培养教师的工作。正是在这个时候，教师职业真正大众化了，并受到了人民的尊重和国家的保护。下面是莫斯科中小学教师数量的变化表。②

莫斯科中小学教师数量的变化

时间	教师数量（人）
1927年	7600
1937年	20000
1956—1957学年	27440
1995—1996学年	69711

① 王长纯，等. 教师教育思想史研究：上、下册［M］. 长春：东北师范大学出版社，2016：451.

② H. X. 罗佐夫，张男星. 俄罗斯的教师教育：过去与现在［J］. 大学（研究与评价），2007（1）：69-78.

1928年开始实行的第一个国民经济发展五年计划愈益要求加速普通教育的发展。到20世纪20年代末，学校数量和学生人数都大为增长。学校网的扩大不仅限于小学，而且有7年制学校和9年制学校。学生的成分发生了很大变化，劳动者的子女成了苏维埃学校的主要成员，工农出身的学生人数在所有学校里都急剧增加。1930年举行的联共（布）第十六次代表大会明确提出将普及初等义务教育和扫除文盲作为一项战斗任务来完成。1930年8月14日，苏联中央执行委员会和人民委员会正式通过了《关于普及初等义务教育》的命令。[①] 随着该命令的实施，苏联普通教育学校网迅速扩展，普通教育也随着普及义务教育的不断提高而演进。到第一个五年计划的最后一年（1932年），全苏8—11岁年龄段儿童入学率已达98%，普及初等义务教育基本完成。

1934年1月，联共（布）第十七次代表大会审议并通过了第二个五年计划（1933—1937）。在第二个五年计划中确定的普通教育任务是完全普及初等义务教育，并且要在第一个五年计划期间已在城市和工业区普及7年制义务教育的基础上进一步在农村地区普及7年制义务教育。为了实施普及7年制义务教育，必须扩大学校建设的规模，特别要扩大农村学校的建设。农村原来的学校多为小学，必须将它们扩建为7年制学校，或新建7年制学校和10年制学校。[②]

1939年3月，联共（布）第十八次代表大会审议并通过了第三个五年计划（1938—1942）。大会做出决定，要求在城市普及10年制义务教育，在农村和民族共和国完成普及7年制义务教育，预计在第三个五年计划结束时全苏中小学生达4000万人。苏联国民经济发展的第三个五年计划的实施由于法西斯德国的入侵而中断。但是，五年计划前三年的执行已获得巨大成就。[③]

卫国战争的艰苦环境给普通教育的发展和普及义务教育带来了极大的困难，使苏联的国民教育遭受了巨大损失。战后，苏联人民便着手开展大规模的重建工作。由于苏联人民和广大教育工作者的努力，在战后不到十年的时

① H. A. 康斯坦丁诺夫，等. 苏联教育史［M］. 吴式颖，等译. 北京：商务印书馆，1996：428-429.

② 成有信. 九国普及义务教育［M］. 北京：人民教育出版社，1985：128-129.

③ 成有信. 九国普及义务教育［M］. 北京：人民教育出版社，1985：128.

间里，苏联在实现了 7 年制义务教育的普及后，又成功地进行了 1958—1964 年教育改革。①

1966 年 3 月，苏共召开第二十三次代表大会。大会在《关于苏共中央工作总结报告的决议》中提出了在第八个五年计划（1966—1970）期间基本上完成向普及 10 年制义务教育任务过渡的要求。但是到了 1970 年，原定向普及中等教育过渡的任务远未完成。因此，在苏共第二十四次代表大会（1971 年 3 月召开）的决议中又提出希望在第九个五年计划（1971—1975）期间完成向青年普及中等教育过渡的要求。1972 年 6 月，苏共中央和苏联部长会议根据苏共二十四次代表大会决议的精神通过了《关于完成向普及中等教育的过渡和进一步发展普通学校的决议》，强调普及中等教育的意义，主张进一步发展普通教育学校。同年，苏共中央和苏联部长会议还颁布了《关于进一步改进职业技术教育体系的决议》，要求创造一切条件发展和巩固中等职业技术学校，使之成为职业技术教育的基本类型。由于这些决议的贯彻执行，普及中等义务教育的速度明显地加快了，并最终在 1980 年前后达到了使所有 17 岁以下正常发育的儿童获得完全的普通中等教育的目标。

1966 年和 1977 年通过的两项决议及 1984 年改革方案对苏联普通教育的发展产生了很大的影响。根据苏共中央二十三大的精神，苏共中央和苏联部长会议于 1966 年 11 月 10 日通过了《关于进一步改进中等普通教育学校工作的措施的决议》。按照该决议的规定，学校的主要任务是“使学生获得牢固的科学基础知识，具有高度的共产主义觉悟，培养青年面向生活并能自觉地选择职业的能力”②。其中提到了要贯彻综合技术教育和劳动教育的原则，但同时指出：“近来广泛流行在教学时间内让学生去做农活或参加其他与教学过程没有直接联系的工作，以致学生负担过重并严重损害教学质量和孩子们的健康，各级党和苏维埃机关对此应当引起注意，不得让师生及学校领导人不务

① 王长纯，等. 教师教育思想史研究：上、下册［M］. 长春：东北师范大学出版社，2016：448.

② 瞿葆奎，杜殿坤，等. 教育学文集·苏联教育改革：下册［M］. 北京：人民教育出版社，1988：90.

正业。”[①] 此后，在1966年颁布的教学计划中劳动课时只占7.2%，在1967—1968学年则只占6.6%。[②]

到20世纪70年代后期，随着十年制义务教育的日渐普及，苏共中央和苏联部长会议于1977年12月22日通过了《关于进一步完善普通教育学校学生的教学、教育和劳动训练的决议》，重申了加强学生劳动训练和思想教育的意义。在这个决议中将9年级、10年级的劳动教学时间由每周2学时增至4学时，并要求加强学校劳动教学的师资力量，还动员各部门、生产单位和社会团体积极配合教育部门的工作，帮助学校建立“基地企业”、“教学车间和教学地段”，建立和扩大“校际教学生产联合体网”，以改进和加强学生的生产劳动教育。但这里采取的措施并没有从根本上解决问题。

1983—1984年间，苏联政府在总结几十年普通教育和职业教育改革与发展的历史经验的基础上，制定和颁布了一个综合性的改革方案，即《改革普通教育学校和职业学校的基本方针》。这一方案被看作试图从整体上解决既向学生传授系统的文化科学知识，又对他们进行生产劳动教育；既为高一级学校提供合格新生，又为学生做好就业准备等问题。它要求从1986年起，普通学校由10年制改为11年制。延长1年时间加在小学阶段，使初等学校由3年延长为4年，9年制的普通教育（小学4年，不完全中学5年）作为进一步接受完全中等普通教育和职业教育的基础。[③]

（三）重视发展民族教育

民族教育事业是关系到民族经济和社会长远发展的关键问题。俄罗斯是传统的多民族国家，在历史的长河中形成了丰富多彩的民族文化。民族教育作为俄罗斯民族文化传承、发展和复兴的重要载体，积淀着俄罗斯最深层次的价值追求和行为取向。[④] 在苏维埃政权建立之初，苏联政府从极为有限的财

---

① 瞿葆奎，杜殿坤，等. 教育学文集·苏联教育改革：下册［M］. 北京：人民教育出版社，1988：92.

② 吴式颖. 俄国教育史：从教育现代化视角所作的考察［M］. 北京：人民教育出版社，2006：306.

③ 王长纯，等. 教师教育思想史研究：上、下册［M］. 长春：东北师范大学出版社，2016：465.

④ 刘畅，白红梅，贺柏霖，等. 俄罗斯民族教育：发展回顾、时代转向与当代启示［J］. 民族高等教育研究，2019，7（5）：10-15.

政预算中拨出大量资金用于发展民族教育事业。因此，在这个时期，苏联民族教育事业得到了很大的发展。

已有研究表明，苏联时期的民族教育经历了繁荣、停滞不前、忽视民族教育和提出民族教育振兴等发展时期：（1）从十月革命胜利到斯大林执政初期，民族教育在“民族平等”、“民族区域自治”和“享有民族教育自决权”政策的前提下，取得了显著成就。（2）从斯大林到赫鲁晓夫，再到勃列日涅夫，民族理论出现了严重的脱离实际的超越阶段思想。（3）在戈尔巴乔夫时期，在“民族教育振兴”政策下，民族教育开始提倡回归“母语学校”。苏联时期民族教育的发展阶段及其政策特征详见下表。①

苏联时期民族教育及政策特征

时间	出台的政策	政策特征	民族教育发展
民族教育繁荣时期（1917 年至 20 世纪 30 年代）	《俄国各族人民权利宣言》《关于少数民族学校的决议》	享有民族教育自决权，大力扶持民族教育事业	71%—94%的各民族儿童，用 48 种民族语言接受初等教育（1927—1928）；全苏共有 85 所民族师范学校和 8 所师范学院，其中 24 所设有民族组教师学习班（1929）；莫斯科设立中央民族科学研究院（1931）；20 世纪 30 年代中期普及初等义务教育
民族教育停滞不前时期（20 世纪 30 年代末至 50 年代后期）	苏共十七大修改党章 修改教育法	全苏国民教育以规范化、统一化、划一化为特征，地方教育管理机构和学校在办学、财政、教学和管理等诸方面没有自主权	在全苏范围取得较高水平的教育质量，但忽视了地区发展水平的不平衡、民族文化的不同特点和少数民族文化的传承与发展；1950 年全苏普及 7 年制义务教育，高校学生超过 100 万名

① 阿依提拉·阿布都热依木，古力加娜提·艾乃吐拉. 俄罗斯民族教育政策价值取向的时代转向［J］. 民族教育研究，2018，29（4）：135-139.

续 表

忽视民族教育发展时期（20 世纪 60 年代初至 80 年代）	苏共二十二大决议报告	提出俄语是“各族人民的第二本族语”；实行“双语制”，广泛推广俄语	大部分民族学校开始用俄语教学；懂俄语的少数民族人数急剧上升；少数民族语言教学停留在低年级水平上；少数民族语言的社会功能逐渐萎缩，民族文字出版物急剧下降
提出民族教育振兴时期（20 世纪 80 年代末至苏联解体前夕）	苏共纲领《党在当前条件下的民族政策》	提倡扩大民族自治权，保证各民族享受平等的权利	将母语作为教学语言保留下来的民族只有 18 个，其中在小学水平以上的只有 4 个民族；俄罗斯苏维埃 28% 的非俄罗斯族居民将俄语作为母语，60% 的居民将俄语视为自己的第二语言；民族教育开始提倡回归“母语学校”

第二节 苏联时期教师教育的改革与发展

一、苏联多样化教师职前培养体系的构建

（一）形成了以师范学院为主体的师范教育体系

苏联时期形成了以师范学院为主体的、多样化的教师培养体系，从教师培养大学化转向以教师培养专门化为主导。十月革命前，俄国没有专门的师范教育体系，教师主要是通过大学或中、高级师训班培养的。比如苏联最著名的师范学院之一——国立莫斯科列宁师范学院的前身是第二莫斯科大学，第二莫斯科大学前身是莫斯科高级女子短训班。① 20 世纪 20 年代是苏联国民经济恢复时期，特别需要教育为各个领域培养大量的人才，这一时期亟须建

① 肖甦，王义高. 俄罗斯教育 10 年变迁［M］. 北京：北京师范大学出版社，2003：85.

立和发展师范院校。1911年莫斯科成立了第一所培养教师的高等师范院校。革命初期，走在师范教育机构前列的是综合大学。国立莫斯科罗蒙诺索夫大学在苏维埃教师的培养中做出了重大贡献。“把科学给劳动人民”这几个大字开始闪耀在这所大学主楼的正面。1919年1月，人民委员会决定在全国再创办六所综合大学。①

1924年，全俄师范教育问题大会召开，对教师培养提出了新的要求。会议承认，在综合大学培养教师和在专门的师范院校培养教师这两种模式都是高等师范教育的基本模式：“中学教师的培养应该在师范学院或者大学的新闻系进行。”这次会议指出，师范大学必须与工人群众建立联系，创办教育工作者的院系，组织学生去重工业工厂、轻工业工厂和乡村进行实习，并组织与工厂和乡村的互惠互助。会议强调，未来的教师必须掌握共产党的意识形态。会议指出，有必要将师范院校转变为教育中心，在这里教师可以在实际工作中获得帮助。此外，师范大学应该成为生产单位，完成国民教育机关列入生产计划的教育工作；师范大学还要注重加强与劳动者的联系，与工厂和村庄相互支持。②

苏联时期已经形成了以师范学院为主体的师范教育体系。十月革命后，苏联比较迅速地建立了师范教育网络，突出教师职业的特殊性，要求从事培养青少年工作的人除了具有必要的专业知识，还必须具有能够从事教学、教育工作的专门技能和方法，具备足够的教育学、心理学方面的系统知识。经过几十年的发展演变，苏联形成了以师范学院为主体的师范教育体系，它包括师范学院、中等师范学校、综合大学和其他专业院校。在这个体系中，师范学院承担80%的培养中小学师资的任务，综合大学承担15%，其余的5%由其他院校供给。③

此外，为培养职业技术学校师资，苏联还专门成立了工程师范学院，在

① 帕纳钦. 苏联师范教育：重要历史阶段和现状［M］. 李子卓，赵玮，译. 北京：文化教育出版社，1981：21.

② Фоминых, М. В. Некоторые условия успешного развития педагогического образования в России［J］. Образование и воспитание, 2015（3）：20-22.

③ 肖甦，王义高. 俄罗斯教育10年变迁［M］. 北京：北京师范大学出版社，2003：85.

一些技术专科院校也设立工程师范系。为扩大未来教师的知识面和满足实际需要，师范院校的教学内容不断扩充，许多院校开设了双学科专业。1984 年苏联教改的目标之一，是利用 5 年左右的时间将师范学院的学制全部变成 5 年制。苏联解体前夕的师范教育结构已经开始向多渠道、多样化的方向发展。①

（二）苏联多级师范教育体系的构建

在 20 世纪 30 年代，苏联教师培养体系完全受国家管控，两种师范教育制度模式并存的情况再次发生。当时，苏联将师范教育机构划分为两大类：一类是师范学校，负责培养 1—4 年级的小学教师和学前教育者（воспитатель）；另一类是教师学院、师范学院以及大学，负责为普通教育学校系统培养中学教师和高中教师。②

早在卫国战争前夕（20 世纪 40 年代），苏联就形成了以独立师范院校培养师资为主的三级师范教育制度，包括以培养完全中学（相当于我国的高中阶段）教师为主的 4 年制师范学院，以培养 5—7 年级（相当于我国的初级中学阶段）教师为主的 2 年制师范专科学校，培养小学教师的中等师范学校。此外，还有一部分 1—3 年制不等的师资培训班。20 世纪 50 年代，苏联取消了师范专科学校建制，形成了两级教师教育制度：中等师范学校和师范学院。③

在自 1955 年至苏联解体的 30 多年里，苏联的师范教育一直实行两级制：中等师范学校和高等师范院校。中等师范学校属中等专业学校性质，培养小学教师、幼儿教养员、寄宿制和长日制学校（班）教养员以及音乐、体育、美术教师和少先队辅导员等初等教育工作者。中等师范学校招收不完全中学毕业生，修业 3—4 年，既要接受中等专业教育，也要接受完全普通中等教育；招收完全中学毕业生，修业 2—3 年，只接受中等专业教育。高等师范院校包括培养中学各科教师的师范学院，培养中学高年级各科教师的综合大学，

---

① 肖甦，王义高．俄罗斯教育 10 年变迁［M］．北京：北京师范大学出版社，2003：86.

② Фоминых, М. В. Некоторые условия успешного развития педагогического образования в России［J］. Образование и воспитание, 2015（3）：20-22.

③ 胡艳．当代教师教育问题研究［M］．郑州：大象出版社，2010：6-7.

培养音乐、体育、美术、劳动教学教师和外语教师的专门师范学院，函授制和夜课制师范学院，为职业技术学校培养教师的职业师范学院和综合技术学院的职业教育系以及农业学校等。高等师范院校招收完全中学毕业生和具有一定工龄的中专毕业生，修业4—5年。①

苏联时期教育的发展极大地促进了国家建设。正如俄罗斯科学院院士、莫斯科大学教育系原主任H. X. 罗佐夫曾写道的那样："可以毫不夸张地说，20世纪中叶，苏联国家所取得的一切成就都是由我们的教师、我们的教育体系来保障的，这被世界上许多国家理解。不过，没有人民的尊重，没有学校建设的成功，就不可能在20世纪三四十年代保护教师免受肃清和镇压政策的影响。在苏联高校总是把保障培养高等职业水平的有毕业证书的人放在首位——这在很大程度上与教师队伍的培养有关。"

在20世纪上半叶，特别是在卫国战争和战后重建时期，教师队伍没有遭受灾难性的毁灭。苏联在通过5年制的师范学院培养教师的同时，4年制的教师学院保障了人才的速成化。师范学院面临的任务是满足地区对教师的需求，这首先要依赖于来自地方城市和农村的青年。这项任务的解决，一方面由高校教学、向所有"成功"大学生提供国家助学金、大众可享用的宿舍和食堂、运动场所等来保障；另一方面依赖于当时的国家分配制度——大学毕业后各专业学生必须为国家工作2年。这种规定为补充新教师提供了保障，哪怕是最边远的市镇和农村学校的教师队伍也不断有新教师加入。国家按专业设置的师范学院，给自己的毕业生以高超的教育学、心理学和学科知识准备，而且为毕业生打开了职业顺利成长的宽广的未来空间——无论是在学校教学，还是在科学研究领域。②

二、重视教师职后培训体系的发展，基于教师技能提升保障教育质量

苏联重视教师技能的不断提升，因此也特别重视教师职后培训体系的构建。经过几十年的发展，到20世纪80年代形成的苏联教师教育体系包括中

① 肖甦，王义高. 俄罗斯教育10年变迁［M］. 北京：北京师范大学出版社，2003：85-86.

② H. X. 罗佐夫，张男星. 俄罗斯的教师教育：过去与现在［J］. 大学（研究与评价），2007（1）：69-78.

等教师学校、师范学院和培养中小学教师的综合大学。此外，苏联构建了比较完整的教师职后培训体系。

为了提高在职教师的政治素质、业务水平和教育教学能力，苏联建立了一整套教师进修制度。[①] 苏联形成了一个多层次的教师进修与教学研究网络，包括中央（各加盟共和国）、边疆区、州和市教师进修学院，区、市教学法研究室，师范学院和综合大学附设的普通中等学校校长进修系，普通学校内部和校际教学法研究联合会，以及直属于苏联教育科学院的全苏教育科学干部和国民教育领导干部进修提高学院。[②] 教师进修系统还包括高等院校的函授部与夜校，莫斯科大学附设的数学、物理、化学农村教师进修班，讲授教育知识的人民大学，以及"组织协会"、各加盟共和国及地方教育协会经常举办的报告会、讨论会等。

此外，苏联还提出构建连续教育体系。苏共中央 1988 年 2 月通过了《关于中等和高等教育改革进程和党在实现改革方面任务的决定》（以下简称《决定》），在总结和检验《普通学校和职业学校改革的基本方针（草案）》（1984 年）和《普通高等和中等专业教育改革的基本方针（草案）》（1986 年）实施情况的同时，提出了进一步建立连续教育体系的战略方针。《决定》重新申诉了二十七大加速发展的方针和教育先行的战略，对教育改革的宗旨进行改革，企图建立一种"连续教育体系"。《决定》对"连续教育体系"的要求是在全国建立包含学前教育机构和校外教育机构在内，普通教育和职业技术教育学校、高等和中等专业学校，以及干部进修和再培训机构也在内的连续教育体系，其涉及了对苏联国民教育领域中各级各类学校进行改革的根本问题。[③]

经过 70 多年的发展，苏联形成了多层次的教师进修体系和科研网络，制定了教师考核条例，形成了对教师实行五年一次的评定制度。苏联教师教育曾经是规模庞大、功能完备、实施多层次教育目的的体系，为促进苏联社会

① 胡艳. 当代教师教育问题研究［M］. 郑州：大象出版社，2010：6-7.
② 顾明远. 战后苏联教育研究［M］. 南昌：江西教育出版社，1991：219-220.
③ 吴遵民. 教育政策学入门［M］. 上海：上海教育出版社，2010：127-128.

发展，普及十一年义务教育和提高全民文化素质起到了决定性的作用。[①] 包括教师职后培训在内，整个教师教育体系为苏联培养了大量的教师，为苏联基础教育的发展以及国家建设做出了重要贡献。

三、基于教师职业定向教育和招生制度设计保障师范教育的生源质量

重视发展师范教育是苏联发展国民教育的传统。历次教育改革的政府文件对发展和完善师范教育都有专门的阐述。培养造就一支个性品德优秀、职业思想牢固、基础知识扎实、专业技能高超的教师队伍，一直是苏联师范教育所追求的目标。为了保证师范生的素质和地区师资力量的合理布局，苏联教育职能部门不断对师范院校的招生分配工作进行改革，改革的主要措施大致如下：

第一，对中学生进行教师职业定向教育，在师范学院或中学毕业班开设“未来教师学校”和“师范班”（属课外兴趣小组一类），指导他们了解和选择教师职业。从 1986 年开始，由高等师范院校和国民教育机关鉴定和推荐的“未来教师学校”和“师范班”毕业生报考高等师范院校有 1—2 分的优待加分。

第二，在师范学院内设立预备部，招收具有两年工龄以上的往届中学毕业生，经推荐并面试合格后，进入预科班学习一年，结业考试合格者准许直接进入本校相应系一年级学习。

第三，各师范学院留出固定名额，对农村和偏远地区定向招生。志愿从事教育工作且成绩优良的农村青年经农村中学和区教育局推荐，在师范学院入学考试中成绩及格即可录取，毕业后回到生源地，不存在与城市青年的就业竞争。

第四，在苏联解体前的有关教改文件中还指出，师范专业将完全招收由普通学校校务委员会、劳动集体和共青团区（市）委推荐的品学兼优的中学生和具有做儿童工作志趣的人。[②]

---

① 顾明远，梁忠义，罗正华. 世界教育大系：教师教育［M］. 长春：吉林教育出版社，2000：82.

② 肖甦，王义高. 俄罗斯教育 10 年变迁［M］. 北京：北京师范大学出版社，2003：88.

我国有研究者指出："从 1917 年十月革命胜利到 1991 年底的国家解体，苏联作为世界上第一个社会主义国家走过了 70 余年艰辛而又成就辉煌的历程。此间，苏联的师范教育体系为全国各级各类学校培养了大批高质量的教师，不但保证了国家整体实力的世界优势地位，而且使原来经济落后、教育水平低下的俄国逐步成为能与西方发达资本主义国家持续抗衡的强国。"①

第三节 苏联时期教育政策中的主流教师教育思想

教育具有政治功能，苏联社会主义建设需要教育提供大量苏维埃立场的人才。苏联初建至二战前是教师教育的改造期，主要是对沙皇俄国时期的教师教育遗产进行改造，解决教师严重缺乏问题，以及在马克思主义教育学指导下保障教师培养的社会主义性质，以适应苏联社会主义建设的需要。苏维埃政权是建立在具有 300 余年专制主义统治历史、以中央集权制为国家行政管理体制的沙皇俄国的废墟之上的，尽管布尔什维克所领导的无产阶级革命以十分激烈的方式推翻了沙皇专制制度的统治，历史实践表明，旧的统治体制可以在较短的时间内以暴力革命的方式"打碎"，然而旧的统治体制的残余和其意识化形式——历史文化传统却不是能够在短时期内"摧毁"的，因为历史文化传统具有继承性和滞后性的特点。② 为了通过教育来巩固十月革命的成果，在苏维埃初建时期，苏联对教师教育也进行了改造，提出了许多发展师范教育的思想。苏联这一时期的主要教育政策和法令有：1917 年 11 月《教育人民委员会关于国民教育的宣言》颁布；1917 年 12 月《关于把教育事业从宗教主管部门转交给教育人民委员会管理的法令》颁布；1918 年《统一劳动学校规程》《统一劳动学校基本原则》颁布；1927 年《关于为教师学校培养教师问题的决议》颁布；1929 年《关于改进高等师范学院和师范专科学校工作问题的决定》颁布；1931 年《关于在共和国内组织儿童学工作的决议》

① 肖甦，王义高. 俄罗斯教育 10 年变迁［M］. 北京：北京师范大学出版社，2003：88.

② 张建华. 论苏联联邦制变形的历史原因［J］. 东欧中亚研究，1999（4）：83-89.

颁布；1931 年《关于小学和中学的决议》颁布；1933 年《关于中小学教科书的决议》颁布；1936 年《关于人民教育委员会系统中的儿童学曲解的决定》颁布。以上这些文件，有的具有相互矛盾与排斥性质，反映了这一时期不同教育思想的博弈。概括起来，苏联时期教育政策文件中所体现的主流教师教育思想大致如下：

一、教师教育机会均等和世俗化思想

（一）免费教育促进教师教育机会均等

列宁在创建社会主义国家国民教育中做出了伟大的、不可估量的个人贡献。苏联共产党和列宁确立了国民教育的社会主义原则，具体包括以下内容：凡受过相应普通教育的所有青年均享有进入高等和中等专业学校的同等机会和广阔道路；所有学校学习一律免费，并为多数学生提供助学金；教育内容的科学性，应随社会文化、经济和科学技术的进步而不断得到改进；教学与共产主义教育相结合；培养苏联各族人民的无产阶级国际主义、兄弟团结和互助的精神；在苏联各民族联合体中发展高等和中等专业教育，自由选择教学语言；教学和教育同生产劳动、同社会主义建设实际相结合。[①] 这些原则是苏联建立后整个教育体系发展应该遵循的原则，教师教育也包括在内。

国民教育的社会主义原则在列宁的著作、第二个党纲、党的代表大会决议、苏维埃会议和代表大会的决议中，以及在党中央委员会和苏维埃政府的决定中都曾经提出过。国民教育的社会主义原则在苏维埃国家下列教育政策和文件中也得到反映：1918 年 5 月 30 日，人民委员会《关于各主管部门的教学和教育机关及学校统归教育人民委员会管辖的命令》；1918 年 8 月 2 日，人民委员会《关于优先录取工人和贫农进高等学校的决定》；1918 年 10 月，全俄中央执委会《统一劳动学校规程》及其他文件。[②]

十月革命前，列宁领导的布尔什维克党就主张教育自治，要把国民教育

---

① 帕纳钦. 苏联师范教育：重要历史阶段和现状［M］. 李子卓，赵玮，译. 北京：文化教育出版社，1981：8-9.

② 帕纳钦. 苏联师范教育：重要历史阶段和现状［M］. 李子卓，赵玮，译. 北京：文化教育出版社，1981：8-9.

事业全部交给地方自治机关。苏维埃政权建立后，成立了俄罗斯联邦共和国教育人民委员会，由杰出的革命活动家卢那察尔斯基担任领导。他根据列宁的主张，在《教育人民委员关于国民教育的宣言》中明确提出了在教育上要实行“地方分权”的原则：把全部学校工作“交给地方自治机关”，工人、农民和士兵建立的文化教育组织也都“享有充分的自治权”。他同时宣告，国家教育委员会不是一个管理教学和教育机构的中央权力机关”，它的“事务”只是充当联系的纽带和助手，在国家全民的范围里组织资源，以便在物质上、思想上和道义上对市政的和私人的教育机构，特别是对劳动阶层的教育机构提供支援。①

与此相应，十月社会主义革命胜利后，作为国民教育体系的重要组成部分，俄罗斯高等教育的领导和管理体制也相应地发生了重大变化，高等师范教育自然也不例外。高等教育中所有高等学校都转归教育人民委员会及其所属部门管理。1918 年 8 月 2 日，教育人民委员会颁发了由列宁等领导人签署的《关于高等学校招生章程》的命令，废除了高等学校的学费，并宣布共和国高等学校不论男女性别向一切人开放。这两项措施极大地促进了苏维埃国家的高等教育入学机会公平均等。

（二）教师教育的世俗化思想

苏维埃国家建立后，对沙皇俄国时期的教育管理体制进行了改革，各类型各层次学校都脱离教会管理。鉴于苏联整个教育体系管理体制的改革，师范教育也交给苏联教育人民委员会及其所属部门管理，彻底与教会相脱离。苏联学者帕纳钦的研究表明，教育人民委员会当时不仅是国家领导和管理普通学校的中心，而且是领导和管理高等和中等专业学校、科学、文化、出版和档案等事业的中心，它把革命前由国民教育部、宫廷部、商业部、东正教事务总管理局、玛丽亚皇后教养机关管理局及其他部门管辖的教育机构和学校一律并入自己的系统。由列宁推荐，在该部担任领导职务的都是一些杰出的党的工作者、革命家、著名学者和专家，比如卢那察尔斯基、克鲁普斯卡雅、波克罗夫斯基、利特肯斯、加里宁等。苏维埃国家建立时期的每一届教

① 杨大伟. 凯洛夫《教育学》在中国和苏联的命运之研究［D］. 上海：华东师范大学，2008.

育人民委员会，用克鲁普斯卡雅的话说，都应当“既是执行机构，又是立法机构”。①

根据俄罗斯联邦教育人民委员会的提议，在卢那察尔斯基、波克罗夫斯基、克鲁普斯卡雅及其他教育活动家的领导下，苏联在用专门的师范教育机关培养社会主义教育大军——苏维埃教师队伍方面，制定并实施了一整套措施。这项工作，起初是由当时还设在国家教育委员会下的师资训练处直接主管，然后则由职业教育总局、社会教育处、国家学术委员会及教育人民委员会其他下属机构主管。例如，在全俄中央执行委员会于1920年1月29日发布的一项命令之后建立的职业技术教育总委会曾制定了整个专业教育系统的基本规章。这些规章都得到俄罗斯联邦教育人民委员会的批准。该委员会当时成为直接领导苏维埃师资培养工作的机构。②

苏联初建时期的教育政策蕴含人文思想，体现在管理体制上，学校享有充分的自由，包括在教育大纲内容方面的自主权在内。《统一劳动学校基本原则》中这样规定：“中央教育人民委员会虽然规定了某些确实绝对必须遵循的规章，但也给各级工农兵代表苏维埃的国民教育局留有发挥主动精神的广泛余地，而各级国民教育局当然也不会去束缚各校教务委员会在教育上的创造性，只要他们的创造性不是为了摆脱学校民主化的路线。”“对个人的首创精神也将给以充分发挥的余地。”依据这个精神，人民教育委员会只规定“各类教学大纲的最低要求”，留给教师充分的发挥空间，“并不禁止按照几个不同的途径来对俄罗斯的学校进行探索”，学校可以自主探索办学的模式。③

二、教师观的确立

（一）重视发挥教师的作用，积极加强教师组织建设的思想

十月革命后不久，1918年《统一劳动学校规程》颁布，同时，《统一劳

① 帕纳钦．苏联师范教育：重要历史阶段和现状［M］．李子卓，赵玮，译．北京：文化教育出版社，1981：14.

② 帕纳钦．苏联师范教育：重要历史阶段和现状［M］．李子卓，赵玮，译．北京：文化教育出版社，1981：21-22.

③ 杨大伟．凯洛夫《教育学》在中国和苏联的命运之研究［D］．上海：华东师范大学，2008.

动学校基本原则》颁布。前一个文件把学校全面民主化放在第一位，改造沙皇时期的国民教育制度，与旧有的各种类型的学校不同，建立两段制的劳动学校，第一段 5 年制，从 8 岁到 13 岁；第二段，4 年制，从 13 岁到 17 岁。后一个文件《统一劳动学校基本原则》则阐释了统一劳动学校的教育教学过程，提出了如下的教育思想：（1）社会-集体的教育；（2）国际主义教育；（3）发展儿童的积极性；（4）建立教师组织和小组。

苏联初建时期，通过多种途径加强教师的苏维埃国家立场。如何把教师吸引到苏维埃政权一边，如何消除资产阶级和小资产阶级思想、孟什维克、社会党人反苏维埃政策以及全俄教师联合会反革命领导对教师的影响，是当时苏维埃国家面临的一个尖锐问题。[①] 为了吸引教师参加到新型学校的工作中，作为国民教育行政机关，苏维埃教育人民委员会采取了一系列措施来巩固十月革命的胜利成果。

1917 年底成立了国际主义教师联合会。为了筹备中央和地方的教师代表大会，教育人民委员会成立了由 В. П. 波将金领导的代表大会事务管理处。在 1919 年 1 月召开的第二次全俄国际主义教师代表大会上，列宁强调有必要建立一个新的教育和文化工作者的联合会。在列宁和俄共（布）列宁主义中央委员会的领导下，教师联合会于 1919 年上半年末建立。同年 7—8 月间，在莫斯科召开了教师联合会第一次代表大会暨成立大会。[②]

在苏维埃政权初期，苏维埃党和教育领导人首先对教师工作的社会作用给予了高度评价。列宁认为，教师肩负的重大任务是“培养建设新生活的青年一代”[③]。同时，教师还是进行广泛的社会教育和普及文化科学知识的一支重要力量。卢那察尔斯基在谈到教师教育的组织问题时，更为直接地指出：“没有教师的学校，就等于零，这是毫无疑问的。”[④]

---

① 帕纳钦. 苏联师范教育：重要历史阶段和现状［M］. 李子卓，赵玮，译. 北京：文化教育出版社，1981：9.

② 帕纳钦. 苏联师范教育：重要历史阶段和现状［M］. 李子卓，赵玮，译. 北京：文化教育出版社，1981：9.

③ 王天一，等. 外国教育史下册：修订本［M］. 北京：北京师范大学出版社，1993：331.

④ А. В. Луначарский. А. В. Луначарский о народном образовании［M］. М.: Издательство АПН РСФСР, 1958: 44.

（二）重视提高教师的社会地位和物质待遇的思想

提高教师的社会地位和物质待遇，是苏维埃党和教育领导人始终突出强调的一个重要问题。列宁在《日记摘录》中指出："应当把我国教师的地位提高到资产阶级社会里从来没有也不可能有的高度。这是用不着证明的真理。为此，我们必须经常不断地、坚持不懈地工作，既要振奋他们的精神，也要使他们具有真正符合他们的崇高称号的全面修养，而最重要的是提高他们的物质生活水平。"① 1927 年 4 月，卢那察尔斯基在全俄第十三次代表大会上做报告时也曾指出："我要谈一个大家熟知的、令人非常难受的问题，它也是我要十分尖锐地提醒你们注意的问题，这就是教师的工资极端微薄的问题……"②他认为，需要做出极大的努力来改善教师的物质待遇，如果这个问题不解决，势必会影响教师教育的发展。

为了促进教师树立苏维埃国家立场，吸引教师服务苏维埃教育发展和国家建设，苏联在初建时期就开始采取措施提高教师地位和工资待遇，保护教师安全。1918 年 1 月，教育人民委员会遵照列宁的提议提高了人民教师的工资，同年 3 月又进行了第二次提工资。此外，还实行 5 年提薪制。教育委员会将怠工分子丢下的退休金交由国际主义教师联合会支配。全俄中央执行委执委会颁布命令，在住房条件上教师应与医生、工程师同等待遇。1917 年 11 月 20 日教育人民委员会发布了由列宁和卢那察尔斯基签署的命令，撤销资产阶级临时政府所设的国家国民教育委员会。教育人民委员会发布命令，要求给那些陷害先进教师的人以严厉制裁。同时，撤销了几十种通常都是由那些怀有反苏维埃情绪的分子担任的职务，如名誉督学、国民学校校长、督学、各种"秩序"视察员和稽查员及各种宗教课程教师等；废除了旧的等级、学位和奖章，通过了《关于各级教育和教育行政职务选举制的决议》。③

在苏维埃教育人民委员会所采取的上述以及其他措施的影响下，当时大

① 吴式颖. 俄国教育史：从教育现代化视角所作的考察［M］. 北京：人民教育出版社，2006：295.

② А. В. Луначарский. А. В. Луначарский о народном образовании［M］. M.：Издательство АПН РСФСР，1958：44.

③ 帕纳钦. 苏联师范教育：重要历史阶段和现状［M］. 李子卓，赵玮，译. 北京：文化教育出版社，1981：5-6.

部分教师脱离了全俄教师联合会，1918 年 12 月该组织被彻底取缔。有苏联研究者评价，列宁英明的共产党政策一步步逐渐使绝大多数教师坚定不移地、彻底地转到苏维埃国家的立场上来。

（三）明确对教师素质要求的思想

苏维埃党和教育领导人以及一些教育活动家对苏维埃学校的教师都提出了具体要求。这些要求与沙皇时期截然不同，具有全新的内涵。

1. 强调教师的思想政治倾向

强调教师的思想政治倾向，是苏联对学校教师要求的一个突出特点。列宁在《致卡普林学校学生的一封信》中特别强调了教师思想政治倾向的重要性。他写道："在任何学校里，最重要的就是课程的思想政治倾向，而这种倾向则完全地、绝对地取决于教学人员……任何'监督'、任何'指令'、任何'教学大纲'、任何'条例'，相对于教学人员来说，所有这一切都是空谈。"[①] 在回答"教师学校应该培养什么样的教师"这一问题时，克鲁普斯卡雅要求每一个大学生都要掌握马克思列宁主义原理，并要清楚地知道"在具体情境下应该怎样将这些原理同整个人民教育事业联系起来，马克思列宁学说的精神实质是什么，大学生据此应当得出什么样的结论"[②]。

列宁高度重视教师对苏联教育发展和国家建设的重要作用，并提出了对教师的素质要求。列宁教师观的主要内容如下：

教师首先应当是一个理论上和政治上成熟的人，一个爱国主义者和国际主义者。对于一个教师来讲，共产主义基本理论是必不可少的，否则他就不可能成为新一代的真正教育者。

教师应当是有全面教养的、学识渊博的、有文化的、精通本门科学和自己所教科目的人。为此，教师就要下功夫经常提高业务水平，就要孜孜不倦地努力加深和扩大科学眼界。

教师应当熟练地运用他的工作方法，善于向孩子们传授知识，循序渐进

---

① Ленин В. И. "Полное" собрание сочинений Ульянова-Ленина в 47 томах［C］. Москва：Издательство политической литературы，1960：194.

② Крупская Н. К. О подготовке педагога［C］//Крупская Н. К. Педагогические сочинения в 3 томах. Москва：Издательство АПН РСФСР，1959：384.

地把他们从局部引向整体，并掌握分析和综合的辩证方法。非常重要的是，教师在工作中要能熟练地既使用被生活检验过的旧工作方法，也使用教学和教育的现代方法和手段。教师劳动的成就和他的工作效率都取决于他的教育科学知识。①

2. 教师的学习和工作不能脱离生活

苏联人民委员会批准的《关于俄罗斯共和国国民教育事业组织条例》具有无可估量的重要意义，条例中特别强调必须定期召开教育代表大会，规定了国民教育厅、局及其所属各委员会的权利和责任。《统一劳动学校规程》及与之同时公布的由卢那察尔斯基签署的《统一劳动学校基本原则》是两个极有价值的文件，它们规定了苏维埃教师和学校的新的目的和任务。《统一劳动学校基本原则》中阐述了对教师工作的全面计划。② 1918 年 9 月颁布的《俄罗斯苏维埃联邦社会主义共和国统一劳动学校条例》（《Положение о единой трудовой школе РСФСР》）体现了人文主义思想理念，条例中首先明确了总的原则“学校不再是压制学生个性发展的手段”，“在劳动学校里不允许有束缚整个学校生活和儿童个性自由发展的旧纪律”。那么，学校的秩序靠什么来维系呢？靠学生的“内在纪律”。“劳动过程本身将培养儿童内在的纪律”，在集体劳动中培养学生的责任感。③

教师不仅要掌握学科知识，而且要能够将它变成学生的财富。这两者完全是不同的事情。布隆斯基在《新国民学校的任务和方法》（1917 年）一书中，对当时的教师提出忠告说：“你应爱的不是学校，而是来上学的孩子；你应爱的不是关于现实的书，而是现实本身；你不要把生活缩小为学习，而要把学习扩大到生活！最主要的是你要热爱生活和尽可能多地过生气勃勃的生活。”④

---

① 帕纳钦．苏联师范教育：重要历史阶段和现状［M］．李子卓，赵玮，译．北京：文化教育出版社，1981：20.

② 帕纳钦．苏联师范教育：重要历史阶段和现状［M］．李子卓，赵玮，译．北京：文化教育出版社，1981：12-13.

③ 杨大伟．凯洛夫《教育学》在中国和苏联的命运之研究［D］．上海：华东师范大学，2008.

④ 帕纳钦．苏联师范教育：重要历史阶段和现状［M］．李子卓，赵玮，译．北京：文化教育出版社，1981：214.

教师的活动不是仅限于学校范围之内的，他必须在人民中间开展系统工作。列宁在俄国共产主义青年团第三次全俄代表大会（1920 年）上曾经发表如下观点："对于那种只是囿于学校、脱离蓬勃生活的学习、教育和教养，我们是不相信的。"①积极的社会活动对于教师个性的形成有着重要意义。关于这一问题，克鲁普斯卡雅写道："应当竭尽全力地同那些企图将教师限制在学校范围内，使他们脱离社会工作的一切现象做斗争。社会活动中的教育现象远比研究那些脱离生活的方法论问题重要得多。"②

三、发展教师教育网络体系，为扫盲和普及基础教育服务

（一）建立独立的师范院校的思想

在苏维埃初建期，共产党和苏维埃政府就提出要扫除文盲和与不文明现象进行斗争，并制定了为新一代的普及教育和共产主义教育而奋斗的具体行动纲领，这些在苏维埃国家初建时最早发布的一些决议和法令中都有所体现。苏维埃国家的国民教育行政机构立即采取了尽最大可能开展师资培养和再培养工作以及发展师范教育的方针。"这是理所当然的，因为要消除居民中文盲遍地的现象，建立统一的劳动综合技术普通学校和进行教学和教育的改革，都碰到了严重缺乏教师（首先是小学教师）的困难。"③

沙皇俄国留下的师范教育遗产非常有限，虽然沙皇俄国已形成培养师资的学校网，但它不是一个有科学基础的师范教育体系，高等师范教育的状况是非常糟糕的。综合大学和高等师范学校极少，而且综合大学的毕业生只有一部分去中学任教。那时还没有学校负责培养学前教育机关的教养员、生理和智能发育不全儿童学校的教师以及校外教育机关工作者和职业技术学校的教师。俄国各个民族地区和边远地带的师范教育机构极其缺乏。简单地说，

---

① Ленин В И. Задачи Союзов молодёжи [EB/OL]. http://www.politpros.com/library/13/252/.

② Крупская Н. К. Педагогические сочинения в 2 томах [M]. Москва: Издательство АПН РСФСР, 1958: 362.

③ 帕纳钦. 苏联师范教育：重要历史阶段和现状 [M]. 李子卓，赵玮，译. 北京：文化教育出版社，1981：5.

十分之九的居民受教育的道路都被堵塞。[1] 居民的受教育水平极其低下，绝大多数居民都是文盲。

在十月革命胜利后，苏维埃政府意识到教育领域的改革对于国家经济等领域的复苏起着至关重要的作用，因此开始大刀阔斧地发展师范教育，使师范教育迎来全新的发展阶段。[2] 1917 年 11 月，教育委员会主席卢那察尔斯基发表《教育人民委员会关于国民教育的宣言》，提出当时教育的主要任务是普及义务教育和发展师范教育。该宣言强调，要尽快建立几所高水准的师范专科学校和高等师范学校，培养一批高质量的教师，充实人民教师的队伍；同时，提高教师的社会地位，改善教师（特别是中小学教师）的待遇。[3]

为了使教师懂得劳动综合技术普通学校的原则，懂得新的教学方法，苏联各省于 1918 年夏就已办起了为数众多的各种师训班，并计划在随后三四年内使所有教师都受到短期训练班的培训。每个省都开始建立师范学校。教师被保送到高等学校，在普通学科和教育学科方面进行提高。[4]

在建立专门的师范院校的思想指导下，莫斯科国立师范大学应运产生。1918 年，根据国民教育委员会的决定，莫斯科高等女子课程班改建为第二莫斯科国立大学。该大学由三个系组成：历史和语言学系、物理和数学系、医学系。

从 1919 年到 1924 年，担任第二莫斯科国立大学校长职务的是谢尔盖·纳梅特金（Сергей Наметкин）。他是杰出的有机化学家，后来成为苏联科学院院士。他在任职大学校长期间，于 1921 年创建教育系。经过此后几年的发展，教育系发展成为对第二莫斯科国立大学来说具有决定意义的科系。

1930 年，第二莫斯科国立大学被拆分为三所独立的大学，其中之一是莫斯科国立师范学院，其成为第二莫斯科国立大学的合法继承者。最初，莫斯

---

① 帕纳钦. 苏联师范教育：重要历史阶段和现状［M］. 李子卓，赵玮，译. 北京：文化教育出版社，1981：4.

② 顾明远. 战后苏联教育研究［M］. 南昌：江西教育出版社，1991：192.

③ 瞿葆奎，杜殿坤，等. 教育学文集·苏联教育改革：上册［M］. 北京：人民教育出版社，1993：3-7.

④ 帕纳钦. 苏联师范教育：重要历史阶段和现状［M］. 李子卓，赵玮，译. 北京：文化教育出版社，1981：7.

科国立师范学院以俄罗斯苏维埃联邦社会主义共和国人民教育委员安德烈·布勃诺夫（Андрей Бубнов）的名字命名，后在 1997 年更名，以弗拉基米尔·列宁的名字命名，列宁师范学院（Ленинский пединститут）的学术品牌因此而产生并保持下来。

在卫国战争期间，1941 年秋天，莫斯科处于被包围状态，莫斯科师范学院被迫中断了仅仅一个月的工作。由于战争，学制缩短为三年，许多大学生、研究生和教师走上了前线。1944 年，莫斯科国立师范学院开设了高等教师课程（Высшие педагогические курсы），与此同时，获得了在各系内部组织论文答辩的权力。战争期间，莫斯科疾病学研究所（Московский дефектологический институт）和莫斯科利勃克内赫特工业教育学院（Московский индустриально-педагогический институт имени К. Либкнехта）并入莫斯科国立师范学院。后来，在 1960 年以巴焦姆金（В. П. Потёмкин）的名字命名的莫斯科城市师范学院（Московский городской педагогический институт имени В. П. Потёмкина）也并入该校。

二战后，在莫斯科国立师范学院任教的有：世界著名哲学家、语言学家和古希腊问题的研究者阿列克谢·洛舍夫（Алексей Лосев）；彼得·诺维科夫（Петр Новиков）——数学家、苏联科学院院士，因其为保护自己的持不同意见的学生（ученик-диссидент）而致信大学，后被大学开除；还有其他杰出科学家。莫斯科国立师范学院组建了俄罗斯第一个教学法教研室，由非常了解中学和高等学校的工作特点的教育学家和教师领导。莫斯科国立师范学院的教师还编写了许多教科书，不止一代俄罗斯中小学生和大学生学习使用这些教科书。该校地理学教授弗拉基米尔·马克萨科夫斯基（Владимир Максаковский）是最受欢迎的教科书的作者之一。根据 1972 年 11 月 10 日苏联最高委员会主席团令确定的建校日期计算，在莫斯科国立列宁师范学院成立 100 周年校庆之际，因其在高素质师资的培养和科学研究的发展方面取得了伟大功绩，该校被授予列宁勋章。

1987 年，数学家维克多·马特罗索夫（Виктор Матросов）当选为莫斯科国立师范学院校长，领导该校 25 年之久。在此期间，他成为科学院通讯院士，后来又成为俄罗斯两个科学院的院士——俄罗斯科学院和俄罗斯教育科学院。

（二）从补充教师数量到提升教师质量，促进师范教育布局合理化的思想

从1956年至1985年，苏联实施了五个发展国民经济的五年计划和一个发展国民经济的七年计划（1959—1965），普通教育经历了三次重大的改革与调整，实现了普及中等教育的任务，普通教育的职能日益复杂化。在此过程中，教师教育在适应普通教育对师资的新要求中获得了很大的发展与提高。

1961年，苏共中央和苏联部长会议通过了《关于给普通学校提供师资的措施的决议》，制定出克服教师教育中存在的问题与改进师资培训工作的计划；之后又分别于1963年和1964年颁布了《关于进一步发展高等和中等专业教育及改进专门人才培养和使用办法的决议》《关于进一步开展高等学校科研工作的决议》。由于上述决议的贯彻执行，1964年苏联师范学院招生人数增加到4. 8万余人。从1965年到1971年，师范学院招生人数稳定在4. 5万至4. 6万之间；中等教师学校也得到适当的发展。同时，综合大学充分发挥为普通学校提供师资方面所起的作用。1971—1972学年，负有培养师资任务的综合性大学有50所，其中80%的毕业生到中学任教。[①] 为了稳定农村教师队伍，师范院校多招收农村青年。以上措施基本解决了普通教育学校的师资问题。

1966年9月苏共中央和苏联部长会议通过的《关于改善专家的培养和改进对全国高等和中等专业教育的领导的措施的决议》和同年11月通过的《关于进一步改进中等普通教育学校工作的措施的决议》，将教师教育的注意力转到提高自身工作和普通教育学校教育教学的质量方面。在20世纪七八十年代，师范大学的数量与1960年相比减少了40所，但是，大学培养的专业人才数量却有所增加，他们毕业后到中小学校和师范学校做教师工作。1985年，中等教师学校有481所，其在校生有42. 1万；1984年，师范学院有200所，在校生有84. 5万。[②]

---

① 顾明远. 战后苏联教育研究［M］. 南昌：江西教育出版社，1991：192.
② 顾明远. 战后苏联教育研究［M］. 南昌：江西教育出版社，1991：192.

苏联时期师范教育的发展布局比较合理，全国的师范教育网覆盖率在几十年的不断改革和调整中日益完善。二战前苏联的高等师范院校多集中在俄罗斯联邦的少数几个大城市，战后这种情况不断改变，每个加盟共和国都设立了自己的师范学校和师范学院。加盟共和国从自己的民族特点、经济条件和实际需要出发，决定本区域内师范院校的专业设置和培养方向。在20世纪80年代的改革中，苏联更进一步明确提出注重西伯利亚、远东地区、中亚地区各共和国、哈萨克及其他生产力加速发展地区高等师范教育的布局和发展。①

四、培养红色苏维埃教育家，重视师资培养培训

（一）确立以培养红色苏维埃教育家为目标的思想

十月革命的胜利，使俄罗斯结束了沙皇俄国的统治阶段，开始步入社会主义发展阶段。这不仅是世界发展史上的重要事件，更是俄罗斯国家发展历程的重要转折点，为苏联各族人民精神文化的繁荣奠定了基础。正如苏联学者对十月革命评价所言："1917年的十月革命为全民教育的发展和最先进而又人道的统一劳动综合技术学校的建立开辟了道路。历史经验证明，革命的胜利是需要由学校来巩固的。"②

改造沙皇俄国的教师教育遗产，完善师资培养工作是苏联初建时期的重要任务。在沙皇俄国时期，小学教师培养全无计划性，以致半数低年级教师连中等师范教育程度都不具备，师资培养的水平不符合学校的要求。尽管如此，某些师范学校也培养了一些受过相当严格训练的青年专家。③ 因此，总体来看，苏联初建这一时期的绝大多数教师都需要提升知识水平和教学水平。

在苏维埃政权初年，列宁和党就提出大量培养师资的任务。在教育人民委员会的文件中一再提到，造就社会主义教师干部是教育人民委员会最重要、

---

① 肖甦，王义高. 俄罗斯教育10年变迁［M］. 北京：北京师范大学出版社，2003：86.

② 帕纳钦. 苏联师范教育：重要历史阶段和现状［M］. 李子卓，赵玮，译. 北京：文化教育出版社，1981：5.

③ 帕纳钦. 苏联师范教育：重要历史阶段和现状［M］. 李子卓，赵玮，译. 北京：文化教育出版社，1981：4.

责任最重大的任务之一。党和政府提出的口号是：培养出新教师，也就是在帮助巩固社会主义民主和建立新型学校方面完成了一半工作。[1]

苏维埃学校事业的发展需要成千上万的教师，因此，培养教师是一项艰巨的工作。卢那察尔斯基强调指出，必须扩大教师学校网，努力培养教师，这是实施普通教育的一个最重要的条件；反之，教师不足就会成为发展普通教育及教育事业的障碍。为了培养更多的教师，他明确提出："需要做两件事情：第一，要使人乐意进我们的师范学院；第二，要使进师范学院的不是那些无处容身的人，而是真正先进的战斗青年，他们懂得教师的职位是神圣的，是高度受人尊敬的！"[2]

1917—1918学年初，苏联全国有280所师范学堂，35所师范专科学校。随后的一个时期内，师范院校的数量不断变化。内战和经济的破坏、反革命的怠工行为以及科学教育干部的不足，对学校网和学生人数的稳定性都起到了消极的作用。俄罗斯联邦教育人民委员会及其主管师资培养的部门，从他们活动的头几年起就经常召开全俄和地区性的师范教育工作者的会议，讨论教师培养和再培养的迫切问题。在1918年8月底举行的第一次全俄教育工作者大会上，波克罗夫斯基做了关于改革高等教育的报告，列佩申斯基做了关于建立高等学校的基本原则的报告，列宁做了关于师资培养的报告。[3]

苏维埃政权从建立之初，就着手努力培养青年专门人才——"红色苏维埃教育家"。这项工作建立在崭新的政治、科学教育和组织原则之上，而这些原则是以苏维埃社会和国家的宗旨和任务、科学共产主义思想体系、新型普通学校的要求和马克思主义教育科学为依据的。党和苏维埃机关开办的学校，在培养师资工作中做出了不小的贡献。例如，遵照列宁的倡议，在教育人民委员会的领导下，1921年红色教授学院建立，它成为培养党的理论干部的一所高等学府。该院许多毕业生都在高等师范学校工作。在苏维埃党校和马克

① 帕纳钦. 苏联师范教育：重要历史阶段和现状［M］. 李子卓，赵玮，译. 北京：文化教育出版社，1981：7.

② Луначарский А. В. А. В. Луначарский о народном образовании［M］. Москва：Издательство АПН РСФСР，1958：208.

③ 帕纳钦. 苏联师范教育：重要历史阶段和现状［M］. 李子卓，赵玮，译. 北京：文化教育出版社，1981：22.

思列宁主义学院，在共产主义大学和学院，以及在各种党和宣传员训练班里受过教育的大量干部也进入国民教育系统。①

（二）关于教师进修和自修的思想

教育干部的培养和进修问题是布勃诺夫在教育人民委员会任职期间所做的全部实际工作、理论工作和政论工作的主要内容。他在第一次全俄普及教育代表大会上指出："如果我们认真地向自己提出按综合技术原则来改造学校的任务，那么，这一任务就要求对全体教师进行根本的再培养。因为具有适合教语文学校的那种教育知识水平的教师，无论如何也不能靠这些知识掌握按综合技术原则改造学校的全部过程，教师本身还应当再改造，应当再训练。"② 布勃诺夫认为在师范院校的函授学习是教师进修的主要形式。他赞同如下一些建议：扩大高等教师学校的函授部和增加函授生名额；采用统一的考查记分册，举行定期考试；对函授生学习实行严格考核和监督。③

五、教师教育专门化和教师教育大学化培养模式并存

从 1917 年十月革命后一直到 20 世纪末，苏联始终有两种教师教育模式占据主导地位。

苏联时期的第一种教师培养模式是由专门的教师教育机构培养教师。那些固定的、保留了心理学和教育学问题研究传统的中等师范学校和高等师范学院是培养教师的主要机构。教学计划和课程大纲是根据全俄教师会议上确定的原则制定的。师范教育的内容和技术也进行了修订，主要是根据学校面临的政治任务即促进无产阶级自我意识的增长进行修订。以下原则被认为是当时师范教育的主要原则：加强师范教育与生活的联系；发展学生的独立性和积极性；教会学生科学思维的方法，而不只是传授大量的知识。讲授法（лекционный метод）受到了批评，建议广泛使用实验法或学校工作

① 帕纳钦. 苏联师范教育：重要历史阶段和现状［M］. 李子卓，赵玮，译. 北京：文化教育出版社，1981：7.

② 帕纳钦. 苏联师范教育：重要历史阶段和现状［M］. 李子卓，赵玮，译. 北京：文化教育出版社，1981：194.

③ 王长纯，等. 教师教育思想史研究：上、下册［M］. 长春：东北师范大学出版社，2016：451-457.

坊（работа в шк. мастерских）。

1917 年（另一说法是 1919 年）在莫斯科成立了以克鲁普斯卡雅命名的共产主义教育学院（Академия коммунистического воспитания им. Н. К. Крупской，АКВ），它是 20 世纪 20 年代苏联的一所高等师范院校。1934，它被迁到列宁格勒，并更名为克鲁普斯卡雅共产主义师范学院（Коммунистический педагогический институт им. Н. К. Крупской）。在 20 世纪 20 年代，在克鲁普斯卡雅共产主义师范学院附属学校的理论研究和工作实践中，人民教育委员会的实验站等教育组织已经发现了一些个性化的、富有成效的教师专业培训方法，如特别重视教学技术，掌握各种教学策略（实验法、研究式教学法、戏剧化教学法以及其他教学法等）。"自我发展实践"（Практикум саморазвития）被列入师范学院的教学计划中，要求所有学生都要进行自我发展实践。[①]

当时师范教育的内容和技术没有以中央集中的方式进行正式监管，各州的政治和教育委员会仍然具有教学计划和教学大纲的审批权。

在 20 世纪 20 年代，苏联师范教育的第二种模式是通过实施大规模的短期课程来培养教师。短期课程的任务主要是进行意识形态教育，对听课人进行教学技能的培训和信息的交流等。这些课程的重点是解决面向大众进行扫除文盲的政治宣传任务。短期课程的实践在苏联师范教育观上留下了非常明显的印记：师范教育指向增加数量、指标、算总账的方式（валовый подход），通过采用行政力量的影响而不是提供条件保障来促进师范教育的发展和组织。[②]

六、教师教育内容调整的政治化和专业化

（一）改革高等师范教育内容的思想

政治、经济制度与教育是相互制约、相互影响的关系。一个国家的政治、

---

① Российская педагогическая энциклопедия [Z/OL]. Педагогическое образование. Лит.: Состояние, проблемы и стратегия развития педагогического образования, под ред. А. А. Вербицкого, М. Н. Костиковой, М., 1996. http://niv.ru/doc/dictionary/pedagogical-encyclopedia/articles/254/pedagogicheskoe-obrazovanie.htm.

② Российская педагогическая энциклопедия [Z/OL]. Педагогическое образование. Лит.: Состояние, проблемы и стратегия развития педагогического образования, под ред. А. А. Вербицкого, М. Н. Костиковой, М., 1996. http://niv.ru/doc/dictionary/pedagogical-encyclopedia/articles/254/pedagogicheskoe-obrazovanie.htm.

经济制度决定教育的性质、宗旨和目的，决定和制约着教育的领导权，也制约教育内容、教育结构和教育管理体制。十月革命胜利后，苏联建立了社会主义制度，其教师教育的培养目标转向为社会主义国家培养红色的教育家。因此，教师教育课程体系也进行了相应的改造，并体现出鲜明的政治化色彩。

20 世纪 30 年代初，在苏共中央委员会发布了关于学校的决议之后，考虑到满足对中小学生进行共产主义教育和学校技术教学的要求，苏联国民教育委员会开始进入提高师范教育质量的轨道，为师范院校制定了统一的教学计划，开发了稳定使用的教科书，等等。

20 世纪 30 年代初，苏联师范院校的教学计划涵盖了大约 2100 小时，其中 530 小时被分配到马克思列宁主义基础知识的课程，510 小时用于普通文化教育的科目，180 小时用于外语教学，330 小时用于体育和军事训练，只有 570 小时用于教育学（240 小时）、儿童学、心理学和教学法等教师专业培训。基于马克思列宁主义的教育“信条”和形成“走近儿童”的能力被认为是教育学课程大纲中最重要的内容。

《统一劳动学校基本原则》这一文件把劳动作为学生获得知识的基本途径。教育制度的改变要求教学课程的重建。教师教育也要基于基础教育的需求进行课程调整。1935 年，苏联国民教育委员会为高等师范院校的所有系引入了新批准的课程大纲，只有历史系除外。教师专业性课程在师范院校各系的教学计划中占据了主导地位，大部分时间被用于掌握教育技能、选修课程和咨询如何更好地管理学生。中等师范学校教学计划中主要包含政治经济学、学校卫生学、准备直观教具的实践等课程，消除了不同科目之间的不一致性，物理和化学的学习内容有所减少。1936 年 6 月 23 日苏联人民委员会和苏共中央委员会通过了关于儿童学的决议之后，苏联的教师培养体系则完全受国家控制，将教师作为意识形态工作者的观念占据了上风，师范教育的主要任务是大规模地培养教师，在教师培养中渗透共产主义思想。

在 20 世纪 30 年代，苏联的师范教育机构被分为两个大型子系统：一个是中等师范教育体系，主要是师范学校（педагогические училища），为普通学校 1—4 年级培养教师，也为学前教育机构培养幼儿教师；另一个是高等师范教育体系，包括教师学院、师范学院以及综合性大学，为普通初中和高中培养教师。当时，苏联的所有加盟共和国都创办了教师学院和师范学院。

从1956年开始，苏联的教师学院（提供不完全高等教育）被改造成师范学院或师范学校。师范学院的学制改为5年，并开始为5—10年级培养各种专业的教师。每个学生必须掌握两个专业。很多新系建立，比如，工业教育系、音乐教育系。从1957年起，师范学院开始开设小学教育系，培养具有高等教育学历的小学教师，扩大了教育学专业的夜校教学和远程教学。

在20世纪60—80年代，师范学院将12%的学时分配给社会和政治科目，10%用于教育学科目，69%用于专业科目，9%用于一般文化科目。对未来教师进行的社会学科和哲学领域的教育包括对苏共历史的研究、辩证唯物主义和历史唯物主义原理，政治经济学原理、科学共产主义原理（从60年代开始），选修学习科目是马列主义伦理学基础和美学基础。为了培养学生的教育学理论和进行教学法训练，师范学院开设的课程包括心理学、教育学史、教育学、学科教学法、学校卫生学等必修课程；此外，还开设教学论、德育理论、程序教学、比较教育学等专门课程作为选修课程。根据每个专业的特点建立了一套实践课程，大学生需要结合教学实践和教育实习学习这些课程，确保获得知识，掌握进行科学研究工作和教育教学实践工作的方法。师范学院主要专业教学计划的变化，本质上，专业与所谓的规范性学科的饱和有关，为学生组织独立学习过程和创造性实验等的机会仍然有限。①

20世纪80年代中后期到苏联解体这个时期，师范教育改革的重心在于教育内容的改变。苏联这一时期师范教育的课程设置被分为三个板块：一是“文化基础课程”，占25%，用以保证发展教师的世界观，为他们的生活和职业自觉创造条件，使他们掌握实用的教育学知识。二是“教育—心理学基础课程”，占18%，用以发展教师的自我认知，将其创造性显现于分析、设计、实施教学活动。三是“专业课程”，占57%，用以使师范生掌握具体学科的专业知识，并为今后的个性发展打下基础。三个板块的学习都重视文化的意义

---

① Российская педагогическая энциклопедия. Педагогическое образование. Лит.: Состояние, проблемы и стратегия развития педагогического образования, под ред. А. А. Вербицкого, М. Н. Костиковой, М., 1996 [EB/OL]. http://niv.ru/doc/dictionary/pedagogical-encyclopedia/articles/254/pedagogicheskoe-obrazovanie.htm.

和价值。同时增强了师范教育的伦理学、美学、逻辑、世界文学、外语、音乐和造型艺术的课程学习，并且开设了一些综合性的课程单元。当然，师范生直接参与学校的教育教学活动始终贯串在师范教育的培养过程。①

苏联中等师范学校的课程分为普通教育科目、专门科目、教育科目及实习训练四大类。普通教育科目包括社会科学、数学、物理、化学、经济、地理、生物、外国语、科学无神论，占教学总时数的 24. 2%；专门科目和教育科目包括俄语和俄语教学法、文学、数学和数学教学法、自然和自然教学法、历史和历史教学法、音乐、美术、心理学、教育学、解剖学、生理及卫生学，占 53. 8%；实习训练分为学校工厂实习和教学实习两部分，共占教学总时数的 15. 8%；此外，体育和军事爱国主义教育占 6. 2%。按照规定，一般师范生须学习自制教具，并具备演奏一种以上乐器的技能。在师范学校的教学计划中，心理学、教育学、教育史、小学各科教学法和小学教育实习等教育科学类的课程占有重要位置。心理学和教育学两门课程从一年级起就开设。从 20 世纪 80 年代中期起，全国师范类院校都开设了信息和计算机技术课，并在高年级的授课内容中增加了各不同专业的专业课内容比重。②

苏联师范学院的课程分类基本与中师相呼应，由社会科学课程、专业课程、教育科学课程和教育实习四部分组成，只是在基础理论和专业课程方面比中师阶段程度更深、专业化更强。社会科学课程主要包括苏共党史、政治经济学和马列主义哲学和科学共产主义，占教学总时数的 12%，选修科目有科学无神论、伦理学和美学等；专业课程主要包括教师专业知识和专业技能课程，占 69%；教育科学课程主要包括深化教育知识和技能的课程，心理学、教育学、教育史、学科教学法、学校管理及学校卫生学以及技术教学手段等，选修科目有教学论专题、德育理论、比较教育学、程序教学等。教育科学课程和教育实习两部分共占教学总时数的 19%。从 1985 年开始，苏联所有全日制高等师范院校按新的教学计划培养教师。新的教学计划的优点是充分考虑到基础科学、应用科学和心理科学的最新成就，增加了学习心理学、教育科

① 张男星. 当前俄罗斯师范教育改革研究［J］. 全球教育展望，2007（7）：87-93.
② 肖甦，王义高. 俄罗斯教育 10 年变迁［M］. 北京：北京师范大学出版社，2003：86.

学科目的时间。为了培养各级学校新开设的信息学和计算机技术原理课的教师，高等师范院校和综合大学增加了培养这门课教师的教学计划。①

（二）强化教师培养的实践性思想，探索连续性教育实习

苏联师范教育的长期实践表明，教育实习在培养未来合格教师中的重要作用逐渐得到重视。为了强化师范生教育教学能力的培养，提高教育实习的效果，苏联探索采取连续性教育实习方式，使实习贯串在大学各个学习阶段，延长了实习时间，扩充了实习内容，从各个方面来训练学生的实际教育工作能力。

苏联师范院校进行教育实习改革，重视教师培养的实践性，以连续性教育实习取代了一次性集中实习，采取连续性、阶段性教育实习形式，延长和分散实习时间，丰富实习内容，这是苏联一流师范学院进行探索的结果。为了科学地解决师范院校提高教育实习的实际效益和效果问题，莫斯科国立列宁师范学院（今天的莫斯科国立师范大学）从 1980 年至 1985 年进行了“连续性教育实习”的实验，积累了大学全年级连续性教育实习的经验，形成了新的高师教育实习模式，并且系统研究了关于连续性教育实习的一些理论问题。当时，列宁师范学院的连续性教育实习的实验为苏联改革师范院校的教育实习工作提供了十分重要的理论和实践的基础。苏联全国各师范院校纷纷推广这种教育实习的方式，取得了显著的效果。②

苏联师范院校加强了学生的教育实习，修订了教育实习大纲，充实了教育实习的内容，并对教育实习的形式进行了改革，制定实施了新的教育实习计划。苏联新的教育实习大纲对教育实习的任务做了明确规定：培养对教师职业的兴趣；培养进行教学设计和进行教学工作的能力；培养讲授各种类型课的能力；培养组织和领导各种课外、校外活动的能力；培养开展学生教育工作的职业能力；培养独立地进行教育科学研究的能力；培养初步的学校管理工作的能力。苏联师范院校在实施教育实习大纲规定的任务时，又将它们分解为若干具体的要求列在每个年级的阶段性实习计划中，让学生逐步完成

---

① 肖甦，王义高．俄罗斯教育 10 年变迁［M］．北京：北京师范大学出版社，2003：87.

② 常思亮．苏联、美国、日本高师教育实习改革的基本经验［J］．外国教育研究，1990（3）：9-14.

和掌握。苏联师范院校强调大学教师必须熟悉中小学相应的课程的教学大纲、教科书，经常和中小学教师共同开展教育科学研究。①

有研究表明，1985—1986 年度苏联为师范大学的学生制定了连续实习的方案：大学 1 年级以观察性实习为主，2 年级以班主任助手的身份参加实习，3 年级作为任课教师助手，高年级则独立完成教育教学任务。② 我国有研究者对苏联连续性、阶段性教育实习的制度安排进行了详细的研究。根据新的高等师范院校教学计划的规定，苏联师范院校从大学 1 年级第二学期开始，到 5 年级毕业要组织实施不间断教育实习，即学生每年都有计划地参加不同内容的教育实习活动，并随着年级的增高，在实习中所履行的教育职能和职责渐趋复杂。

具体来说，苏联师范院校连续性教育实习分为以下三个阶段和形式进行：第一阶段，教育实习。在大学 1 年级和 2 年级中进行，其任务是让师范生熟悉小学活动的基本方针和教师的职能，观察教学教育过程，独立地开展少先队工作。第二阶段，夏令营教育实习。师范生在 2、3 年级结束后的暑假独立担任少先队夏令营的辅导员或到学生生产队、学生疗养地等场所去做学生指导工作。第三阶段，学校教学实习。分三次在 3、4、5 年级进行，实习内容依次逐步全面展开。在 3 年级，实习生要在教师指导下讲授一小部分教材，批改学生作业，协助班主任工作。在 4 年级，实习生进行正式教学实习，并担任班主任或少先队辅导员工作。在 5 年级，实习生进行综合性的试用期的教育实习，这时他要以一名正式教师的身份完成学校交给的各项任务，同时完成毕业论文。苏联这种新的连续性教育实习时间为 17 至 19 周，8 至 10 周用于第三阶段综合性学校教育实习，其余时间用于第一、二阶段的实习。③

尝试不间断教学实习也是苏联高等师范教育的新做法，即从入学第一年起就组织大学生到中小学参加和领导中小学生的各种校外活动（每周 4 小时），以培养和提高师范生的组织能力。这样，师范院校的大学生到毕业时，不仅具有了初步的课堂教学经验，而且有了比较全面和丰富的组织课外活动

① 常思亮. 苏联、美国、日本高师教育实习改革的基本经验［J］. 外国教育研究，1990（3）：9-14.
② 王长纯，等. 教师教育思想史研究：上、下册［M］. 长春：东北师范大学出版社，2016：466.
③ 常思亮. 苏联、美国、日本高师教育实习改革的基本经验［J］. 外国教育研究，1990（3）：9-14.

的经验。这对于增强师范生的专业思想，更好地发挥青年教师在课堂内外的主观能动性和创造积极性，全面提高教学效果非常有益。[1] 教育实习作为教师培养的主要环节，得到了苏联师范院校的重视和加强，它为培养教师的教育教学实践能力提供保障。

七、重视教育科学研究，基于科学性培养教师

一方面，苏联大力发展教师教育，建立教师教育机构网络体系；另一方面，苏联建立教育科学研究院，重视教育科学研究，发展教育理论。

在20世纪20年代，新生的苏维埃政权在建立教师教育方面走了一段充满探索的道路。这种探索与当时对统一劳动学校的理解和提出的对17岁以下男女少年儿童实施普通教育与综合技术教育这种过于超前的任务是一致的。20年代后期，苏联逐渐形成了包括高等教师学校（主要是师范学院）、综合大学的教育系、中等教师学校、短期师资培训班等多层次的教师教育机构网。

20世纪30年代，苏联教师学校网随着普及义务教育的实施而扩展。到卫国战争前夕，苏联建立起了包括以培养中学教师为目的4年制师范学院、培养五至七年级教师的师范专科学校和培养小学教师的中等教师学校的三层次教师教育体系。

卫国战争中苏联教师教育遭到严重破坏，但师范院校并没有中断培养工作，而是缩短学制，把教学工作纳入战时轨道。1943年，苏联建立了教育科学的最大中心——教育科学院，并提出其任务：促进国民教育发展，领导制定教育科学研究工作计划，协助高等师范院校和研究所进行培养科学教育干部的工作。

1984年5月，苏联教育科学院的正式院士、副院长巴班斯基教授在谈到苏联教育科学院的工作时指出，苏联教育科学院当时有十三个研究所，工作人员约2000名。这十三个所按其科研的内容可以分为四个部分：第一部分是教育理论和历史研究，包括学前教育、普通教育、艺术教育；第二部分是教学方法研究，包括教学内容和方法、中学的设备和技术手段、劳动教育和职

---

① 肖甦，王义高. 俄罗斯教育10年变迁［M］. 北京：北京师范大学出版社，2003：87.

业定向、成人教育等；第三部分是心理学研究，研究发展心理学、普通心理学和教育心理学；第四部分是职业技术教育。当时苏联还提出筹建第十四个研究所，叫国民教育管理和经济研究所，主要研究校长、教育局长怎样更好地管理教育。每个研究所都有自己的实验学校，研究人员在那里开展教育实验，取得科学的数据。实验学校的一切费用包括教师的工资都由科学院负担。科学院有自己的图书馆和出版社，出版科学院的研究成果，包括科学院编写的教科书、教学参考书和各种课外读物。科学院还有一个教育科学研究的协调委员会，协调全国教育科学的研究工作。苏联十五个加盟共和国都有教育科学研究委员会，都有教育科学研究所、心理学研究所。全苏的师范学院、综合大学、体育学院、文化学院以及医学院和农业技术学院都设有教育科学教研室，各地的教师进修学院都设有教育科学研究室，都进行教育科学的研究工作。科学院的协调委员会协调这些单位的科学研究工作，制定五年计划，并把各地的科研成果综合起来。

在谈到苏联教育科学院的研究方向时，巴班斯基说，苏联教育科学院的任务是研究苏联普通教育的各种理论问题，不断完善中小学校的教学教育过程，提高教育质量；大部分科研项目是有实际意义的应用性研究，当然也十分重视基础理论的研究。[①]教育科学研究的任务是保证教育改革的顺利进行，服务教学改革，为教育改革提供科学依据。

俄罗斯教育科学院院士、莫斯科国立师范大学小学教育系教授Джуринский，A. H. 在他的2023年出版的《教育学史和教育史》第2册中概要分析了苏联时期教育学和教育的发展与问题。在苏联时期，俄罗斯的教育学知识发生了本质上的增长，对教育学理论进行了很多有意义的、有前景的探讨，极大地促进了教学论和德育方法论的发展。苏联时期已经形成了从小学到大学各层次教育相互衔接的统一的教育体系。很多来自底层的人通过接受教育实现了社会阶层的向上流动。与此同时，俄罗斯的教育学和教育发展

① 顾明远．巴班斯基谈苏联的教育改革和苏联教育科学院的工作［J］．外国教育动态，1984（5）：33-35.

存在一个严重的问题，即在很大程度上已经变形或者说丧失。苏联教育科学和教育的发展缺少自由发展的社会条件，在镇压、独裁和官方当局审查的背景下，苏联教育学减少了与世界教育思想和学校的联系，没有很好地利用俄罗斯本国和世界教育学的历史经验。在苏联的教育学和教育中占主导地位的是官方观点，主要来自马克思列宁主义关于社会和人的学说。苏联的德育体系是要求个人及其利益服从于社会，注重学习共产主义的政治和意识形态学说并使其成为人们的自觉意识。苏联官方教育学的不朽形象被 20 世纪 60 年代的自由思想浪潮冲走，当时，培养独立的、自由的、不受国家专制控制的公民的思想回到了公众中间。[①]

第四节 苏联时期教育家的教师教育思想

由我国教育部师范教育司组织编写、单中惠主编的《外国教育思想史》教材中指出，20 世纪苏联教育思想呈现出多样化的特点。作为人类历史上第一个社会主义国家，苏联以列宁主义教育思想为指导创建苏维埃教育制度，并出现了许多颇有特色的社会主义教育思想。其中，对苏联学校教育实践产生重要影响的是以苏联教育家马卡连柯为代表人物的集体教育思想和以苏联教育家苏霍姆林斯基为代表人物的“个性全面和谐发展”教育思想。在 60 年代以后的苏联教育思想中，有以苏联教育家巴班斯基为代表人物的“教学过程最优化”教育思想、以苏联教育家赞科夫为代表人物的“一般发展”教育思想、以苏联教育家阿莫纳什维利为代表人物的合作教育学思想等。[②] 这些教育思想都对苏联时期的教育实践产生了很大影响，也触及了师范教育的发展和教师培养的相关问题。需要指出的是，苏联时期的革命家和教育家，比如

① Джуринский, А. Н. История педагогики и образования в 2 ч. Часть 2. XX-XXI века：учебник для вузов［M］. Москва：Издательство Юрайт, 2023：282.

② 单中惠. 外国教育思想史：第 2 版［M］. 北京：高等教育出版社，2007：前言 7.

布隆斯基、沙茨基、卡普捷列夫、克鲁普斯卡雅、马卡连柯、凯洛夫、赞科夫、苏霍姆林斯基等关于教师和教师教育的思想，直接地影响了苏联教师教育的发展。

一、布隆斯基的教师教育思想

（一）布隆斯基的教育活动

布隆斯基（Павел Петрович Блонский，1884—1941）是苏联著名的教育家和心理学家，也是著名的儿童学者。1907 年毕业于基辅大学历史文学系，后在莫斯科女子中学讲授教育学和心理学，1913 年通过硕士考试后在莫斯科大学任教。1921 年任俄罗斯联邦共和国教育人民委员会国家学术委员会科研教学组委员。布隆斯基曾是切尔潘诺夫的学生，但在 20 年代初积极反对切尔潘诺夫唯心主义心理学，并开始同科尔尼洛夫等人一道为建立马克思主义心理学而斗争。

在 20 世纪二三十年代，布隆斯基是儿童学的著名代表人物之一，1925 年出版了《儿童学》一书，后来主要研究心理发展问题。布隆斯基的主要著作还有《心理学概论》《记忆与思维》《学生思维的发展》《科学的改革》等。

（二）布隆斯基的教师教育思想

沙俄时代留下了一批著名的教育家，这些教育家有着共同的特征：他们的思想深受人文主义思想和宗教思想的洗礼，尤其是人文主义思想更是他们思想的灵魂。这些著名的教育家中有布隆斯基、沙茨基（С. Т. Шацкий）、戈斯新（С. И. Гессин）、格列夫斯（И. М. Гревс）、杰宁科夫斯基（В. В. Зеньковский）、伊里英（И. А. Ильин）、罗斯基（И. О. Лосский）等。其中，对 20 世纪 20 年代苏联教育影响最大的是布隆斯基和沙茨基。[①] 一切从儿童出发，关心儿童的个性发展，培养儿童独立的探索精神是深受人文主义影响的布隆斯基和沙茨基的共同理念。他们的思想对 20 世纪 20 年代的苏维埃俄国的教育产生了深刻的影响。[②]

---

① 杨大伟. 凯洛夫《教育学》在中国和苏联的命运之研究［D］. 上海：华东师范大学，2008.
② 杨大伟. 凯洛夫《教育学》在中国和苏联的命运之研究［D］. 上海：华东师范大学，2008.

布隆斯基认为，哲学和生物学、遗传学、生理学、社会学的研究成果及关于儿童的统计数据是教育学的基础。他曾试图努力在此基础上把当时的教育学变成严格规范的教育科学。他根据自己的研究提出，发展儿童智力的过程不是古老的“问题—回答”式的教学系统，是在各种解决教学和道德问题的形式中锻炼儿童。他认为，新型学校的“知识获得不应该通过单独的课堂教学，而应借助于劳动生活和人们之间的关系”。

布隆斯基在《新国民学校的任务和方法》（1917 年）一书中曾经对当时教师提出忠告。他建议，教师应爱孩子，爱生活。[①]

布隆斯基认为，在培养教师时，不应急于专业化，在第一学年，应当向新生提出非常广泛的有关苏维埃教师工作内容的基本问题，必须吸引大学生积极参加独立的、劳动的和社会的生活，鼓励自我服务，预防所谓大学生的职业主义。他认为，在实习工厂和生产单位的劳动是未来教师教育的中心内容。此外，布隆斯基还强调，在师范院校中要最大限度地注意教育科学，要当教育家，首先要成为心理学家。社会主义世界观、劳动、新的教育学和心理学是苏维埃教育者的个性基础。[②]

二、沙茨基的教师教育思想

（一）沙茨基的教育活动

斯坦尼斯拉夫·杰阿菲洛维奇·沙茨基（С. Т. Шацкий，1878－1934），苏联著名教育家、教育实践家和国民教育的组织者，是新苏维埃师范教育制度的忠实捍卫者。[③] 从 1905 年起，他在莫斯科等地组织儿童俱乐部和劳动夏令营，从事儿童教育实验工作。十月革命后，他继续进行儿童教育实验，先后主持人民教育委员会附属国民教育第一实验站中央教育实验室的领导工作，

---

① В. Г. Тросян. История образования и педагогической мысли［M］. Издательство：ВЛАДОС-ПРЕСС. Москва，2003：248.

② 帕纳钦. 苏联师范教育：重要历史阶段和现状［M］. 李子卓，赵玮，译. 北京：文化教育出版社，1981：216.

③ 帕纳钦. 苏联师范教育：重要历史阶段和现状［M］. 李子卓，赵玮，译. 北京：文化教育出版社，1981：206.

对苏维埃劳动学校建设、师资培养和教育科学研究产生较大的影响。①

沙茨基 1905 年与苏联教育家、建筑学家泽连科等人在莫斯科城郊组织一个工人少年儿童工学团，后又创办俄国第一批儿童俱乐部，开展多方面的儿童校外教育。1906 年沙茨基在莫斯科创办了名为“村落”的团体，这是一个包括各种儿童机构在内的完整体系，有幼儿园、小学、儿童俱乐部、小型手工作坊等，孩子们在这里不仅可以获得普通教育，而且能够学习各种手工技艺。② 1911 年沙茨基与妻子沙茨卡娅在卡卢加州建立“朝气蓬勃的生活工学团”，连续 3 年组织儿童俱乐部的学生到那里劳动学习生活。十月革命后，他积极参加苏联新学校的建设工作。

沙茨基 1918 年创建并领导教育人民委员会第一个国民教育实验站，此后他在世最后两年，领导了苏联所有的实验站。沙茨基 1921—1933 年任教育人民委员会国家学术委员会科学教育组成员，1929—1932 年任教育人民委员会会务委员，1929 年加入联共（布），1932 年起领导教育人民委员会“中央教育学实验室”，总结示范学校和实验学校的经验，1932 年 2 月开始任国立莫斯科音乐学院院长。

沙茨基在实验站基础上于 1919 年在前莫罗佐娃庄园创办莫罗佐夫师训班；1920 年，在萨木索洛沃村创办萨木索洛沃村师训班。沙茨基不仅是第一个实验站的领导人，也是教育学教师。在 1928—1929 年，他为中等师范学校的学生讲授教育学课程。作为师训班和中等师范学校的组织者和领导者，作为学校教育学的杰出理论家，他所做出的实际工作值得深入研究。③

（二）沙茨基的教师观

沙茨基主张通过教师的创新来实现学校的改革，强调通往学校改革的道路在于教师在各方面的创新，并对教师提出了以下几个要求：

1. 教师要热爱和理解儿童，观察和研究儿童及其生活

“把童年还给儿童”是以沙茨基为代表的 20 世纪 20 年代一批苏维埃教育

---

① 滕大春. 外国教育通史：第 5 卷［M］. 济南：山东教育出版社，2005：106.

② 张立岩，姜君. 俄罗斯补充教育的发展和特色探析［J］. 外国中小学教育，2011（1）：52-56.

③ 帕纳钦. 苏联师范教育：重要历史阶段和现状［M］. 李子卓，赵玮，译. 北京：文化教育出版社，1981：211.

学家高高举起的一面教育改革的旗帜，也是经历长年的教育实践孕育起来的沙茨基教育思想的精华。沙茨基强调，把儿童视作单纯“为未来生活做准备”的思想“是一种压抑儿童、摧残儿童、损害儿童生活的偏见”。他针对学校的弊端——“学校里教授的各门学科剥夺了儿童本来应有的探究姿态，拒绝了儿童的自觉性努力”，主张“学校必须教会儿童如何通过能动的活动去获取知识”。他指出，“所谓‘学校’必须是儿童自身经验成果的加工、系统化以及分享他人成果的场所”①。

结合自己的教育实践经验，沙茨基论述了对教师的要求。

首先，教师应该热爱儿童，在学校中真正贯彻“把童年还给儿童”的原则，使儿童不感到自己是受“当我将是一个大人的时候”制约的。沙茨基十分明确地指出：“不懂得把童年还给儿童这一点的人，不可能成为一个教养教育家，也不可能成为一个教师教育家。”他告诫教师，要做到这一点是很不容易的，千万不能以为只要热爱儿童，其余一切就迎刃而解了。

其次，教师应该理解儿童，特别是理解儿童活动的含义。不能用成人的标准来对待儿童，要认识到儿童与成人之间所存在的主要差别，那就是儿童还在生长和发展，而成人的生长已经完成了。例如，不稳定性在儿童来说是一种规律，而在成人来说是一种缺点。他指出，“要做到理解儿童也是很困难的，因此尽管我们的主观意图有时是很好的，但往往客观上破坏了儿童的一切游戏、一切努力和对工作的兴趣”。

最后，教师应该认真地观察和研究儿童及其生活，致力于儿童的发展。沙茨基强调说：“我们应该把对儿童强烈的和合理兴趣的观察以及对儿童生活的研究列为我们的指导原则。”他认为，教师应该在与儿童一起生活的过程中研究儿童。②

2. 教师的主要品质是高深学识和经常渴望精神上的成长

沙茨基认为，教师的主要品质是高深学识和经常渴望精神上的成长。沙茨基在《我的教育道路》一书中指出，一个教师要不断地学习，这一点是十

---

① 钟启泉. 凯洛夫教育学批判：兼评“凯洛夫教育学情结”［J］. 全球教育展望，2009，38（1）：3-17.

② 滕大春. 外国教育通史：第5卷［M］. 济南：山东教育出版社，1993：118-120.

分自然的。同时，他认为自修是充实知识的主要方法，为此他建议把所谓家庭阅读委员会的工作和教育书籍的出版工作摆在重要的地位。[①]

3. 教师应当具有做社会工作的积极性

沙茨基认为，教师应当具有做社会工作的积极性。“教师是具有广阔眼界的社会工作者，教师是自己事业的组织者、儿童生活的组织者，教师是能干的观察家和研究者——这就是新学校所需要的那种人。”学校是社会机体的活细胞，而教师则是细胞核。沙茨基认为：“自在的学校——不是我们的学校。”[②]

4. 教师应当掌握教育技巧

沙茨基认为，每个人都有教育本能，主要的是要唤起这种本能，发展和磨炼它。教师的教育技能和艺术是在日常的创造性劳动过程中发展的。经验越丰富，就越能明确地认识到应当做什么和怎样做。教师应当努力扩大自己的眼界，学会在环境中认清方向，善于在其中找到促使自己逐步前进的种种动机。[③]

沙茨基要求教师注意儿童集体活动的共产主义方向性，善于发挥儿童的独创精神，指导他们进行独立自主的活动。在智育方面，他强调在让儿童掌握有关自然与社会知识的同时，要教会他们工作，教给他们自学的技能。他对儿童的社会公益劳动和美育给予极大关注。

5. 教师应当热爱和忠诚于教育事业，发扬集体主义精神，善于集体地工作

沙茨基强调，教师应当特别热爱和忠诚于教育事业。沙茨基自己的一生和教育活动就是最好的榜样。十月革命前，他在自己创办的教育机构中，忠实地、无私地和不计报酬地完成一切工作。沙茨基在教育人民委员会实验站

---

① 帕纳钦. 苏联师范教育：重要历史阶段和现状［M］. 李子卓，赵玮，译. 北京：文化教育出版社，1981：208.

② 帕纳钦. 苏联师范教育：重要历史阶段和现状［M］. 李子卓，赵玮，译. 北京：文化教育出版社，1981：208.

③ 帕纳钦. 苏联师范教育：重要历史阶段和现状［M］. 李子卓，赵玮，译. 北京：文化教育出版社，1981：208.

工作时精神高尚，精力充沛，对事业无限忠诚。[①]

沙茨基认为，在学校事业中，单个人的努力是不够的。沙茨基常喜欢说的一句话是“教师能手是靠同志们的支持成功的，非常重要的是形成教育集体”。[②] 沙茨基说：“如果在每一所学校里教师们都能集体地进行工作，这将是很好的事。齐心协力地进行共同工作的志同道合者的集体，这是新学校的必要条件。”在他看来，在一所学校里，应该把教师分成相互帮助的人数不等的小组，即使是一个很小的但有组织性和协调一致的小组，对学校的共同精神的影响也要比通常所想的大得多。如果教师的工作不协调，缺乏团结一致和互相帮助的精神，那么，什么也不能要求儿童做到，在学校里什么理想的事都不能进行。也许会有一系列很有意义的创举，但永远不会是持久的。[③]

（三）沙茨基论教师教育过程的组织

1. 强调教师培养过程中教师教育机构与社会的互动

沙茨基积极地参加了创建苏维埃教师学校的工作。在 1924 年召开的全俄教师教育问题代表大会上，沙茨基做了《关于高等教师学校里的农业倾向和教育实习的组织》的报告。他首先强调了教师实践培养在高等教师学校中的意义，并进一步指出，培养年轻专家应该在他们的工作中进行，这样他们才能经常地练习，不断地积累个人经验，最后形成教育技巧。他认为，“大学生的理论学习应该和系统的实践工作结合起来”[④]。

沙茨基认为，必须吸收教师参加制定教学计划和教学大纲的工作，教师不要从别人手中取得教学材料；应当成为师范院校工作基础的，不是教学，而是研究、是调查；年轻专家的培养，应当在他们的工作、积累个人经验、经常习练教育技巧的过程中进行；大学生的理论学习应当伴之以系统的实践、

---

① 帕纳钦. 苏联师范教育：重要历史阶段和现状［M］. 李子卓，赵玮，译. 北京：文化教育出版社，1981：209.

② 帕纳钦. 苏联师范教育：重要历史阶段和现状［M］. 李子卓，赵玮，译. 北京：文化教育出版社，1981：208.

③ 滕大春. 外国教育通史：第 5 卷［M］. 济南：山东教育出版社，1993：118-120.

④ А. Н. Протасова. Организация педагогической практики в педагогических учебных заведениях СССР［EB/OL］. http：//mmj. ru/education_ ahey. html? &article=297&cHash=03bf301425.

校内教育劳动、社会调查、同群众的交往等等。[①]

沙茨基在《儿童的学校》（1922 年）中写道，应当使现有的中等师范学校、师范学院和大学教育系着重研究“教育工作的一般组织问题”。这些机构的作用和任务是确定市、区教育工作的范围；为在职教师组织师训班；为研究社会环境、组织博物馆、展览会、参观考察等，同一些地方机构建立联系。[②] 沙茨基认识到师范学院与技术学校和综合大学的不同之处，并确定了师范学院应该完成三方面的基本工作：研究工作（科学工作）、教学工作（教学活动的组织）、实习工作（包括普通学校、特殊学校和儿童机构）。年轻教师应当在充满生机的、广阔的、生活性的教育环境中学习。[③]

沙茨基初期教育活动受杜威“教育即生活”思想的影响，认为教育就是由社会公益劳动、游戏、文艺活动、智育活动、社会活动构成的儿童生活，建议不按学科而按活动编制教学大纲；后注意系统科学基础知识的教学，但仍强调需研究周围的社会环境，认为学校应积极影响周围环境，使之得到改造。

2. 教师教育的教学组织及培养要求

沙茨基建议创建的不是独立的教师教育机构，而是综合性的教师教育中心。关于这方面工作的详细计划，他在 1923 年发表的《教师教育的迫切问题》一文中做了具体阐述。在对苏维埃 5 年来筹建国民教育体系和发展教师教育的经验进行分析之后，沙茨基指出，无论是从教师教育机构的教学内容上看，还是从它的组织工作来说，都存在学校“精神”与教师培养性质不符的问题。其中，消极教学法盛行和与普通学校的脱节是其主要缺陷。为了克服这些缺点，沙茨基建议，建立综合性的教育工作中心，以代替单独的学校。

---

① 帕纳钦. 苏联师范教育：重要历史阶段和现状［M］. 李子卓，赵玮，译. 北京：文化教育出版社，1981：209.

② 帕纳钦. 苏联师范教育：重要历史阶段和现状［M］. 李子卓，赵玮，译. 北京：文化教育出版社，1981：209.

③ Акад. пед. наук РСФСР. под ред. И. А. Каирова и др. Шацкий С. Т. Педагогические сочинения：в 4 т. М.：Просвещение，1962—1965. Т. 2（Статьи，доклады и выступления за 1917—1926 гг.）. Сост. А. П. Кубарева，Д. С. Бершадская［EB/OL］. http：//elib. gnpbu. ru/text/shatsky_ped-soch_ t2_ 1964/go，6；fs，1/.

依据他的观点，综合性教师教育中心的大学生不是听众——“被动的接受者”，而是共同工作的积极参与者。在大学、师范学院和中等师范学校中起作用的，应当是一条“双重交换”的规律：教授、教学人员不仅在教，而且也在学；大学生既是在学，也是在共同的教育园地上进行力所能及的劳动。教育中心作为“社会教育机关”执行一定的社会职能。①

沙茨基特别注意师范院校的“师范化”问题。1927 年在苏联国民教育杂志第 11—12 期上，他以讨论的方式发表了一篇论文《当前的师范教育问题》。文中严厉地批评了学校工作中的这样一些缺点，比如：在教学生如何从事和组织教育劳动方面的工作不力，教育学方法不统一，大学生负担过重，师资培养的职业训练差，师范学院和中等师范学校的新生选拔工作有缺点。沙茨基建议把高等师范学校和中等师范学校“作为劳动性质的机关，作为为成人办的一种劳动学校”来安排工作，必须很好地研究学校工作方法，探讨教学教育过程中的新做法和新的方式方法。②

沙茨基对培养教师提出了一系列具体要求：使学生掌握科学的理论和先进的教育经验，牢固地掌握制定教育活动计划和组织儿童开展教学教育活动的技巧；对大学生实施劳动教育和综合技术教育；各级师范院校与中小学取得联系；培养学生独立工作能力和自学的习惯。沙茨基坚信：通过教师培养工作，苏维埃学校的教师将是全世界的教师中最民主的、性格最质朴的和最朝气蓬勃的教师。他们将具有为建立新的学校所必需的要素：集体主义精神、体力劳动及组织生活和社会工作的习惯，敏锐的观察力和研究能力，以及良好的教学技巧等。这样，良好工作的希望就可以通过苏维埃的教师来实现。③

针对封闭式的传统学校教育脱离社会生活的弊病，沙茨基十分强调要加强学校同家庭、社会的联系。沙茨基相信，一个孩子随后的道德发展完全取决于父母、学校和教师在学校生活的头几年是如何使孩子形成同情能力、对

---

① 帕纳钦. 苏联师范教育：重要历史阶段和现状［M］. 李子卓，赵玮，译. 北京：文化教育出版社，1981：210.

② 帕纳钦. 苏联师范教育：重要历史阶段和现状［M］. 李子卓，赵玮，译. 北京：文化教育出版社，1981：211.

③ 滕大春. 外国教育通史：第 5 卷［M］. 济南：山东教育出版社，1993：120.

家庭生活的道德态度。① 沙茨基认为，一所有效运行的学校应与家庭联系紧密，为了使家庭成为学校的同盟军，需要认真研究家庭的传统和习俗，并将它们运用到教育活动过程中去；除了与家庭建立紧密联系，学校还必须与社会组织开展密切合作。②

（四）沙茨基的实验学校和单元教学法

沙茨基致力于“热爱生活和热爱孩子”的研究，其主要著作有《请不要吓唬孩子》。他认为，孩子的学习应该是自觉的行动，不要强迫，而要鼓励儿童在学习中的独立精神，使其学会自我管理。沙茨基是一位善于从实验中总结经验的教育家，从 1905 年就开始进行教育实验，是俄罗斯以实验学校研究教育的首创者。沙茨基提出，学校应该和生活紧密相连，应该成为教育环境影响的传递者和坐标点。③

沙茨基的实验学校与社区农场和生产劳动相结合，学校工作就是因儿童对周围的农业环境的兴趣而展开的。其“单元教学一体化课程”或“单元教学法”是以兴趣为中心设置的综合性课程，注重各学科教材之间的联络，实施一种社会和自然科学在一体化课程中相互联系的组织形式，自然、工作和社会是组织学习所围绕的三个主要概念和学科划分。这种课程逐年扩大，从乡土地理和家庭，到乡村、城镇、大行政区、国家乃至世界。在每一学习段里，自然、工作和社会相互联系，而诸如历史、地理、算术和语文等传统学科，都是在“单元学习中需要它们时才进行教学的”④。

（五）对沙茨基教育思想的评价

沙茨基对怎样更好地建立师范教育制度有过很多的思考。虽然，他所说的和所写的一切在他生活的那个时代不是都能实现的，但是，他通过评论和

---

① ZAKHARIVA SVETLANA MIKHAYLOVNA. Federal State Educational Standards and Great Pedagogical Heritage, or How to Improve the Quality of Education［EB/OL］. http：www. sisp. nkras. ru.

② 王森，单中惠. 杜威的“苏联之行”及对苏联教育的印象［J］. 教育史研究，2020，2（1）：108-125.

③ В. Г. Тросян. История образования и педагогической мысли［М］. Издательство：ВЛАДОС-ПРЕСС. Москва，2003：248.

④ 郭戈. 兴趣课程观述评［J］. 课程·教材·教法，2012，32（3）：3-11.

讨论提出了许多构建教师教育制度的建议，其中的许多想法即使在今日也还没有失去它的意义。

20世纪20年代的苏维埃教育同30年代以后的教育格局是天差地别的。那是一个基于尊重儿童人格、大胆求索“劳动”与“生活”问题的摸索时代。沙茨基就是对那个时代的苏维埃教育产生了深刻影响的人物。以沙茨基为首的一批教育家在革命后的艰难岁月里为寻求崭新的教育建设而呕心沥血。沙茨基当时尽管由于“学校消亡论”思潮的牵连而受到联共（布）中央的批判，但仍然作为教育人民委员会参议会的成员主持“中央教育学研究室”；同时，从1932年2月开始出任国立莫斯科音乐学院院长，潜心音乐学院的教育改革。①

“沙茨基从体验和实践之中产生出来的教育思想，似乎仍然在今日我们直面的教育现实中时刻敲响着摄人魂魄的警钟。”②

三、克鲁普斯卡雅的教师教育思想

（一）克鲁普斯卡雅的教育活动

克鲁普斯卡雅（Н. К. Крупская，1869－1939），苏联著名革命活动家，列宁的夫人和战友，苏联科学院荣誉院士，苏联第一位教育科学博士学位获得者，最早的马克思主义教育学家之一，对苏联师范教育的理论与实践做出了巨大贡献。她重视教师培养这个极为重要的问题，这反映在她的数十篇论文、报告、发言和书信中，这些材料后来被编成了多卷本的文集。在克鲁普斯卡雅领导国家学术委员会科学教育部的期间，大学、师范学院和师范学校的工作问题是该部关注的重要问题，她直接参与教学计划、教学大纲、教科书的制订、编写工作和有关学校创建工作。

克鲁普斯卡雅在俄罗斯乃至世界教育史上都有崇高的地位，她的革命活动与教育活动、教育理论与教育实践是紧密结合在一起的。为发动妇女投入无产阶级的革命斗争，她撰写了第一部著作《女工》，在该书第三章专门论述了家庭教育和学校教育问题，并将解决这些问题的理想方案与革命的前途紧

① 钟启泉. 凯洛夫教育学批判：兼评“凯洛夫教育学情结”［J］. 全球教育展望，2009，38（1）：3-17.

② 钟启泉. 凯洛夫教育学批判：兼评“凯洛夫教育学情结”［J］. 全球教育展望，2009，38（1）：3-17.

密地联系起来[①]。克鲁普斯卡雅还著有《国民教育与民主主义》，这是第一部用马克思主义观点写成的教育专著。她撰写了许多教育论文，还发表了许多与教育相关的演说和报告等。为奖励在年青一代的教育和教学中取得优异成绩的教师，苏联政府于 1967 年设立了克鲁普斯卡雅奖章，第二年又设立了克鲁普斯卡雅奖金，奖励论述教育与教学问题的优秀科学著作。联合国教科文组织对克鲁普斯卡雅在教育方面的建树也给予了高度评价，并于 1969 年设立了克鲁普斯卡雅奖金和荣誉证书，以奖励发展中国家在普及教育方面做出特殊贡献的组织和个人。[②]

（二）克鲁普斯卡雅论教师培养

在创建苏维埃教师教育体系中，苏联有许多著名教育家提出了自己的教师教育思想，克鲁普斯卡雅发挥了突出的作用。她曾写道："对于师范大学的学生，不能抽象地、脱离实际地，而应该在解决多方面的教学、教育任务的过程中进行培养。"

克鲁普斯卡雅特别强调对教师进行思想教育的必要性。她确信当时的教师对马列主义学说应该是感到亲切的，确信革命理论知识能从精神上提高和丰富教师。同时她经常告诫要反对食古不化、教条主义和死背引文，应当懂得马列主义的基本理论，理解学说的实质，并善于在生活中加以应用。

关于"培养什么样的教师"问题，克鲁普斯卡雅在 1930 年举办的关于教师培养的高等学校校长会议上作了主旨报告，为高等师范院校办学活动提出了广泛的建议，其中有：必须使学院的一切教学大纲都渗透马列主义精神，这样才能使每个大学生都很好地懂得并熟悉科学共产主义理论的基础。非常重要的是把教育教学过程同生活、同社会主义建设实践联系起来。[③]

雅鲁普斯卡雅也非常关注中等师范教育的办学活动和课程内容。在 1930 年举办的全俄中等师范学校代表会议上，她对 3 年制中等师范学校的课程内

---

① 克鲁普斯卡雅. 克鲁普斯卡雅教育文选：上卷［M］. 卫道治，译. 北京：人民教育出版社，2006：9.

② 克鲁普斯卡雅. 克鲁普斯卡雅教育文选：上卷［M］. 卫道治，译. 北京：人民教育出版社，2006：8.

③ 帕纳钦. 苏联师范教育：重要历史阶段和现状［M］. 李子卓，赵玮，译. 北京：文化教育出版社，1981：186.

容提出了要求。第 1 年是学习马列主义基础，认识学校在社会主义建设中的作用；第 2 年是研究儿童和少年，研究环境和培养劳动技能；第 3 年是方法工作，研究教育活动的科学和艺术。克鲁普斯卡雅为改进高等和中等师范学校一类科目的心理学、教育学的教学付出了很大力量。①

（三）克鲁普斯卡雅论教师素质

关于苏维埃教师的品质，克鲁普斯卡雅在 1993 年撰写的《教师应当掌握什么才会成为优秀教育家》一文中，对教师提出了三项基本要求。第一，教师应当通晓自己所教的科目，应当了解科学的实质、现状、主要发展阶段，同其他科学和社会关系的联系，在社会主义建设中的比重，并应掌握科学的辩证法原理。第二，教师要善于把自己的知识传授给别人，善于说明事物和现象，并且不是作一般的说明，而是说明其中最本质的和最主要的东西，为此要会利用现代技术手段。教师应当善于由个别到一般，利用分析和综合、归纳和演绎等方法。第三，教师必须了解儿童，了解他们的生理和心理、知觉和思维特点、年龄特征和生活经验的氛围。②

克鲁普斯卡雅认为，苏维埃学校教育事业需要一支懂得马克思列宁主义、热爱教育工作、具有专业知识并掌握良好教学技巧的教师队伍。教师只能由那些把从事教育事业视为天职的人来担任。因为“有什么样的教师，就有什么样的学校”，所以，克鲁普斯卡雅提出，教师应该善于组织自己的课堂教学，使它引人入胜；应该知道自己学生的个性，能够洞察他们的内心世界；应该搞好班级的纪律；应该组织好课外活动；应该善于布置作业；应该要求自己多多学习、互相帮助、交流经验；等等。针对当时社会上存在人们不愿当教师的现象，克鲁普斯卡雅指出必须改善教师的物质待遇。

克鲁普斯卡雅在《论自由学校问题》一文中强调，教师应该有自己的信念和热情，要善于引导学生去实现共同理想，做一个有益于人民的人。③ 克鲁普斯卡雅在《国民教育和民主主义》一书中批判沙俄学校是“教科书学校、

① 帕纳钦. 苏联师范教育：重要历史阶段和现状［M］. 李子卓，赵玮，译. 北京：文化教育出版社，1981：186-187.

② 帕纳钦. 苏联师范教育：重要历史阶段和现状［M］. 李子卓，赵玮，译. 北京：文化教育出版社，1981：184.

③ 克鲁普斯卡雅. 克鲁普斯卡雅教育文选：上卷［M］. 卫道治，译. 北京：人民教育出版社，2006：10.

知识灌输学校”。她指出：社会主义学校与目前学校的主要区别在于，它的唯一目的是使学生得到充分而又全面的发展；它不会压抑学生的个性，而是有助于个性的形成。社会主义学校是自由的学校，在这种学校里，刻板的训练、机械的教育、呆读死记的风气都没有容身之地。但是，学校在帮助学生形成个性的时候，应该使学生能在公益劳动中表现这种个性。因此，社会主义学校要广泛地开展儿童生产劳动。社会主义者反对剥削童工，但是他们主张儿童从事力所能及的、有助于全面发展的劳动。

四、马卡连柯的教师教育思想

（一）马卡连柯的教育活动

安东·谢苗诺维奇·马卡连柯（A. C. Макаренко，1888—1939），苏联著名教育革新家、教育理论家、教育实践家和作家。出身于乌克兰别洛波里镇的一个工人家庭，1905 年从师资训练班毕业后，开始担任教师。他 17 岁时就开始了自己的教师生涯，从此在繁重的教育实践活动和紧张的教育理论探索中度过了自己光辉的一生。

马卡连柯 1905 年执教于铁路小学，1914 年进入波尔塔瓦师范专科学校学习。他于 1917 年担任一所高级铁路小学的校长；1919 年 9 月被任命为波尔塔瓦市第二小学校长；1920 年领导“高尔基工学团”，专门从事对流浪儿童和少年违法者的教育改造工作；1927 年参与组建并领导捷尔任斯公社。[①] 马卡连柯在“高尔基工学团”和捷尔任斯基公社分别工作 8 年，在总共 16 年的教育实践中，他把 3000 多名流浪儿和违法青少年改造成为对社会有用的人才，并创作了《教育诗》和《塔上旗》，引起了苏联国内外广泛的关注。

1935 年马卡连柯被任命为乌克兰苏维埃社会主义共和国内务人民委员会劳动公社管理局的副局长，并兼任基辅郊区布洛瓦尔工学团的领导人。1935 年以后，马卡连柯主要进行教育理论的总结、研究与宣传工作。马卡连柯著有《一九三〇年进行曲》《教育诗》《塔上旗》《父母必读》《儿童教育讲座》《教育过程的组织方法》《普通学校的苏维埃教育问题》等。1939 年 1 月，苏联政府授予他“劳动红旗勋章”。在他逝世后，苏联教育科学院出版了《马卡

① 滕大春. 外国教育通史：第 5 卷［M］. 济南：山东教育出版社，1993：134-138.

连柯全集》。

沙俄时期在铁路小学的教育工作，使马卡连柯一方面积累了教育、教学经验，在教学实践中与学生家长建立了密切联系，另一方面又为他奠定了比较扎实的文化科学、哲学、心理学与教育学的知识基础。十月革命的胜利既对马卡连柯提出了新的要求，又为他施展抱负创造了客观的前提，提供了新的思想基础。马卡连柯的教育思想体系在十月革命后逐渐形成。他的教育理论著作是他开创的社会主义教育实践的概括和升华，他的文学创作以生动的艺术形象和丰富的事实反映了他为之付出毕生精力的教育实践活动和理论探索，生动地体现了他的教育理想。

（二）马卡连柯的教育目的论

马卡连柯认为："人是被整个社会教育着的。社会中的一切事件，它们的产生、发展、存在方式、成功与失败——这一切都是这样强大并且这样复杂的因素，只有做了专门的研究才能适当地显示出这些因素的作用，而这种专门的研究非得具有大量的确证无误的观察，才是有说服力的。"①

关于如何确立教育的目的，马卡连柯做出了回答，他指出："当然，这是从我们社会的需要、从苏维埃人民的意向、从我们革命的目的和任务以及我们的斗争的目的和任务里产生的。正因为如此，对目的的表达当然也就不能根据生物学，也不能根据心理学，而只能根据我们社会的历史、我们社会的生活。"②

马卡连柯认为"教育目的就是人的个性的培养计划、人的性格的培养计划"，而且他把个性方面的一切内容都包括在性格的概念中，"外部表现和内心信念的性质、政治教育、各种知识，即人的个性方面的全貌"。他指出："忽视人的多样性和硬把教育的任务问题放进对所有的人都适用的一句话里面，那会是不可思议的粗枝大叶。"同时，这也是与社会对人才的多样性的要求相违背的。他将教育目的表述为："我们希望培养出有文化的苏维埃工人。因此，我们应当给他以教育，最好是中等教育，我们应该给他以熟练的技术，

① 吴式颖，等. 马卡连柯教育文集：上卷［M］. 北京：人民教育出版社，2005：5-6.
② 吴式颖，等. 马卡连柯教育文集：下卷［M］. 北京：人民教育出版社，2005：367.

我们应当使他守纪律，他应当是在政治上有修养的……我们应当培养他的义务感和荣誉感……他应当善于做一个有礼貌的、严肃的、善良的人，必要时，由于他的生活和斗争的条件，善于做一个无情的人。他应当是积极的组织者，也应当是不屈不挠的和经受锻炼的。他应当能够约束自己并且影响别人……他应当是快乐的、精神饱满的、紧张的，能够斗争和建设的，善于生活和热爱生活的。他应该是幸福的。”①

为了有效地实现教育的目的，马卡连柯从自己长期的教育实践中总结出一整套教育原则，其中最重要、最基本的教育原则就是对人的高度尊重和严格要求相结合的原则。马卡连柯的这一教育原则强调在教育工作中首先要充分尊重儿童。所谓尊重儿童就是尊重儿童的人格，相信儿童的力量，善于发展儿童的优点，并以深厚的感情来对待和教育他们。他认为，在教师与学生的交流中最主要的是二者的交流应当以尊重和严格为基础，所谓的精通教学就是“影响学生，迫使他们体验并意识到某些行为的必要性”②。教育不光是无原则地对儿童采取尊重的态度，而应将之与学生的严格要求结合起来。教师向学生提出的要求必须坚定、明确、彻底和切合他们的实际，不应向儿童提出过高的，他们实际上做不到的要求。③

（三）马卡连柯的集体教育思想

马卡连柯指出：“集体主义最简单的定义就是个人与社会的团结一致。跟集体主义对立的是个人主义。”④ 只有在集体中并通过集体，个人自由和丰富个性才有可能发展起来，社会主义和共产主义的教育目的也才能真正实现。个人身上的问题并非个人独特的问题，而是集体问题的反映。不关注和解决造成个人问题的集体的问题，教育者也难以真正地解决个人身上的问题。个人问题的解决与集体问题的解决应当是一致的。集体问题的解决是解决个人问题的重要条件或前提，也是防止已经解决了的个人问题重新出现的有利

---

① 滕大春. 外国教育通史：第5卷［M］. 济南：山东教育出版社，1993：140-141.

② ADILOVA CHAROS ALIM KIZI, KUSHBAKOVA RUZIGUL YODGOROVNA, MIRZAEVA FERUZA BOTIRJONOVNA. Developing the Speech Culture of Teachers［J］. Проблемы науки，2020，1（49）：80.

③ 吕渭源，李子健，苏兵民. 中外著名教育家大全［M］. 北京：警官教育出版社，1995：813.

④ 吴式颖，等. 马卡连柯教育文集：下卷［M］. 北京：人民教育出版社，2005：520.

保障。

“在集体中，通过集体，为了集体”而进行教育，是马卡连柯集体教育理论的核心思想。马卡连柯认为，教育任务就是要培养集体主义者。要完成这个任务，苏维埃教育所需要的第一个形式就是集体。因此，马卡连柯强调：“公社的教育方针概括地说来就是建立合理的集体，建立集体对个人的合理影响。”马卡连柯认为，教育工作的基本对象是集体，教育工作的重要方式是集体教育。他曾这样说：“我想成为一个快乐的人，在通往这个目标的路上，如果我做的事情使别人快乐，那我也是快乐的。在我们的每一个行动中，必须想到团队……想到集体的幸福。”① 他在教育工作中，将很大的一部分精力放在集体的建立上，他确信，“有了学校集体、教师集体和儿童集体，那么一切教育问题就得到解决了”，健全的集体是“最宝贵的、最良好的教育工具”。马卡连柯认为，苏维埃集体有四个特征：第一，集体应该有共同的目的；第二，集体有自己的组织性和纪律性；第三，集体具有一定的组织制度、组织机构；第四，集体中的各个部分相互联系和相互依赖，并与其他的集体有机地联系着。

马卡连柯在教育实践中创立了一整套集体主义教育原则，包括尊重与要求相结合原则、平行教育影响原则和前景教育原则。所谓平行教育影响原则，马卡连柯认为，集体教育过程应遵循“在集体中，通过集体，为了集体”的原则。集体首先既是教育的基础和手段，也是教育的目的和对象。② 教师对集体和集体中的每一成员的教育影响是同时的、平行的；教师和集体对集体中的某一成员的教育也是同时的、平行的。在通常情况下，教师并不单独给予个人某种作用和影响，而是通过集体或在集体中教育、影响个人；把个人放在集体里教育，这一方面是教师对个人的教育，同时体现着集体对个人的教育。③ 所谓前景教育原则，马卡连柯明确指出，集体的生命力在于不停滞地前进。因此，马卡连柯要求教师不断地向集体提出新的奋斗目标来刺激集体的

① ZAKHARIVA SVETLANA MIKHAYLOVNA. Federal State Educational Standards and Great Pedagogical Heritage, or How to Improve the Quality of Education［EB/OL］. http: www. sisp. nkras. ru.

② 单中惠. 外国教育思想史：第2版［M］. 北京：高等教育出版社，2007：331.

③ 吕渭源，李子健，苏兵民. 中外著名教育家大全［M］. 北京：警官教育出版社，1995：832.

活力。这种新的目标就是前景，是人们对美好前途的希望。他强调指出："培养人，就是培养他对前途的希望。这个工作方法就是建立新的前途，运用已有的前途，逐渐代之以更有价值的前途。"① 马卡连柯的集体教育思想要求儿童设立近景、中景和远景目标，激励学生努力学习，这样集体也会获得发展的动力。

（四）马卡连柯论教师的培养和教师集体

马卡连柯认为，教师必须要掌握全面的、深入的学科知识。他指出，学生可以原谅教师的严厉和生硬，甚至吹毛求疵，但他们不能原谅教师缺乏必要的学科知识。如果一个人根本不懂自己的专业，那么，他就不能成为好教师。②

马卡连柯在《关于我们儿童的几点意见》（1935 年）一文中阐述了他在教师教育方面的原则立场。他在文章中写道，必须按以下三个方向在高等师范学校培养教师：不管年轻专家选学什么专业，都要给予他们广泛的教养，同时师范学院的教学大纲应当符合"时代的要求"和依据科技和文化的最新成就；不仅应当使大学生受到专门的智能教育，而且要使他们受到专门的人格教育；必须组织他们、督促他们，培养他们的意志力和沉着精神，使他们受到体育训练。一般来说，师范学院毕业生应当在一切方面显得有教养，应当有礼貌、爱整洁，懂得文学、艺术和音乐。此外，马卡连柯认为，在高等教师学校中也应当教学生这样一些有时具有决定性意义的"小事情"，如怎样站立，怎样坐着，怎样从课桌旁的椅子起立，怎样提高嗓音，怎样微笑，怎样看，等等。他还提出，必须特别注意家庭教育问题，家庭的构成、家庭教育的方法、对家庭进行教育帮助的手段——这一切都是师范院校工作的非常重要的部分。③

马卡连柯论述了教师集体的重要性，并研究了如何建设教师集体的问题。

---

① 单中惠. 外国教育思想史：第 2 版［M］. 北京：高等教育出版社，2007：332.

② Ковалёв Н. Е., Райский Б. Ф., Сорокин Н. А. Введение в педагогику［EB/OL］. http://www.detskiysad.ru/ped/ped034.html.

③ 马卡连柯. 马卡连柯全集：第七卷［M］. 陈世杰，邓步银，等译. 北京：人民教育出版社，1959：409-410.

马卡连柯认为，没有一个良好的教师集体是培养不出良好的学生集体的。他说："凡是教师没有集合成一个集体的地方，凡是集体没有统一的工作计划，没有一致的步调，没有一致地、准确地对待儿童的方法的地方，那里就不会有任何的教育过程。……如果有五个能力较弱的教师团结在一个集体里，受着一种思想、一种原则、一种作风的鼓舞，能齐心一致地工作的话，那就要比十个随心所欲地单独工作的优秀教师要好得多。"在马卡连柯看来，建设教师集体应当注意四个方面：第一，教师集体应当是一个合理的组织，而不是偶然的集合体。在组织教师集体时，要注意教师的年龄和性别结构以及教师的性格和业务能力等因素。第二，教师集体应当有明确的教育目标和坚定的政治信念。第三，教师集体要团结，行动要一致。第四，教师集体和学生集体要建立密切的联系。"教师集体和儿童集体并不是两个集体，而是一个集体，而且是一个教育集体。"①

五、凯洛夫的教师教育思想

（一）凯洛夫的教育活动

伊·安·凯洛夫（И. А. Каиров，1893-1978）是苏联著名教育家，是20世纪四五十年代苏维埃教育学的代表人物之一。他所主编的《教育学》一书曾对我国产生过很大影响。凯洛夫1917年毕业于莫斯科大学物理系，同年加入布尔什维克。1935年被授予教育学博士学位。从1937年起，先后任莫斯科大学和莫斯科列宁师范学院教育学教研室主任。在1942—1950年，担任《苏维埃教育学》杂志主编。在1946—1967年，任俄罗斯联邦教育科学院院长。1949—1956年兼任苏联俄罗斯加盟共和国教育部部长。1962年，被选为苏联民族委员会副主席、苏联议会副主席。他曾被选为苏联共产党中央委员会候补委员、苏共中央监察委员会委员、最高苏维埃代表，曾获"社会主义劳动英雄"称号和列宁勋章。

凯洛夫在长期的教育行政工作的岗位上和教育研究的探索中形成了自己的教育理论体系，这主要反映在他主编的《教育学》中。凯洛夫《教育学》

① 单中惠. 外国教育思想史：第2版［M］. 北京：高等教育出版社，2007：333.

力图揭示苏联社会学校教育的规律，提出了许多有价值的理论观点，为建立当时苏联的教育科学，为教师的培养与培训都做出了贡献。在 20 世纪 30 年代末，凯洛夫的教育学理论成为苏联教师教育的主要理论，对苏联的教师教育和中小学教育都产生了巨大的作用。

（二）凯洛夫的教学论思想

1. 凯洛夫论教养、教学、教育的任务和关系

在 20 世纪 30 年代，凯洛夫借鉴了德国赫尔巴特的教育学，继承了乌申斯基的教育思想，总结了苏联普通教育学校建设的经验和教训，在创立新的苏维埃教育学过程中提出了重要的教学论思想。

凯洛夫在自己的《教育学》著作中明确指出了教养、教学、教育的任务和关系。他认为：“教养，是指掌握知识、技能、熟练技巧的体系而言，并且在这个基础上发展学生的认识能力，形成他们科学的世界观，养成他们在自己的行动中为共产主义社会福利而贡献其知识的崇高情感和志向……教学，是在学校内有计划实行着的工作，这个工作在于教师有系统地和循序渐进地把知识传达给学生和组织学生的活动，使其自觉地、积极地和坚实地学会一定的知识、技能和熟练技巧，并且在积极的教学工作的基础上，使他们每个人都养成与共产主义任务相适应的品格……教育、教养和教学是密切地互相关联着的和互相依赖着的。教育是包罗万象的概念……教育主要是在教养的基础上实现的。只有在掌握科学原理的基础上，学生才可能建立共产主义世界观。只有在教学过程中，学生才能成为具有共产主义教育的人，同时成为有高度教养的人。因此，教学是社会主义社会由学校和教师来实现共产主义教育任务的一条基本途径。”①

在教学任务方面，凯洛夫主张应该使学生掌握系统的科学文化知识。他认为，教学首先是教师在学生们自觉与自动参加之下，以知识、技术和技巧体系去武装学生的过程。② 他强调，教学是把客观的、真正科学的知识教给学

---

① 凯洛夫. 教育学［M］. 沈颖，南致善，等译. 北京：人民教育出版社，1953：14-15.
② 凯洛夫. 教育学［M］. 沈颖，南致善，等译. 北京：人民教育出版社，1953：53.

生，并且明确提出，上课是苏维埃学校教学工作的基本组织形式。①

除此之外，凯洛夫教育学还对教养、教学内容、教科书、教学法、学生知识的测验和评定方法、苏维埃学校的教师、学校、国民教育制度等问题提出了许多有益的观点和工作模式。

2. 凯洛夫的五大教学原则

凯洛夫提出了五大教学原则：直观性原则、学生自觉性与积极性原则、巩固性原则、系统性和连贯性原则、教学的通俗性和可接受性原则。这些原则在很大程度上是借鉴过去的进步教育学，同时结合苏联学校的教育学经验提出来的。凯洛夫教育学的原则是着眼于儿童发展的，主张教学应该适应儿童的已有发展水平。凯洛夫教育学提出的教学原则在当代仍然是适用的，但这种适用，需要新的、体现时代精神的教学原则来补充、修正和发展。

3. 凯洛夫论教师在教学中的主导作用

凯洛夫《教育学》强调教师的主导作用。凯洛夫肯定课堂教学是学校教学工作的基本组织形式，强调教师在教育和教学工作中的主导作用。凯洛夫认为："教师本身是决定教学的培养效果的最重要的、有决定作用的因素。"②关于教学组织形式、教师在教学过程中的地位，凯洛夫强调"三中心"，即课堂、教材、教师三中心。他把课堂教学看成唯一的组织形式，把教材视为学生知识的源泉，强调教师的领导作用，认为教师的话具有法律性质。凯洛夫无视学生的主观能动作用，忽视了更为广阔的教学实践，忽视了课堂以外的丰富多样的教学组织形式。

尽管凯洛夫指出过教学是师生双边活动过程，儿童不是容器，知识也不是向这容器灌入的液体，没有学生自身的积极性，就不可能掌握知识等，但是，在事实上，他总是片面强调教师在教学过程中的作用。在他看来，学生知识的充实和巩固，学生自觉性的养成，学生技能和熟练技巧的形成，一切问题都依赖教师的教授与指导。教师是教学过程中的主宰，是影响教学效果的最重要的、有决定作用的因素。作为学习主体的学生，只是教师工作的附

---

① 凯洛夫. 教育学［M］. 沈颖，南致善，等译. 北京：人民教育出版社，1953：56.

② 凯洛夫. 教育学［M］. 沈颖，南致善，等译. 北京：人民教育出版社，1953：58.

庸。学生接受教师灌入的知识愈多，就愈是有学问。教师给学生灌入的知识愈多，也就是发挥了更多的主导作用。所以，重知识轻发展，重教师轻学生，教师给学生传授知识，教师是教学的中心，就构成了凯洛夫教学论的指导思想。①

六、赞科夫的教师教育思想

（一）赞科夫的教育活动

列奥尼德·符弗拉基米罗维奇·赞科夫（Леонид Владимирович Занков，1901－1977）是苏联著名教育家、心理学家、缺陷儿童研究专家、教学论专家、苏联科学院院士、苏联科学院普通教育学研究所“教学与发展问题实验室”领导人、俄罗斯联邦功勋科学活动家、教育科学博士。赞科夫一生富有成果的教育活动曾受到苏联政府的多次表彰，曾获得一枚列宁勋章、两枚劳动红旗勋章和一些其他奖章。

在 1917 年（十月革命当年），赞科夫以革命前文法中学学生的身份在农村教书，后来在农业儿童营（国家收养和教育战后农村孤儿的机构）任教养员及主任。20 世纪 20 年代中期，赞科夫考入莫斯科大学学习心理学，大学学习期间在维果茨基指导下开始从事科研活动。维果茨基并不是莫斯科大学唯一给学生讲课的老师，但是，他被赞科夫称为自己永远的老师。心理学成了赞科夫向着摘取教育科学桂冠进军的罗盘指针。② 大学毕业以后至二次世界大战以前，他曾在俄罗斯联邦共和国教育人民委员会工作，并一直从事普通心理学和儿童缺陷学的教学和研究工作，曾任俄罗斯联邦教育科学院儿童缺陷学研究所所长，是儿童缺陷学的权威人士之一。在第二次大战期间，他与鲁利亚、列昂节夫组成三人小组，专门从事脑伤战士恢复语言功能的研究。

从 20 世纪 50 年代初起，赞科夫开始专门从事教学论的研究，把一生的精力主要投入教学论的研究，研究主要应用心理学方法和实验方法。1952 年，他建立了教学论实验室，集中从事“教师语言与直观手段相结合”研究，并

---

① 王隐雄. 凯洛夫与赞科夫教学论思想的比较研究［J］. 外国教育资料，1982（5）：35-41.

② Б. 沃尔科夫，陈华平，高文. 列·符·赞科夫：纪念赞科夫诞辰八十周年［J］. 全球教育展望，1981（5）：47-50.

陆续发表三本著作：《在教学中教学语言和直观相互作用的研究经验》（1954年）、《在教学中教师语言与直观手段相结合》（1958年）、《教学中的直观性与学生的积极化》（1960年）。苏联教育评论家沃尔科夫认为，赞科夫的这项研究成果，是继夸美纽斯、裴斯泰洛齐和乌申斯基之后在研究教学中的教师语言与直观手段相结合方面的新成就（《苏维埃教育学》，1983年第3期，第120页）。在上述实验研究的过程中，赞科夫参加了凯洛夫主编的《教育学》的修订工作，是三名副主编之一。当时他已担任教育科学院教育学理论和教育史研究所所长。①

赞科夫深刻感受到“时代的变迁”，努力建立一种新的教育体系。他建立了新实验教学论体系，提出了发展性教学理论。1956—1958年，苏联教育界在《苏维埃教育学》杂志上开展关于儿童教育和发展问题的全国性讨论。在这次讨论过程中，从1957年9月开始，赞科夫在小学范围内对教学与发展开展了全面的实验研究，并在1960年将原有的实验室更名为“教育与发展实验室”，1968年又改名为“学生的教学与发展问题实验室”。赞科夫的著作《教学与发展》是他研究教学与发展问题的总结性著作。从1957年到1977年的20年期间，他领导实验室进行了小学教学的实验研究，通过实验构建了实验教学论体系，也被称为小学教学的实验体系或新教学体系，是赞科夫关于学龄初期儿童教学与发展问题学说的具体体现。②

关于教学与发展问题的研究成果，赞科夫先后发表了50多篇论文，并出版了20多本著作。赞科夫的主要著作有《论小学教学》（1963年）、《论教学的教学论原理》（1962年）、《小学教学新体系的实验》（1964年）、《我们的意见分歧》（1966年）、《小学教学的实验体系》（1966年）、《教学论与生活》、《和教师的谈话》（1975年）、《教学与发展》（1975年）等。《论小学教学》是1957—1961期间的一个新教学体系实验班的实验研究工作的总结；《教学与发展》是论述发展性教学的专著，是对整个实验研究的全面总结。《和教师的谈话》和《教学论与生活》等书，被誉为“广大苏联教师的必读

① 赞科夫．教学与发展［M］．杜殿坤，等译．北京：人民教育出版社，2008：1-2.
② 赞科夫．教学与发展［M］．杜殿坤，等译．北京：人民教育出版社，2008：2.

书”。赞科夫的一些著作不仅在苏联具有很大的影响力，而且被翻译介绍到中国、美国、日本、法国、德国、意大利以及东欧一些国家。

（二）赞科夫的发展性教学思想

赞科夫在20年的教育实验中提出了五项教学论原则，这些教学原则在于指导和调节教学的发展作用，因此可以称之为“发展性教学”原则。“发展性教学”作为教学的一种类型的名称，作为一个专门的教学术语，根据苏联教育家巴班斯基在其1983年出版的《教育学》中的论述，在苏联是20世纪60年代才新出现的。发展性教学是对传统教学的重大突破。以五项原则为重要标志的实验教学论体系，是赞科夫首创的苏联发展性教学的第一例完整的体系。①

赞科夫的教学论思想集中体现在他的著作《教学与发展》中。赞科夫对教学与发展问题进行了20年的实验研究，《教学与发展》是这项研究的总结性著作。全书阐述了赞科夫在实验过程中创建的小学新教学论体系，其指导思想是教学要在学生的一般发展上取得尽可能大的效果。书中还论述了安排教学过程的五项教学论原则以及研究学生发展进程的具体途径等。

在实验教学过程中，赞科夫提出了关于教学与发展问题的主导思想，逐步形成了体现这一主导思想的五条“新教学论原则”，并且制定了新的小学实验教学计划、各科教学大纲，编写了各科教科书和教师参考书，也初步形成了小学各科的新教学法体系。这些合在一起，总称为赞科夫的“小学教学新体系”或“实验教学体系”，以区别于苏联原来的“传统小学教学体系”。②《教学与发展》是论述赞科夫的教学论思想的重要著作，是学习和研究发展性教学理论不可或缺的重要的指导性著作。

赞科夫认为，在教与学的统一过程中要把学生的发展作为教学的出发点和归宿，也就是说教学要着眼于学生的一般发展。这正是赞科夫教学与发展思想的核心所在。赞科夫教学与发展的思想主要包括以下三个方面的内容：一是一般发展的概念，二是实现一般发展的途径，三是学生从一般发展达到

---

① 赞科夫. 教学与发展［M］. 杜殿坤，等译. 北京：人民教育出版社，2008：6-7.

② 杜殿坤. 列·符·赞科夫的教学论思想［J］. 外国教育资料，1978（6）：1-14.

最优发展的原则。

1. 一般发展的概念

赞科夫认为，一般发展不仅是指智力发展，而且包括情感、意志、品质、性格、集体主义的个性特征发展。因此，应该把它理解为“儿童心理一般发展”①。贯串赞科夫教学论思想的一条主线是“在学生的一般发展上取得尽可能大的效果”。这一理论体系因此也被称为“发展性教学论”。

2. 实现一般发展的途径

赞科夫指出，分析性观察、抽象思维、实际操作是人的三种心理活动形式。基于鲁宾斯坦在《普通心理学》中提出的意识和活动统一的原理，赞科夫创造性地提出了通过观察活动、思维活动和实际操作活动来研究儿童一般发展的创见。从教学实践的角度或从教学论的角度来说，这三种活动是研究儿童一般发展的三种途径。② 在这三种活动相互联系、相辅相成的进程中，每一种活动都能反映出发展的进程，教学的目的要从不同途径促进学生的一般发展，最终达到最优发展。在教学中要培养和发展学生的观察能力、思维能力和实际操作能力。

3. 学生从一般发展达到最优发展的原则

（1）发展性教学的五项原则

赞科夫认为，用整体性观点来安排教学结构、组织教学过程时，“必须有这样一些安排教学过程的原则，使这些原则能够成为所有学科教学的核心”③。这个核心就是他在教育实验过程中制定的五项教学论原则：第一，以高难度进行教学的原则（Принциип обучения на высоком уровне трудности）；第二，以高速度进行教学的原则（Принциип в изучения программног материала идти вперёд быстрым темпом）；第三，理论知识起主导作用的原则（Принциип ведущей роли теоретических знаний）；第四，使学生理解学习过程的原则（Принциип осознания школьниками процессами учения）；第五，使全班学生都得到发展的原则（Принциип，требующий，чтобы учитель

① 王义高．向凯洛夫教学论体系的挑战：评赞科夫的教学论专著［J］．读书，1983（7）：16-22.

② 赞科夫．教学与发展［M］．杜殿坤，等译．北京：人民教育出版社，2008：8-9.

③ 赞科夫．论小学教学［M］．俞翔辉，译．北京：教育科学出版社，2001：23.

вел целенаправленнную и систематическую работу над общим развитием всех учащихся класса, в том числе и наиболее слабых)。只有遵循上述五项教学原则，才能促进学生从一般发展达到最优发展。

① 以高难度进行教学的原则

赞科夫认为，在实验教学论的教学原则中，起决定作用的是以高难度进行教学的原则。他说明，“难度”是指克服障碍，另一个含义是指学生的努力。在论证这个问题时，赞科夫以维果茨基关于“最近发展区”的思想为根据。他认为，以高难度进行教学，并不是越难越好，难度的分寸仅限于“最近发展区”。赞科夫说明，“难度体现在教学大纲、教科书、教学法指示和教学方式里，它在日常教学工作中还取决于教师经常留意儿童掌握知识和技巧的过程和结果。检查掌握的结果，主要的并不在于用分数对知识和技巧给以数量的评定，而是要有区别地、尽可能准确地判定该班学生掌握的质量和特点”。在教学中，教师掌握“难度的分寸”在于他能针对全班学生和个别学生的情况安排教学内容和补充材料。

赞科夫认为，以高难度进行教学，能引起学生在掌握教材时产生一些特殊的心理活动过程。教学内容要充分满足学生的求知欲和利用学生的认知的可能性，要用稍高于学生原有水平的教学内容来教学生。只有走在发展前面的教学才是最好的教学。

②以高速度进行教学的原则

在赞科夫看来，这条原则与“高难度”原则是互相联系着的。他说：“高难度原则是实验体系的基本原则，同时在一定程度上依存于另一条原则——在学习大纲教材时高速度前进的原则。如果多次、单调地复习旧课，把教学进度不合理地拖得很慢，就会妨碍以高难度进行教学，或者甚至使它成为不可能的事，因为学生的学习活动主要是在走路。”他还说明，由于传统的教学为追求所谓知识的“巩固性”，于是就让学生反复地、千篇一律地咀嚼他们已知的东西，这种做法导致学生不动脑筋、精神消沉，这就阻碍了发展。因此，他认为，教学不仅要坚持“高难度”，而且要有“高速度”。

赞科夫认为教学进度太慢，大量的时间花在单调的重复讲授和练习上，阻碍了学生的发展。他主张从减少教材和教学过程的重复中求得教学速度，从加快教学速度中求得知识的广度，从扩大知识广度中求得知识的深度。他说："只要学生掌握了已经学过的知识，就向前进，就教给他们越来越新的知识。"当然，"高速度"绝不是教学进行上"越快越好"。对此，赞科夫说得很清楚："以高速度前进，绝不意味着在课堂上匆匆忙忙地把尽量多的东西教给学生……我们是根据是否有利于学生的一般发展来决定掌握知识和技巧的适宜速度的。"这个速度要与学生的"最近发展区"的实际相适应，以丰富多彩的内容去吸引、丰富孩子的智慧，促进其发展。根据孩子的发展现状提供丰富多彩的、更高层次的应用价值的教学内容，孩子会被吸引，从而得到自然的发展。

③理论知识起主导作用的原则

赞科夫认为，"理论知识是指从科学的体系中汲取出来的知识，即不仅是关于现象本身的知识，而且是关于各种现象的本质的相互联系的知识，关于在自然界、社会生活、个别人的存在中起统治作用的规律性的知识"。在他看来，在小学教学中，不应该片面地只是强调让学生通过"直观感性的表象"来掌握知识，而应该让学生掌握理论知识。赞科夫认为，在实验教学中，让学生理解知识之间的联系，从而掌握事物的规律性，这无疑有利于培养学生的思维能力，促进学生智力的发展。但是，教师应该注意的是，确定理论知识起主导作用的原则，并不贬低让学龄初期的儿童获得知识和技巧的意义。不过，在实验教学中，技能和技巧的形成是在儿童一般发展的基础上，在他们深刻地理解有关概念的本质的基础上实现的。

④ 使学生理解学习过程的原则

这一原则要求学生在理解知识本身的同时，也理解知识是怎样学到的，也就是教材和教学过程都要着眼于学习活动的"内在"机制，教师要教学生学会怎样学习。显然，这个原则要求学生把前后所学的知识进行联系，了解知识网络关系，融会贯通，灵活运用。教学要引导学生寻找掌握知识的途径，要求学生明确学习产生错误与克服错误的机制等。概括地说，要发展学生的认知能力，培养学生的自学能力，才有利于学生的发展。[①]

---

① 何源. 重读赞科夫的"教学与发展"[J]. 教育，2011（16）：60.

⑤ 使全班学生都得到发展的原则

在班级授课制的情况下，学生的学习成绩有好、中、差三种类型。赞科夫认为，有的学生成绩之所以差，主要是因为他们的发展水平低，他们对学习没有兴趣，缺乏学习信心，观察力和思维能力薄弱。而教师对待他们的传统办法就是补课，反复做机械的练习。结果，他们的负担更重。智力活动的减少，又使得他们的发展水平难以提高。为了改变这种状况，教学要面向全体学生，特别是要促进学习成绩差的学生的发展；教材必须适合大多数学生的学习水平；教学要以实验为基础，多做实验，增强学生的感性认识，发展学生的观察能力；用知识本身来吸引学生，使他们感到学习是一种乐趣，体会到克服学习困难后精神上的满足和喜悦，以此增强学习的内部诱因；教学中要注意设计好教与学的思路，重视知识的前后联系；要启发思考，适时练习，及时反馈、矫正等。用这样一些方法，持之以恒，使全体学生都得到一定发展是可以做到的。[①]

（2）发展性教学五大原则之间的关系

这五项原则是具体体现和落实实验教学的指导思想的关键所在，是在安排教学结构各因素时的重要依据。这五项原则是相互联系、相互制约的。赞科夫明确地指出："不应该认为这些教学论原则是分开实施的：这一条原则适用于某些章节和教学工作的某些场合，而另一条原则则适用于别的场合，等等。每一条原则都是根据它在教学论体系中的作用，根据它的职能，以及根据它与其他原则的联系的特点而具体表现出来的。"[②]

以高难度进行教学的原则的"本质性的东西并不是指任何一种难度，而是那种在掌握理论知识时所反映出来的难度，或者是指有助于使学生理解学习过程的难度"[③]。这五项原则的主旨在于充分调动学生的精神力量，在于"使学生产生对学习的内部诱因，并增加和深化这种诱因。不断地以新的知识丰富学生的智慧，让他们思考，树立学生自己去探索真理的志向，让他们完

① 何源. 重读赞科夫的"教学与发展"[J]. 教育，2011（16）：60.
② 赞科夫. 教学与发展［M］. 杜殿坤，等译. 北京：人民教育出版社，2008：48-49.
③ 赞科夫. 教学与发展［M］. 杜殿坤，等译. 北京：人民教育出版社，2008：6.

成复杂的任务——这一切都会产生强烈的稳定的内部诱因”[1]。

高难度教学原则能展开儿童的精神力量，为这种力量提供发展余地并指明方向。高难度教学原则并不是为了难而难，而是一种认识的享受，是真正地把儿童吸引到科学、文化和艺术的珍藏中来。比如实验室中为配合儿童阅读《生动的语言》所准备的各种书籍，挑选各种作品的首要条件是它们的思想和艺术价值。[2] 赞科夫阅读的教学思想主要体现在：强调阅读是促进学生全面发展的重要手段之一；强调阅读教材的选择和应用；强调培养学生的观察力；强调首次感知的重要性和学生对课文的“第一印象”；强调“读”“议”结合，培养学生独立思考的习惯；强调词汇教学要因文释义；强调课外阅读。

与高难度原则有机地联系在一起的另外一条原则，就是在学习教材时高速度前进的原则。这并不意味着数学学习时追求在解答同种类型习题时“创记录”，而是要求理解数学运算的实质；这同样不是要求按照段落逐字逐句地“解释清楚”一篇诗作，而是要求生动地、创造性地去感受诗的意境。[3]

赞科夫把毕生的精力主要放在教学论的研究上，他热心于研究教育学与心理学的相互关系，并成功地把心理学的研究方法应用到教学论的研究中来。他在教学目的、教学原则、课堂生活、教师工作等方面提出了自己的独特见解。他以唯物辩证法为教学论的指导思想，把从学生和生活实际出发，和实践保持密切的联系作为教学论思想的一条重要指导原则。

（三）赞科夫的教师观

赞科夫的教师思想主要反映在他的《教学论与生活》《和教师的谈话》等著作中，这些书在苏联被誉为“教师必备书”。

1. 赞科夫论教师劳动的复杂性和创造性

（1）教师劳动的复杂性

赞科夫认为，教师劳动的复杂性既体现在教学方式和方法的运用上，也

---

① 赞科夫. 教学与发展［M］. 杜殿坤，等译. 北京：人民教育出版社，2008：49.

② Б. 沃尔科夫，陈华平，高文. 列·符·赞科夫：纪念赞科夫诞辰八十周年［J］. 全球教育展望，1981（5）：47-50.

③ Б. 沃尔科夫，陈华平，高文. 列·符·赞科夫：纪念赞科夫诞辰八十周年［J］. 全球教育展望，1981（5）：47-50.

体现在对学生进行教育工作的过程中。教师要激发学生的道德情感，指导他们理解伦理标准以及集体主义的性格特征。所有这些方面，学生有许多共同点，同时每一个学生身上又有不少特殊性。即便是作为某一个体的学生，他的行为、举止、内心感受也会随着具体情况的不同而有所不同。这些情况可能比教师预先估计的复杂得多，不仅在一节课上，甚至在一节课的某一段上都会发生各种变化。这些决定了教师劳动的复杂性。教师劳动复杂性的特点要求教师要善于觉察教学过程中发生的独特而细微的变化，并灵活地采取与之相应的行动。

（2）教师劳动的创造性

赞科夫认为，创造性绝不局限于教学法上的个别发现。所谓创造性，就是有一种不断前进，向更完善、更新鲜的事物前进的志向，并且实现这种业已产生的志向。明天一定要比今天做得更好，这是一个创造性地工作的教师的座右铭。教师的创造性体现在课堂上对学生反应的敏感性，要洞察学生的精神世界，采取适合具体情况的教育方式和方法，为课堂教学挑选新的材料，探索与实验体系的教学原则相符合的教学方法和途径。这些技巧要靠教师掌握多种多样的教育方式，理解每一种方式的特点，并善于正确地运用它们。

教师劳动的这两个特点是相互联系的，由于教师劳动的复杂性，决定了教师不可能从书本上学到解决所有课堂问题的方法，需要在教学中不断地根据学生及课堂的实际情况创造性地解决问题。[①]

2. 赞科夫的师生关系思想

赞科夫认为，教师与学生应建立良好的关系。赞科夫以“教师和儿童”这样一个话题展开了关于教师和学生关系的讨论。他把师生之间的关系看成衡量教学效果的标准之一。赞科夫认为，就教育工作的效果来说，很重要的一点是要看师生之间的关系如何。[②] 他将良好的师生关系看作顺利完成教学任务的一个重要条件。良好的师生关系会影响到班级的气氛。他认为，“如果班级里能够创造一种推心置腹交谈思想的气氛，孩子们就能把自己的各种印象

① 胡白云，李森. 赞科夫的教师观及其启示［J］. 教学与管理，2006（30）：6-8.
② 赞科夫. 和教师的谈话［M］. 杜殿坤，译. 北京：教育科学出版社，1980：23.

和感受、怀疑和问题带到课堂上来，开展无拘无束的交谈”。自然，在这种氛围中，学生发展的进程就会快得多。

教师在师生关系中处于主导地位，这是由教师的职责决定的。教师不仅要传授知识、训练技能和技巧，还要教育学生，这是教师的神圣职责。他还强调，教师的这两个职责不应有主次之分，应有机结合。“教师既是学生年长的同志，又是他们的导师，对集体或者对每一个个别的学生，都时刻不要放松自己肩负的指导的责任——这一点正是应当做到的，虽然做来相当困难。教师要尽量避免从一个极端走到另一个极端：要么把儿童管束得几乎每走一步路都得听教师的指示，要么放任自流，一切都顺着学生的意思去做。”①

赞科夫认为，师生关系的建立是以教师对学生的充分了解、爱和尊重为基础的，集中体现在教师的威信上。可以说，“爱”是维系师生关系的纽带，教师对学生的亲密关系，表现在他既能形成一个团结的集体，又能了解每一个学生。

赞科夫指出，崇高的威信是师生关系正确发展的表现，它对维持良好的教学秩序和教学气氛起着重要的作用，是教师有效进行教育教学工作的必要条件。赞科夫认为，教师崇高的威信可以通过师生间的相互尊重和友爱而形成。学生对未知世界充满渴求并从教师那儿得到满足，教师也为学生的精神成长所鼓舞。在这种气氛中，学生对教师逐渐产生好感和尊重，教师才能树立真正的威信。

赞科夫特别指出，教师树立威信要反对两个极端：其一，是靠“压服”的办法建立虚假的威信。如果教师通过靠铁的纪律与严厉的惩罚“迫使”学生好好学习，这种靠“压服”的办法得来的威信由于缺少儿童发自内心的深刻爱戴，只能维持班级的表面的纪律，实际上没有对学生发生深刻的教育影响。其二，是通过“讨好”的小恩小惠，制造一种庸俗的自由化“气氛”。赞科夫指出，如果学生在教师面前举止过于放纵，言谈太无约束，这实际上是对教师威信的否定。他认为，师生之间相互有好感的气氛，首先要求学生由衷地尊重教师。友爱不仅不应削弱纪律，而且相反，应巩固纪律，使学生

① 赞科夫. 和教师的谈话［M］. 杜殿坤，译. 北京：教育科学出版社，1980：25.

更好地遵守学校制度。赞科夫进一步指出，拥有真正威信的教师，不是跟班级对立，而是跟班级融为一体，与此同时又不丧失他作为导师和年长同志的威信。[①]

3. 赞科夫论教师的必备品质

关于教师顺利进行教育工作必备的品质，赞科夫赞同符·恩·戈诺包林的观点，认为“为了较好地完成自己的任务，一个教师应当掌握深厚的知识，受过很好的师范训练，具备很高的文化水平和明确的思想政治方向”。符·恩·戈诺包林在《关于教师的书》中专门对“哪些个性、品质是教师才能的主要标志”这一问题进行了调查，结果显示，提得最多的品质有：“要热爱自己的事业，对儿童工作感兴趣；要热爱儿童；要有了解儿童的才能；要有高度的文化素养，学识渊博，有扎实的教育学知识；要在所教的学科方面有才能，精通本门学科，并对它有兴趣；要有把知识传授给别人的才能；等等。上述每一项才能又内在地包含其他的品质，就拿把知识传授给别人的才能这一点来说吧，即使粗略地一看也会明白，这条才能包含着一系列品质：这里既要有和别人分享自己的知识的愿望，又要有把知识讲述得充分清楚的本领，还要善于组织学生，等等。”

赞科夫指出：“教师不应当只限于传授知识、训练技能和技巧，还要教育学生，这是教师的神圣职责。遗憾的是，教师在对学生的教育工作中，还有不少失误的地方，教育工作往往做得很薄弱，因此需要认真地加以改进。教育工作中存在缺点的原因之一，就在于教师虽然不否认自己有教育学生的任务，但是常常把它们看成次要的任务。此外，教育工作似乎总是另外进行的，没有跟教学有机地结合起来。”[②]

赞科夫认为，热爱儿童是教师必不可少的，甚至是最主要的品质。赞科夫认为，“当教师把每一个学生都理解为他是一个具有个人特点的，具有自己志向、自己智慧和性格结构的人的时候，这样的理解才能有助于教师去热爱儿童和尊重儿童”[③]。他进一步指出：“许许多多的观察告诉我们：儿童对教

---

① 黄长健．赞科夫论发展性教学体系下的教师素质［J］．科教文汇（下旬刊），2013（33）：18-19.

② 赞科夫．和教师的谈话［M］．杜殿坤，译．北京：教育科学出版社，1980：22.

③ 赞科夫．和教师的谈话［M］．杜殿坤，译．北京：教育科学出版社，1980：29.

师给予的他们的好感，反应是很灵敏的，他们是会用爱来报答教师的爱的。”①

在赞科夫看来，爱这个词意味着一种自我牺牲的依恋的情感，也可以把它理解为热情，这种情感是教师教学工作的力量之源。赞科夫认为，教师应该热爱科学和有高度的知识素养，这两点的意义当然是不容否认的。但是，在上课过程中教师身上产生的那种高涨的情绪，在很大程度上是取决于教师和学生之间的精神交流的。② 根据赞科夫的观点，教师可以用一点趣味性的材料来吸引学生，但这种做法常常只能在个别几节课上奏效，这里缺乏那种剧烈的创造性的气氛。这种气氛只有当学生渴望认识未知的事物，而教师也为一种用知识丰富学生的头脑、从精神上培育他们成长的精神所鼓舞的时候，才能稳固地形成起来。这样才会产生一种互相怀有好感，互相尊重和友爱的气氛。这种气氛会给教学带来好处，同时也有助于完成教育任务。③

如果教师缺失对学生的爱，对学生“冷眼相待”，对工作“愁眉苦脸”，那么，崇高的职业就会变成“枯燥无味”的负担。赞科夫指出，教师爱学生不仅仅是一般长者对幼童的爱，这种爱是与教师的爱国主义情怀和共产主义觉悟紧密联系的，因为学生是祖国的未来、共产主义事业的接班人。教师对祖国的爱越深，对未来共产主义事业的责任感越强，对学生的爱就越真挚。

赞科夫对“教师如何热爱学生”提出了自己的主张：

首先，热爱学生“表现在教师毫无保留地贡献出自己的精力、才能和知识，以便在对自己学生的教学和教育上、在他们的精神成长上取得最好的效果。”

其次，爱学生就应当了解学生，了解每个学生及其个性特点，把爱的阳光洒到每个学生的心灵深处。他强调：“了解儿童，了解他们的爱好和才能，了解他们的精神世界，了解他们的欢乐和忧愁，恐怕没有比这一点更重要的事了。”

再次，爱学生就应当尊重学生，尊重他们的性格特点和兴趣爱好，尤其是自尊心。他指出，每个儿童都有自尊心，都需要来自各方面特别是教师的

① 赞科夫. 和教师的谈话［M］. 杜殿坤，译. 北京：教育科学出版社，1980：38.
② 赞科夫. 和教师的谈话［M］. 杜殿坤，译. 北京：教育科学出版社，1980：25.
③ 赞科夫. 和教师的谈话［M］. 杜殿坤，译. 北京：教育科学出版社，1980：25.

信任、关怀与温暖。如果教师不尊重学生，使“孩子们受到不公平的待遇，特别是这种待遇来自一个亲近的人的时候，他的痛苦心情会在心灵里留下一个长久的痕迹”。

最后，热爱学生就应该爱包括学习成绩不好的学生在内的所有学生。他说：“漂亮的孩子人人都喜欢，而爱难看的孩子才是真正的爱！”他指出，学习成绩不好的学生的表现“当然不会使教师高兴，这些本身也不可能使教师对这个学生产生好感。……但是在这些外部表现后面，可能隐藏着良好的品质”。教师只有真心爱学习成绩不好的学生，才能发现、挖掘他们身上的优点，引导他们发展向上。

4. 赞科夫论教师的培养和培训

关于如何培养和造就创造性的教师，如何使他们获得高水平的教育技能的问题，赞科夫提出了很多自己的观点。

赞科夫认为，虽然暂时很难判定一个人是否具有成功进行教师工作的天赋，这需要对同一批教师进行长时间的观察，需要对教师职业的特点进行专门的心理学研究等。但是，赞科夫意识到教师的品质并非天生就具备，是通过后天的培养和培训形成的，必须进行专业化的教师培养和培训。他在《和教师的谈话》这本书中写道：“人不是天生就会当教师的。甚至像热爱儿童、热爱教师劳动这样一些品质，也是可以培养的，除非有一个什么别的职业在吸引着这个青年人。”赞科夫赞同马卡连柯的观点：“教育者的技巧，并不是一门什么需要天才的艺术，但它是一门需要学习才能掌握的专业。”①

赞科夫指出，在教师的培养和培训过程中，师范院校及教师培训机构做了一定的工作，但是存在一定问题。在他看来，当时苏联的教师培养和培训的主要问题如下：一是师范院校开设的教育学和心理学与中小学的教学和教育实践没有紧密地联系起来；二是在提高教师的业务水平方面，在科学地理解教学和教育过程、了解儿童方面，给予教师的训练太少，质量也太差；三是许多时间花费在重复讲述教学大纲、制定各种计划上，而且经常是简单地向教师布置工作计划和口授一些教学法指示，取代了对教学和教育方法问题

① 赞科夫．和教师的谈话［M］．杜殿坤，译．北京：教育科学出版社，1980：226.

的讨论。这些都无助于教师的创造性的发挥，它们只能使教师不动脑筋，习惯于接受一些现成的方法。①

赞科夫认为，教师不仅要扩充学科专业知识，而且要重视教育学和心理学类的专业知识和学科教学法知识。他在《和教师的谈话》这本书中论述道："教师应当在他所教的学科方面拥有足够的知识，这是非常必要的。但是在承认这条道理的同时，如果对于教师要掌握教育学和心理学知识这一点估计不足，那也是错误的。有了这方面的知识，教师才有可能把教材变成学生的真正的财富。我一生中见过不少低年级教师，他们在俄语、数学和其他学科方面，以及在这些学科的教学法方面，确实具备着完全够用的知识，但是他们在自己的教师工作中却遭到很大的失败。"② 赞科夫在《和教师的谈话》里指出："并不是所有培养师资的学校的工作都达到了应有的水平。培养师资的工作，有的在中等水平以上，有的则低于中等水平。但总的说来，有一些共同的缺点。主要缺点之一就在于：教育学和心理学没有跟中小学的教学和教育实践紧密地联系起来。师范院校虽然设有这两门学科，但是它们没有帮助师范生深刻地理解教师的日常工作的过程。在提高在职教师的业务水平的工作中，也存在同样的缺点。"③ 赞科夫进一步指出："教学论和分科教学法在教学理论的问题上给教师指明方向，向教师提出教学方法和方式的建议。这一切可以说是已经给了教师任务，而且是很不简单的任务，就在于教师从教育科学那里接受了这个武器以后，将如何正确地和最有效地使用它。"④

赞科夫认为，师范院校在教师的培养过程中应加强理论课程与教育实践的结合。此外，要提高教师的业务水平，很重要的一条，就是要把完成同一个教学任务或教育任务而采取的各种不同的方法和方式进行对比，回答这样一个问题："为什么以及根据什么认为课的这种进程是最适当的。"这种对比是激发教师思考的有效手段之一，因为这样才能使教师更深入地理解所采用

① 胡白云，李森. 赞科夫的教师观及其启示 [J]. 教学与管理，2006（30）：6-8.
② 赞科夫. 和教师的谈话 [M]. 杜殿坤，译. 北京：教育科学出版社，1980：225.
③ 赞科夫. 和教师的谈话 [M]. 杜殿坤，译. 北京：教育科学出版社，1980：226.
④ 赞科夫. 和教师的谈话 [M]. 杜殿坤，译. 北京：教育科学出版社，1980：233.

的教学方法和方式的实质。①

赞科夫发展性教学体系对教师素质提出了更高的要求。教师是教学工作的组织者和实施者，发展性教学体系与苏联传统教学论有明显的区别，需要高素质的教师方能实施，因此，赞科夫对教师提出了一系列更高的要求，具体如下：

第一，教师要以学生的一般发展为宗旨。

教学论思想是教师教学工作的灵魂，它对教师教学工作具有全程的指导作用。传统教学实践重在“重复训练”，以培养“执行者”为教学目的，其理论依据是以传授知识、技能为核心的传统教学论思想，这种教学论思想压抑甚至窒息各个方面的积极因素，导致教学效率低下。赞科夫一再强调，指向学生一般发展的教学要求教师必须掌握发展性教学理论体系，并以这种新的教学思想指导教学实践。

赞科夫认为，教师一定要培养学生独立获取知识的自学能力。教师不仅要使学生掌握教学大纲规定的基础知识和基本技能，而且要发展学生的智力，更要教给学生独立探求、获取知识的方法。赞科夫指出：“无论学校的教学大纲编得多么完善，学生在毕业后必然会遇到他们所不熟悉的科学上的新发现和新技术。那时候他们将不得不独立地迅速地弄懂这些新东西并掌握它。”②

第二，教师要具备广博的知识和各种能力。

发展性教学理论体系以促进学生一般发展为思想核心，以展开学生的精神力量为旨趣，教师的教学活动不再是按部就班的“训练”，而是师生间的精神交流，这就给教师的知识和能力素质提出了高要求。

首先，教师必须具备广博的知识。发展性教学体系以尽可能多、尽可能广、尽可能深的知识去丰富学生的精神世界，学生的求知欲与内部诱因被激发起来以后，会如饥似渴地寻觅未知世界，向教师提各种“稀奇古怪”的问题，这要求教师既要有牢固的专业知识，又要具备多方面的一般知识。

其次，教师要有敏锐的观察能力。赞科夫强调，敏锐的观察力更应该是教师最宝贵的品质之一。对一个有观察力的教师来说，学生的欢乐、兴奋、

---

① 胡白云，李森．赞科夫的教师观及其启示［J］．教学与管理，2006（30）：6-8.

② 赞科夫．和教师的谈话［M］．杜殿坤，译．北京：教育科学出版社，1980：267.

惊奇、疑惑、恐惧、受窘和其他内心活动的最细微的表现，都逃不过他的眼睛。一个教师如果对这些表现熟视无睹，他很难成为学生的良师益友。

再次，教师必须具有高度的审美力。赞科夫指出，发展性教学体系的重要特征之一，就是让学生通过自然美、艺术美、行为美的熏陶，培育学生蓬勃向上的精神，激发他们为纯洁美好的未来而努力学习的内部动力。如果教师缺乏美的深切体验和鉴赏能力，就无法在情感上与学生产生共鸣。①

最后，教师应该具备很强的自制力。赞科夫指出："教师这个职业要求一个人的东西很多，其中有一条就是克制。"赞科夫引用了斯坦尼斯拉夫斯基对演员素质要求的观点：当演员来到剧院的时候，他应当把自己个人的一切不快和痛苦留在剧院之外；在这里，在剧院里，他整个的人都是属于艺术的。赞科夫认为，教师也应当如此。教师来到学校里，教师整个的人就是属于学生，属于学校和教育事业。② 教师的自制应该作为教师的一种职业素养，要求教师应该把个人的烦恼和不快抛在学校的大门之外，因为教师对学生的伤害往往是在盛怒和暴躁之下发生的。

第三，教师要具备不断创新的精神。

赞科夫指出，创造性是指有一种向更完善、更新鲜的事物前进的志向。他认为，明天一定要比今天做得更好，这是一个创造性地工作的教师的座右铭。追求学生一般发展的教育目的和教师劳动的特点要求教师必须具备蓬勃向上的创造精神。教师不仅要传授知识，还要激发学生的道德情感，培养他们的集体主义精神，使他们在一般发展上取得最好效果。而不同的学生有不同的特点，即使是同一个学生，在不同的情况下的内心感受和行为也不同。因此，教师要敏锐洞察学生的精神世界，探索、运用恰当的教学方式与途径。这些教学方式与途径没有现成的答案和千篇一律的公式，只能由教师在教学实践中根据实际情况创造性地探索。赞科夫指出，发展性教学体系本身就是教师发扬创新精神的结果。他在《和教师的谈话》前言中论述道："把实验和教师们的创新经验结合起来，就使我们有可能对一系列极重要的实验问题进

① 黄长健. 赞科夫论发展性教学体系下的教师素质［J］. 科教文汇（下旬刊），2013（33）：18-19.

② 杨江丁. 发展：教学革新的主题：解读赞科夫的《和教师的谈话》［J］. 现代教学，2008（12）：77-79.

行科学的分析，同时可以用教师们在创作性工作中取得的教学法成就来丰富学术上的成就。”①

七、苏霍姆林斯基的教师教育思想

（一）苏霍姆林斯基的教育活动

瓦西里·亚历山德罗维奇·苏霍姆林斯基（Василий Александрович Сухомлинский，1918—1970）是苏联著名的教育理论家和实践家，“个性全面和谐发展”教育思想的代表人物，是苏联最具创造性的教育思想家之一。他的教育思想不仅对苏联，甚至对世界都产生了极大的影响。苏霍姆林斯基出生于乌克兰的一个贫困的农村家庭，尽管生活条件不如意，他的父母也希望自己的孩子能接受良好的教育，并且努力使家庭环境变得温馨。1933 年，苏霍姆林斯基从自己所在村庄的一所 7 年制小学毕业。当时，由于苏联正在积极倡导和大力发展教育，使得中小学校急剧增加，迫切需要大量师资，所以，苏霍姆林斯基就参加了克列明楚格师范学院举办的有关师资培训班的培训和学习。也就是在这里，苏霍姆林斯基开始立下了自己从事教育的誓言：一定要把自己的整个身心和毕生精力全部奉献给祖国的教育事业。他的教育生涯就这样开始了。②

苏霍姆林斯基在教育领域潜心研究并发表和出版了大量论著。他担任帕夫雷什中学校长长达 32 年之久，积累了大量的教育实践经验，写出了 40 余部专著、600 多篇论文、约 1200 篇供儿童阅读的童话和小故事，这些作品先后被译成 30 多种文字在世界各国发行。他担任校长的帕夫雷什中学被认为是世界上最著名的实验学校之一。基于他对教育领域的贡献，人们称其为“教育思想泰斗”，他的书被称为“活的教育学”“学校生活的百科全书”。③ 1957 年，苏霍姆林斯基当选俄罗斯教育科学院通讯院士。他还曾获得“功勋教师”和“社会主义劳动英雄”称号。苏霍姆林斯基的教育思想反映在《相信孩子》、《帕夫雷什中学》、《胸怀祖国》、《少年的教育和自我教育》、《苏霍姆林

---

① 黄长健．赞科夫论发展性教学体系下的教师素质［J］．科教文汇（下旬刊），2013（33）：18-19.

② 宋洋洋．谈苏霍姆林斯基的教师教育思想［J］．辽宁教育，2016（11）：84-86.

③ 徐辉．苏霍姆林斯基教育思想在中国的研究、实践与影响［J］．教育评论，2019（3）：146-150.

斯基论智育》、《怎样培养真正的人——给教师工作者的建议》、《给教师的一百条建议》(《给教师的建议》)、《把整个心灵献给孩子》等著作中。他的教育思想具有普遍适用性、先进性、全面性、丰富性和深刻性，而且能够遵循学生成长发展的规律，所以，对现代国家教育事业都具有极大的借鉴价值。①

(二) 苏霍姆林斯基论教师的重要性

20世纪中期，苏联教育家苏霍姆林斯基提出了“个性全面和谐发展”教育思想，其核心观点如下：“个性全面和谐发展”教育思想强调人的个性发展与人的全面发展的辩证统一，主张人的德育、智育、体育、美育和劳动教育各方面的和谐发展，提倡自我教育。② 苏霍姆林斯基强调把学生培养成个性全面和谐发展的人，明确提出：“教育，首先是教师跟孩子在精神上的经常接触，他的生活、健康、智慧、性格、意志、公民表现和精神面貌，他在生活中的地位和作用，他的幸福，都取决于教师。”③

他确认，教师是“创造真正的人”的职业，肩负着崇高的育人使命，是悉心呵护学生机体和精神世界的人，在学生发展过程中占据着重要地位。教育者需要关注的，不应只是单纯为升学或就业做准备的教育目标，而是具体个人的精神世界和发展需求，是“在一个全面发展的、活生生的、有血有肉的人身上，体现出力量、能力、热情和需要的完满与和谐”，这种和谐中可以看到“道德的、思想的、审美的、情感的、身体等的完善”④。

(三) 苏霍姆林斯基的教师角色观

苏霍姆林斯基认为教育学就是人学，教育的使命就是培养真正的人、“大写的人”。基于这一人学教育观，他提出了人学教育思想视域下的教师六重角色，即教师应当是集道德引路人、心灵雕塑家、知识传授者、思维唤醒者、

---

① 宋洋洋. 谈苏霍姆林斯基的教师教育思想 [J]. 辽宁教育，2016 (11)：84-86.

② 单中惠. 外国教育思想史：第2版 [M]. 北京：高等教育出版社，2007：336.

③ 肖甦，宋瑞洁. 新时代教师角色的应然、实然与使然：基于苏霍姆林斯基人学教育思想的审视 [J]. 现代教育管理，2021 (3)：87-94.

④ 苏霍姆林斯基. 关于全面发展教育的问题 [M]. 王家驹，等译. 长沙：湖南教育出版社，1987：12.

教育研究者和自我教育者等多重角色于一身的教育者。①

1. 道德引路人和心灵雕塑家

苏霍姆林斯基强调，在教育过程中，“教师不仅仅是儿童学习知识的指路明灯，而且是名副其实的生活的导师和道德的引路人”②。苏霍姆林斯基认为，教师不仅仅是活的知识库，不仅仅是一名专家，还是善于把人类的智力财富传授给年轻的一代，并在他们的心灵点燃求知的欲望、创造未来人的雕塑家，是不同于他人的特殊雕塑家。在他看来，教与学不是冷漠的知识转移，而是师生心灵的触碰与对话。苏霍姆林斯基提出，教师“要善于在每个学生面前，甚至是最平庸、在智力发展上最有困难的学生面前，都要帮他打开他的精神发展领域，使他能在这个领域里达到顶点，显示自己，宣告大写的‘我’的存在，从人的自尊感的源泉中汲取力量，感到自己并不低人一等，而是一个精神丰富的人”③。苏霍姆林斯基指出：“尽可能深入地了解每个孩子的精神世界——这是教师和校长的首条金科玉律。”

2. 知识传授者和思维唤醒者

无论时代如何变迁，教师在传授知识技能、唤醒学生思维上，始终扮演着重要的角色。苏霍姆林斯基曾指出，教师的课堂教学有两项教育任务：一是传授一定的知识；二是启发少年对知识的渴望，启发他努力跳出课堂教学的范围去阅读、研究、思考。一方面，无论自然科学还是人文社会科学都是同样重要的。知识传授是教育的重要活动之一，教师需要传授的不仅是知识技能本身，更是教会学生如何使用所学的知识技能。因此，教师作为知识技能传授者的角色始终不能丢弃。另一方面，通过自然科学、人文社会科学以及社会知识和技能的学习来理解周围世界的现象和规律，是教育的开始，但也仅仅是开始，因为学校不是存取知识的仓库，而是引燃智慧之火的火种。每一个教师都应该成为学生智慧的唤醒者，激发唤醒学生的思维，让活跃的

① 肖甦，宋瑞洁. 新时代教师角色的应然、实然与使然：基于苏霍姆林斯基人学教育思想的审视［J］. 现代教育管理，2021（3）：87-94.

② 苏霍姆林斯基. 给教师的建议［M］. 杜殿坤，译. 北京：教育科学出版社，2018：101.

③ 肖甦，宋瑞洁. 新时代教师角色的应然、实然与使然：基于苏霍姆林斯基人学教育思想的审视［J］. 现代教育管理，2021（3）：87-94.

思维带领学生走进知识的殿堂并充分享受知识应用的乐趣。①

3. 教育研究者和自我教育者

苏霍姆林斯基认为："在人的心灵深处有一种根深蒂固的需要，这就是希望感到自己是一个发现者、研究者、探索者。而在儿童精神中，这种需要特别强烈。"② 教师想要探索学生独特的个性世界并不断地攀登教育高峰，就必须在成为教育工作的研究者的同时，具备自我教育的意识和能力。苏霍姆林斯基曾说过："就逻辑本身而言，就哲学原理而言，就创造的特性而言，没有科学的研究便不可能有教育工作。"在他看来，教师对自己的工作进行分析，必然会促使他把注意力集中在教学过程中他所认为的最重要的某个方面，促使他考察分析事实，研读教育学和教学法书籍。这样就开创了教育创造活动的高级阶段——实践与科研的结合。因此，他鼓励教师成为教育工作的探索者和研究者，通过探索和分析教育事实以促成工作态度的转变，进而激发自身的教育热情。同时，自我教育是教师成长发展和完善教育工作的重要途径。对教师来说，成为自我教育者意味着要养成自我进修和终身学习的习惯，要为上好一堂课做毕生的准备；同时，要终生以书籍为友，因为"只有每天给思想之火添上书籍这种智慧燃料的人，才可能成为知识的灯塔"③。

---

① 肖甦，宋瑞洁. 新时代教师角色的应然、实然与使然：基于苏霍姆林斯基人学教育思想的审视［J］. 现代教育管理，2021（3）：87-94.

② 苏霍姆林斯基. 给教师的一百条建议［M］. 周蕖，王义高，等译. 天津：天津人民出版社，1981：70.

③ 肖甦，宋瑞洁. 新时代教师角色的应然、实然与使然：基于苏霍姆林斯基人学教育思想的审视［J］. 现代教育管理，2021（3）：87-94.

第四章

俄罗斯联邦时期的教师教育思想

第一节
俄罗斯联邦时期教师教育思想发展的社会背景

一、俄罗斯联邦的政治、经济和社会文化发展

（一）俄罗斯民主化的政治体制变革

1991 年末，以《阿拉木图宣言》的发表为标志，苏维埃社会主义共和国联盟解体，15 个加盟共和国都成为拥有主权的独立国家。苏联解体后，俄罗斯国家进入了新的发展阶段——俄罗斯联邦时期。

俄罗斯联邦在政治体制转型的进程中，步入了民主化的发展轨道，这为俄罗斯教育领域的民主化改革奠定了基础。20 世纪的最后十年，俄罗斯在政治体制、经济体制和意识形态领域进行了全方位的转型，发生了完全不同于苏联时期的根本性的转变，这些转变体现在国家结构、政权结构、政党制度等方面。在 1993 年，俄罗斯通过了《俄罗斯联邦宪法》，以根本大法的形式确立了新型联邦体制，确立了三权分立的权力体系：国家权力的立法权、执行权和司法权分立存在，由联邦会议（联邦委员会和国家杜马）、联邦政府和联邦法院分别行使，联邦国家的权力机关独立设立。由此开启了从苏联时期的一党执政、党政一体、议行合一的政治模式向西方式的总统制、多党参政、议会民主、自由选举、三权分立的政治模式转变。

（二）俄罗斯市场化的经济体制改革

苏联解体后，俄罗斯联邦政府开始了经济体制的变革，由高度集中的计划性经济向市场经济过渡。在激进的自由主义思想的引导下，俄罗斯首任总统叶利钦和总理盖达尔从西方舶来了“休克疗法”的改革方案，主旨就是实现经济的自由化、稳定化、私有化。但是，“休克疗法”在俄罗斯遭遇了失败，使俄罗斯经济陷入了严重的困境。由于经济改革决策的失误、原有经济基础的薄弱、政局的动荡以及旧体制强大惯性的干扰，俄罗斯当时的经济不仅没有走出颓势，相反还滑向了更加危险的境地。俄罗斯经济的下滑严重地

影响到教育领域，导致国家的教育财政投入严重不足。

进入 21 世纪，普京开始执政克里姆林宫。随着政局的稳定和对经济改革的纠偏，俄罗斯的经济逐渐复苏，尽管无法在短期内恢复到苏联时期的经济发展水平，但是具有了进一步发展的生机与希望。在这样的条件下，俄罗斯的教育财政投入随之也逐渐增加，这使俄罗斯国家重新承担起教育发展的责任，并将教育摆在了优先发展的地位。

（三）俄罗斯意识形态领域的多元化

苏联解体后，俄罗斯进入了国家全面转型的进程，在意识形态领域表现为支持多元意识形态的自由发展。《俄罗斯联邦宪法》明确指出，“俄罗斯联邦主张意识形态多元化”，“任何思想体系都不能被确立为国家的、每一个公民都必须接受的意识形态”。此后的近十年，俄罗斯思想领域呈现了短暂的新自由主义思潮泛滥。新自由主义思潮在俄罗斯的兴起，是西方势力推动和国民思想意识要求解放等内外因素共同作用的结果。但是，新自由主义在俄罗斯毕竟没有扎实的根基，也未能形成稳定的社会认同。

在共产主义信仰被抛弃、西方新自由主义又遭受质疑的时候，俄罗斯第一任总统叶利钦认识到意识形态问题的重要性，他分别在 1996 年和 1997 年公开倡导要确立新俄罗斯思想。然而，始终没有一种思想能够上升为国家观念的意识形态。无论是新自由主义思潮的短期繁荣，还是国家思想领域“百家争鸣”，都表现了俄罗斯意识形态领域的多元化特征。当时的俄罗斯，仍然处于找寻国家思想的阶段，并未走出多元意识形态的局限。

（四）俄罗斯新思想作为国家发展的指导思想

苏联时期的马列主义已被抛弃，西方民主模式又惨遭失败，在这种情况下，俄罗斯国家的发展究竟路在何方？克里姆林宫必须要对此做出理性的抉择。普京执政克里姆林宫后，提出了指导俄罗斯发展的治国方案——“俄罗斯新思想”。《千年之交的俄罗斯》《致选民的公开信》和《2000 年国情咨文》这三份政治文献标志着俄罗斯新思想的初步形成。其主要内容包括：肯定民主原则和市场经济是全人类的共同价值观，是人类发展的“康庄大道”；强调把俄罗斯传统的价值观作为社会团结的思想基础，即爱国主义、强国意识、国家权威、社会互助精神。[①]

普京认为："我们国家所需要的富有成效的创造性工作不可能在一个四分五裂、一盘散沙的社会里进行，不可能在一个主要社会阶层和政治力量信奉不同基本价值观和不同意识形态的社会里进行。"普京深刻地意识到俄罗斯重建主流社会价值观的必要性。思想、精神、道德基础对于团结俄罗斯社会最具特殊意义，他指出，俄罗斯社会最紧要的问题是："缺乏完成所开创事业的国家意志和坚定信念；没有严格和公认的规则。"[②] 普京强调，俄罗斯人历经几百年的传统价值观是实现社会团结的思想基础。

二、俄罗斯联邦中小学教育的发展与挑战

（一）俄罗斯中小学教育体系的构成

1. 俄罗斯中小学的学制

俄罗斯最初的基础教育的主流学制是由苏联 1988 年颁布的《关于教育体制改革决定》确立起来的。其后，基础教育的结构虽变革不断，但变化甚小。2001 年 1 月，在莫斯科召开的全国教育工作者大会通过了《普通中等教育新的结构和内容的思想》，仍基本保留了传统的学制形态。按照俄罗斯关于基础教育学制的规定，教育年限为 11 年，可以分为相互衔接的三个阶段。（1）初等教育阶段：1—3 年或 4 年级为初等教育阶段（小学教育），儿童 6 岁或 7 岁入学，修业 4 年，毕业后升入不完全中学或完全中学的 5 年级。在俄罗斯，独立小学较少，存在较多分布在西伯利亚地区的小居民点。（2）不完全中等教育阶段：5—9 年级阶段为不完全中等教育阶段，又称基础中等教育，修业 5 年，获得不完全中等教育证书，毕业后升入完全中等教育机构（10—11 年级，约占 55%）或中等职业教育机构继续学习（约占 44%）。（3）完全中等教育阶段：10—11 年级为完全中等教育阶段。修业 2 年，毕业后可进入高等职业技术学校（约占 30%）或高等专业院校（约占 30%）继续学习。俄罗斯不完全中学和完全中学是普通教育学校的最主要形式，不完全中学为 9 年一

① 郭丽双. 俄罗斯主流社会价值观的重建及其困境［J］. 马克思主义与现实，2015（1）：147-153.
② 郭丽双. 俄罗斯主流社会价值观的重建及其困境［J］. 马克思主义与现实，2015（1）：147-153.

贯制，完全中学为 11 年一贯制。[①]

2012 年 12 月 29 日，俄罗斯通过了第 273 号联邦法律《俄罗斯联邦教育法》。根据该法第二章第十条对教育体系结构的规定，俄罗斯教育被划分为普通教育（общее образование）、职业教育（профессиональное образование）、补充教育（дополнительное образование）和职业培训（профессиональное обучение），为个体在一生中的受教育权和教育机会（终身教育）提供保障。俄罗斯普通教育和职业教育都实施多个不同层次的教育。其中，俄罗斯普通教育包括以下四个层次：学前教育（дошкольное образование）、初等普通教育（начальное общее образование，1—4 年级）、基础普通教育（основное общее образование，5—9 年级）、中等普通教育（среднее общее образование，10—11 年级）[②]，分别相当于我国的幼儿园、小学、初中、高中。

2. 俄罗斯中小学校类型的多元化

苏联解体后，高度集权的教育管理模式被打破，以人道主义和人文精神为主导的新教育理念得以确立和发展，产生了多种新型学校。俄罗斯联邦独立后，提出了恢复古典教育传统、引进国外模式的办学方针。基础教育领域中普通学校类型，呈现出多姿多彩的局面，传统中按照功能性任务进行学校类型划分的局面，已经被多元性原则取代。俄罗斯基础教育主要学校类型包括各科加深学校、实科学校、文科中学、长日制学校、寄宿学校、残疾儿童特殊学校、开放的社会儿童教育。[③] 与苏联时期相比较，俄罗斯学校有了更为宽松的育人环境，开始拥有较为自主的发展空间。俄罗斯政治、经济和文化领域打破樊篱的束缚，走向民主化、私有化、市场化、自由化的社会转型对教育领域，包括教师教育，产生了重要影响。

2010 年 2 月颁布的俄罗斯基础教育现代化方案《我们的新学校》给个性化教师培养目标取向赋予了战略性的要求。该方案所提出的“新学校”定位于大众的学校、面向所有儿童的开放性学校。“任何一个新学校，都将保障残

---

① 高金岭. 俄罗斯基础教育［M］. 广州：广东教育出版社，2004：162.

② Закон《Об образовании в Российской Федерации》со всеми изменениями на 2023 год［EB/OL］. https：//zakonobobrazovanii. ru/skachat-zakon-ob-obrazovanii？ysclid=lejlf4b4ey787518528.

③ 高金岭. 俄罗斯基础教育［M］. 广州：广东教育出版社，2004：168-180.

疾儿童、没有父母照顾的儿童、难民和被迫流离失所的儿童、生活在低收入家庭的儿童和各类生活困难的儿童能顺利地社会化；依据儿童的成长特点，分别组织初等、基础和高年级的教学；在学校中，所有孩子都能够学会理解、掌握新知识，公开表达个人思想，做出决定，相互协作，提出要求，感受和把握机会。”很明显，“新学校”是一种全纳性学校，完全有别于传统学校（苏维埃学校——普通学校、特殊学校等类型）。面对新的受教育者，未来教师需要成为能够接受、理解和研究他们的“新教师”。

（二）俄罗斯中小学面临的师资挑战

1. 俄罗斯加强中小学教师队伍建设的背景

俄罗斯中小学教师队伍的状况决定了加强教师队伍建设的迫切性。苏联解体后，教师职业在俄罗斯不再是有声望和有吸引力的职业。尽管政府采取了很多措施，但由于主客观因素的影响，俄罗斯中小学教师队伍的状况仍然堪忧。具体来说，主要体现在以下三个方面[①]：第一，教师队伍规模需要扩大化。俄罗斯中小学教师队伍总量不足，急需数量上的补充。第二，教师队伍的年龄结构需要年轻化。俄罗斯中小学教师队伍存在年龄老化问题。第三，教师队伍的学历结构需要高层次化。由于在农村学校工作的大部分教师是师范专科院校的毕业生，其受教育水平低于城市学校教师。为向更多的俄罗斯公民提供优质教育，加强对农村学校教师的培训和学历教育成为必然要求。

2. 俄罗斯加强中小学教师队伍建设的举措

为了改变中小学教师队伍的状况，推进基础教育现代化，俄罗斯实施了新教师补充机制、优秀教师评选和奖励制度、新的教师薪酬制度和教师资格定期鉴定制度，这促进了俄罗斯中小学教师队伍的壮大和质量提升。

与苏联时期相比较，俄罗斯教师的地位和工资过低，这导致教师职业在俄罗斯失去了吸引力。教师工资收入过低直接影响着俄罗斯各层次教师队伍的稳定和完善，其消极影响体现为教师人才从教育领域向高收入的经济、商业领域流动。为了消除这种负面影响，提高中小学教师工资是必然选择。因

---

① 李艳辉，李雅君．俄罗斯加强中小学教师队伍建设的制度评析［J］．外国教育研究，2014，41（7）：71-79.

此，大幅度提高中小学教师的工资是俄罗斯区域普通教育系统现代化设计的一个主要方向。

为了落实2011年4月普京提出的关于把教师工资提高到经济领域平均工资水平的指示，俄罗斯教育与科学部制定了《普通教育现代化的综合规划》，其目标指向是创设有吸引力的工作岗位，通过提高教师工资吸引年轻专业人才来学校工作，为向俄罗斯公民提供优质教育创造条件。该综合规划要求从2011年9月1日起将教师的工资提高到俄罗斯联邦主体经济领域的平均工资水平。因此，俄罗斯联邦从用于教育现代化的预算中抽出资金来提高教师工资。为帮助各区域完成该项任务，俄罗斯联邦政府采用竞争机制向各区域划拨用于教育现代化的补充经费。新工资制度的激励机制收到了一定的实效，俄罗斯中小学教师队伍的充实程度明显得到提高。①

三、俄罗斯社会转型对教师教育的挑战

毋庸置疑，社会的急剧转型和变革，必然带动教育改革的进行，这是教育与社会政治、经济、文化互相制约和互相作用的必然结果。因此，苏联解体后的俄罗斯经历了各方面的转型和变革，在此变革过程中引发了各种各样的社会问题，它们不可避免地都折射到俄罗斯的教育领域。教育作为社会大系统的一个子系统，虽然具有其独立性，但是，它必然要对新产生的社会问题做出回应。与此同时，教育系统自身的问题也需要解决和面对。这些问题的汇合和集聚，促成俄罗斯教育重新选择与定位，教师教育改革势在必行。

从1917年十月革命胜利到1991年底的国家解体，苏联作为世界上第一个社会主义国家走过了70余年艰辛而又成就辉煌的历程。此间，苏联的师范教育体系为全国各级各类学校培养了大批高质量的教师，但经过长时期建设形成的苏联师范教育体系，在培养目标、规格、模式等方面多年变化甚微，已在多方面暴露出与社会现实需求不适应的矛盾。苏联时期的教师教育的问

① 李艳辉，李雅君. 俄罗斯加强中小学教师队伍建设的制度评析［J］. 外国教育研究，2014，41（7）：71-79.

题归纳起来主要表现在以下四个方面①：

第一，在培养规格方面，随着社会和国家对个性化专门人才需求的加强、各级各类新型学校的出现，原来主要倾向于职业专才的教学与培训越发显露出与现实的不适应性。如：人才规格种类偏少；教育结构单一；学习周期过长；专业设置始终停留在传统师范专业范围内；学校毕业生与社会的人才需求之间产生矛盾，未来教师的职业（而不仅仅是专业）适应性能力差，无法及时有效地适应社会现实的需要。

第二，在培养内容方面，随着教育科学与人文学科一体化功能的加强，科学至上与人文精神之间的矛盾明显，如以统一的教学思想培养教师、统一安排教学工作；教师的理论培训和实践培训形式上统一、内容上脱节的问题越发突出；师范性与学术性的互补和结合均存在相当的局限性。这样培养出来的教师只掌握其所教学科的技能，缺乏创造个性和开阔的科学视野，影响了素质的全面提高。

第三，在培养方法方面，用统一的、大众化的教育方法培养未来的教师；教学培训以学科教学法培训、政治思想培训为主；在教学教育实践中缺少进行突破传统教育学说、教育法规条文的创新活动，使得教师个体的基本文化素养不但没有获得充分的发展，而且导致“恶性”循环，使新一代教师缺乏个性、积极性和创造性。

第四，在师资队伍的建设与管理方面，教师进修制度的内容与形式刻板统一；教师多数情况下没有自主决定权，无法适应教育多样化的需求；教师资格提升与评价依据标准单一，不但不能“不拘一格降人才”，而且有悖于各尽所能、按劳分配原则的本义，使教师的工作积极性受到压抑，严重阻碍了其个性化和创造性的发展。

苏联师范教育体系方方面面的矛盾，已经成为俄罗斯社会转型过程中教育如何适应时代发展、如何更好地服务于社会进步、如何真正解决与满足受教育者本身的发展需求所直接相关且亟待解决的问题。

---

① 肖甦，单丽洁. 俄罗斯师范教育改革指导思想评述［J］. 比较教育研究，2001（11）：36-40.

四、俄罗斯联邦教师教育发展的政策导向

为了促进教育，包括教师教育的发展，俄罗斯联邦国家出台了很多教育政策和法律法规。1991 年俄罗斯联邦主席团颁布的第一号命令，确立了教育的优先地位。1992 年《俄罗斯联邦教育法》颁布，将教育的优先地位作为国家基本教育法律确定下来。俄罗斯由此进入了包括教师教育在内的教育变革期。

俄罗斯思想文化领域的变化，为此次变革提供了空间和条件。一方面，由戈尔巴乔夫政府所倡行的意识形态领域的“新思想”；另一方面，俄罗斯教育界形成的教育改革的新思维，如教育的民主化、人道化、个性化、多元化等，都成为教育变革的主要取向。这些变化和趋势成为师范教育变革的充分条件。这些变革的思想最终反映在俄罗斯联邦 1992 年通过的《俄罗斯联邦教育法》中，以立法形式确立下来，也成为 20 世纪末俄罗斯教师教育改革的基本框架。

苏联解体后，俄罗斯的政治、经济、思想文化领域发生了天翻地覆的变化，政治体制的民主化、经济体制的市场化以及意识形态领域的多元化的发展态势，传递到教育领域。在向市场经济过渡的过程中，为回应社会转型给师范教育带来的新的挑战，促进师范教育质量的提升，俄罗斯政府给予教师教育极大的关注，引发教育的办学理念、学校职能、管理方式、教学运作模式等的变革。

俄罗斯出现了教育个性化的理念，在此基础上，俄罗斯通过立法的方式，保障和实现了师范教育的转型。在苏联解体后至 20 世纪末这一阶段，俄罗斯颁布了一系列重要的教育法令、政策，架构起了教育制度的基本框架，以国家立法和政策法规来促进教师教育的改革和发展，推动俄罗斯教师教育的制度化建设，完善教师教育法律政策基础。在 20 世纪 90 年代，俄罗斯颁布了以下这些国家层面的重要教育政策文件：《俄罗斯联邦教育法》（1992）、《俄罗斯联邦高等职业教育和大学后职业教育法》（1996）、第一代《高等师范教育国家标准》、《俄罗斯联邦教育发展纲要》（2000）等。上述这些教育政策法规为世纪之交俄罗斯教师教育的发展提供了方向和政策基础。

2000 年颁布的《有质量的教育》成为俄罗斯《国家规划》中最重要的四个组成要素之一，其任务是促进教育质量的提升和教育的创新发展。[①] 2000 年 10 月，《俄罗斯联邦国民教育要义》获得俄罗斯联邦政府批准。根据俄罗斯教育改革发展的要求，该要义明确表示，国家“承认教师在教育过程中的主导作用”，并“负有使命”为基础教育改革，提供必要的师资保障。在该要义第四部分“国家在师资方面的职责”中，提出了新要求：“提高教师和教育人员高等教育程度的要求；各级教育的教师要及时进行再培训；教育者要能高水平地实施教学，能进行科学研究，要对青少年的教学、教育质量高度负责，能培养高水平的专门人才，并关注学生的道德情操培养。”该要义还提出改善教师薪酬待遇和生存环境，提高教师社会地位的主张。该要义的出台，为新世纪俄罗斯的教师教育改革和发展提供了动力和方向。[②]

2002 年，《2010 年前俄罗斯教育现代化构想》颁布，该构想规划了俄罗斯进入 21 世纪后未来十年的教育发展走向，提出了新世纪俄罗斯教育现代化新阶段的发展构想，是新世纪俄罗斯教育发展的奠基性文件。

2005 年 12 月通过的《2006—2010 年联邦教育发展规划》针对不同教育层次提出了改善教育内容和教育方法、提高教育质量的相应的建议和改进措施。

2006 年，俄罗斯教育发展国家委员会发布了《教育的创新发展是提高俄罗斯竞争力的基础》这一重要报告，对教师教育现代化问题给予了高度关注，阐述了俄罗斯教师教育发展状况及其存在的问题，并提出了解决问题的必要措施。

2008 年，俄罗斯联邦政府通过《2012 年前基本行动方向》法令，并根据劳动力市场的现代需求，调整人才培养的内容和结构，提高公民接受优质教育的机会，作为 2012 年前教育领域的优先方向。

2011 年，俄罗斯通过了《2011—2015 年联邦教育发展规划》，目的是确

① Приказ Минобразования РФ от 24 апреля 2001 г. N 1818 “О Программе развития системы непрерывного педагогического образования в России на 2001—2010 годы.” [EB/OL]. http：//docs.cntd. ru/document/901790476.

② 夏辽源，曲铁华. 新世纪俄罗斯教师教育现代化面临的机遇、挑战及发展策略 [J]. 现代教育管理，2018 (7)：62-67.

保提供高质量的教育，使教育符合俄罗斯创新型社会发展的要求。

2001 年 4 月 24 日，俄罗斯首次对教师教育在国家政策层面提出专门的、系统化的发展要求，即《俄罗斯 2001—2010 年连续师范教育体系纲要》（以下简称《纲要》），标志着俄罗斯教师教育优先发展战略的确立。《纲要》提出“师范教育是俄罗斯教育领域的一个优先方面”的主张，认为其在“促进社会的稳定和社会的发展，决定社会和国家所有运转领域之人才干部的培养质量”等方面，具有不可取代的重要社会功能，因而要“保证造就具有业务能力的教师，这些未来教师能独立地、创造性地完成本职任务，并意识到教育活动的个人与社会意义，且对其活动结果承担责任”。《纲要》第四部分第一章“教育系统的师资干部保障”部分，提出了教师教育保障领域的基本发展方向，包括教师教育政策制定，发展教师及教育人才的培养、再培训和业务进修体系，建立预测的机制，形成跨地区、跨部门的合作机制，形成定向培养机制，对农村教师提供专项财政支持和社会支持，以及对教师进行资格认定和鉴定，提高该鉴定体系的效率等。

进入 21 世纪，俄罗斯陆续出台了《2001—2010 年俄罗斯教师教育发展规划》（2000 年）、第二代和第三代《高等师范教育国家标准》等很多政策。21 世纪初，为回应社会转型的挑战，俄罗斯制定并实施了旨在促进师范教育转型的现代化战略。经过二十余年改革探索，俄罗斯师范教育现代化战略的局限性和非系统性逐渐显露出来，师范教育体系的开放并未带来教师培养质量的提升，阻碍了师范教育现代化进程和战略目标的达成。基于此，2014 年 5 月，俄罗斯教育与科学部发布了《关于提高普通教育机构师资职业水平综合纲要的构想》，在此框架下提出了包括《师范教育现代化纲要》在内的四个子项目。① 2012 年，俄罗斯颁布《俄罗斯联邦教育法（草案）》，重新规范了“职业教育”“职业培训”等相关内容，特别对教师的法律地位、权利与义务，教师的职业能力鉴定，教学能力提升和教师技能培训等内容，都有了明确的规定。

上述一系列教育政策的颁布和实施，使俄罗斯的教育发展成为其国家战

---

① 杜岩岩. 俄罗斯师范教育现代化再出发：方向与措施［J］. 教育研究，2015，36（9）：146-151.

略的重要组成部分，不断地推动俄罗斯教师教育和整个教育体系的现代化。但是，一些重要的教育文件并没有对教师教育提出具体的战略安排。莫斯科大学全球化过程系主任罗佐夫指出："俄罗斯《2010 年前俄罗斯教育现代化构想》的正式文件中，作为独特的高等教师教育没有被提及，更没有设计与其特点相适应的发展措施。这证明了对教师教育的社会、政治、经济和民族、文化地位评价不足，缺乏一定水平的专业教师的状况将持续下去。"① 俄罗斯研究者指出，俄罗斯师范大学的排名主要是由国内外著名的组织（俄罗斯联邦教育与科学部、弗拉基米尔·波塔宁基金会、专家评级机构等）进行的各种重要排名（"俄罗斯 100 所最好的大学""欧洲质量"等）决定的。除此之外，在教育互联网网页上的大规模投票结果也决定俄罗斯师范大学的排名。俄罗斯的外语、法学、现代信息技术等学科的教师以及社会学教师（социальные педагоги）、教育学和心理学教师（педагоги-психологи）的声誉最高，最受中学毕业生和雇主的欢迎。② 俄罗斯师范院校本身也在积极进行改革。俄罗斯师范教育机构的招生选拔机制逐步完善，主要指的是中学毕业生接受师范教育的职业定向这一特殊活动。在俄罗斯基础教育中的个别学校、在师范院校的预科课程中正在实施类似的职业定向。③

第二节

俄罗斯联邦时期教师教育的改革与发展

俄罗斯联邦成为一个独立国家后，包括教师教育在内，整个教育领域进行了多项变革。俄罗斯教师教育政策和教育家思想影响着教师教育体系的构建与完善。俄罗斯联邦时期教师教育体系的变化体现在很多层面，以下逐一阐述。

---

① 朱小蔓，Н. Е. 鲍列夫斯卡娅，В. П. 鲍利辛柯夫. 20—21 世纪之交中俄教育改革比较［M］. 北京：教育科学出版社，2006：416.

② Фоминых, М. В. Некоторые условия успешного развития педагогического образования в России［J］. Образование и воспитание, 2015（3）：20-22.

③ Джуринский, А. Н. История российской педагогики：учебное пособие［M］. -Южно-Сахалинск：СахГУ, 2010：212.

一、世纪之交俄罗斯教师教育的开放性

（一）俄罗斯教师职前培养体系的构成

作为提高师资培养与培训质量的重要举措，建立高等教育化、开放化的师范教育体系和重视教师的专业发展，是世界师范教育发展的共同特点。西方各国自第二次世界大战后，相继将原来独立的师范教育体系纳入高等教育系统，形成了开放的师资培养与培训体制，并将基础教育的师资学历规格普遍提高到了本科、研究生教育层次。[①]

俄罗斯积极发展开放型的教师教育培养体制，实现了师资培养体制由封闭向开放的转型。俄罗斯学者指出，师范教育体系的任务是培养教师人才，教师对新生代的教育教学起着特别重要的作用。师范教育引领大学生学习和思考各种各样的教育教学问题，并向他们展示解决这些问题的主要方式方法。[②] 在 20 世纪和 21 世纪之交，俄罗斯联邦教师教育具有多元化、大学化、综合化、连续性和灵活性的特点。

俄罗斯的教师培养体系具有多层次性。1992 年，俄罗斯教育部发布《关于建立多级结构师范教育体制》的 225 号令。实际上，师范教育体系多级结构的试点，早在 1990 年就已经开始在几所师范学院试运行了。在世纪之交，俄罗斯教师培养体系主要由以下几个层次的教育机构组成：学制 1 至 3 年的师范学校（педагогические училища）和师范专科学校（педагогические колледжи），学制 4 年或 5 年的师范学院以及综合大学中的教育院系。在俄罗斯，无论是公立教育机构，还是私立教育机构，都可以培养教师。自 2009 年开始，俄罗斯计划境内所有高等师范院校全部向两级人才培养体系过渡——学士和硕士（学制年限分别是学士 4 年、硕士 1 年）。

世纪之交的俄罗斯师范教育体系的特点之一是非师范类大学在教师人才培养中开始发挥越来越重要的作用。根据时任莫斯科国立师范大学校长维克多·列昂尼多维奇·马特罗索夫的观点，非师范类大学参与教师培养“有助

---

① 苏真．各国师范教育的现状比较［J］．高等师范教育研究，1993（3）：74-79.

② Джуринский，А. Н. История российской педагогики：учебное пособие［М］．Южно-Сахалинск：СахГУ，2010：211.

于解决师资短缺的问题，但同时带来了高等师范教育的整体性遭到破坏的危险”。总之，大学师范教育体系变得更加多样化和更具灵活性。俄罗斯形成了各种类型的高等师范教育机构：纯师范大学、语言师范大学、职业师范大学。①

（二）俄罗斯教师教育的大学化

教师教育大学化是国际教师教育发展的重要趋势之一。教师教育大学化首先于20世纪五六十年代在美国出现。而在其他多数国家，教师教育大学化进程稍晚些，大致开始于20世纪70年代。这种教师教育趋势的出现主要是基于对传统教师教育体制缺陷的批判与反思，试图通过改革传统的教师教育体制，提高教师教育的水平和地位，培养出更高质量的教师。1991年，欧洲教师教育协会召开了以“教师教育大学化”为主题的教师教育会议，试图在政策层面达成共识，促进教师教育大学化的进程。欧洲学者认为，教师教育大学化是一个描述性的概念，主要是指在教育的层次上将培养基础教育各个阶段教师的教育提升到高等教育特别是大学阶段，通常是学习学位水平的课程，由高等教育机构来组织教师教育的所有课程。这也被看成教师教育的专业化、职业化以及教师教育修业年限的延长。此外，教师教育大学化还意味着政府对教师教育的管理从直接的干预转变为间接的控制。各国教师教育大学化的进程与教师教育向开放体制转型是相辅相成的。②

受世界教师教育办学层次普遍提升趋势的影响，俄罗斯教师教育的办学层次也明显提升，出现了教师教育的大学化现象。俄罗斯教师教育的大学化主要体现在以下两个方面：

一方面，俄罗斯教师教育大学化首先表现为师范学院变成师范大学，师资培养机构的层次升格。俄罗斯高等师范院校的发展定位发生转变，越来越多的师范院校定位为大学教育，这一定位趋势愈加凸显。这种趋势具体体现在师范教育的大学化现象，体现为大学师范教育体系的创建和增长。1990年

---

① Джуринский, А. Н. История российской педагогики: учебное пособие [M]. Южно-Сахалинск: СахГУ, 2010: 211-212.

② 许明. 教师教育伙伴合作模式国际比较 [M]. 北京：人民教育出版社，2012：12-13.

8 月，莫斯科国立列宁师范学院更名为莫斯科国立列宁师范大学。[①] 此后，俄罗斯很多师范学院也升格为师范大学，师范学院获得了大学的合法地位。正如俄罗斯研究者所言："俄罗斯师范教育的学术地位正在提高，逐步取消了以前的教师分级培养体系，这证实了这种趋势。小学教师培养和中学教师培养曾经存在的原则上的不同正在逐渐弱化。"[②] 教师教育大学化符合世界教师教育办学层次提升的发展趋势，也是在终身教育理念下俄罗斯打造连续教师教育体系的重要途径之一。

另一方面，俄罗斯教师教育大学化表现为综合性大学参与教师培养。教师教育体系开放的显著标志是全面实施教师资格制度，综合大学等非师范类院校举办和支持教师教育活动。俄罗斯综合性大学开始积极举办教师教育活动，承担中小学教师培养任务。由于人才培养的基础性、通用性和研究性，综合性大学在教师教育中占据越来越重要的地位。俄罗斯古典大学从成立之初就兼具培养教师的功能。回顾俄罗斯教师教育的发展历史，无论是在教师教育的初建期，还是在 20 世纪 20 年代革命初期，走在师范教育机构前列的是综合大学，国立莫斯科罗蒙诺索夫大学在苏维埃教师的培养中做出了重大贡献。"把科学给劳动人民"这几个大字开始闪耀在这所大学主楼的正面。[③] 20 世纪 90 年代，俄罗斯又重新开始教师教育大学化过程，其模式是：一方面，俄罗斯许多师范学院或升级为师范大学，或被合并到综合性大学；另一方面，在综合性大学内通过补充教育大纲等进行教师培养。[④] 在当代，莫斯科大学也是俄罗斯综合性大学举办教师教育的典范。在校长萨多夫尼奇院士的倡议下，根据大学学术委员会决定，莫斯科国立大学于 1997 年成立了师范教育系，创新发展先进的科学和教育经验及现代教育技术的传统，开始面向硕士研究生、副博士研究生和教师提供三个层次的教师培养培训。[⑤] 教师教育大

---

① Наша история. Главный портал МПГУ［EB/OL］. http：//mpgu. su/ob-mpgu/nasha-istoriya/.

② Джуринский，А. Н. История российской педагогики：учебное пособие［M］. - Южно-Сахалинск：СахГУ，2010：212.

③ 帕纳钦. 苏联师范教育：重要历史阶段和现状［M］. 李子卓，赵玮，译. 北京：文化教育出版社，1981：9.

④ 刘楠. 俄罗斯教师教育大学化的原因及模式分析［J］. 当代教师教育. 2017，10（4）：75-79.

⑤ О факультете педагогического образования［EB/OL］. http：//www. fpo. msu. ru/index. php/o-fakultete.

学化是世界教育思潮，也是俄罗斯发展开放型的教师教育培养体制和打造连续教师教育体系的重要途径之一。

发展开放型的教师教育培养体制，势必在一定程度上影响甚至动摇高师院校的地位，因此，高师院校将向何处去的问题引起了俄罗斯学者的关注，也一度成为俄罗斯学术界的热点。围绕师范性与学术性的争论，俄罗斯学者对教师教育到底在哪里办、如何办的问题存在不同的观点。师范大学是独立发展，还是合并到综合性大学，俄罗斯学术界和政界进行了大讨论，各方利益相关者存在很多争议。在 20 世纪 90 年代末，俄罗斯的师范院校体系包括 44 所师范大学和 59 所师范学院，它们的数量正在减少，因为当时在俄罗斯出现了一种明显趋势，将师范大学转变为综合性大学，将其与综合大学合并。高等师范院校作为国民教育的独特领域的命运问题令俄罗斯学者担忧，并引发了学者们对此问题的讨论，许多俄罗斯教育工作者表达了自己的观点。莫斯科国立师范大学校长维克多·列昂尼多维奇·马特罗索夫（Виктор Леонидович Матросов）指出："作为国民教育的独立分支，高等师范院校不仅应予以保留，而且应赋予其优先发展的意义。"①

关于俄罗斯教师教育体系的重构问题，有俄罗斯研究者不无感慨地说道："自从乌申斯基宣布俄罗斯缺乏训练有素的教师以来，已经过去了一个半世纪，而俄罗斯教育界至今还在热情地讨论建立能够满足公众期望的俄罗斯师范教育体系的问题。而且，俄罗斯教育界在讨论时，常常无视国家的历史和教育经验。经验是多方面的，是有趣的，也是具有启发性的。"② 俄罗斯著名学者别林斯基有这样的观点："要想使创新变得有效，必须在尊重历史的基础上进行创新发展，由旧生新。"③

俄罗斯教师教育在从封闭向开放的转型过程中，除了保留部分独立设置的师范院校外，构建开放型的师资培养体制主要采用以下两种模式：综合大

① Джуринский, А. Н. История российской педагогики: учебное пособие [М] -Южно-Сахалинск: СахГУ, 2010: 211.

② В. И. Смирнов. Зарождение и развитие системы педагогического образования В России (конец XVIII-начало XX вв.) [J]. Историко-педагогический журнал, 2013 (1): 59-74.

③ В. И. Смирнов. Зарождение и развитие системы педагогического образования В России (конец XVIII-начало XX вв.) [J]. Историко-педагогический журнал, 2013 (1): 59-74.

学独办模式、师范院校合并到综合大学的模式。综合大学独办模式是一种完全由综合性大学自己承办师范教育的模式。比如，莫斯科大学的师范教育系就承担着中小学教师和大学教师培养的任务。师范院校合并到综合大学的模式是将师范学院作为综合大学的二级学院，以教育学院或者教育系等形式呈现，承担教师培养的任务。比如，伊尔库茨克国立师范大学合并到伊尔库茨克国立大学。这两种模式都是教师教育大学化的结果，其核心思想是强调大学在教师教育中的重要作用，在形式上表现为综合大学成立教育学院来组织和实施培养教师的教学活动。

截至2015年，俄罗斯有79所师范院校，104所教师技能提高机构，约350所师范专科和中专学校。总体而言，俄罗斯设教育系的大学数量已超过200所，它们广泛地分布在俄罗斯各个地区：从别尔哥罗德州到远东地区。①根据最新统计数据，根据俄罗斯联邦政府2020年4月6日发布的第907号命令，33所师范大学隶属于俄罗斯基础教育部（Минпросвещения России）管理。②

二、俄罗斯联邦时期教师职后培训体系的完善

（一）俄罗斯联邦教师职后培训体系的构成

众所周知，专业人才的竞争力在劳动力市场起着重要的作用。但是，俄罗斯研究师范教育问题的大多数学者都指出，“专业人才的竞争力”（конкурентоспособность специалиста）这一术语用于评价教师是不适合的。提高俄罗斯教师的技能，消除俄罗斯教师技能提升体系的严重缺陷，确保教师专业培训的连续性和完整性是俄罗斯教育领域必须要解决的一个重要问题。

教师教育办学层次提高，教师教育体系走向开放，教师培养培训趋向一体化，这是世界各国教师教育发展的共同趋势，也是俄罗斯教师教育体系变化的总体走向。教师职后培训体系是保证教师职业技能提升、促进教师专业

---

① Фоминых, М. В. Некоторые условия успешного развития педагогического образования в России［J］. Образование и воспитание, 2015（3）：20-22.

② Педагогическое образование［EB/OL］. https：//edu. gov. ru/activity/main_ activities/teacher_ education/.

发展的重要保障。

注重教师的职业培训和业务提高是苏联时期就形成的良好传统，俄罗斯联邦时期依然保持了这个传统，并在不断变化过程中有所创新。根据 1992 年颁布的《俄罗斯联邦教育法》的规定，从体系上看，以前相对独立的、从属于各级教育管理部门的教师培训进修机构被明确划归为普通教育机构，成为补充教育，从而成为职业教育体系的有机组成部分。这种改变实际上提高扩大了教师培训进修机构的地位和职能。随后的几年，大部分传统的教师进修学院先后由地方政府和管理部门进行了重组，在保持原有职责的同时增加功能，向施教、办学机构多样化发展，变为教育技能大学、教育工作者业务提高及再培训学院、地方教育发展中心等形式不同的机构，使补充师范教育系统成为一个覆盖面宽、机构多样、形式灵活、注重实效性和社会需求的网络。①

俄罗斯联邦特别重视教师教育的发展，提出必须要进一步完善师范教育体系，提高教师培养质量和教师的能力水平。② 俄罗斯已经形成多层次的、广泛的教师技能提升体系和教师再培训体系。其中，教师进修学院（институты усовершенствования учителей，缩写 ИУУ）及科学教学法中心（научно-методические центры）发挥着主要作用。俄罗斯师范大学设有教学法协会和学科教师课程中心，这些机构通过组办学术会议、开设培训课程、组织公开课和研讨会、教师会议、教育阅读等，提升教师技能素养。参加这些活动的教师可以讨论报告，了解其他学校的经验，掌握创新的教学技术、教学方法和手段。

俄罗斯教师技能提升大纲主要研究心理学和教育学的相关问题、教学理论和教学方法的培训。培训学习的大部分时间用于各种讲座，其余时间用于实践课和研讨课。俄罗斯教师进修学院具有独立调整培训大纲的自主权。

俄罗斯教师进修学院和其他教师技能培训中心的教师队伍都是由最好的学者和师范大学的教师构成。俄罗斯的师范学院和师范大学是提高教师技能

---

① 肖甦，王义高. 俄罗斯教育 10 年变迁［M］. 北京：北京师范大学出版社，2003：122.

② Фоминых，М. В. Некоторые условия успешного развития педагогического образования в России［J］. Образование и воспитание，2015（3）：20-22.

的主要参与者和实施者，它们为提升教师技能组办各种研讨会、学术会议和教师学校。俄罗斯联邦教育发展规划（1992—1993 年）为教师培训制度的现代化提供了条件，计划创建一个统一的规范监管框架，以解决其与中小学学校生活的现实脱节的问题。① 在师范院校和教师进修学院约有上百个专门系，专门面向具有高等教育学历的学员，实施各种师范专业（如教育社会学、实用心理学等）的再培训。所有的师范教育机构都开设专业定向的专训班和选修课程班。具体内容和课程由学校根据地方特点自行确定。②

俄罗斯中小学教师技能提高体系也得到拓展。除了原有的教师技能提高学院、师范大学和综合大学以外，进修机构、创新学校等成为中小学教师技能提高体系的必要补充。每年约有 20 万教师在本地区的技能提高学院、教育发展研究所、职业师范教育机构和古典大学进行提高技能的培训。而且，俄罗斯也加强了对普通教育系统专业管理者的培训，包括管理干部和教育机构领导，要求教育管理干部要具有为教育机构、教育服务市场，甚至是整个教育系统提出发展路径的能力，要具有预见未来并不断调整战略和多元探索选择的能力。2011 年是实施新教师鉴定制度的第一年，有 15 万多名教育工作者通过了鉴定。③

（二）俄罗斯联邦教师技能培训的实践

20 世纪 90 年代中期以来，俄罗斯政府在保留大部分传统的教师教育制度（如教师学术休假制度、教师进修制度）的同时（俄罗斯政府规定，每位教师每 5 年应该有一次系统进修的机会），还致力于教师教育体制上的一些新的探索。具体措施如下：

一是扩大中小学教师的培训机构和提升其层次，将教师置于知识更新的更高起点。主要的做法是将大学和高等师范院校引入俄罗斯中小学教师培训系统。教师专业化最显著的标志之一就是教师应具有自我反思、自我提升和

---

① Джуринский, А. Н. История российской педагогики: учебное пособие [M]. -Южно-Сахалинск: СахГУ, 2010: 214.

② 肖甦，王义高. 俄罗斯教育 10 年变迁 [M]. 北京：北京师范大学出版社，2003：123.

③ 李艳辉，李雅君. 俄罗斯加强中小学教师队伍建设的制度评析 [J]. 外国教育研究，2014，41 (7)：71-79.

科学研究的意识和能力，而这仅靠传统的教师再教育体系是不可能完成的，大学和高等师范院校可以在这方面予以补充。高校参与教师继续教育是与教师教育职前培养相适应的。

二是由中央政府或地方政府发起或组织教师培训工程，整合教育资源，重点培养中小学教学、科研以及教育管理的骨干。俄罗斯1998年实施了“百人工程”和“让学校科学化”计划。其中，“让学校科学化”计划的具体内容是选拔一批骨干教师到俄罗斯重点大学、俄罗斯科学院、俄罗斯教育科学院学习或实习，接受系统的教学研究能力的培训。此项计划旨在提高教师队伍的创造力，使各级学校增强学术研究的能力和氛围。

三是探索拓展中小学教育教学新体系。在探索新的教育教学体系的过程中，对教师进行有针对性的培训和在培训中提高教师自我开发的能力是相辅相成的。1991年1月，俄罗斯联邦教育部召开了初等教育发展近期规划的扩大会议，当时的教育部部长第聂伯罗夫在会议上说：“在向市场经济转轨的特殊时期，与政治和经济密切相关的教育的发展性功能有了生成的契机。为此，初等教育的改革方向就是进行针对教育目的的根本性改革。改革的第一步就是要在初等教育实行发展性教学体系。”1996年末俄罗斯教育部在全联邦境内进行的初等教育教学情况的调查结果显示，在全联邦初等教育机构中，按照凯洛夫传统教学体系、赞科夫发展性教学体系、艾利康宁-达维多夫发展性教学体系进行教学的学校分别占61%、30%和9%，这显示了在初等教育教学中已出现了多元化的教学体系。为了让教师能够真正把握新的发展性教学体系的理论基础、优势及其教学方法，俄罗斯教育部着手组织了发展性教学法和心理学再培训中心、致力于个性发展的教育工作者培训中心等研究和培训机构。该类机构的工作就是对愿意接受新教学体系的教师和教育机构的领导者进行培训，帮助他们制定新的教学大纲，提出鉴定教学质量的建议。同时，这些组织还对教师自我探索新的教学方法和教学工艺提供理论上的帮助，并解答他们提出的各种问题。①

莫斯科国立师范大学教育工作者技能提高系在教师职业进修和再培训方

① 高金岭. 俄罗斯基础教育［M］. 广州：广东教育出版社，2004：62-63.

面处于权威地位，来自全国各地的骨干教师、校长、地方教育行政领导在这里接受培训后，一般都会获得更高一级的职务任命或者更大的教学管理、领导权限。与以往不同的是，这里的培训不仅仅增加了日后工作升迁资本的外在形式，而且增加了许多适合形势发展需要的知识、技能内容，如“实用学校商务学”、“职业心理咨询”以及“索罗斯基金的申报与使用”（美国向俄罗斯提供的最大教育资助基金项目）等等。许多地方学校的教育管理人员在经费紧张的情况下，不惜自费报名参加有关的专训班或课程班。为保证青年人在师范教育系统顺利就业，俄罗斯地方师范院校和教师进修学院开设了一系列特色系，受过高等教育的学生能够获得其他资格，如“青年事务社会工作者”“实用心理学——职业定向师”“实用心理学——就业服务社会工作者”等。还有一些进修学院准备了关于职业定向、青年社会、心理问题等方面教师的培训计划。[①]

此外，俄罗斯的许多地方在提高教师技能方面都积累了有益的经验。比如：叶卡捷琳堡市制定了教师技能提升计划，并按照计划开展工作，为年轻教师提供参观研讨、培训课程、实践活动和实训，在野外研讨会上，向新手老师提供关于班级管理的问题咨询，分析出现领导班级的困难情境并提供法律建议。在中小学中，向新手教师展示教学杰作，如科尔恰卡（Я. Корчака）的《如何爱孩子》、苏霍姆林斯基的《我将我的心献给人们》、马卡连柯的《教育诗篇》等。[②]

第三节
俄罗斯联邦时期教育政策中的主流教师教育思想

20 世纪 90 年代初，伴随着苏联的解体，俄罗斯在政治、经济、文化等领域发生了一系列重大变化，多样化、私有化、去中心化等也影响到教育领域，

① 肖甦，王义高. 俄罗斯教育 10 年变迁［M］. 北京：北京师范大学出版社，2003：123.

② Джуринский，А. Н. История российской педагогики：учебное пособие［М］. -Южно-Сахалинск：СахГУ，2010：215.

表现为教育观念和培养目标的转变，高度集权型教育管理模式被打破，地方和院校管理权限扩大，新知识门类和专业的形成及其课程内容的更新，多种新型学校的出现，等等。为回应社会转型给教师教育带来的新挑战，俄罗斯在确定教师教育个性化和人本化理念的基础上，颁布了一系列关于教师教育的法规，制定了教师教育的相关制度，以全面规划和引导教师教育的改革和发展，并采用立法手段促进教师教育的转型，实现在国家教育政策指导下的教师教育的制度化①，旨在促进教师教育质量的提升，培养在数量和质量两个方面符合俄罗斯基础教育所需要的新型教师。以下对苏联解体后俄罗斯教师教育政策的内容进行简要梳理，从而把握俄罗斯联邦教师教育发展的政策导向，揭示这些教育政策内容所体现的主流教师教育思想。

一、教师教育优先发展的思想

苏联政府一直把教育放在社会发展的重要位置，教育事业在国家和民族发展中起着举足轻重的作用。当时世界各国包括西方资本主义国家所形成的一个共识是，苏联之所以能够在短短的几十年间发展壮大成一个世界政治、经济和文化的超级大国，其基本动力来源就是其发达的教育，而这种发达的教育是与其强大的政治和经济实力相辅相成的。苏联时期的国民教育是一种典型的福利性质的教育，国民享受的教育权利是广泛的和普遍的。这是苏联政府优先发展教育的一个重要体现。这种发展教育的方针并非建立在浪漫主义和理想主义基础上的选择，而是对国家与社会整体发展充分认识基础上的选择，是与其客观的政治、文化和经济以及国民素质水平相适应的一种战略选择。②

苏联解体后，俄罗斯继承了重视发展教育的传统，提出了“将教育摆在优先发展地位”的战略。这一战略既体现在叶利钦时代的政府主张中，也体现于普京政府的治国理念和战略中。但是，俄罗斯教育并未能顺利地按其预

① 杜岩岩. 教师教育国家标准的制定与实施：俄罗斯的经验及启示［J］. 大学（研究与评价），2007（2）：88-92.

② 高金岭. 社会转型期的教育变革：在矛盾中寻求统一：苏联解体后的俄罗斯教育改革［J］. 清华大学教育研究，2003（2）：63-68.

设的教育现代化改革步骤和目标行进。教育优先发展的主张在俄罗斯联邦独立之初被提出，但是，实际上当时缺乏稳定的政治和经济环境保障，导致教育优先发展只能是一纸空文。正如《俄罗斯联邦发展纲要》指出的，“由于缺少必要的经济保障，教育系统的优先地位只具有宣言的性质，不能保证免费的人人可享受的教育”。教育资金匮乏使得教育改革的许多举措无法最终贯彻和实施下去。20 世纪 90 年代末，俄罗斯政治开始进入相对稳定时期，国内改革也逐渐步入理性阶段，经济领域也出现了一定程度上的复苏，教育领域的改革也走过了最初的最为困顿的时期。[①]

俄罗斯特别强调师范教育的优先发展，将其置于影响国家安全的战略地位。2001 年 4 月 24 日，俄罗斯联邦教育部颁布了《2001—2010 年俄罗斯连续师范教育发展纲要》，这是 21 世纪初俄罗斯发展师范教育的国家纲领性文件，它确定了师范教育在俄罗斯联邦教育系统中的优先发展地位和战略。该规划是为了培养教育工作者的职业专长、社会积极性和创造性，在提高师范教育质量和优化师范教育系统管理机构的基础上，随着教育的变化和社会经济文化的动态发展，发展师范教育体系。其着眼点是把祖国的传统和现代经验结合起来，更新师范教育的内容及其结构，保证职业教育与德育的统一，保证国家、社会、个人在连续师范教育体系中的利益均衡，增强师范教育机构在新的经济和社会文化条件下，在解决国家和社会所面临的问题中的作用。[②] 2006 年发布的《教育的创新发展是提高俄罗斯竞争力的基础》强调，教育现代化的步伐不仅不能放慢，必须在 2010 年前实现前期提出的现代化任务，同时提出了更高的目标：国内教育发展上一个新台阶并保证其具有世界水平的竞争力。

俄罗斯普通教育的现代化战略决定了加强中小学教师队伍建设的必要性。正如俄罗斯联邦前教育与科学部部长安德烈·富尔先科的讲话，“国家的发展需要现代化的教育体系。教育事业的核心人物是教师。教师的积极性和业务

---

① 高金岭. 社会转型期的教育变革：在矛盾中寻求统一：苏联解体后的俄罗斯教育改革［J］. 清华大学教育研究，2003（2）：63-68.

② 高金岭. 俄罗斯基础教育［M］. 广州：广东教育出版社，2004：55.

技能在很大程度上决定着现代化建设成功与否的整体进程”。2010 年 2 月 4 日时任俄罗斯总统的梅德韦杰夫签署了《我们的新型学校》国家教育倡议，把加强和完善教师队伍建设确定为俄罗斯普通教育创新发展的方向之一，提出了新型教师观。新型老师不仅要向学生传授知识，而且要教会学生学习的方法，最重要的是保证教学过程的设计和组织具有趣味性、吸引力，使学生终身受益。发现、关注并理解学生的兴趣，培养学生的独立性、创造能力和自信，帮助学生找到自我是教师的任务。新型教师观对俄罗斯中小学教师提出了新要求，对提升中小学教师队伍的整体素质起到理念引领作用。[①]

进入 21 世纪，俄罗斯进行了关于高等师范教育独立办学的争论，对高等师范院校是否需要独立设置，是否有必要构建独立的教师培养制度存在争议。在强调师范教育战略地位的基础上，保留和继承师范教育体系的观点逐渐成为主流声音。作为新世纪教师培养模式争议的结果，俄罗斯确定了师范大学在本国和世界教育空间中的作用和地位。俄罗斯学者皮斯库诺娃（E. B. Пискунова）认为，“师范教育具有多样化社会组织活动的特点，未来社会发展的前景取决于师范教育的成就。师范教育在很大程度上决定着国家的安全”。正如俄罗斯国立师范大学教育学教研室主任 A. П. 特里亚皮岑娜（A. П. Тряпицына）所指出的：“谁都不会怀疑师范教育在解决国家、社会和人本身发展任务的特殊重要性。显然，在现代条件下应提升师范教育作为独立的职业教育形式的意义，这也是俄罗斯联邦教育改革的根本所在。”[②] 尽管如此，在俄罗斯教育现代化的过程中，独立的师范院校出现了萎缩的现象，一部分师范院校被合并到了综合性大学。莫斯科国立师范大学校长在 2006 年发表的研究成果表明，俄罗斯师范大学由原来的 105 所缩减到 76 所，独立的师范教育机构数量大幅减少，原有师范教育遭到削弱。[③]

---

① 李艳辉，李雅君. 俄罗斯加强中小学教师队伍建设的制度评析［J］. 外国教育研究，2014，41（7）：71-79.

② A. П. Тряпицына. Социальная роль кафедр педагогики на современном этапе развития отечественного образования［J］. Известия Российской академии образования，2006（3）：52.

③ B. Л. Матросов. Модернизация высшей педагогической школы［J］. Педагогика，2006（10）：56-58.

二、基于教师教育国家标准进行质量管理的思想

建设教师教育标准体系是国际教师教育发展的一种趋势，是提高教师教育质量水平的制度性举措之一。已有研究指出，21 世纪以来，全球范围教师教育发展的一个重要特点就是标准化，即通过一系列有关教师的标准的研究与发布，规定了什么人可以成为教师、教师教育的最低要求是什么、教师的专业发展水平应该是什么样的等一系列内容。这种标准化特点的表现形式就是一系列标准文本的出台与实施。① 我国学者朱旭东等在《教师教育思想流派研究》一书中指出，教师教育标准主要包括教师教育机构标准和教师培养方案标准。②

教育的标准化是俄罗斯教育发展的路径选择和重要特点之一。教师教育标准体系的开发与实施是俄罗斯教师教育发展标准化的具体体现。提高未来教师培养质量一直是俄罗斯不断探究并致力于解决的焦点问题。制定和实施教师教育国家标准是俄罗斯教师教育改革的重要举措，也是提高教师教育质量的重要保障。俄罗斯教师教育标准体系包括教师教育国家标准和教师专业标准。

各层次教育的标准化是俄罗斯教育现代化的重要内涵之一。从 20 世纪 90 年代至今，俄罗斯已经先后制定了三代高等教育国家标准。俄罗斯高等教育国家标准涵盖所有培养方向和专业，包括教师教育培养方向在内，包括学士和硕士两个培养层次的标准。俄罗斯教师教育国家标准的内容包含教师教育机构标准和教师培养方案标准。自从 1994 年制定的第一代高等教育国家标准起，高等师范教育培养方向的标准（Государственный образовательный стандарт по направлению высшего педагогического образования）一直也是俄罗斯高等教育国家标准体系的组成部分。2000 年 4 月，俄罗斯颁布了第二代教师教育标准。2009 年 12 月 22 日，俄罗斯教育与科学部出台了第三代高等教育国家标准。后来进行了微调，2011 年 5 月 31 日通过了修订后的标准，并于 2011—

① 朱旭东，等. 教师教育思想流派研究［M］. 北京：北京师范大学出版社，2017：338-339.

② 朱旭东，等. 教师教育思想流派研究［M］. 北京：北京师范大学出版社，2017：44.

2012学年起开始实施。[1] 需要说明的是，俄罗斯目前仍然沿用高等师范教育（высшее педагогическое образование）这一概念，为便于理解，我们把其译成"教师教育"，与此相应，将"高等师范教育国家标准"译成"教师教育国家标准"。

俄罗斯制定教师教育国家标准的工作主要由俄罗斯教育部负责和总体协调。参与制定标准的成员包括专家、学者和俄罗斯重点师范大学的教师。师范专业由莫斯科师范大学和俄罗斯国立师范大学牵头并进行了大量的研究和论证。高等教育标准的研制必须遵循以下原则：观照教育多主体的可能性和需求；加强与基础教育等不同层次和领域标准内容的衔接，也注意加强协调；在继承传统基础上创新；对毕业生的要求和职业教育内容最低量原则；在一定时期内标准的稳定性原则；技术性和可检测性原则；等等。[2] 对教育内容最低量原则是俄罗斯制定前两代高等教育标准的要求，但在第三代高等教育标准的制定过程中则取消了该原则。

俄罗斯联邦国家教育标准是调控各层次、各类学校基础教育大纲的纲领性文件。以1992年第一部《俄罗斯联邦教育法》的颁布为标志，俄罗斯就已经开始了教育标准化的探索。[3] 俄罗斯国家教育标准的制定与实施源于1992年颁布的《俄罗斯联邦教育法》。在该法中首次出现了教育标准一词："在俄罗斯联邦确立并实施国家教育标准，它以一定的程序确定了基础教育大纲必修内容的最低限度、学生学习负担的最大限度、对毕业生培养水平的各项要求等等。"[4] 根据该法的规定，俄罗斯把国家教育标准的制定、实施与监控作为国家教育质量管理的重要手段，而且每10年左右要对教育标准进行修订。1996年又颁布了《俄罗斯联邦高等职业教育和大学后职业教育法》，该法第5

---

① 李艳辉. 俄罗斯第三代教师教育国家标准的内容与特点［J］. 比较教育研究，2014，36（8）：25-30，50.

② 杜岩岩. 教师教育国家标准的制定与实施：俄罗斯的经验及启示［J］. 大学（研究与评价），2007（2）：88-92.

③ 李艳辉. 俄罗斯第三代教师教育国家标准的内容与特点［J］. 比较教育研究，2014，36（8）：25-30，50.

④ 杜岩岩. 教师教育国家标准的制定与实施：俄罗斯的经验及启示［J］. 大学（研究与评价），2007（2）：88-92.

条指出了制定和实施高等职业教育和大学后职业教育国家标准的目的："保障高等职业教育和大学后职业教育的质量；保障俄罗斯联邦教育空间的统一；为客观评价实施高等职业教育大纲和大学后职业教育大纲的教育机构的活动提供依据；承认和确定外国高等教育和大学后教育毕业证书的等值性，并进行文凭互认。"①

俄罗斯教师教育国家标准既是设计教师教育内容的基础，也是对教师培养质量进行监控、评价和管理的依据。高等教育国家教育标准是俄罗斯高校制定基础教育大纲的纲领性文件，教师教育机构必须要在教师教育国家标准框架内进行课程体系设计。有研究者指出，俄罗斯教师教育国家标准的功能在于保障教育过程中各类主体（个人、社会、国家、区域、教育机构、国际社会）的利益，因为主体间利益常常存在不协调和冲突的现象。教育标准作为一种社会标准必须具有满足教育过程中多主体需要的功能，主要体现在以下方面：

（1）教育的人本化功能。"标准"明确了教师教育应达到的基本水准和职业培养的要求；为保障大学生的权利和义务提供可能（在完成国家要求的基础上实现个人的教育需求），并为大学生提供选择教育路径的足够信息。

（2）提升教育质量的功能。"标准"规定了每个学生所要达到的最低培养标准，从而促进俄罗斯整体教育质量的提升。

（3）社会调节功能。在俄罗斯教育转型过程中，构建统一的教育空间是教育改革的重要目标和任务。因此，"标准"要保障解决区域、人口等一系列的社会问题，诸如居民流动的可能性、教育文凭的认可等，从而发挥社会调节功能。

（4）教育管理功能。"标准"的实施杜绝教育质量和职业培养评价体系研制过程中的唯意志，它是在收集大量信息的基础上完成的，同时为不同层面（教师选择适宜方法、学校调整和修改教学大纲和教科书、区域标准内容

① 李艳辉，O·A·玛什金娜. 俄罗斯第三代高等教育国家标准：背景、框架、特点［J］. 高等教育研究，2014，35（2）：102-109.

的变化）的决策提供支持。①

当然，对高等教育标准化的问题在俄罗斯也存在争议，甚至有学者提出教育标准化存在的风险。尽管俄罗斯国内对教师教育标准的制定和实施存在争议，但是，必须承认，实施标准化战略是俄罗斯教师教育改革目标达成的重要措施和保障。实践证明，俄罗斯国家教师教育标准在提高教育整体质量，满足未来教师个性发展需要，进行社会调节以及对教师教育的宏观管理等方面发挥了规范和保障功能，有效地促进了教师教育的改革发展。②

三、建立连续师范教育和多层次高等师范教育体系的思想

（一）建立连续师范教育体系的思想

自20世纪60年代以来，在终身教育理念的影响下，各国师范教育开始强调师资培养与培训的连续性和教师的可发展性，把师范教育的视野扩展到教师一生的专业发展，提倡使教师一生都能受到连贯的、一致的教育，为此要求把具有促进教师专业发展功能的各种教育机构相互联系起来，进行一体化建设。与此相关的教师专业发展理论也认为，教师作为一个教学专业人员，要经历一个由不成熟到相对成熟的专业人员的发展历程，不同阶段专业发展的内涵也是多层面、多领域的。这就使终身化、一体化等成为各国师范教育改革与发展的主题，其核心目的仍在于不断加强师范教育的专业化程度，提高师资培养与培训的质量。③

俄罗斯构建连续师范教育体系是在20世纪80年代后期提出的。1986年苏共中央首次提出把苏联国民教育构建成一个"统一的连续教育体系"，它既涵盖了从学前教育到大学教育的正规学校教育系统，又将大学后教育、成人教育、职后教育、业余教育等各类教育形式并入进来，力求形成一个统一的、开放的、具有终身教育含义的完整体系。也就是从这个时期起，作为国民教

---

① 杜岩岩．教师教育国家标准的制定与实施：俄罗斯的经验及启示［J］．大学（研究与评价），2007（2）：88-92.

② 杜岩岩．教师教育国家标准的制定与实施：俄罗斯的经验及启示［J］．大学（研究与评价），2007（2）：88-92.

③ 谢安邦．高等师范教育研究：教师教育理论与实践［M］．青岛：中国海洋大学出版社，2008：72.

育体系的重要组成部分又始终相对独立的师范教育领域，也提出了建立和发展“连续师范教育体系”的任务。

在继承苏联时期的连续师范教育体系的基础上，俄罗斯联邦进一步对其进行完善。俄罗斯基本上继承了苏联解体前的教育体制，仍将连续教育体系作为涵盖其各级各类教育的完整系统，但在继续发展这个统一体系的过程中，增加了许多新的理念。苏联时期连续教育的统一体系主要是以满足国家需要、各机关部委需要以及社会各生产领域的需要为人才培养的重要特征，俄罗斯联邦时期的统一的连续教育体系已经与之有相当大的不同，最突出的变化就是社会在向市场经济过渡的转轨过程中，以国家为实施主体的统一连续教育体系，正从高度中央集权的教育，转向以社会需求和个人需求为调节杠杆的，推崇民主化、人道化、个性化原则和创新精神的教育。新时期俄罗斯连续师范教育体系的完善和发展也同样体现着这种变化。比如，日益增加的各种师范教育形式、多级师范教育水平、非师范专业的增设、师范教育国家标准之下的教育内容的多选择性、师范生求职和就业的多渠道性等等，都从不同角度反映了俄罗斯建立完整而又开放的连续师范教育体系所进行的相应改革。

俄罗斯的连续师范教育体系从范畴上看是指由中等、高等和高等后师范教育的教师职业教育大纲共同构成的综合体系，包括这三个环节的教育机构（及分校）、各类学校之间的协作网络、国家及地方的师范教育行政管理机构、师资进修及再培训机构即补充师范教育机构等组成部分。[①]

苏联解体后，俄罗斯连续师范教育体系得到了完善与发展。转型十年间，俄罗斯政府通过减少中师院校数量，增加师范专科学校数量的方法，使得师范教育机构层次和水平实现上移；通过师范学院升格为师范大学和传统综合大学开设师范课程等，高等师范教育综合大学化的模式，提升了师范教育层次，使得俄罗斯的连续师范教育体系粗具模型，形成了由中等、高等和高等后师范教育机构与各类普通学校之间的协作网络、国家及地方的教育行政管理机构、师资进修及继续教育机构等组成的，具有教学—科研、职前—职后

① 肖甦. 世纪之交的俄罗斯教师教育改革：打造连续师范教育的完整体系［J］. 比较教育研究，2003（4）：37-42.

一体化特征的连续师范教育体系。

顺应教师教育政策规定，俄罗斯在实践领域逐步完善连续教师教育体系。中等师范教育、高等师范教育、补充师范教育衔接日渐紧密，不同阶段规定不同的任务、培养目标和课程设置。从师范教育阶段开始让学生理解教师职业的任务与特点，到厚基础、宽领域的文化课程与教育类课程学习，从学科专业理论与教育实习相结合到具备专门的教学技能、能够独立开展教学与科研工作，从新教师入职指导到五年一轮的知识更新与职业技能提高，俄罗斯打造了一个多功能、多层次、连续有机、灵活开放的教师教育体系。[①]

（二）建立多层次高等师范教育体系的思想

1. 建立多层次高等师范教育体系的背景

建立多层次的高等教育体系，包括高等师范教育体系在内，主要受两方面因素的影响：

一方面，是为了克服高等教育人才培养层次单一的弊端。俄罗斯联邦初建后，继承了苏联时期的高等教育体制，只有 5 年制的专家证书文凭一个人才培养层次，不能满足俄罗斯多样化的人才需求。为克服高等教育人才培养层次结构单一、学位单一的弊端，俄罗斯联邦提出建立多层次的教育结构思想。1992 年 3 月，俄罗斯联邦高等教育委员会通过了《关于在俄罗斯建立多层次高等教育结构的决定》，其中的“临时规定”指出：“俄罗斯高等教育改革应致力于满足个体和社会的不同文化教育需求，根据变化着的经济和劳动力市场需要，提高对人才的文化、科学和职业水平培养的灵活性。”因此，包括高等师范教育在内，改革高等教育的层次结构被提上日程。

另一方面，与俄罗斯加入博洛尼亚进程直接相关。21 世纪最初 10 年俄罗斯教育政策的标志性特点之一是根据博洛尼亚进程的基本原则，确定高等教育如何向多层次的培养体系过渡。俄罗斯自从 2003 年签署了《博洛尼亚宣言》后，根据统一的学位、学制、学分制度、高等教育质量标准等规则，开始改革本国的高等教育，逐步推进博洛尼亚进程。2004 年俄罗斯颁布了《俄

---

① 王颖，胡国华，赵静. 本世纪俄罗斯教师专业发展政策与启示［J］. 教育理论与实践，2015，35（5）：21-24.

罗斯联邦教育系统的优先方向》，指出要引进并加强两级培养体系——学士、文凭专家或硕士，分别制定相应层次的教育标准。2005 年 2 月 15 日俄罗斯联邦教育与科学部第 40 号令批准通过《博洛尼亚宣言的措施规划（2005—2010 年）》，要求以学士和硕士两个层次为基础发展高等教育系统。因此，“2010 年前引进多层次的高等职业教育是高等教育综合改革最重要的内容”，“制定各层次职业教育新的国家教育标准是 2010 年前俄罗斯联邦教育系统优先发展的综合措施”。①

2. 俄罗斯多层次高等师范教育体系的结构

在上述双重因素的影响下，俄罗斯开始了高等教育层次结构改革。与此相应，俄罗斯高等师范教育的人才培养层次也进行了调整，转向多层次的师范教育培养体系。所谓多层次的教师教育结构，即包括不完全高等教育、授予学士学位的 4 年制基础高等教育，以及 1—2 年的授予硕士学位的高等教育课程。师范院校施行“学士—硕士”两级体系，要求根据各级不同教育层次的师范生分别设置。因此，不同层次的师范生所接受的课程和课程的分配比例也是不同的。

俄罗斯联邦高等教师教育的多层次模式不是单一直线式的，各层次既有机联系，又相对独立。每个学生都有权继续深造，进入下一阶段的学习，而临近毕业要当教师的，可于任何时候从事教师职业。

新的多层次的高等教师教育体系的建立是俄罗斯为了适应市场经济发展对高等教育结构进行改革的重要举措。灵活的多层次的教师教育结构能够提高多种水平的教师的专业质量，学生可根据自己的能力选择专业并确立近期目标。多层次的教育结构不但使培养的对象范围扩大，而且相对缩减了修业年限，尤其在知识结构方面，新调整的课程结构，即一般文化的、心理学—教育学的专业课程提供了市场经济条件下自由选择及和谐发展的教师所应具备的知识的、活动的和个性的要素。②

俄罗斯联邦教育部于 1992 年 6 月 15 日颁布的《关于建立多级结构师范

① 李艳辉，O. A. 玛什金娜. 俄罗斯第三代高等教育国家标准：背景、框架、特点［J］. 高等教育研究，2014，35（2）：102-109.

② 王长纯，等. 教师教育思想史研究：上、下册［M］. 长春：东北师范大学出版社，2016：486.

教育体制》第225号令指出，允许全国12所师范大学实施多层次培养教师的新方案，并实行“中等师范学校—师范大学”的一体化改革，将师范大学或师范学院的初等教育系和教学方法系同州里的中等师范学校联合。① 俄罗斯教育部推出了小学教师培养的新机制，中等师范学校毕业生经过选拔进入师范大学，可以在大学内单独组建班级，也可直接进入三年级，按照统一的或相对独立的教学计划进行提高培养。很多大学的初等教育和教学法系科中，进行提高小学教师科研能力的课题实验和研究工作，并相应地在系科中建立了相关的研究机构，如初等教育学教研室、小学数学与自然教学法教研室、小学俄语教学法研究室等。同时，研究基地也设在中等师范学校，使研究活动在师范大学和中等师范学校体系内以合作的方式展开，实验研究的结果及时反馈给中等师范学校和师范大学，从而保证教学培养工作能及时得以修正改进。②

四、教师教育的人本化思想

（一）俄罗斯联邦教师教育人本化思想形成的影响因素

苏联解体后，包括教师教育在内，俄罗斯教育人本教育范式转型受多种因素的影响，概括起来，大致如下：苏联解体前夕教育改革的人道化指导思想；俄罗斯联邦时期社会制度的根本性变革引发教育范式的转型；俄罗斯教育系统尝试走出技术理性至上的误区；俄罗斯顺应教育人本化发展的国际趋势。

1. 苏联解体前夕教育改革的人道化指导思想

俄罗斯教育范式的转型源于苏联解体前夕教育改革的人道化指导思想。20世纪80年代末至90年代中期的俄罗斯教育改革属于暴风骤雨式的改革，“改革的特点与当时自由的政治氛围革新相联系，它不以阶级价值为指针，而以全人类的价值为目标”③。1988年2月，苏共中央全会通过了《关于教育体

---

① 单中惠．教师专业发展的国际比较［M］．北京：教育科学出版社，2010：118.

② 高金岭．俄罗斯基础教育［M］．广州：广东教育出版社，2004：56.

③ 朱小蔓，H. E. 鲍列夫斯卡娅，B. П. 鲍利辛柯夫．20—21世纪之交中俄教育改革比较［M］．北京：教育科学出版社，2006：20.

制改革的决定》。该决定宣称以“民主化”和“人道化”为总的指导思想，对整个教育体制进行根本性变革。苏联教育体制原来形成的独特风格和模式逐步消失，与西方教育模式的差别也日益缩小。[①] 苏联国家国民教育委员会主席根·亚戈金在1988年12月召开的全苏国民教育工作者代表大会上做了题为《通过人道化和民主化达到教育的新质量》的报告。报告指出，“随着苏共二十七大社会主义人道化方针的确立，把人和人的一切要求、需要和问题摆在我们所关心和计划的中心。……而这一切都要从教育和教学做起，从家长和教师开始”[②]。根·亚戈金引用戈尔巴乔夫在联合国发言的观点，“全球性问题的解决要求各国和社会政治派别之间以新的模式和质量相互促进”。他认为，“这一新的质量只有通过人民文化水平的提高和教育的人道化才能得到保障。我们人类应该学会相互交往，倾听和理解持不同意见者的观点。这也是教育的任务”。报告指出，教师和教学集体所从事的全部教育和培养工作的中心和主要意义就是发展个性，应该将儿童、少年、青年的个性置于全部教学教育工作的中心，结合他们的个性特点去组织这一过程。[③]

由此可见，发展个性是教育人道化的落脚点。落实人道主义为本的发展个性的方针，其核心就是发展每个学生的天赋才能。必须充分创造条件挖掘、发展每个孩子的天赋，培养富于创新精神、创造精神的“天才”，而不是唯命是从的“庸才”；必须确立完整的儿童观，创造条件，更大限度地实现、发展每个儿童的个性和天赋才能。叶利钦就任俄罗斯联邦总统后颁布的第一号总统令就是《关于发展俄罗斯苏维埃社会主义联邦共和国教育的紧急措施》。第一号总统令带有20世纪90年代初期的浪漫主义和理想主义色彩，其倡导的教育民主化、分权化、多元化和人道主义等自由民主主义思想，主要是迎合了当时社会对教育的期待。[④] 尽管俄罗斯20世纪80年代末的教育改革始于1988年末召开的全苏国民教育工作者代表大会之后，但实质性的教育改革始

---

① 王一兵. 八十年代发达国家教育改革的动向和趋势述评［M］. 北京：人民教育出版社，1994：279.

② 顾明远，梁忠义. 世界教育大系：苏俄教育［M］. 长春：吉林教育出版社，2000：475.

③ 吕达，周满生. 当代外国教育改革著名文献：苏联-俄罗斯卷［M］. 北京：人民教育出版社，2004：123.

④ 高金岭. 俄罗斯基础教育［M］. 广州：广州教育出版社，2004：35.

于苏联解体后的1991年，改革的标志性举措是俄罗斯否定整齐划一的标准化，提出教育大纲的人道化目标。民主、自由的到来，把教学和教育过程从划一性和片面性中解放出来。在俄罗斯的学校中允许自由地发表意见、自由地做出判断、提出假设和选择方案。同时，俄罗斯重新审视了人文学科的教学大纲，教师和学生都有可能去实现并发展自己的创造性潜力。①

2. 教育范式的转型

俄罗斯社会制度的根本性变革引发教育范式的转型。在苏联解体前，学者们就已经开始了教育人道化和个性化的探索。苏联解体后，社会制度和社会生活发生了急剧的转变，引发了很多前所未有的社会问题。随着俄罗斯社会生活的民主化，俄罗斯公民把人看作社会存在的最高价值，这不仅是挖掘和发展社会创造性潜力的条件，也是每一个公民个体存在和发展的条件。苏联解体后，伴随着俄罗斯社会发展的民主化进程，俄罗斯教育范式也面临转型的问题。教育中的教育性连同活生生的“人”一起被淡漠的现象还依然存在，教育者还应该进一步朝苏霍姆林斯基所著的《怎样培养真正的人》的方向努力。因此，如何进一步加强和落实以人为本的教育理念，真正构建人本教育范式，也成为俄罗斯学者非常关注和重视的问题。

在新的社会条件下，俄罗斯构建人本主义教育范式的必要性开始凸显。新产生的社会问题及社会思潮的自由化，使教育的人本化成为最迫切需要解决的问题。社会主体的人本化必须以每个社会成员个体形成人本主义的世界观、思维、意识为前提。为了恢复和保证现代人世界观中理性和信念、体力和精神世界的平衡发展，教育必须人本化、人性化。俄罗斯为构建创新型国家，积极推进民主化和法制化进程，高度重视教育对促进国家发展和解决社会问题的重要作用。社会的人本化要依靠教育的人本化。

3. 走出技术理性至上的误区

俄罗斯教育系统自身存在的问题也是俄罗斯教育范式转型的重要影响因素。俄罗斯试图走出技术治国论的误区也需要教育范式转型。正如俄罗斯教

---

① 朱小蔓，Н. Е. 鲍列夫斯卡娅，В. П. 鲍利辛柯夫. 20—21世纪之交中俄教育改革比较［M］. 北京：教育科学出版社，2006：20-21.

育学家克拉耶夫斯基（В. В. Краевский）所指出的，20 世纪 70 年代提供给学校使用的教学大纲和教科书是由专家小组编写的，并未经过专业人士从教育学和学科教学法角度去审查，由于充斥过多的抽象理论概念而把学生需要的许多知识和技能取消了，不符合普通中等教育的目的和实际教学条件。俄国著名教育家乌申斯基在驳斥那些轻视人文知识、轻视"普遍提高现代人人文素质"的论调时不止一次地尖锐指出数学崇拜当时统治了俄罗斯学校。教育的这种技术和数学治国倾向对现实生活产生明显的消极影响。乌申斯基认为："缺乏普遍的人文教育、对社会科学了解不足、数学和技术倾向占优势，毫无疑问，是国家管理机构软弱无力和无所作为的根本表现之一。"①

俄罗斯许多学者认为，教育的危机直接表现为人的教育的危机，其性质和规模与在现代多变的世界中人的存在和生成问题相关，与探索人与世界的和谐共生问题直接相关。教育危机还表现为教育领域文化的匮乏、技术理性至上、人文教育的"饥渴"。这一切导致知识的传授完全不考虑人的存在问题，这种情况最明显的表现就是教育的非人性化。这种危机已经严重到将教育领域宣布为人文精神匮乏的领域。②

人作为文化和道德的主体，要求教育要以人的发展为本。正如俄罗斯科学院院士利哈切夫（Д. С. Лихачев）所言，21 世纪是需要人文素养的世纪，必须培养青年人的人文素养。其实，任何一种文化归根结底都是人文的，因为文化来自于人，也服务于人。每一种职业人的素养都是由人文素养决定的，比如，人对音乐、诗歌、绘画、建筑等的理解。没有基础的人文素养，即使精密科学和技术本身也会"枯萎"。俄罗斯学者指出："俄罗斯高校已经成为加强民族安全的关键因素之一，高校通过对青少年的道德教育，使之在内心深处尊重全人类的价值；发展青年的公民自我意识，从而能够保障抵制极端主义和非容忍性思想的蔓延。高校已经成为构建统一人文空间的基础。"③ 尽管俄罗斯高等教育逐步迈入全球化，但国家重视人文教育课程，希望通过意

---

① 克拉耶夫斯基．教育学原理［M］．张男星．曲程，等译．北京：教育科学出版社，2007：39.

② 李艳辉．俄罗斯高等师范教育改革的人本取向［J］．辽宁教育研究，2007（3）：74-77.

③ 李莉．大学与政府：俄罗斯高等教育与国家崛起［M］．北京：社会科学文献出版社，2012：234.

识形态、价值观、民族文化传统来影响、教育青年一代。

4. 顺应教育人本化发展的国际趋势

20 世纪 70 年代以来，包括苏联在内的许多国家的学者纷纷提出教育的人性化、人本化等主张，用各种方式号召“将人性教育贯串于教育的全部过程和因素中，使整个教育环境人性化”[①]。在教育理论界，关于什么是教育人性化还存在分歧，学者们对教育人性化进行了多维度的理解。教育人性化是指整个教育活动都要充满人道主义关怀，主张教育活动要尊重、关怀学生，要让教育活动充满人情味，提倡创造一个温馨、和谐、舒适的育人环境。它要求人道主义关怀在整个教育过程中都要得到体现，教育目的、教育内容、教育方式以及教育评价等都要符合人性，不违背人性。[②] 我国有学者指出，教育人性化与“以人为本”理念在对人性、人的价值以及人的价值的实现三者的理解上在本质上是一致的，其落脚点都在于实现人的全面发展。所以，在践行教育人性化的过程中，坚持以人为本教育观的核心价值取向具有不可替代的意义，也只有在以人为本教育观指导下的教育才是真正的人性化的教育。[③] 笔者认为，“教育以人为本”“教育人道化”“教育人性化”是同义表达。

从国际背景来看，20 世纪 90 时代以来，在教育领域，努力践行以人为本的教育理念，尊重学生的个性和尊严，挖掘学生的潜能，促进学生作为完整的人的全面发展，已经得到世界教育界的共识。“以人为本”作为一种价值取向，其根本所在就是以人为尊，以人为重，把人的发展视为社会发展的终极目标。人本教育思想的实质，就是以人的全面和谐发展为本，以人的个性、独特性和创造性为本，它以充分开发个体潜能为己任，以丰富的知识、完整健全人格的培养为目的。以学生的成长和发展为本是人本教育理念的核心。

联合国大会宣布，20 世纪最后十年是文化年，要求世界各国要特别关注物质文化和艺术文化、经济文化和政治文化、生态文化和道德文化、哲学文

---

① 扈中平，刘朝晖. 挑战与应答：20 世纪的教育目的观［M］. 济南：山东教育出版社，1996：449.

② 沈小强，沈又红，黎钰林. 论教育从“非人性化”到“人性化”的演进及启示：基于马克思关于人的发展理论的思考［J］. 湖南师范大学教育科学学报，2012，11（1）：55-58，62.

③ 张晓燕. 论教育人性化：兼谈以人为本教育观与人本主义教育观的区别［J］. 上海教育科研，2010（1）：20-22.

化和宗教文化等各个领域文化的发展，特别关注形成精神需求，发展在人本主义视域下解决社会文化问题的能力。21 世纪教育委员会向联合国教科文组织提交的报告《教育——财富蕴藏其中》指出，人是发展的中心，人既是发展的主体，也是发展的终极目标。这种新理念要求教育要进行彻底的革命，教育要促进每个人的潜能得到最大程度的发展。教育的人文化是实现教育的人本化的基础，但是，人文教育危机已经成为一场全球性的教育危机。美国当代著名哲学家玛莎·努斯鲍姆曾出版著作《告别功利：人文教育忧思录》，她在此著作的开篇写道："我们正处在一场全球性的危机中，它规模浩大，极为严重。我指的不是始于 2008 年的全球经济危机……我所说的危机尚未被大多数人察觉，如同癌症；对民主自治的未来，这场危机最终很可能造成更大的损害：这是一场全球性的教育危机。"① 玛莎·努斯鲍姆从根本上批判了一种思想，即教育首先是为经济增长服务的工具。她指出，经济增长并不一定带来更好的生活质量：忽视、嘲讽艺术和人文学科，将使我们大家的生活质量以及我们民主制度的健康陷入危险。② 各国的教育家和学者们已经形成共识，只有承认人是地球上的最高价值的人本主义思想才能解决人与世界、人与自然、人与社会及人与人的一系列问题。教育改革的主导思想必须不仅能保证现代社会的存在和发展，而且能解决每个人在现代社会中的适应性问题，满足个性、职业、教育等方面的需求和利益，保证人在不断变化的社会情境下的竞争力被保护。正因为如此，教育人本化的理念奠定了新旧世纪之交全球教育改革的基础，成为 21 世纪世界教育发展的主导趋势。③ 同时，走出人文教育的危机，重视人文教育，加强教育的人文化，培育人性和促进人的发展是各国教育面临的挑战之一。

（二）苏联解体后俄罗斯联邦教育改革的人本取向

毫无疑问，传统的知识范式和理性主义的教育模式具有自己的优势，但是，这两种教育范式都没有把学生作为关注的中心，没有把学生视为生活的

---

① 玛莎·努斯鲍姆. 告别功利：人文教育忧思录［M］. 北京：新华出版社，2010：1.
② 玛莎·努斯鲍姆. 告别功利：人文教育忧思录［M］. 北京：新华出版社，2010：序言 3.
③ 李艳辉. 俄罗斯高等师范教育改革的人本取向［J］. 辽宁教育研究，2007（3）：74-77.

主体、自由的和有灵魂的个体。这两种教育范式显然缺乏人文主义精神，目标指向不是发展儿童的内心世界、人际交往、对话和为儿童的个性成长提供帮助。

人本主义教育范式在1991年以后走进俄罗斯的教育空间。它最初不是俄罗斯教育部的命令，而是俄罗斯全国各地教师的倡议，是一种自发行为的结果。根据俄罗斯学者瓦季姆·谢尔盖耶维奇·顾谷申（Вадим Сергеевич Кукушин）的观点，俄罗斯需要人本主义教育范式是暂时的，在俄罗斯社会中还未形成适当的自我评价之前，在还没有掌握19世纪末20世纪初的俄罗斯人本主义哲学的主要价值和民主社会的主要价值之前，人本主义教育范式就有存在的空间。很有可能，俄罗斯迟早还会返回知识范式，以保障各类学校的毕业生具有高水平的智力潜力。但是，可以肯定地说，俄罗斯需要人本主义教育范式不止一个十年。①

在20世纪90年代下半叶，俄罗斯开始批判地思索过去十年教育改革的实践，同时，对关于教育目的、教育价值以及教育的世界观等首要问题做进一步厘清。根据俄罗斯教育科学院院长B. П. 鲍利辛柯夫（B. П. Борисенков）的观点，俄罗斯的教育改革曾经十分简单地抛弃了共产主义意识形态，但到了20世纪末已经明显意识到“俄罗斯思想”发展的不足；更有甚者，某些改革家在抛弃过去世界观的同时，也拒绝了原本牢固支撑俄罗斯教育的良好思想观念。因此，必须为教育“恢复名誉”。由于社会处于不断变化中，90年代末俄罗斯教育目的仍极其不确定，对教育目的的认识，一直模模糊糊。②

经过苏联解体后第一个十年的改革，俄罗斯教育界不得不承认，那种被教师操纵的课题的教育学失去了存在的空间，取而代之的是本原的教育学——自由教育学。教育界必须刻不容缓地研究并贯彻自由教育学的原则，从而为儿童做好在迅速变化世界中生活的准备。因此，探索应该朝着三个最重要的方向进行，它们成为俄罗斯20世纪90年代下半叶所有教育结构和制

---

① Кукушин В. С. Общие основы педагогики (2002) [EB/OL]. http: //www. eusi. ru/lib/kukushin_obsie/index. php.

② 朱小蔓，Н. Е. 鲍列夫斯卡娅，B. П. 鲍利辛柯夫. 20—21世纪之交中俄教育改革比较 [M]. 北京：教育科学出版社，2006：22.

度发展的基础。这三个方向是：确定民族的、全俄罗斯的、人道主义的教育意识形态；研究民族的教育理论；制定俄罗斯联邦教育发展纲要。在这样的背景下，极其重要的一件事就是恢复教育作为社会生活方式发展机制的地位。对教育科学研究和教育实践而言，最有意义的是建立一种文化教育环境，为人在文化空间和历史时间内获得人自己的形象创造条件。①

（三）俄罗斯教育政策法规中体现的人本主义教育理念

人本主义教育范式于1991年以后走进俄罗斯的教育空间。教育改革的人道化指导思想、俄罗斯社会制度的根本性变革、俄罗斯教育系统自身存在的问题、教育人本化理念成为全球教育改革的基础是俄罗斯教育向人本教育范式转型的影响因素。苏联解体后，随着社会制度的根本变革，民主化、人道化、个性化在俄罗斯的社会意识形态中得到愈加鲜明和强烈的反映，教育人道化、个性化的思潮和呼声有增无减。在俄罗斯政府和教育主管部门出台的关于教育改革的政策和法律法规中，教育人道化的思想进一步得到强化和官方认可。通过立法手段和制定教育政策，确定教育的人本化、个性化、多元化、民主化是俄罗斯国家教育改革的指导思想，其促进了俄罗斯人本教育范式的构建。

《俄罗斯联邦宪法》规定："俄罗斯是拥有共和国管理形式的民主法治国家。根据国家的性质和公民关于理想的观念可以确定相对于每个人而言的最终教育目的。在教育中所发生的一切，其意义都在于它的人道主义取向。"②《俄罗斯联邦宪法》中"人、人权和自由是最高价值"明确体现了该取向。俄罗斯学者布利亚耶夫（В. Д. Пуляев）指出，为建立法治国家和形成公民社会，俄罗斯客观地探索新的社会机构模式——人文模式，人作为一个最高级的自我调节、自我支持、自我确定、自我完善的系统，在这个新模式中处于中心地位。后来，制定国家教育政策的原则和观点写入了《俄罗斯教育法》和《俄罗斯高等教育和大学后教育法》，进一步证明了这种观点。

① 朱小蔓，Н. Е. 鲍列夫斯卡娅，В. П. 鲍利辛柯夫. 20—21世纪之交中俄教育改革比较［M］. 北京：教育科学出版社，2006：23.

② 克拉耶夫斯基. 教育学原理［M］. 张男星，曲程，等译. 北京：教育科学出版社，2007：28.

保障教育的人道化、人性化是俄罗斯制定国家教育政策的基本原则之一。俄罗斯于 1992 年 7 月 10 日颁布了第一部《俄罗斯联邦教育法》。《俄罗斯联邦教育法》呼吁教育要优先发展，并首次将个体的发展置于首位。该法第 2 条确定了制定国家教育政策应遵循的六项基本原则：教育的人本主义性质、全人类价值、人的生命和健康以及个性的自由发展具有优先发展的性质，加强热爱劳动、热爱大自然、热爱祖国和热爱家庭的教育；俄罗斯联邦文化和教育空间统一，通过教育系统保护和发展在多民族国家条件下的民族、区域文化传统和特点；普及教育，教育系统要适应受教育者的水平和特点；保证国立和市立教育机构中教育的世俗性质；实现教育的自由和多元化；教育管理民主化，国家和社会共同管理，保证教育机构的自主自治性。其中，保障教育的人本主义性质是六项原则之首。

《俄罗斯联邦教育法》还指出："教育目的是造就独立的、自由的、有文化、有道德的人，使之意识到对家庭、社会和国家的责任，尊重他人的权利和自由，遵守宪法和法律，在人与人之间，在各国人民之间，以及在不同的人种、种族、宗教和社会全体之间，能相互谅解与合作。"[①] 该法第 14 条规定："教育内容要确保促进个体的自我选择、自我确定，为个体的自我实现创造条件，以促进公民社会的发展、巩固和完善法制型国家建设为目的；教育内容应该促进不同肤色、种族、国家、宗教信仰和社会团体之间人们的相互理解与合作，要充分考虑到世界观的多样性，促进受教育者实现自由选择信仰和观点的权利。"该法还规定，教育工作者在履行教育职责的同时，有权选择和利用教育教学方法，有权根据教育机构确定的教育大纲选择和利用教材和辅助材料，有权选择对学生进行知识评价的方法。[②]《俄罗斯联邦教育法》对教育目的和教育内容的规定体现了俄罗斯教育改革与发展的人道化理念，是教育人本主义价值取向的反映。[③]

《俄罗斯联邦教育法》中指出了人的因素优先这一原则。对于教育学来说，这意味从把人培养为"执行者"的"压迫性"教育向为个性发展创造条件的教育转变。[④] 在俄罗斯基本上有这样一种共识，即教育的民主化是实现教

① 高金岭. 俄罗斯基础教育［M］. 广州：广州教育出版社，2004：194.

② Закон Российской Федерации. Об образовании［M］. -М.: Изд-во ОМЕГА-Л, 2005：42.

③ 高金岭. 俄罗斯基础教育［M］. 广州：广州教育出版社，2004：194.

④ 克拉耶夫斯基. 教育学原理［M］. 张男星，曲程，等译. 北京：教育科学出版社，2007：28.

育人道化的途径之一。根据俄罗斯教育科学院院长 В. П. 鲍利辛柯夫（В. П. Борисенков）的观点，“教育的民主改革在《俄罗斯联邦教育法》中获得了合法地位。《俄罗斯联邦教育法》明确地提出了俄罗斯教育新的社会、政治方向和人道主义价值观，并获得国际舆论和联合国教科文组织的高度评价，被誉为世界上最民主的法律之一”①。

俄罗斯 1996 年 8 月颁布了《俄罗斯联邦高等教育和大学后教育法》。该法第 3 条第 3 款规定，要保证高校教师、科研工作者和大学生享有学术自由，高校教师享有根据自己的理解讲解学科的自由、选择研究主题和研究方法的自由，大学生具有根据自己的兴趣倾向和需求获得知识的自由。该法第 8 条第 2 款指出，通过高等教育或大学后教育，满足个体在智力、文化和精神道德发展三方面的需求是高等院校的首要任务。该法第 12 条第 1 和第 2 款指出，高等院校的管理实施一长制和集体协商制相结合的原则（принцип соединения единоначалия и коллегиальности），学术委员会作为选举产生的代表机关对国立和市立高校实施总的管理。该法第 20 条第 4 款规定，高校教师有权根据高等教育和大学后教育国家标准来确定课程的内容，有权选择最符合大学生个性特点、能够保证高质量教学的教学方法和教学手段。②

《俄罗斯教育改革和教育领域的国家政策》和《在深化社会经济改革条件下俄罗斯教育系统改革和发展纲要》这两个政策文本分别指出，教育的人文化是教育改革十项基本原则之一，确定了更新教育人文内涵的科学方法保障领域的特殊任务。2000 年 4 月出台的《俄罗斯联邦教育发展纲要》规定了一系列措施和目标纲要，旨在解决人才培养过程中个性发展和职业发展的以下任务：更新教育内容和教学策略，使教育朝着人本化和人文化的方向发展；更替以课堂教学为主的模式，转向让学生更多地参与创造性的活动，形成具有重大社会意义的设计——制定模块教学和短期教学的创新教育大纲；保证教育体系中职业教育内容的基础化，其主要措施是深入研究哲学、历史、政治学、社会学、外语等古典人文学科，在竞争的基础上编写教材和教学参考

---

① 朱小蔓，Н. Е. 鲍列夫斯卡娅，В. П. 鲍利辛柯夫. 20—21 世纪之交中俄教育改革比较［M］. 北京：教育科学出版社，2006：21.

② Закон Российской Федерации. О высшем и послевузовском профессиональном образовании［M］. -М：Омега-Л，2006：5，11，32.

书，对教师队伍进行培训；改变教育内容的学科模式，取而代之的是系统—问题模式，其基础是根据国家教育标准的要求而制定的人才培养的教育职业大纲。

2001 年 12 月，俄罗斯联邦政府通过了《2010 年前俄罗斯教育现代化构想》。俄罗斯教育现代化构想包括五个关键部分：扩大普及性教育；保护公民接受教育的权利；努力提高各级各类学校的教育质量；从根本上提高国家教育管理的效益；增加财政预算，完善发展教育的经济组织。俄罗斯教育现代化的目的在于建立教育体系稳定发展的机制，使其适应 21 世纪的挑战，符合国家的社会经济要求，满足个人、社会和国家的需要。俄罗斯国际高等教育科学院院长、俄罗斯国家杜马主席的教育和科学顾问舒克舒诺夫指出，实施俄罗斯教育现代化构想就是将教育转到创新发展的轨道上，其主要目的是发展学生的创造能力。创新教育不仅要在教学过程中运用新的科学知识，更重要的还包括创造性探求新知识的过程本身。①

（四）俄罗斯教师教育人本化思想的基本观点

人本化思想是俄罗斯联邦教师教育改革的主导思想之一。教育的人本化、个性化是苏联解体后俄罗斯教育理念上的一个重大转变。这是一种个人本位的教育价值观，其不仅仅是为了满足社会发展的需要，更重要的在于个体的自我实现和自我发展。

俄罗斯构建教育的新模式，旨在向教育的人本范式和创新模式转变。俄罗斯通过立法手段和制定教育政策，确定教育的人本化、个性化、多元化、民主化等是俄罗斯国家教育改革的指导思想。俄罗斯整个教育体系，包括高等教育和高等师范教育在内，经历教育范式的转型，其改革目标指向以学生发展为本，培养学生的综合能力素养，促进个体的自我实现。

俄罗斯基础教育课程更呈现出多元趋势，课程设置层次化、个性化，对话交流、启发诱导、体现人道和人文精神的教学法等已成为主流追求，新型教师观出现。这一切都要求高等师范教育要培养符合俄罗斯基础教育新需要的人本型教师。

---

① 舒克舒诺夫. 俄罗斯 21 世纪的教育：优先发展战略和 2010 年教育现代化构想［J］. 人民教育，2002（10）：53-54.

教育人本化思想已经触及了俄罗斯国民教育系统的各个子系统，首先涉及师范教育领域。教师教育改革的人本主义取向是国际教师教育发展的主要趋势，同样是俄罗斯师范教育改革和发展的主导思想和价值取向。俄罗斯师范教育改革的基本原则与人本化、人文化、民主化、开放化的思想直接相关。人本化已经成为俄罗斯师范教育发展的基本原则之一，而且是最具有决定意义的主导原则。在俄罗斯所参与的一系列国际教育设计中，其中一项就是《师范教育的人本化和人文化》。①

教育的人道化、人本化是俄罗斯教育现代化的价值诉求，意味着俄罗斯逐渐改变占主导地位的国家本位和社会本位的教育价值观，转向构建以个人本位为核心，兼顾国家和社会发展的教育价值观。但是，教育的发展并非直线式的，追求自由和独立的过程并非平坦和没有冲突，它的特点是发展不平衡，有时偏离主航道，甚至向过去“倒退”。尽管俄罗斯教育领域曾发生过向已克服的旧思想和行为模式倒退的现象，但是教育的人道主义、民主化、可变性、可选择性、多样性、发展性等原则仍发挥着作用。②

俄罗斯学者将以人为本的教育价值追求视为摆脱教育危机的途径，关注教学过程的人性化，认为“教育的民主化是教育人道化的前提”。教育内容的人文化被认为是教育以人为本、教育人道化的主要途径之一。教育人本化是俄罗斯教育现代化的一个主要方向。教育以人为本、教育人道化是俄罗斯教育现代化的重要价值取向。俄罗斯很多著名学者倡议，这一理念应成为当代俄罗斯教育改革的方法论原则。③ 比如，教育人本化决定教育系统的运行必须要同时考虑国家、社会需要和个体需求，为学生个性的充分彰显和自由发展提供条件保障，保证受教育者一般文化修养、社会道德和专业能力素质的可持续和协调发展。还有俄罗斯研究者指出，人本教育的使命就是保护并发展每个个体的个性和独特性，防止和避免对生活、自然界和文化产生疏远或敌对的态度，最大限度地满足人在自我实现、精神、社会和职业形成等方面的最高需求。④

① 李艳辉. 俄罗斯高等师范教育改革的人本取向［J］. 辽宁教育研究，2007（3）：74-77.
② 克拉耶夫斯基. 教育学原理［M］. 张男星，曲程，等译. 北京：教育科学出版社，2007：28-29.
③ 李艳辉. 俄罗斯高等师范教育改革的人本取向［J］. 辽宁教育研究. 2007（3）：74-77.
④ Кукушин. В. С. Теория и методика обучения［М］. -Ростов н. Д.: Феникс，2005：81.

根据俄罗斯学界的观点，人本主义教育范式的核心是人性化的学生观，培养学生的生活能力和社会适应能力。这种教育范式以学生的发展为中心，学生的智能需求和人际关系、发展和自我发展、自我实现、创造力、主体性是该范式的基础。教师和学生是双主体的关系。发展就是促进学生的积极性和解决问题的能力达到更高水平。根据维果茨基的观点，发展是指为学习过程中的孩子提供帮助的程度，可以分为一般发展（综合能力）、社会发展（天赋）、文化发展（最高水平的发展）。

俄罗斯学者指出，人本主义教育范式把学生作为关注的中心，认为学生是生活的主体，把学生看作自由的、有自我发展需求的、有灵魂的、活生生的个体，它专注于发展孩子的内心世界、人际沟通、对话，为儿童的个性成长提供帮助。人本主义教育范式的中心是学生个体，但不是掌握现成知识的学生，而是认知真理的人；重要的不是这个真理本身，而是对真理的态度，因为不存在规范的、单一意义的真理。师生关系的构建以对话、合作、多人交流、共创、自由选择自己的观点、各自承担责任为原则。在自由的双主体间的互动过程中，教育过程的参与者——师生之间交流的不仅是知识，而且是个性意义的交流。关注学生的个性和内心世界，让学生通过精神价值的交流来认知世界，不仅是教育过程中要关注的中心，也是教育过程的意义所在。[①] 俄罗斯著名的教育学家 Е. Н. 斯捷潘诺夫和 Л. М. 鲁金娜认为，在教育活动中要实施以人为本的教育理念，它是一种教育价值取向，是学生个性自我实现的必要条件之一，对于学生的自我认识与重建起到保障与支持的作用。这种作用的发挥主要是依据相应的教育内容、教育思想和教育策略来实现的，它们之间有着密切的联系。

五、培养个性化教师的思想

（一）俄罗斯教师教育改革的个性化导向

教师教育个性化的设想，最早见于 1992 年 12 月通过的《俄罗斯联邦高

---

① Парадигма образования в современной пелагогике［EB/OL］. http：//studopedia. ru/1_ 42084 _ paradigmi-obrazovaniya-v-sovremennoy-pedagogike. html.

等教育委员会与教育部有关加强教育干部培养的决定》，该“决定”指出必须依据基础教育发展的基本方向，探索改革普通大学与师范院校对教育干部的培养方法；提出了以教师个性化培养为前提的师范教育改革构想，指明了教师教育发展的未来方向。至此，个性化教育者的养成就成为教师教育发展的新目标、新方向。

俄罗斯提出教育要充满人性，教师教育要培养与学生一起创造的教育家。培养个性化教师成为俄罗斯教师教育的目标。俄罗斯教师教育思想与苏联的最大不同之处就在于俄罗斯联邦的教育指导思想强调人性化教育，即“使教育富于人性”。俄罗斯认为，未来教师所受的教育不是以学科教学为目的的教育，而是要培养学生学会通过学科形成基本能力，培养师资通用的标准化途径应当由能最大限度地在教学中注重个人发展的战略所取代，教学过程中应注意要逐渐让学生自己去开发个性化课程。

俄罗斯联邦教师教育基本原则不仅仅是像从前那样单纯培养学科教师，更重要的是培养教育过程的组织者，培养能教授学生一定知识、技能、技巧，并能依据学生的天赋、爱好、倾向性，与学生一起进行共同创造的教育家。教育目的是实现人道化，教师要千方百计接近学生，使学生的个性处于教师关注的中心。

2000 年 10 月联邦政府颁布的《俄罗斯联邦国民教育要义》提出，学校教育务必“经常更新各个方面的教育内容，使其能够反映文化、经济、科学、技术和工艺领域中的变化，做到教育机构类型和类别的多样化、教育大纲的多样性，以保障教育的个别化；保证以个性为准的教学与教育，让学生身心以及他们的创造才能获得全面、及时的发展，特别是自我教育习惯的养成与个性的自我实现”①。

2001 年 10 月，俄罗斯教育与科学部颁布了《普通教育内容现代化战略》方案，其附件四《教师培养中个性化取向教育的原则》阐明了现代教师个性化取向的基本特征，并且确立了个性化教师培养的下一步改革任务。可以认

① 石隆伟. 造就个性化新型教师：俄罗斯师范教育的战略性发展［J］. 比较教育研究，2012，34（11）：11-14，19.

为，无论是“个性化教师培养”的构想，还是基础教育现代化对“现代教师个性化倾向”的要求，都反映了俄罗斯师范教育改革的价值取向。培养具有个性化的新型教师成为俄罗斯师范教育质量现代化跨世纪的战略性目标，它直接引导着俄罗斯整个师范教育体系的改革走向。①

（二）个性化教师培养的思想基础和目标指向

个性化教师培养思想具有深厚的理论基础，其源于苏联著名的心理学家、教育学家Л. С. 维果茨基、С. Л. 鲁宾斯坦、А. Н. 列昂节夫创建的个性“高级心理机能的发展”学说，以及Л. В. 赞科夫、Д. Б. 艾利康宁、В. В. 达维多夫所践行的“发展性教学”学说。“高级心理机能的发展”学说认为，人的个性发展与高级心理机能的发展是在与周围人们的交往过程中实现的，是社会历史文化发展的产物，但受社会规律制约而存在差异性。人的心理机能发展实际上是将社会历史文化经验进行内化的过程，交往活动是完成内化过程的必要形式，个性心理的真正发展是其内化活动的结果。因此，学校教育教学过程应该是一个活动的、发展的过程，是个体形成个性化知识结构、认知结构和思维品质，以及个性心理机能等方面的发展过程。②

在师范教育中，强调未来教师个性化的认知结构、思维品质和心理机能方面的发展具有特殊的意义。我国已有研究指出，个性化教师培养目标集中体现在教养性和教学性两个方面的特质取向，具体如下：

教养性层面的特质表现为：（1）培养学生珍惜俄罗斯各族人民历史文化遗产的态度，秉承历史继承性，保全、传播和发展民族文化；（2）教育学生成为俄罗斯爱国主义者，成为民主和法制国家的公民，培养他们具有自觉社会化的能力，尊重个人的权利和自由，具有高尚的道德，并且表现出民族和宗教的宽容性，尊重其他民族的语言、传统和文化；（3）教育儿童和青少年完整地理解世界，形成现代的科学世界观，发展民族之间的文明关系；（4）端正儿童和青少年作为公民从事劳动的动机、生活态度和职业态度，帮

---

① 石隆伟. 造就个性化新型教师：俄罗斯师范教育的战略性发展［J］. 比较教育研究，2012，34（11）：11-14，19.

② 肖甦，单丽洁. 俄罗斯师范教育改革指导思想评述［J］. 比较教育研究，2001（11）：36-40.

助他们领会从业的基本原则以及培养劳动市场中的交往技能；（5）促进学生在个体间的相互影响，在交往过程中形成符合其年龄特征的思维和活动能力；（6）帮助学生养成健康的生活方式，使他们能主动且有效地预防各种疾病，避开各种社会危害。

教学性层面的特质体现为：（1）尊重学生及其家长的尊严和权利，使之有机会选择教学科目、教学计划、修业的个人路径；（2）能够接受所有新事物，理解学生的心理及发展特征，通晓自己所教授的科目；（3）能够在教学过程中创设激发个性机制发展的教学情境，以促使学生自觉地做出决定、阐明自己的观点、承担自己的责任，从而获得自我表现的个人经验；（4）在各种施教活动中能够针对各类儿童制订出个别化的教育教学计划与方法，使每个儿童的个性得到更高水平的发展；（5）利用现代科学技术成果来组织教学过程，胜任各类教育机构和类别多样化的教学活动；（6）具有对自己教学活动过程和结果的反思能力。①

六、能力本位的教师教育思想

（一）能力本位教师教育思想的溯源

“能力本位教育”（Competency-Based Education，CBE）模式可追溯到20世纪五六十年代的美国。该模式盛行于20世纪七八十年代美国的教师教育领域，促成“能力本位教师教育”（Competency-Based Teacher Education，CBTE），随后传播至西方多个国家。能力本位教师教育取向因种种原因，曾在20世纪80年代末在教师教育领域有所淡出。进入21世纪，该取向在世界多地有回流的趋势。不仅主流英语国家（如英国、美国和加拿大），而且在欧洲一些国家（如法国、比利时、荷兰和德国）、亚洲（中国、印度和约旦等）、大洋洲（澳大利亚、新西兰等）、中美洲（如墨西哥、哥斯达黎加等）以及非洲一些国家均出现流行的现象，甚至成为一些国家主流或主导的教师教育取向。②

---

① 石隆伟. 造就个性化新型教师：俄罗斯师范教育的战略性发展［J］. 比较教育研究，2012，34（11）：11-14，19.

② 朱旭东，等. 教师教育思想流派研究［M］. 北京：北京师范大学出版社，2017：81-82.

单就能力本位教育（CBE）模式的理论基础而言，其生成并非由一种理论做支撑，而是由多种复杂的理论源流交汇而成。对能力本位教师教育思想生成起核心作用的是行为主义心理学理论和科学管理理论，而学习理论也无疑在其中扮演了非常重要的角色。此外，微格教学的理论和实践也为能力本位教师教育的实际运作开辟了道路。随后几年，能力本位教师教育又出现了基于整体主义理论的再建构。①

从更早的溯源看，能力本位模式可追溯到俄国心理学家巴甫洛夫的经典性条件反射学说，即学习者能把奖赏与发生在奖赏之前的刺激联系起来。② 鉴于能力本位的教育很大程度上采用分解任务的操作方法，阿腾哈根和格鲁布曾将这种任务分解的方法追溯到19世纪60年代的俄国。③

（二）能力、能力本位教育的概念界定

能力本位教育中的核心概念“能力”很难界定，还没有形成统一的认识。在英文中“能力”有competence和competency之分，英文文献中，“能力本位”既有用competency-based表达的，也有用competence-based表达的，这使得这一概念更加复杂。已有研究表明，两种表达有相同之处，在一般表述中可互换，但在严格意义上是不能等同的。Competence是广义上的能力，包括一个人应当具有的知识、技能、目的、态度、价值观等层面的整体性和综合性的表达。Competency是较为狭义、微观和具体的能力，如完成一项具体任务的零散的技能、手段、行为和知识等。这两种能力表述之间的关系在英语世界也是颇具复杂性和争议的，在现实中，相当多的文献里并没有对二者加以区分，competence常被用来涵盖以上两种定义。④

俄罗斯第三代高等教育国家标准的研制以能力素养观（компетентностный

---

① 朱旭东，等. 教师教育思想流派研究［M］. 北京：北京师范大学出版社，2017：86.
② 朱旭东，等. 教师教育思想流派研究［M］. 北京：北京师范大学出版社，2017：87.
③ 朱旭东，等. 教师教育思想流派研究［M］. 北京：北京师范大学出版社，2017：88.
④ 朱旭东，等. 教师教育思想流派研究［M］. 北京：北京师范大学出版社，2017：90-91.

подход）为理念基础。从理论层面看，俄罗斯第三代高等教育国家标准文本并没有对“能力”（компетенция）这一概念进行界定，只在新标准出台前通过高等教育标准模板（макет стандарта）将“能力”定义为“成功实施某一领域活动必备的运用知识的能力、技能和个性品质”。根据俄罗斯学者的理解，“能力（компетенция）是指对专业人员的概括性评价，它能确定专业人才利用自己的潜力为成功实施某一领域活动的准备，包括知识、能力、经验和个性品质”①。俄罗斯学术界对这一概念没有达成完全一致的理解，但是基本形成共识的是，教育的能力范式要求大学生从掌握专门的职业知识转向在教育过程中发展职业能力，强调培养大学生的自我认知以及解决教师职业任务、评价教育职业活动的能力。

俄罗斯学者认为，传统的职业技能的概念内涵过于狭窄，而“能力”更能反映出在现代生产中认识和信息源加强的趋势。文献分析表明，“能力”概念具有复杂性、多样性特点。在此方法基础上的教育过程和结果也同样具有这些特点。B. B. 克拉耶夫斯基认为，能力是指从学校毕业的年轻人为谋求个人幸福和社会安宁而承担个人责任的意愿和能力。整个教育系统和每个教育工作者都应该为此付出努力，以促进学生独立性和自我教育能力的发展，并使他们能够在依靠法律知识和运用国家法律体系的基础上学会捍卫自己的权利。必须发展学生的合作和创造能力，使他们善于容忍他人意见，善于进行对话并找到有意义的合作办法。可见，学校工作的最主要任务是帮助人们在诸如智力、交际、信息方面获得或者在其他领域获取主要的专业能力。具备这些能力，可使人们解决日常生活、职业生活或社会生活中的各种问题。②

“能力本位教育”一直以来没有统一的定义。20 世纪 60 年代，由于社会各界要求教育机构对其“产品”负责，对教育过程的效能也提出要求，这导致了能力本位教育概念的出现。这个概念用来描述一系列教育活动，包括所

① 李艳辉，O. A. 玛什金娜. 俄罗斯第三代高等教育国家标准：背景、框架、特点［J］. 高等教育研究，2014，35（2）：102-109.

② 克拉耶夫斯基. 教育学原理［M］. 张男星，曲程，译. 北京：教育科学出版社，2007：49.

有课程、教学单元和测评标准等。简而言之，能力本位教育是一种教育模式，它所要求的绩效在教学开始之前就规定好了并在师生之间达成一致。“能力本位教育”提前规定出要达到的目标、需要参与的学习经历，以及用来评估成绩是否达到预设目标的工具。该教育模式强调学习结果，而不是学习过程；强调最终对学习的掌握和合格与否，而不是入学要求；强调标准评估，而不是常模评估。① 职业取向的能力观成为俄罗斯高等教育转型的新趋势，并被视为一种符合俄罗斯传统教育价值观（教育要帮助学生去了解世界科学的发展情况，领略人类的精神特质并具有社会参与积极性）的教育理念。②

（三）能力本位教育理念下的教师培养目标与课程教学要求

作为俄罗斯高等教育国家标准的组成部分，俄罗斯联邦第三代教师教育标准体现了以能力发展为基础的人才培养理念。新标准要求掌握和确立能力导向的师范教育观，具体表现为教育标准指向教育结果、能力结构的构建、根据能力目标确定教育内容、描述每一个课程系列和模块对大学生能力形成与发展的作用和贡献。正如俄罗斯学者所言，“指向教育创新的能力素养观已经被大多数发达国家接受，是各国制定教育标准的共同理念。它直接关系到从教育内容和教育质量监控体系的构建向能力体系的构建过渡”③。

能力本位教师教育思想是俄罗斯教师教育标准制定的理论基础。俄罗斯第三代教师教育国家标准确定了未来教师要具备三个维度的能力素养：一般文化能力素养（ОК）、一般职业能力素养（ОПК）和特殊职业能力素养（ПК）（分为教育教学活动领域的职业能力和文化教育活动领域的职业能力）。详见下面表格中的内容。

---

① 朱旭东，等. 教师教育思想流派研究［M］. 北京：北京师范大学出版社，2017：91.

② 杜岩岩. 21世纪俄罗斯师范教育现代化的价值取向及制度安排研究［M］. 北京：中央编译出版社，2016：54.

③ 李艳辉. 俄罗斯第三代教师教育国家标准的内容与特点［J］. 比较教育研究，2014，36（8）：25-30，50.

俄罗斯培养未来教师的三维能力素养①

能力类型	能力素养	能力代码
一般文化能力素养	形成思维素养，具有概括、分析、处理信息的能力，具有提出目标和选择目标实现途径的能力	OK-1
	培养对世界观、对社会和个体发展具有重大意义的哲学问题分析能力	OK-2
	能够理解文化作为人类存在形式的意义，并能够用基本的文化价值和宽容、对话和合作等现代原则指导自己的活动	OK-3
	能够在教育和职业活动中运用关于现代世界的自然科学图景的知识、信息的数学加工方法及理论研究和实验研究方法	OK-4
	能够利用体育方法和自我调节方法来提高人的机体适应潜力和巩固健康	OK-5
	具有正确逻辑性的口语和书面语表达能力	OK-6
	具有与同事积极互动的能力和合作能力	OK-7
	掌握获得、保存和处理信息的主要方法，能够利用计算机进行信息管理	OK-8
	具有利用因特网工作的信息素养	OK-9
	掌握一门外语，能够获得国外职业活动领域的信息并进行评价	OK-10
	能够运用基本的防护方法，避免事故、灾难、自然灾害引发的可能后果	OK-11
	能够理解信息的本质及其在现代信息社会发展进程中的意义，同时要意识到信息的危险性，遵守信息安全的基本要求，保守国家机密	OK-12
	形成在自己的职业活动中利用法规等规范文件的法律素养	OK-13
	能够宽容地理解和接受社会、文化的差异，尊重和保护历史遗产和文化传统	OK-14
	能够理解历史发展进程的动力和规律，理解人和社会政治组织在历史发展进程中的地位	OK-15
	具有公开演讲的能力和讨论、辩论能力	OK-16

① 李艳辉，郜红晶. 基于大学生能力培养的俄罗斯高等师范教育课程改革［J］. 现代教育管理，2016（2）：78-83.

续 表

能力类型	能力素养	能力代码
一般职业能力素养	对未来将从事职业的社会意义形成正确认识和实施职业活动的积极动机	ОПК-1
一般职业能力素养	能够利用系统的人文、社会、经济科学的理论和实践知识解决社会和职业任务	ОПК-2
一般职业能力素养	掌握基本的职业言语素养	ОПК-3
一般职业能力素养	能够对自己职业活动的结果承担责任	ОПК-4
一般职业能力素养	掌握一门专业外语，能用外语进行职业交往	ОПК-5
一般职业能力素养	能够准备和编辑职业活动领域及具有重大社会意义的文本	ОПК-6
特殊职业能力素养	教育教学活动领域： 能够实施各种教育机构基础课程和选修课程的教学大纲；具有利用现代教学方法和教学策略，包括利用信息技术的能力，以保障教育机构具体教育层次的教学和德育质量；能够利用现代方法预测学生的学业成绩，在学生社会化和职业自我确定过程中实施教育援助，培养学生自觉选择职业的能力；能够充分利用教育环境，包括信息环境的可能性来保障教书育人的质量；能够与关注教育教学质量的家长、同行、社会合作伙伴进行互动；能够组织学生之间的合作；能够在教学、德育活动和课外活动过程中保护学生生命安全和健康	ПК-1 ПК-2 ПК-3 ПК-4 ПК-5 ПК-6 ПК-7
特殊职业能力素养	文化教育活动领域： 能够利用现代信息通信技术等手段为各类人群制定和实施文化教育大纲；能够与文化教育活动的参与者进行专业化的互动；能够利用本国和外国的经验组织文化教育活动；能够发掘和利用区域文化教育环境的可能性来组织文化教育活动	ПК-8 ПК-9 ПК-10 ПК-11

以能力本位教育理念为基础，与前两代教育标准不同，俄罗斯第三代高等教育国家标准不是对教育大纲内容的规定，而是对教学结果和培养质量提出了统一要求。俄罗斯第三代高等教育国家标准只是对高等师范教育的培养目标、教师职业活动的特点、高校基础教育大纲掌握结果、结构、实施条件

提出了要求。构建第三代高等教育标准的逻辑是提出对毕业生培养水平的要求，描述本科生在毕业时应该获得的知识、能力和个性品质，对高校基础教育大纲的结构提出要求，为高校的课程开发与设置提供框架导向。俄罗斯第三代高等教育国家标准以能力模式为导向，目的是通过人文-社会科学和经济科学、数学和自然科学等学科系列的教学培养学生的各种能力素养，架构课程与能力之间的联系。俄罗斯第三代高等教育国家标准凸显能力培养的跨学科性指向。俄罗斯第三代高等教育国家教育标准确定的能力，无论是一般文化能力还是职业能力，都具有跨学科的性质。①

俄罗斯第三代教师教育标准规定，高校基础教育大纲的结构包括人文-社会科学和经济科学、数学和自然科学、职业三个学科系列，每一个学科系列的内容包括两个层次。第一个层次是基础部分，是全国统一的标准内容，是俄罗斯国家对师范教育培养方向本科教学水平应达到的基本要求，高校必须按照对教学结果和培养质量提出的统一要求组织和实施教学。第二个层次是可变部分，是需要高校自主设计的标准内容，要求高校结合地域经济发展特点和本校特色，设计校本课程体系，组织与实施教学，给高校留出了充分的自主空间，体现了高校在基础教育大纲制定方面享有的学术自由，为高校个性化和多样性的教师教育课程设置提供了可能。这说明俄罗斯第三代教师教育标准的内容具有统一性与灵活性的特点。②

俄罗斯联邦第三代教师教育标准在提出学士要形成的一般文化能力素养和一般职业能力素养的基础上，进一步规定了学士在教育教学活动和文化教育活动领域需要形成的专门职业能力。在课程结构的优化方面，强调实践、实验课程和教学、生产实践，重视实践教学体系的构建和完善，要求确保教育实践环节的时间和质量。总之，“在论证师范教育的培养方向、确定每一个方向的核心基础和强化实践活动等层面，教育标准都指向教育的多功能性、

① 李艳辉，O. A. 玛什金娜. 俄罗斯第三代高等教育国家标准：背景、框架、特点［J］. 高等教育研究，2014，35（2）：102-109.

② 李艳辉. 俄罗斯第三代教师教育国家标准的内容与特点［J］. 比较教育研究，2014，36（8）：25-30，50.

基础性和实践性”①。由此可见，俄罗斯联邦第三代教师教育标准要求教师培养过程中基础性和实践性并重，致力于培养未来的教师对现实问题的解决能力。这说明俄罗斯第三代教师教育标准的内容具有基础性与实践性的特点。②

俄罗斯第三代教师教育标准鲜明地体现了能力本位的教育理念，并提出了具体的课程教学要求。

高等教育机构要根据国家教育标准独立制定学士阶段基础教育大纲，它包括各类课程（或模块）的教学计划和教学大纲、保障教育教学质量的其他材料、教学实践和生产实践的大纲、教学日历以及教育策略、教学法方面的保障材料，每年要根据科学、技术、文化、经济、工艺和社会领域的发展对基础教育大纲进行更新。在制定学士基础教育大纲时，高校应该确定本校培养毕业生一般文化能力（比如社会互动能力、自我组织和自我管理能力）的可能性。大学必须要形成良好的社会文化环境，为个体的全面发展创造必要的条件。大学必须要促进教学过程中社会-培养要素的发展，包括发展大学生的自我管理体系，组织学生参加各种社会组织、体育、创造活动俱乐部及大学生科研协会的工作。

在教学方法方面，要求以能力素养观（компетентностный подход）为基础，在教学过程中广泛运用积极的、交互式的授课形式，并与课外活动相结合，旨在形成和发展学生的职业技能。在课程学习框架下，应当组织与俄罗斯和外国教育机构、国家科研组织和社会组织、高级鉴定家和专家代表见面交流。交互式授课形式在教学过程中所占的比例要根据学士基础教育大纲的主要目标、学生的人数和具体学科内容的特点来确定，应该不少于课堂教学的 20%，讲授课不能超过课堂教学的 40%。根据学士基础教育大纲对大学生应该掌握的知识、能力和技能的整体要求，每门课程（模块）的教学大纲都应清晰地表述出教学的最终结果。每门课程的教学量（总学时）不能低于 2

---

① Радионова Н. Ф. Современные ориентиры обновления педагогического образования и федеральный государственный образовательный стандарт третьего поколения [J]. Вестник Герценовского университета, 2008：50-55.

② 李艳辉. 俄罗斯第三代教师教育国家标准的内容与特点 [J]. 比较教育研究，2014，36 (8)：25-30，50.

学分（学生选修的课程除外）。所有教学量超过 3 学分的课程，都应该进行学业评价（优、良、及格）。

在课程结构和学时安排方面，要求学士基础教育大纲中必须设置学生选修课程，其数量不能少于上述三类学科可变部分课程总量的三分之一。选修课程设置制度由各高校的学术委员会确定。学生每周课时量最多不能超过 54 学时，包括为掌握学士基础教育大纲的课堂教学、各种课外（自主性）学习活动和高校针对学士基础教育大纲而补充设置的选修课程的学习。大学生在学士教育全程学习的选修课程不能超过 10 学分。高校学士基础教育大纲应该包括实验课程和实践课程。“教学实习和生产实习”部分是必修课程，是一种直接指向学生职业实践能力培养的实践课程。实习活动的具体类型由高校的基础教育大纲来确定。每类实习活动的目标、任务、计划及实践总结的形式由高校自行确定。大学生的科学研究工作也是教学实践活动的组成部分。高校应该制定大学生科研工作大纲。①

俄罗斯制定和实施第三代教师教育标准的目的是提高教师的培养质量，与必须提高教学的有效性直接相关。在教学实践中要求积极运用个性指向教学和发展性教学策略，这是有效教学的必然选择。这些教学策略能够帮助大学生更好地掌握知识，形成和运用从事未来的教育活动所必需的能力和技能，促进培养大学生——未来的教师形成能保障他们充分地实施自己的智力潜力的能力素养，造福于社会、国家和个体自己。但是，由于第三代高等教育标准只是对基础教育大纲中三类学科的必修课程目录做出了规定，对课程内容并没有相应的范围规定，不具有内容导向性，导致高校在设计基础课程的教育大纲时遇到了一定的困难，具体表现为如何根据教育标准确定课程内容及建立课程内容与能力培养之间的联系。因此，在俄罗斯也存在对第三代教师教育国家标准的批评和反对之声。后来，俄罗斯对第三代标准进行了两次修订，目前正在实施的是经过第二次修订后的教师教育国家标准。

---

① 李艳辉. 俄罗斯第三代教师教育国家标准的内容与特点［J］. 比较教育研究，2014，36（8）：25-30，50.

七、教师教育内容的人文化、基础化思想

（一）《俄罗斯联邦教育法》对教育内容的规定

俄罗斯联邦独立后，在1992年颁布了《俄罗斯联邦教育法》，1996年对其进行了修订，在新旧版本中对教育内容的改革都提出了相同的总要求。首先，教育内容是社会的经济和社会进步的因素之一，确定教育内容的出发点应当为个性的自我实现创造条件，发展文明社会，加强和完善法治国家；其次，教育内容应保证使学生了解符合现代知识水平和教育大纲水平的世界概况，具备与世界水平相适应的社会普通文化水平和社会职业水平，使学生的个性与世界文化和民族文化融为一体，把公民造就成为置身于现代社会并以完善现代社会为目标的人才；再次，任何一级的职业教育均应保证使学生能学到一种职业相应的技能；最后，教育内容必须有助于人与人、人民与人民以及各个种族、民族、宗教和社会团体之间的相互理解和合作，应考虑到世界观的多样性，应有助于学生实现自由选择观点和信仰的权利。《俄罗斯联邦教育法》确定了新时期学校教育内容的指导性要求，其中重点强调的是教育内容必须服务于培养完整的个性，培养与时代发展、社会需求、世界文明以及民族融合事业相适应的人才。[①] 需要指出的是，俄罗斯秉持大职业教育观，包括高等师范教育在内，所有高等学校都属于职业教育，学士、硕士、博士阶段的教育是职业教育的不同层次。

（二）基于系统论和活动论来修改教师教育专业目录

系统论和活动论是俄罗斯教师教育专业目录调整的理论基础。从1993年开始，俄罗斯联邦教育部以改革传统的单一结构的师资培训为目的，开始探讨制定师范教育学科新的专业目录。当时俄罗斯有78所师范院校、许多教学教法联合体的学术委员会、一些专业的研究机构以及设在莫斯科列宁师范大学的全国师范教育教学教法联合体，都提出了建议并参与了分析讨论。1994年3月5日，俄罗斯高教委员会颁布180号令《高等职业教育国家标准·高等职业教育的培养方向和专业分类》，高等师范专业目录包括在其中，共42

① 肖甦，王义高. 俄罗斯教育10年变迁［M］. 北京：北京师范大学出版社，2003：110.

个专业，大致可分为两类：普通教育机构中的基础科学课程（物理、数学、生物等）；被列入各种类型普通教育机构教学计划中的新科目（法学、文化学、心理学、经济学等）。[①]

系统论和活动论是此次修改专业目录的依据。从系统论角度来看，专业目录可以被看作一个拥有自身结构的系统，它关系到人才的职业技能结构及社会劳动分工的基本形式（职业性分工、功能性分工、技术性分工和部门分工），因此在确定该系统的基本结构时必须考虑到这些因素。从活动论角度来看，确立专业目录应当在分析定向性职业活动基本要素的基础上进行，必须考虑到职业活动的目的、对象、手段以及职业功能等因素。标准性文件的专业目录，应当反映社会对人才培养的需求，并对制定高等教育的职业教育大纲具有奠基性作用。职业类别之中的专业属性规定了基础培训的内容和性质，并在该职业组别中具有职业培训的普遍性意义。以“教育”类专业为例，生物医学和教育心理学是该类职业的基本培训内容。[②]

（三）教师教育内容调整的指导思想

1. 教师教育内容的人文化

教师教育内容的人文化是俄罗斯教师教育内容调整的指导思想。随着1992年第一部《俄罗斯联邦教育法》中关于教育内容的总体要求，俄罗斯联邦对高等师范教育也相应进行内容调整。俄罗斯著名学者、科学院院士卓林斯基（Джуринский，А. Н.）在其编写的《教育学史》教材中指出，1994年俄罗斯联邦教育部积极着手教师教育内容的改建，重点围绕以下三个方面进行：强调和突出教育内容的客观性、全面性和非意识形态化。俄罗斯教师教育内容的调整旨在扩大学生选择教材的自由度，实施多样化的课程体系结构，扩充使学生了解世界、社会和自身职业的课程；同时，强调教育内容的基础化原则。[③]

强调教师教育内容的人文化是苏联解体后俄罗斯高等师范教育内容调整

① 肖甦，王义高．俄罗斯教育10年变迁［M］．北京：北京师范大学出版社，2003：100.

② 肖甦，王义高．俄罗斯教育10年变迁［M］．北京：北京师范大学出版社，2003：100.

③ Джуринский，А. Н. История российской педагогики：учебное пособие［М］．-Южно-Сахалинск：СахГУ，2010：212.

的趋势。1994 年 8 月，俄罗斯联邦国家高等教育委员会颁布命令，即《关于高等学校人文和社会学科教师技能培训和提高的临时规定》。该文件要求发展人文主义教育，出版有关教法文献，总结和推广这类课程的教师经验，加强人文和社会科学领域的研究。① 加强人文学科的地位和作用，强调教师教育内容的人文化是俄罗斯高等师范教育内容调整的重要指导思想。

教育人文化是指对学生开展人文知识以及精神生活两方面的教育和培育，使其能够学会如何进行创新，给学生的自我发展创造出有利的道德、文化以及精神方面的环境；使学生能够从历史高度、公民共同的价值观与文明出发将未来的职业活动转化为一个活动过程，包括生理活动、社会心理活动、经济活动等。加强课外活动和教学过程之间的联系，旨在吸引科学、艺术、文化、政治、宗教等方面的社会活动家广泛地参与大学人文学科的教学；坚持思想意识和政治观点的多元化、基础性和多方案教学相结合；根据不同学生的实际情况开展有特色的教学。②

俄罗斯教育专家们基本上一致认为，教育人文化是实施教育人本化的基本途径，因为人文化问题的解决能保证和加快精神道德教育、公民教育和伦理教育的进程。基于上述目的，人文学科开始在俄罗斯的任一专业设置内占据着举足轻重的地位。俄罗斯学者提出，解决教育人文化问题可以采取以下两种途径：分散式和强化式。③ 所谓分散式就是要在教学计划和教学大纲中增加人文学科的比例。强化式是指将人文教育与专业教学相结合，重新审视各个专业的培养内容，将人文知识和人文精神融入专业教学的内容中，使人文教育问题成为专业教学的研究对象；将人文教育与科学教育相结合，使自然科学知识和人文知识在学生的意识中达到统一并形成多种稳固的联系。可以说，以上两种途径各有利弊：前者简单，但是要想取得实效，必须要改变人文学科信息灌输式的教学方法。后者则比较复杂，但是有助于培养和形成大

① 王长纯，等. 教师教育思想史研究：上、下册［M］. 长春：东北师范大学出版社，2016：487.

② Вроейнстийн А. И. Оценка качества высшего образования［M］. M.：Изд-во МНЭПУ，2000：35.

③ Козырев. В. А. Педагогический университет как источник образовательных процессов в высшем педагогическом образовании：Монография［M］. – СПб.：Изд-во РГПУ им. А. И. Герцена，2005：158.

学生的人文意识和人文精神，使未来的教师学会人性化地探索和解决未来职业活动中的各种问题。①

在俄罗斯第一代教师教育国家标准出台后，俄罗斯师范教育的课程体系开始调整，划分为三大类别：人文科学课程、教育和心理学科课程和专业课程。人文科学的教学时数占总课时的25%—30%，包括文学、历史、外语、人类文明史、政治学、经济学等。俄罗斯高等师范教育的改革与教育内容的更新密切相关，指向形成未来教师的一般修养和教育修养及职业综合素质。培养大纲由三个学科系列组成：一般文化学科、心理学和教育学科、专业学科，它们分别占总学时的25%、18%、57%。除了最新的科技信息，人文个性化的知识和能力、创造性的活动经验、对世界及人的情感价值态度、道德伦理关系等同样是教育内容的组成部分。研究和分析俄罗斯高等师范教育的第二代国家标准，可以发现，制定教育内容的价值取向已经发生变化，过去一直占绝对优势的技术至上的教育内容被人文主义的教育内容取而代之。总体来看，人文学科在俄罗斯高校任何一个专业的培养大纲中都占有越来越大的比例。② 俄罗斯教育和科学部制定和实施第三代教师教育国家标准，进一步完善课程结构，旨在培养新型的教师。

教育内容的人文化要求注重教育内容选择上的文化学倾向，确保个体在世界和祖国文化环境中的发展和自我认定。具体要求为：掌握尽可能广泛的文化财富；在历史发展的进程中理解和阐释各种文化现象；养成倾听不同文化“声音”的能力，掌握祖国和世界悠久文化历史的基本内涵。也就是说，应该使每个学生、每个师范生都意识到，他是文化的人，体现着独特的文化背景，是在一定的文化语言中思考和说话，不仅要从文化财富中获得知识，而且要在自己的专业学习和教育活动中发扬光大。具体应体现在：了解“全球文化”的整体环境和自身文化氛围；寻找并明确相应的文化历史意识（“文化记忆”），能够在民族和世界文化发展环境中实现自己的教育专业活动。③多元主义是苏联解体后在俄罗斯形成的一个重要思潮，俄罗斯教师教育课程

---

① 李艳辉．俄罗斯高等师范教育改革的人本取向［J］．辽宁教育研究，2007（3）：74-77.
② 李艳辉．俄罗斯高等师范教育改革的人本取向［J］．辽宁教育研究，2007（3）：74-77.
③ 肖甦，王义高．俄罗斯教育10年变迁［M］．北京：北京师范大学出版社，2003：111-112.

的多元化也是多元主义思想在课程设置上的一种反映。

教育内容的人文化要求与人才培养的个性倾向性原则相统一。教育内容人文化以人文主义的原则为基础，承认每个人的自我价值，尊重每个人的权利和自由，保障每个人评价社会制度、参与社会活动的基本权利。人才培养的个性倾向性原则以人道主义教育思想为核心，强调以人为本、以学生为本的教育。教育内容人文化是人道化教育的手段，目的是向学生提供个性自我认识的知识氛围，使学生形成自我确定和自我实现的能力与习惯。掌握由人文科学和非人文科学积累而成的、完整的人学以及包含人文思想的所有教学课程，则是教育人文化的现实任务。①

2. 教师教育内容的基础化

俄罗斯强调师范专业实践活动中教育内容的基础化。基础教育是教育者的能力和动力的基础，是根据不断发展的社会及个人需求有目的地完善自己专业活动的必要准备，是进行继续教育和自我教育的基本保障。因此，师范教育内容的基础化是师范教育机构依据社会现实要求培养合格的教育专门人才的前提条件。此外，增加师范教育内容的信息化，要求教师掌握信息学原理、了解并能利用新的教育信息技术从事教学教育实践活动。

另外，强调教育内容的灵活性、选择性以及不断适应社会教育需求及个人变化的动态性需求。这些需求包括民族、地区的需求以及个人和教师在学术上的教育侧重点的需求。在市场化的社会大背景下提高学生经济素养，以保证师范毕业生适应急剧变化的市场需求。应使学生了解基本的经济理论，对国家经济政策有所认识，能够发现、利用和归纳不同的经济信息并解决各种相关问题。② 比如，在师范院校的课程体系中，都设置教育经济学这门课程。

八、俄罗斯的教师专业发展思想

（一）重视教师专业发展的思想

“专业化”是一个社会学的概念，是指一个普通的职业群体在一定时期内

① 肖甦，王义高. 俄罗斯教育10年变迁［M］. 北京：北京师范大学出版社，2003：111-112.
② 肖甦，王义高. 俄罗斯教育10年变迁［M］. 北京：北京师范大学出版社，2003：111-112.

逐渐符合专业标准并获得相应的专业地位的过程。教师从事的工作到底是不是一门专业，对此问题仍存在长期的争议。社会学家埃利奥特（J. Elliott）等西方学者认为，教师与医生、律师、神甫职业并称为“四个伟大的传统专业”[①]。世界范围的教师专业化运动是在20世纪60年代开始的。1966年，联合国教科文组织与国际劳工组织在法国巴黎召开“教师地位之政府间特别会议”，通过了《关于教师地位的建议》文件，明确提出了教师是专业人员。该文件强调指出：“教育工作应被视为一种专门的职业，这种职业要求教师严格地、持续不断地研究，才能获得并保持专门的知识和专门的技能。”这是世界上首次以官方文件的形式对教师专业化做出的明确说明，它肯定了教育工作的专业化性质，指出了教师职业的专业化要求。因此，“教师专业化”的理念从那时起逐渐成为人们的共识。1975年，联合国教科文组织第35届国际教育会议通过决议，强调教师职前培养和在职进修相统一的必要性。此后，“师范教育”逐渐延伸为考虑教师一生专业发展的“教师教育”，出现了“教师培育一体化”的概念。这又为教师专业化的进一步发展创造了条件。[②]

在教师专业化研究进程中，学者们最初大多采用的是社会学角度的群体专业化的策略，强调教师群体的、外在的专业提升的专业化，而后逐渐将视角转向教师个体的、内在的专业化。这种强调教师个体的、内在的专业化被人们更多地称为“教师专业发展”。这两者在广义上是相通的，都指向加强教师专业化的过程；在狭义上是有所区别的，那就是从不同的思维角度强调教师专业性的提升。[③] 1980年，《世界教育年鉴》以“教师专业发展”为主题，提出“教师专业化”目标有两个：一是把教师视为社会职业分层中的一层，专业化的目标是争取专业地位与权利以及力求集体向上流动；二是把教师视为提供教育教学服务的专业工作者，专业化的目标是发展教师的教育教学的知识与技能，提高教育教学水平。这表明了教师教育向教师专业发展的转向，其理论研究的中心开始从教师群体的专业化转到教师个体的专业发展，教师

---

① 赵康．专业、专业属性及判断成熟专业的六条标准：一个社会学角度的分析［J］．社会学研究，2000（5）：30-39.

② 单中惠．教师专业发展的国际比较［M］．北京：教育科学出版社，2010：2.

③ 单中惠．教师专业发展的国际比较［M］．北京：教育科学出版社，2010：5.

个体的内在能动性越来越受到重视。① 20 世纪 80 年代以来，教师专业化发展成为人们关注的焦点，出现了由整体的、外在的、被动的教师专业化向更注重个体的、内在的、主动的、终身的教师专业发展的转向。对于教师专业发展来说，这是一个极为重要的转向。② 1996 年召开的第 45 届国际教育大会重申了“应该把教师职业作为专门职业来看待”这一立场，并建议：“通过给予教师更多的自主权和责任提高教师专业地位，通过在职培训提高其专业性。”③

在从 20 世纪 60 年代开始兴起的教师专业化运动中，美国、日本、英国等国家走在了世界的前列。④ 教师职业化和专业化是发达国家 20 世纪教育现代化的重要内容。可以说，20 世纪后半期是西方国家的教师专业化发展的一个高峰期，也由此奠定了世界教师教育的基本发展路径。在西方社会普遍掀起教育改革浪潮之时，苏联教育也进行着连续的变革，虽然一直强调教师培训、提升的重要性，但是教师专业化问题始终没有被提到改革的最高层面上来。曾担任苏联教育科学院院长、教育部副部长的康达多夫曾针对教师专业化问题发出感慨：“令人遗憾的是，对教师本身的研究工作至今为止还缺少综合性。”⑤

教师专业化问题逐渐引起俄罗斯政府和学术界的关注。在俄罗斯教师教育问题上，俄罗斯政府和教育界都面临着非常巨大的压力。由于俄罗斯教师工资低，所以教师流失、师资匮乏成为普遍现象。在俄罗斯人眼中，与苏联时代相比，教师职业失去了吸引力，教师的教育教学水平也下降了。俄罗斯民众普遍认为，政府必须承担有关责任，必须在提高教师职业道德水平和专业水平方面有所作为。⑥ 因此，俄罗斯政府一方面要解决教师供给不足的问题，另一方面还要提高教师的质量，促进教师的专业水平和能力的提升，从而保证俄罗斯教育的质量。如果说苏联的历次教育变革并没有关注教师的专业化问题，那么，在 20 世纪 90 年代俄罗斯联邦成立后，在延续并反思苏联

---

① 单中惠. 教师专业发展的国际比较［M］. 北京：教育科学出版社，2010：6.
② 单中惠. 教师专业发展的国际比较［M］. 北京：教育科学出版社，2010：1.
③ 叶澜，白益民，王枬，等. 教师角色与教师发展新探［M］. 北京：教育科学出版社，2001：215.
④ 单中惠. 教师专业发展的国际比较［M］. 北京：教育科学出版社，2010：3.
⑤ 高金岭. 俄罗斯基础教育［M］. 广州：广东教育出版社，2004：61.
⑥ 高金岭. 俄罗斯基础教育［M］. 广州：广东教育出版社，2004：59.

后期教育改革的过程中，教师专业化开始成为俄罗斯教师队伍建设的理论基础。1998 年颁布的《俄罗斯联邦教育发展纲要》提出了七项预期目标，其中，“建立提高教师专业水平的保障机制，以提高和完善教师和教育科研工作者和教育系统配套工作人员的专业技能水平”是目标之一。[①]

进入 21 世纪，俄罗斯重视教师队伍建设。在《俄罗斯联邦民族教育方针》中，对教师提高教学水平做了相关要求和规定，其中要求：学前和基础教育机构的教师和教养员应基本具有高等教育水平；为各级教育机构教师的创造性发展、业务技能的提高和及时的再培训提供条件（至少每 5 年培训 1 次），从国立和市立的教育机构工资金额中划拨出不低于 4% 的预算开支用于这些目的；保证教师队伍的职业化和专业化水平。[②]

（二）促进教师专业发展制度保障的思想

1. 基于教师资格定期鉴定制度促进教师专业发展的思想

教师专业化不仅是一种观念，更是一种制度。建立和健全教师教育的质量保障体系是实施教师专业化战略的重要标志和根本保障。教师资格证书制度因其在保证教师质量方面所表现出的不可替代性作用，与教师教育机构认定制度、教师教育课程鉴定制度以及教师继续教育制度等共同组成了教师教育质量保障体系，并在其中扮演着最为突出的角色，倍受世界各国的重视。[③]教师资格制度是现代教师教育制度的核心，实施教师资格制度是提升教师的专业化水平，实行开放的教师教育体系的重要基础。[④]

俄罗斯对现代教师教育制度的构建进行了积极探索，实施教师资格制度，体现了基于教师资格鉴定制度促进教师专业发展的思想。教师资格定期鉴定制度是俄罗斯促进教师专业发展的制度化设计。

俄罗斯联邦政府继承并发展了苏联时期系统的教师考核和鉴定制度，并根据鉴定结果确定教师是否胜任承担的职位。根据《俄罗斯联邦教育法》，俄

---

① 高金岭. 俄罗斯基础教育［M］. 广州：广东教育出版社，2004：51.

② 高金岭. 俄罗斯基础教育［M］. 广州：广东教育出版社，2004：59-60.

③ 李广平. 从国际教师资格制度的发展趋势看我国教师资格证书制度的完善［J］. 外国教育研究，2004（3）：39-43.

④ 朱旭东. 我国现代教师教育制度构建［J］. 北京师范大学学报：社会科学版，2007（4）：15-20.

罗斯联邦教育与科学部1993年批准通过了《俄罗斯联邦国立、市级教育机构和组织教育工作者和领导者鉴定条例》。在对该条例内容修正的基础上，2000年，俄罗斯联邦教育与科学部出台了《国立和市级教育机构教育工作者和领导者鉴定程序的规定》。与苏联时期相比较，这一时期的教师鉴定制度主要有三点不同之处：首先，俄罗斯的教师鉴定建立在教师自愿基础上，教师鉴定范围扩大，不仅包括科任教师，而且包括所有与教育教学有关的人员。其次，将苏联时期教师鉴定每年举行一次改为不定期举行。最后，俄罗斯的教师鉴定同教师工资挂钩。

俄罗斯通过不断完善教师资格鉴定制度来促进教师专业发展。为了进一步提升中小学教师的整体素质，促进教师专业发展的持续性，俄罗斯联邦教育与科学部于2010年3月24日发布209号令，通过了《国立和市立教育机构的教育工作者鉴定制度》，要求从2011年1月1日开始实施这个新教师鉴定制度。该法令适用于实施基础教育大纲和补充教育大纲的各类大学前教育机构，包括学前教育机构、初等普通教育机构、基础普通教育（основное общее образование）机构、中等（完全）普通教育机构、初等和中等职业教育机构，它提出了实施教师资格定期鉴定制度，要求对所有中小学教师每5年进行一次教师资格鉴定。实施《国立和市立教育机构的教育工作者鉴定制度》的目的在于根据对教育工作者职业活动的评价，确定教育工作者的技能是否符合初级资格或高级资格的技能要求，或者确定教育工作者是否适合他们所从事的工作岗位。实施新鉴定制度的任务是促进教育工作者树立明确目标，持续性地提高自己的业务水平、方法论素养，促进个体的个性和职业成长；促进教育工作者掌握现代教育技术；提高教育劳动的效率和质量；展现教育工作者充分挖掘和利用各种潜能的前景；教育机构在加强教师队伍建设时要考虑到国家教育标准对实施教育大纲的师资条件要求；确定提高教育工作者技能的必要性；保障教育工作者劳动支付水平的差异化。①

全体性和强制性是新教师资格鉴定制度的主要特点。以前的教师鉴定制

① 李艳辉，李雅君．俄罗斯加强中小学教师队伍建设的制度评析［J］．外国教育研究，2014，41（7）：71-79.

度只是对想获得某类技能的教师进行鉴定，教师是否参与鉴定完全是自愿的。这意味着，如果教师没有技能提高的愿望，就可以不参加技能培训。[①] 2010年颁布的新鉴定制度要求对所有教师进行职业资格鉴定和认证，确认其是否符合所从事的岗位要求。此外，新鉴定制度对教师技能的要求和评价方法也发生了原则上的变化，教师的职业教育能力被确定为核心能力。鉴定程序和内容以评价教师个人对提高教育质量的贡献、促进学生发展、教书育人的参与度和掌握新教育策略的程度为基础。在新的教师技能要求中增加了掌握信息技术等一些新内容。出现了一些新的教师岗位，比如说辅导员，其主要职责是为中小学生编制个性化的教育大纲，并向学生提供教育支持和服务。

2. 基于教师专业标准促进教师专业发展的思想

教师专业发展标准的制定是各国教师教育专业发展标准化的重要依据之一，宏观表述的标准制定的宗旨和核心是各国培养教师、发展教师的目标与方向。[②] 为促进教师专业发展，使教师鉴定有法可依，2007 年俄罗斯第一次制定并出台《教师活动专业标准》。该标准以教师能力发展为核心明确了教师能力水平的特点和评价指标，对第一技能类别和高级技能类别教师的技能特征做了详细规定。以《教师活动专业标准》为基础，俄罗斯联邦教育科学部制定了一系列开展教师鉴定的文件，包括《俄罗斯联邦教师鉴定程序》，并以此为基础出台了《教师技能水平评价方法》。[③]

2010 年 9 月俄罗斯联邦政府通过了《普通教育现代化 2011—2015 年行动计划》，提出了六项行动计划，其中两项是向新一代教育标准过渡和完善教师队伍建设。俄罗斯教育与科学部于 2009 年 10 月、2010 年 12 月先后通过了初等和中等普通教育第二代国家教育标准，并要求逐渐向实施新教育标准过渡。新标准不仅要求更新教育内容，最重要的是要求创新教学方法和教学策略，

① Выступление А. Фурсенко в Совете Федерации Российской Федерации 12 октября 2011. О состоянии и перспективах подготовки педагогических кадров в условиях модернизации страны [EB/OL]. http：//минобрнауки. рф/пресс-центр/61.

② 朱旭东，等. 教师教育思想流派研究［M］. 北京：北京师范大学出版社，2017：338-339.

③ 王长纯，等. 教师教育思想史研究：上、下册［M］. 长春：东北师范大学出版社，2016：488.

对教学结果也提出了新要求。为保障国家教育标准的落实，俄罗斯联邦政府于2011年5月31日发布的436号决议规定2011—2013年俄罗斯教育现代化的六项措施，其中之一就是对基础教育机构的教师和领导者进行技能培训。可见，俄罗斯政府和教育与科学部关注普通教育现代化的教育人才资源保障问题。① 俄罗斯对中小学教师进行实施新标准的能力培训，保证教师学会运用最先进的教育技术与新教学策略来教育儿童，从整体上提升中小学教师队伍的素质。

为保障新教师资格定期鉴定制度的实施，俄罗斯提出了相应的保障措施：为希望提前进行高一级技能鉴定的教师，特别是年轻教师提供保障；至少每5年对中小学教师和校长进行一次全员培训，要保障培训大纲的多样性，以满足学员的不同教育需求，并按人头向学校划拨用于技能提高的经费；要保障教师有选择培训大纲和培训机构的权利；为了借鉴本地区以外的中小学校创新经验，校长和优秀教师可以去其他地区的培训机构接受技能提高培训。②

3. 基于教师薪酬制度改革促进教师专业发展的思想

俄罗斯联邦教育与科学部于2008年9月提出中小学向实施新工资制度过渡的要求。俄罗斯实施中小学教师新工资制度的目的是从经济上刺激教师的专业成长，提高教师劳动的效果和质量，创新中小学教学方法，并希望通过以下手段达成目标：补充中小学教师数量，吸引积极的、有能力的、对教师工作感兴趣的人才来中小学校工作；提供劳动支付机制保障，对积极向上的和有发展前景的教师提供奖励；形成一种经济动力，促进教学工作的理性化和教师工作质量的提高。俄罗斯新工资制度本质上属于绩效工资制度，它不是机械式“一刀切”提高教师的工资，而是充分考虑教师的职业素质、工作态度、工作业绩等因素，教师工资的总额与教师的工作效果和质量直接相关。

---

① 李艳辉，李雅君. 俄罗斯加强中小学教师队伍建设的制度评析［J］. 外国教育研究，2014，41（7）：71-79.

② 李艳辉，李雅君. 俄罗斯加强中小学教师队伍建设的制度评析［J］. 外国教育研究，2014，41（7）：71-79.

第四节
俄罗斯联邦时期教育家的教师教育思想

苏联解体后，俄罗斯联邦教育运行的社会环境发生了根本性的变化，包括教师教育在内，俄罗斯政府和教育家对国家整个教育体系如何发展不得不重新思考。在俄罗斯联邦独立后的新时期，斯拉斯焦宁提出创新教育学，拉季奥诺娃和特里亚皮岑娜等学者提出了教师职业能力观，这些新思想对俄罗斯教师教育的改革发展产生了重要影响。

一、斯拉斯焦宁的人本教师教育思想

（一）斯拉斯焦宁的生平和教育活动

维塔利·亚历山大罗维奇·斯拉斯焦宁（Виталий Александрович Сластёнин，1930—2010），一生经历了苏联和俄罗斯联邦两个历史时期，其教育活动和影响力主要发生在俄罗斯联邦时期，因此将其视为俄罗斯联邦时期教育家。斯拉斯焦宁是教育科学博士（1978）、教授（1979），1992 年当选为俄罗斯教育科学院院士，1999 年当选为教师教育科学国际科学院主席（Международная академия наук педагогического образования）。他是俄罗斯教育领域政府奖获得者、俄罗斯联邦荣誉学者，其主要研究方向是教师教育的方法论、教师教育理论与实践。

1981 年，斯拉斯焦宁在莫斯科国立师范学院创建并领导了高等教育学实验室。该实验室成为目标研究计划“教师”的负责机构。斯拉斯焦宁是“教师的社交积极性格的形成”这一研究计划的研究者和方法论专家。他曾担任科学和教学法学会、社会教育学和心理学学会、教师教育学会的常务理事，积极参与教育学、教育学与心理学、社会教育学等专业的国家教育标准的制定，为教育标准的制定提供科学和方法论上的支持。他还参与了俄罗斯普通中等教育内容和结构发展理念的构建工作。1997 年，他被任命为俄罗斯教育科学院高等教育处处长。1998 年，他被任命为《教育科学院信息》（《Известий Российской академии образования》）期刊主编。[①]

斯拉斯焦宁撰写了多本学术著作、教科书和有关教育学和心理学的教学

① Сластёнин，Виталий Александрович［EB/OL］. https：//peoplelife. ru/264870.

参考书。他的书在世界各国译成20多种语言出版。斯拉斯焦宁注重发扬教师的个性、教学文化及教学活动创新，是若干教科书的作者和合著者。他的主要论著如下：

《教师与时代》（1990）、《教师的方法论素养》（1990）、《师范教育的人类学观》（1994）、《创造教育学》（1991）、《活动的要义》（1997）、《俄罗斯高等师范教育：传统、问题与前景》（1998）、《教育学：创新活动》（1997）、《师范教育的人本范式及个性化策略》（1999）、《完整的教育过程——作为教师职业活动的对象》（1998）、《教育学》（教材）（2008）。

斯拉斯焦宁是杰出的学者，他的学生是他引以为豪的对象。在斯拉斯焦宁的指导下，170多个学生撰写并通过了副博士论文，55名学生成为理学博士。如今，斯拉斯焦宁的学生及其追随者遍布俄罗斯各地，几乎每一所俄罗斯师范大学都有他的学生在其中工作。在斯拉斯焦宁的学生中，有很多人成为大学的校长或副校长，各种研究所或研究中心的主任、院长或系主任。他们中的许多人都有自己的学术流派，并承担有前景的研究项目。[①]

（二）斯拉斯焦宁论师范教育的人本范式与个性发展导向的教学策略

1980年，在俄罗斯形成了教育学新学派——以个性发展为导向的职业（专业）教育（Личностно-ориентированное профессиональное образование），斯拉斯焦宁是教育学新学派的开创者和奠基者。教育学新学派的创建走过了漫长的道路：斯拉斯焦宁教育学新流派在1989年和1990年之交的俄罗斯师范教育学术界和师范教育结构中的影响获得了官方的高度认可，此后，这个学派从战略高度研究以高等师范学院为主体的俄罗斯师范教育向教师教育大学化转型的问题。[②]

斯拉斯焦宁提出了构建师范教育新模式，其首要任务是培养人本型教师（гуманистический учитель）。教师必须具备经济教育的起点，具有组织和教

① Биография основателя научной школы академика РАО, д. п. н., профессора В. А. Сластенина [EB/OL]. http://fpp-mpsu. ru/index. php? name=detail&op=view&id=651&pag=2&num=1.

② Научная школа академика РАО, доктора педагогических наук, профессора Виталия Александровича Сластенина. Личностно-ориентированное профессиональное образование [J]. Развитие личности, 2008 (1): 8-19.

育工作技能、计算机素养、良好的外语水平，必须是积极进取和有责任感的人，需要不断地、主动地丰富和更新自己的知识，应该具有创新能力。[①] 未来的教师应该开放地进行实验，同时对现有的教育组织保持宽容的态度。教师必须具有高尚的道德品质，关爱自己的学生。应该培养未来的教师形成思维素养，培养他们独立获取信息的能力。

斯拉斯焦宁和杰姆诺娃（Л. В. Темнова）共同提出了主体性心理学和主体性教育学的基本原则：

——发展人的本质力量和能力，使其能够选择自己人生道路的最佳策略；

——培养个体在自然和社会领域的主动性和责任感；

——为人的个性和专业成长、自我决定、自我实现提供机会；

——掌握实现智力和道德自由所必需的手段；

——为人的自我建设、自我发展、创造性、个性创造条件，发展人的精神潜能。

斯拉斯焦宁认为，以人为本是俄罗斯高等教育人才培养的重要取向和趋势之一，教育范式要从“技术至上”过渡到“人本范式”。人本教育范式必须遵循以下原则：①个性的主体性发展和自我发展；②教学中主体间意义的建构优先于信息的传授；③教育互动的个性化；④系统论和个性活动论相统一。

斯拉斯焦宁和德米特里卡（Т. А. Дмитриенко）认为，在高等师范教育体系中专业化导向（职业导向）的教学策略是一个体系，包括教师和学生之间互动的心理程序、一般文化教育程序和教学论程序，人才培养中一定要考虑到大学生的能力和倾向，并在教学内容、教学方法、教学形式和教学手段的选取和实施上有所体现，以符合设定的教育目标、专业人才未来的活动和未来教师必须具备的重要专业素质。

斯拉斯焦宁指出，高等师范教育体系中专业化导向（职业导向）的教学策略的实施应该是理论与实践的互动、个体与集体工作相结合、学习与游戏

---

① Джуринский，А. Н. История российской педагогики：учебное пособие［М］. Южно-Сахалинск：СахГУ，2010：187.

相结合、指导和自我教育相结合。专业化导向（职业导向）的教学策略构建的原则包括：

——学习与科学、生产相结合的原则；

——教学的专业性和创造性导向原则；

——教学要以遵循个体发展为导向的原则；

——教学要以发展未来专业人才的自我教育经验为导向的原则。①

高等师范教育体系中专业化导向（职业导向）的教学策略最重要的特点如下：有效性（每个学生都能取得很高的成绩）；经济性（单位时间内学生能有效地掌握大量的教学材料，而教师和学生都无须花费太多的时间和很多的努力）；心理健康（教学是在合作的环境下和积极的情感小气候下进行的，不存在超负荷和过度劳累）；对所学习的科目产生高动机，它可以发现和提高大学生最佳的个性品质，揭示大学生的潜能。②

二、拉季奥诺娃和特里亚皮岑娜的教师职业能力观

能力本位的教师教育思想在俄罗斯联邦得到发展。在俄罗斯教师职业能力观的相关研究中，比较有权威性和代表性的研究成果是俄罗斯国立师范大学学者们的观点。该大学的两位教育学教授拉季奥诺娃（И. Ф. Радионова）和特里亚皮岑娜（А. П. Тряпицына）于 2004 年出版的专著《师范教育的能力素养观》（《Компетентностный подход в педагогическом образовании》）以及其他与此主题密切相关的论文是这一领域比较有影响力的研究成果。以下关于俄罗斯教师职业能力观的论述，主要来自这两位学者联合发表的论文。③

---

① Сластенин В. А., Беловолов В. А., Ильенко Е. В. . Личностно ориентированное обучение в процессе профессиональной подготовки специалиста [J]. Сибирский педагогический журнал, 2008 (1): 17-129.

② Сластенин Виталий Александрови, Беловолов Валерий Александрович, Ильенко Евгений Викторович. Личностно ориентированное обучение в процессе профессиональной подготовки специалиста [J]. Сибирский педагогический журнал, 2008 (1): 117-129.

③ И. Ф. Радионова, А. П. Тряпицына. Компетентностный подход в педагогическом образовании [J]. Известия Волгоградского государственного педагогического университета, 2004 (1): 45-49.

(一)俄罗斯教师教育的能力范式转向

俄罗斯各层次教育从知识范式向能力范式转向，要求教师教育从适应行为模式向职业发展模式转向。在对各种职业劳动模式的大量研究中，俄罗斯学者基本上都是将苏联著名的教育心理学家鲁宾斯坦（Рубинштейна С. Л.）的关于两种生活方式（适应行为模式和职业发展模式）的观点作为分析基础。适应行为模式的主要目的在于发展人的融入周围现实世界的能力。职业发展模式的目标重心在于形成以下能力：不断超越日常实践的能力，发现问题、主动认识和评价各种问题的能力，能够根据价值取向建设性地解决各种问题的能力，能够把任何困难都看作继续发展的动力。如果说职业培训的适应模式指向对外部变化的迅速反应和应对，那么，职业发展模式则指向考虑和预测未来的变化。

职业教育的发展受多种因素的影响，主要是经济因素。但是，在复杂的现代世界中，不可能将所有变化仅归结为经济因素，职业教育的发展首先绝对地面向现有劳动力市场的现代需求是不可取的。今天，人作为独一无二的、不可复制的、承担社会发展责任的个体，对人自身的认识具有越来越重要的意义。

职业教育培训的价值目标导向促进人的个性特征的整体生成，这些特征恰恰是衡量一个人职业发展的直接指标。但是，在世纪之交的教育实践中，在承认和宣布人的优先权时，俄罗斯试图遵循适应模式的逻辑：社会对人权产生了兴趣，就将相应的学科引入教育标准中；生态环境问题变得重要，得到关注；向市场经济过渡——在教育标准中又引入相应的课程。

值得一提的是，俄罗斯及其他国家研究数据表明，学术成功并不总是与包括职业活动成就在内的实践上的成功直接相关。杰普洛夫（Теплов Б. М.）的论著已经证明，一个人的实践智力（практический интеллект）并不是低于理论和学术智力（теоретический академический интеллект），而是与其具有本质上的不同，实践智力的特点是能够把握全局，抽取其中的问题，快速分析其影响因素，针对具体情况找到解决方案。

针对教育活动，苏霍布斯卡雅（Сухобская Г. С.）和库柳特金（Кулюткин

Ю. Н.）在他们的合著《教师的思维》[①] 一书中对此也进行了精辟论述。这两位俄罗斯学者对“教师思维”进行了界定，即教师在具体活动情境下运用教育思想的能力，发现和洞见在特定现象中所体现的一般教学本质的能力。这两位学者的研究成果表明，教师的思维体现在非标准性问题的解决、教育互动新方法的设计、教学体系的设计等方面。根据教师工作的功能领域和要解决的任务类型的不同，教师思维可划分为理论教师思维和实践教师思维。理论教师思维旨在发现在教学和德育领域（即教书育人）的新规律、新原则、新规则；实践教师思维则在活动过程中才能发挥作用，其主要任务是改造现实。

俄罗斯著名教育家韦尔比茨基（Вербицкий А. А.）直接发展了这些思想，论证了建设情境性的而非学术性职业教育的必要性。他指出，情境性职业教育关注的重点不是传授现成知识，而是教会如何获得这些知识并将其应用于各种模拟现实职业情境的具体场景中。

（二）发展教师的关键能力、基础能力和专业能力

俄罗斯学者认为，如果将职业培训理解为职业发展的过程、掌握未来职业活动经验的过程，那么可以说，称职的、具有胜任力的专业人才是面向未来的，其能够预见变化，独立自主地接受教育。人的职业能力的一个重要特征是能力的实现是在当下，而目标是指向未来的。职业能力是关键能力、基础能力和专业能力的组合。

关键能力是从事任何职业活动所必需的能力，它与个人在快速变化的世界中能否取得成功有关。关键能力在今天尤为重要，具有特殊的意义。它首先表现在解决职业问题的能力，这要以利用信息的能力、交际能力（包括运用外语进行交流）、遵守公民社会中的社会道德和法律为基础。

基础能力是能够反映特定职业（教师、医生、工程师）活动特点的能力。对于教师职业活动而言，基础能力是指社会发展到一定阶段，教育体系有具体要求的背景下，教师“构建”职业活动所必需的能力。

---

① Ю. Н. Кулюткин, Г. С. Сухобсквя. Мышление учителя: Личностные механизмы и понятийный аппарат [M]. М.: Педагогика, 1990: 104.

专业能力反映职业活动的具体学科领域或者跨学科领域的特点。可以把专业能力看成关键能力和基础能力在学科领域、职业活动的具体领域的实施。

俄罗斯学者认为，上述三类能力是相互联系、同时发展的，会促进形成教师教学活动的个性化风格，并最终保证教师职业能力的形成。教师职业能力既是教师作为一定意义上的完整的人，也是教师作为专业人才个性特征整合的结果。关键能力、基础能力和专业能力是相互渗透、相互作用的，在不同具体情境下利用一定的教育空间解决各种不同复杂程度的问题、完成职业任务。

俄罗斯学者认为，解决教师职业活动任务的经验是现代教师基础能力的表现。在分析俄罗斯中小学校创新战略任务的基础上，俄罗斯学者将教师职业活动的主要任务划分为五种类型：

——在教育过程中要看得见孩子（学生）；

——构建旨在达成具体教育阶段目标的教育过程；

——确立与教育过程中其他主体、学校合作伙伴的互动关系；

——为教学目的营造并充分利用教育环境（学校空间）；

——设计和实施职业自我教育。

所有这些任务都可以结合教育层次具体化。

关于教师职业能力形成与发展逻辑的教育观念要依赖于以下因素：了解在接受职业教育的过程中人的职业发展的心理规律和发展阶段；设计确保教师职业能力形成的教育体系的教育规律。

通过对职业教育（专业教育）体系专业人才职业发展的心理学理念进行分析，俄罗斯学者将已有研究成果解释如下：

第一阶段的重点是发展从事未来职业活动所需要的关键能力。

第二阶段要让学生“沉浸”在职业任务中，掌握解决职业问题的方法，在关键能力的基础上促进基础能力的形成。在这个阶段会发生基础能力和关键能力的“渗透”（整合）。

第三阶段是基础能力的投射、渗透、整合，它与关键能力和专业能力有着千丝万缕的联系。

第四阶段是专业能力的发展阶段。

俄罗斯研究者指出，从教育学的角度来看，这意味着教师构建专业教学的整个过程是以职业任务为基础的，需要以职业教学任务为单位将职业教育的内容进行分割。教师职业培训过程指向获得解决专业教学问题的具体结果（客观物化的和主观的）是能力取向的师范教育的主要特征。作为师范教育的预期结果，教师职业培训的目标就是教师职业能力的形成。

三、卓林斯基的教师职业能力观

卓林斯基·亚历山大·纳乌莫维奇（Джуринский Александр Наумович，1941年至今），教育科学博士，莫斯科国立师范大学荣誉教授，著名比较教育学者，俄罗斯教育领域政府奖获得者，俄罗斯教育科学院院士。卓林斯基是莫斯科国立师范大学儿童研究所小学教育系的教授，在该校小学教育系初等教育理论与实践教研室工作。

卓林斯基具有历史学和教育学的多学科背景，也具有国际化的学术背景。1967年获得历史科学副博士学位，从1971年4月2日起成为世界通史专业副教授/高级研究员，1985年获得教育科学博士学位，1990年获得教育学专业教授职称。他曾在哈萨克斯坦国立教育学院、苏联教育科学院、法国笛卡尔大学（巴黎）、日本筑波大学工作。他有副博士论文《苏法关系（1944—1947）》、博士论文《19世纪末至二战前法国普通教育理论与实践发展的主要趋势》。

卓林斯基的研究方向是比较教育学、教育学史、多元文化社会中的教育与教养。他撰写了20多部专著、书籍和教科书，其中有《比较教育学》《现代世界教育的发展》《20世纪法国学校》《外国学校：历史与现代性》《外国学校：现状与发展趋势》《美国教育和教养的现代化》《教育学史》《教育史和教育思想史》《俄罗斯教育学史》《民族间交流的教育学：俄罗斯和国外的多元文化教育》《外国教育学》等。他是夸美纽斯和卢梭经典作品的编者和注释者。

卓林斯基在2010年出版了《俄罗斯教育学史》，对俄罗斯的教育学发展史进行了描述，也谈到了20世纪和21世纪之交的俄罗斯教师教育问题。俄罗斯教师教育从粗放型发展向集约型发展的转变，需要不同于传统的新型教师，这种教师不仅能在大规模的小学，而且能在大规模的中学工作，并能够保障高质量的教学和教养工作。师范院校的毕业生必须能够确定学生已经掌握的知识（先前经验），为学生开发掌握知识和测试知识掌握水平的有效方法，教会学生在任何情境下如何学习以及清楚学科的知识脉络（наладить дисциплину）。

卓林斯基认为，教师培养的质量取决于以下几方面：各种学科的掌握水平、对相关知识和技能的掌握和操作水平、职业能力（профессиональная компетентность）、沟通素养、创造性思维和批判性思维能力、用非标准化的方法解决职业领域中的问题能力和行动能力、反省思维的水平以及专业成长的意愿。俄罗斯通过运用“胜任力”（компетенция）这一概念，以一种新的方式来表述师范院校毕业生的培养质量。为了成功地完成工作，教师必须具备的职业素养有：教育学素养、组织教育教学活动的能力和在劳动力市场中的自我展示能力。

卓林斯基指出，俄罗斯教师教育强调对未来教师教书育人能力的培养，培养大学生的教学能力和育人能力，向大学生提供扎实的教育学理论知识；培养大学生高尚的素养，让其对教育的价值有清晰的认识，培养大学生的自由和责任意识。①

卓林斯基认为，在俄罗斯师范教育理论中，特别强调发展教师的沟通能力，掌握组织教学活动和进行育人工作的具体技能。大学生应该积极参加问题教学，在讨论过程中获得知识，在克服与知识掌握有关的困难中获得知识。未来的教师必须要学会学习，学会处理解决学校中的各种问题。大学生在接受师范教育的时候，必须系统地分析各种教育情况，并找到解决路径和方法。②

基于能力素养观的师范教育内容的设计主要体现在国家教育标准的制定与完善上。制定师范教育大纲的标准时，俄罗斯学者认为，能力素养观是很

---

① Джуринский, А. Н. История российской педагогики: учебное пособие [М]. Южно-Сахалинск: СахГУ, 2010: 187.

② Джуринский, А. Н. История российской педагогики: учебное пособие [М]. Южно-Сахалинск: СахГУ, 2010: 188.

有前景的，它要求未来的教师必须获得一定的能力素养，具体表现为要掌握大量的职业知识和职业技能。作为俄罗斯师范教育培养方向、国家教育标准的制定者之一，弗拉基米尔·德米特里耶维奇·沙德里科夫（Владимир Дмитриевич Шадриков）认为，基于能力素养观来设计师范教育内容，可以避免教育教学计划中充斥着大量的信息资料，信息资料多会导致相对稳定的基本原则和思想在事实的海洋中被淹没从而消失。应向大学生提供一般的教学知识和技能，培养大学生形成典型的教师职业素养和个性品质以及与特定专业相对应的专业素质。

根据卓林斯基的观点，在俄罗斯教育科学中，关于师范教育的能力素养观存在着几种不同的理念：一是将职业活动作为重点，代表人物是 Н. В. 谷季米娜（Н. В. Кузьмина）；二是侧重从专业人才的个性品质和个性化准备的角度来看，代表学者是 Е. И. 阿尔达摩诺娃（Е. И. Артамонова）；三是从师范教育内容的一般理论水平和学科水平来考虑，代表学者是 В. В. 克拉耶夫斯基（В. В. Краевский）。[①]

① Джуринский, А. Н. История российской педагогики: учебное пособие [М]. Южно-Сахалинск: СахГУ, 2010: 188.

第五章

结　语

第一节 俄罗斯教师教育思想的发展特点

一、俄罗斯教师教育思想的发端与逻辑

教师培育情形与国民教育体制的发展息息相关，不论师资培育制度的形成或国民教育体制的发展，均与政治、经济、社会（尤其是社会阶级与人口因素）有着相当复杂的关系。

俄罗斯教师教育的发展与其国家教育体系的发展和管理密不可分。2022年，是俄罗斯国家最高教育管理机关——俄罗斯联邦教育和科学部成立210周年，它是对俄罗斯国家历史上最早建立的国民教育、青少年教育和科学传播部（Министерства народного просвещения, воспитания юношества и распространения наук, МНП）的继承。18世纪俄罗斯具备了教育体系创建的历史前提，沙俄时期教育部的成立基本完成了国家教育体系的建构。有俄罗斯学者将俄罗斯国家教育体系归纳为三种模式：沙俄帝国的国家教育体系（1802—1917），苏联教育体系（1917—1992），现代教育体系（1992年至今）。这些教育体系具有一个共同的特点，都是以国家主办学校为基本价值观，每一个新时期的教育体系都增加了许多新特征。[1]

1786年《俄罗斯帝国国民学校章程》的制定与实施标志着俄国教师教育进入初创阶段。18世纪俄国并没有解决教师教育的问题，教师教育制度的最终确立是在19世纪60年代以后。[2] 根据我国研究者的观点，“教师教育是以专门的教师培养机构的出现为标志的，专门的教师培养机构的出现是教师教育思想出现的发端。这反映出设立专门机构培养教师的主张与要求的深远

---

① М. П. Войтеховская, Ю. В. Куперт. Зарождение государственной системы образования в Российской империи [J]. Вестник ТГПУ (TSPU Bulletin), 2012 (2): 39-45.

② 王长纯，等. 教师教育思想史研究：上、下册 [M]. 长春：东北师范大学出版社，2016：403.

意义。”[1]

俄罗斯18世纪受到德国和法国教育的极大影响，但是坚持教育民族性的俄罗斯教育家还是创建了具有自己民族特点的教育思想，其中就有教师教育思想。[2] 19世纪下半叶至20世纪初，是沙皇俄国教育发展史上思想最为活跃的时期，出现了许多著名的教育思想家和活动家，如别林斯基、赫尔岑、皮罗戈夫、乌申斯基、托尔斯泰、卡普捷列夫等，他们的教育思想和活动对近代俄国，乃至后来苏联时期及现代俄罗斯教育的发展都产生了重要的影响。

俄罗斯国际高等教育科学院院士托洛夏教授在研究20世纪20年代苏联教育时总结说，仅仅“推动人文主义教育对任何一个极权制度来讲都是非常危险的”。于是，克鲁普斯卡雅把在学校中进行集体主义教育放在了最重要的位置上，强调了学校中综合技术教育与劳动教育的必要性，同时进行共产主义理想教育。苏联初期的教育思想就是人文主义教育与共产主义教育的结合体，这种结合在1918年颁布的《俄罗斯苏维埃联邦社会主义共和国统一劳动学校条例》和《统一劳动学校基本原则》中有较为清晰的体现。[3]

沙俄时期，俄国已经形成了独具特色的具有人文主义色彩的教育理论，并得到俄国学界的普遍认可。苏联成立初期，人文主义教育与共产主义教育结合指导着苏联的教育实践。到了斯大林时期，意识形态主导一切，由此产生了与之相适应的凯洛夫《教育学》，人文主义教育思想被清除。斯大林意识形态的影响作用消失之后，苏联的教育理论研究又回到传统的发展轨道，并形成了具有苏联特色的共产主义和人文主义相结合的教育理论，凯洛夫《教育学》被抛弃。[4]

从总体上讲，20世纪20年代苏联的教学理论，既有马克思主义教育为无产阶级政治服务的思想，也有资产阶级的人文主义思想。但就教学理论而言，还是人文主义教育思想占主要地位。也就是说，在20世纪20年代，苏联的教育思想并没被意识形态化。这也是20世纪20年代苏联教育思想的一个重

---

① 王长纯，等. 教师教育思想史研究：上、下册［M］. 长春：东北师范大学出版社，2016：5.
② 王长纯，等. 教师教育思想史研究：上、下册［M］. 长春：东北师范大学出版社，2016：56.
③ 杨大伟. 凯洛夫《教育学》在中国和苏联的命运之研究［D］. 上海：华东师范大学，2008.
④ 杨大伟. 凯洛夫《教育学》在中国和苏联的命运之研究［D］. 上海：华东师范大学，2008.

要特征。[①] 托洛夏教授在2003年出版的著作《俄罗斯教育和教育思想史》中客观地回顾了苏联时期的教育及教育理论的发展历史。他认为，教育的人文化是世界教育的发展趋势。20世纪20年代的教育是人文主义在苏联的实验，斯大林时期停止，到了赫鲁晓夫时期，人文主义重新回归。[②] 苏联解体后，人文化、人性化再一次成为俄罗斯联邦教育改革的指导原则。

我国有研究者指出，沙皇俄国时代的“欧化”教育改革、苏联时期的“苏维埃化”教育改革和当代俄罗斯的“西化”教育改革表明，俄罗斯历史地形成了“暴风骤雨式”的教育改革模式。沙皇俄国时期开启了教育现代化进程，苏联时期建立了社会主义教育体系，当代俄罗斯推行了“西化”乃至有俄罗斯特色的教育现代化。从结果上看，每一个时期的教育改革都是颠覆性的，是对前一时期教育体制的否定，重新建立一个新的教育体制。俄罗斯暴风骤雨式教育改革模式产生的根本原因在于领导层的集权意识、民族的大国意识、大众的顺从意识。[③]

二、俄罗斯重视教学论建设以保障教师教育质量的思想

苏联时期的教育家具有强烈的理论自觉，特别重视教学论的构建和发展，这不仅促进了苏联教育科学的繁荣，而且在教学论建设方面做出了世界性贡献。苏联时期出现了很多卓越的教育家，主要代表人物及其教育理论如下：沙茨基（С. Т. Шацкий）、卡普捷列夫（П. Ф. Каптерев）创建了教学过程学说，沙茨基还创建了社会教育学；克鲁普斯卡雅（Н. К. Крупская）提出了关于课外教养工作和青年运动的组织问题；马卡连柯（А. С. Макаренко）既是集体教育理论的提出者，也是集体教育的实践家，他提出了集体及其在人格形成中的作用；赞科夫（Л. В. Занков）和艾利康宁（Д. Б. Эльконин）提出发展性教学理论；加里培林（Гальперин）提出智力行为分阶段形成的理论；列尔涅尔（И. Я. Лернер）和斯卡特金（М. Н. Скаткин）提出教育内容和教学方法的理论。此外，苏联著名教育家还有苏霍姆林斯基（В. А. Сухомлинский）、

① 杨大伟. 凯洛夫《教育学》在中国和苏联的命运之研究［D］. 上海：华东师范大学，2008.
② 杨大伟. 凯洛夫《教育学》在中国和苏联的命运之研究［D］. 上海：华东师范大学，2008.
③ 李雅君. 俄罗斯暴风骤雨式教育改革模式探析［J］. 外国教育研究，2010，37（5）：63-67.

巴班斯基、伊万诺夫（И. П. Иванов）等。

20 世纪 20 年代在改造旧学校得到一定成绩的同时，苏联中小学的教育曾受到学校消亡论和学校作为劳动单位观点的影响，并偏重借鉴“现代派”的教育理论与实践经验，这些使苏联教育遭受到挫折。在工业化和农业集体化运动的背景下，苏联开始了向俄罗斯本民族教育理论包括教学论的回归。“20 年代流传的‘设计教学法’‘分组实验’和儿童学又受到严厉批判，到 30 年代后，苏联教育界逐渐将注意力转向本国教育学遗产和教学论、教学法的研究。”[①] 同时，苏联当局组织力量撰写新的教育理论，以满足国家发展对普通教育的需求。1938 年至 1939 年，凯洛夫主编的《教育学》、格鲁兹捷夫主编的《教育学》，以及俄国一些优秀教育家的选集陆续出版。[②]

在 20 世纪初，沙茨基、布隆斯基、平科维奇（А. П. Пинкевич）等人积极参与了苏联教学论的探索。对苏联教学论发展做出重要贡献的则是凯洛夫和赞科夫，他们的理论对当时苏联的教师教育以及整个教育体系都产生了重要影响。在 20 世纪 30 年代，苏联教育家凯洛夫借鉴了德国赫尔巴特的教育学，继承了乌申斯基的教育思想，总结了苏联普通教育学校建设的经验和教训，在创立新的苏维埃教育学过程中提出了重要的教学论思想。这一时期，也包括二战以后的时期，苏联教学论的发展得到其心理学研究成果的积极有力的支撑。苏联著名心理学家维果茨基、列昂节夫、卢利亚等创立了文化历史学派，又称维列卢学派，其学习理论对俄罗斯乃至世界教育的发展做出了积极贡献，至今仍不乏启发意义。维列卢学派从普通心理学活动的观点探讨了学习过程和心理规律的观念系统，提出了许多影响深远的理论构想。在 20 世纪 30 年代末，凯洛夫的教育学理论成为苏联教师教育的主要理论，对苏联的教师教育和中小学教育都产生了巨大的作用。

教学与发展的关系问题是教学论的基本问题。这一关系问题是否从理论上得到解决，是判断教学论发展不同阶段的重要标准。苏联教育家特别重视教学理论体系的构建和发展，其教学论在世界闻名。正如已有研究者所指出

---

① 吴式颖. 俄国教育史：从教育现代化视角所作的考察［M］. 北京：人民教育出版社，2006：312.

② 麦丁斯基. 世界教育史：下［M］. 天枢，子诚，译. 北京：五十年代出版社，1953：416.

的，从凯洛夫的教学论到赞科夫的教学论，标志着苏联教学论发展两个不同的阶段。①

作为国民教育体系中的重要组成部分，苏联教师教育无疑会受到上述教育家的教育思想的影响，他们的教育思想先后融入苏联主流教师教育思想中，为教师教育和中小学教育的发展做出了杰出的贡献。其中，赞科夫极其关注教师的问题，并在实验过程中展开了一场关于新教学体系的讨论，帮助教师转变观念、提高认识，形成了独特的教师观。② 赞科夫对教师劳动的复杂性、创造性，师生关系，教师的培养、培训，教师的专业发展和教学反思等都有论述。赞科夫的发展性教学思想与20世纪下半叶苏联教师教育主流思想紧密相连。苏联时期，教学论不仅把教学过程视为掌握知识、技能和能力的手段，也将其作为个性全面发展的最重要因素，在教育过程里研究教育与教学。

三、俄罗斯教师教育思想发展的国家主导性

（一）苏联教学论的形成与发展体现国家主导性

教师教育思想与教学论具有重要的关联。教学过程是教师各种知识在课堂上交互作用的过程。教学理论和教学法知识是未来教师必须掌握的知识，是教师在课堂教学活动中有效传授学科专业知识即本体性知识的保障。

从俄罗斯师范教育制度建立和发展的过程来看，政治因素和国家主导是教师教育理论和经验被接受并得到传播的主要推动力。凯洛夫《教育学》是苏联20世纪30年代的社会经济、政治、文化和教育环境下的产物。十月革命以后，苏联着手对沙皇俄国的旧学校进行根本上的改造。但是，由于对马克思主义教育原理缺乏认识，对列宁的有关指示不能正确理解，更由于资产阶级实用主义思想的影响，20世纪20年代苏联学校教育中产生了否定一切的错误倾向。当时有人片面强调生产和劳动，提出“把教科书彻底从学校清除出去”，否定班级授课制，否定教师的主导作用。作为学校研究所所长的舒里金竟然也主张“学校消亡论”。这种情况导致学生“没有充分的普通教育知识”，学校教学质量急剧下降，教学荒芜，十月革命以后新一代人的教育受到

① 王隐雄．凯洛夫与赞科夫教学论思想的比较研究［J］．外国教育资料，1982（5）：35-41．
② 胡白云，李森．赞科夫的教师观及其启示［J］．教学与管理，2006（30）：6-8．

严重的影响，苏联急需的科技干部非常匮乏。针对这种情况，20 世纪 30 年代初，苏联党和政府做出一系列决定，力图克服这种错误倾向，使教育走上正规化道路。在这种背景下，凯洛夫遵循马列主义的理论，批判和改造了夸美纽斯和乌申斯基的教育遗产，总结了当时中小学教师的实践经验，形成了自己的教育思想，于 1939 年完成了《教育学》一书的撰写。①

凯洛夫《教育学》力图揭示苏联社会学校教育的规律，提出了许多有价值的理论观点，为建立当时苏联的教育科学，为教师的培养与培训都做出了贡献。② 吴式颖主编的《外国教育史教程》中指出，凯洛夫《教育学》是苏联特定历史时代的产物，它力图以历史唯物主义为指导，阐述教育这一社会现象，全面、系统地反映 20 世纪三四十年代苏联普通教育的实践经验，建构完整的教学论体系，提出共产主义道德教育等方面的见解，代表了苏联教育理论建设的一个阶段。③

当然，凯洛夫《教育学》也存在缺陷，他的教学论体系没能很好地解决教学与发展的关系问题。凯洛夫和夸美纽斯一样，主张在教学中不仅要使学生获得知识，而且要使他们的认识力和才能得到发展。他还指出由于共产主义观点和信念不但会影响儿童的意识，还会影响到他们的感情和意志，因此必须重视教学的教育性，在教养的基础上进行教育，使学生形成共产主义的观点和信念，培养学生共产主义的高尚的情感、意志和理想。夸美纽斯和凯洛夫先后接触到教学与发展关系这个问题，而且，凯洛夫根据共产主义教育的特点和要求，强调教学的教育性，对这个问题的接触更加深入了一步，这的确是难能可贵的。但是，他们虽然接触到这个问题，由于历史条件与主观认识的限制，并没有也不可能解决这个问题。④

（二）历史上俄罗斯教师观体现国家主导性

1. 沙俄时期的教师观

1833 年 3 月，时任国民教育部长的乌瓦洛夫在对学区督学的一次讲话中表露出这样一种思想："东正教、专制制度和国民性"是指导沙皇俄国国民教

① 王长纯，等. 教师教育思想史研究：上、下册［M］. 长春：东北师范大学出版社，2016：458.
② 王长纯，等. 教师教育思想史研究：上、下册［M］. 长春：东北师范大学出版社，2016：458.
③ 杨大伟. 凯洛夫《教育学》在中国和苏联的命运之研究［D］. 上海：华东师范大学，2008.
④ 王隐雄. 凯洛夫与赞科夫教学论思想的比较研究［J］. 外国教育资料，1982（05）：35-41.

育的三项原则，“俄罗斯教授现在应该讲授建立在俄罗斯根基之上的俄罗斯科学”。1850年新任教育部长申林斯基-申赫玛托夫（Ширинский-Шихматов）在呈给尼古拉一世的报告中指出：“整个科学基础不应该建立在空论之上，而应该建立在宗教和神学之上。”同时，他还写道：“那些通过读大学改变原有身份的低阶层的人，往往是一些不安分的、对现实不满的人……”1839年，某些文科中学和县立学校开设了一些实科部（从四年级开始），主要教授自然工业史、化学、商品学、会计学、商业法律和力学学科知识，并且招收非贵族子弟。其目的正如教育部长申林斯基-申赫玛托夫所写的那样，“使国家低阶层的人适应他们的生活方式，让他们清楚自己只能在县立学校学习”①，不允许他们进入文科中学，尤其是大学。但从客观角度上讲，这也意味着俄国教育正从古典教育垄断的局面向满足社会实际需要的方面转变。

18世纪的沙皇俄国由于几乎完全没有自己的科研人员和教学人员，客观上迫使俄罗斯在整个18世纪不得不利用外国专家。值得注意的是，外国人不仅在将欧洲积累的科学知识传播到俄罗斯方面产生了影响，而且对俄罗斯人的精神生活也产生了影响。在组织建立普通教育机构的事业上可以利用先进的外国经验，但是不能复制，而应该是灵活适应。② 18世纪的俄国逐渐形成了将学校教育作为教育年轻一代最重要工具的态度。除了要完成普通教育任务外，所有教育机构都必须要承担培养学生忠于国家和服务祖国的爱国主义教育任务。因此，到18世纪末，俄国已经具备了创建国家教育体系的历史条件，它是具有明显民族特征的世界文化现象。③

虽然十二月党人起义被尼古拉一世（Николай Павлович Романов）血腥地镇压下去，但是十二月党人乐观坚定、英勇不屈的精神，及从爱国主义和人道主义立场出发谋求俄国社会出路、为祖国幸福赴汤蹈火的行为，成为日后俄国革命运动参加者的榜样。这一时期，为了遏制日益活跃的社会思想，

---

① А. А. Леонтьев. История образования в России от Древней Руси до конца XX века（Начало）[J]. Русский язык, 2001（33）: 4.

② М. П. Войтеховская, Ю. В. Куперт. Зарождение государственной системы образования в Российской империи [J]. Вестник ТГПУ（TSPU Bulletin）, 2012. 2（117）: 39-45.

③ М. П. Войтеховская, Ю. В. Куперт. Зарождение государственной системы образования в Российской империи [J]. Вестник ТГПУ（TSPU Bulletin）, 2012. 2（117）: 39-45.

培养“听话的人”，避免再次发生十二月党人起义事件，沙皇不断加强反动统治。乌瓦洛夫被任命为国民教育部部长之后，更是沿着维护沙皇统治的路线发展教育，将学校彻底变成了培养“忠顺”学生的场所，全面发展“效忠”、“服从”、“忠君”以及“爱教（东正教）”的思想意识，旨在蒙蔽人民，巩固君主制度。上述服务于沙皇专制统治的教育理念也同样激发了“贵族革命家”的反抗精神和民主行为。①

2. 苏联时期的教师观

20 世纪 20 年代，苏联革命家列宁、克鲁普斯卡雅、布哈林、卢那察尔斯基的著作关注教师这一新的知识分子阶层的生活和活动经验，界定了这个社会阶层在社会中的作用和任务以及在知识生产中扮演角色（“发明者”和“执行者”）的区分。教育界知识分子的政治观点，例如教师对革命的态度，旧建制学校教师与新政府的关系、他们如何向苏维埃教师队伍的过渡，也成为关注的主题。②

苏联时期教师除了要从事教育教学工作以外，还要承担相应的社会工作。苏联教师的额外负担从集体化、工业化开始，承担社会工作是苏联教师的一项重要职责。苏维埃政权认为，新教育学最重要的是“把教学活动与组织社会主义社会的任务联系起来”。因此，教师要向广大民众传播和解释新思想：共产主义、唯物主义（与宗教相对）的世界观，国家和民族平等意义上的国际主义。教师在执行社会任务的过程中，特别注意开展由建设社会主义（共产主义）重点方向指引的意识形态运动。20 世纪 20 年代至 30 年代，教师的社会工作主要是宣讲工业化、农村集体化、文化建设；卫国战争期间则是积极宣传反纳粹主义思想、组织选举、与学生和家长共同举行课外活动、带领学生参与集体农庄和地方工厂的实践、部署宣传和群众工作以及让儿童普遍接受义务教育的扫盲工作。70% 的乡村教师都参加了社会工作。20 世纪 50 年代，教师的社会工作的负担有所减少，社会工作制度从行政性、强制性向教师自愿参与转变，向比较统一、系统的社会工作转变，教师工作重心也从经

① 雷蕾. 当代俄罗斯爱国主义教育研究［D］. 长春：东北师范大学，2016.

② 白娜，马强. 苏联教师群体的深描画像：《教师的日常生活》导读［J］. 民族高等教育研究，2021，9（2）：25-32.

济事务转移到对年轻一代的培养上。20 世纪 60 年代至 70 年代，校外社区服务仍然备受关注。学校负责学生们在街上、公共场所、家庭中的行为、政治、道德教育，每位教师都有长期或者短期的公派任务。教师是社会治理的主力军，旨在解决学校所在地区村庄或者小城镇的社会问题，是“走到人民身边的人”。到了 80 年代，随着赤字的增加，这些宣传活动越来越多，越来越宣言化，很少有人被说服，教师也认为这是一种负担。①

在教学和社会工作中，苏联教师群体是官方意识形态的执行者，同时要接受意识形态的审查。苏维埃政权认为，教师和教育工作者的个人榜样对学生的教育影响很大，教师在培养儿童和青少年公民的爱国情感方面发挥至关重要的作用。因此，教师受到学校行政部门和党组织的严密监督。苏维埃政权要求教师在个人档案中写明自己的社会出身和童年生活情况，这种做法一直持续到 20 世纪 50 年代。共产党员在教师群体中，特别是在农村地区所占比例小。1927 年学校普查的数据显示，教师中无党派人士占大多数。1929 年，苏联的小学的共产党员教师只占 4. 6%，共青团员教师占 8. 7%，主要原因是 28% 的教师来自贵族、神职人员、商人。1953 年斯大林去世后，赫鲁晓夫担任了苏共第一书记，开启了苏联的“解冻”时代。赫鲁晓夫执政的 10 年期间，苏联的社会环境相对宽松，对教师的社会出身政策也有所软化。②

（三）当代俄罗斯教师教育发展模式的演进体现国家主导性

教师教育基本制度能反映一个国家教师教育发展的基本模式。从世界范围来看，宏观层面的教师培养模式大体上可以划分为以下三种类型：定向型或封闭式教师培养模式、非定向型或开放型教师培养模式、混合型教师培养模式。定向型教师培养模式是指由独立设置的师范院校作为单一教师培养机构的封闭式师范教育体制。非定向型教师培养模式则指由综合大学或其他非师范类型的高校培养师资。混合型教师培养模式是指在一个国家或地区的某一历史阶段，同时采用定向型和非定向型的教师教育模式。有研究者指出，

---

① 白娜，马强. 苏联教师群体的深描画像：《教师的日常生活》导读 [J]. 民族高等教育研究，2021，9 (2)：25-32.

② 白娜，马强. 苏联教师群体的深描画像：《教师的日常生活》导读 [J]. 民族高等教育研究，2021，9 (2)：25-32.

世界上不少实行开放型师资培养体制的国家，在推动本国改革的过程中，基本采取了渐进式的策略，而且其体制模式中总是保留或多或少的定向型特征。所以，人们有时又把这种体制模式称为“定向与非定向混合型”。所谓“混合型”的说法实际表明了开放的不同程度。① 从世界范围来看，开放型教师教育模式占主导地位。②

俄罗斯教师教育发展模式具有独特性，与世界其他国家教师教育发展模式的演变进程不同，俄罗斯从教师教育产生开始，教师教育专门化与教师教育大学化思想就一直并存，因此，在特定的历史时期俄罗斯教师培养可以说是同时采用定向型和非定向型教师培养模式。有俄罗斯学者指出，在俄罗斯的教育传统中，几乎一直和平共存两种高等师范教育的制度模式——“在大学培养教师”和“在专门的师范院校培养教师”。截止到十月革命前的历史时期，两种师范教育的制度模式——“教师培养大学化”和“教师培养专门化”已经成功地共存了200年。

苏联时期，“教师培养大学化”和“教师培养专门化”这两种教师培养模式依然并存，但是，两种模式在教师教育体系中的地位发生了变化。“教师培养专门化”思想在苏联教师教育领域发挥主导作用，其教师职前培养模式转向以师范院校为主体的教师培养模式。苏联时期教师教育体系的构建主要是重建和发展独立设置的师范教育体系，其特点是教师培养、培训相分离。定向型（封闭型）是苏联时期教师人才培养的模式选择。虽然封闭的定向型教师培养模式在苏联时期占主导地位，但是，也存在非定向型教师培养模式，体现了教师教育体系一定程度的开放性。正如我国研究者所指出的：“一些发达国家的师范教育都在向非定向型师范教育发展，就连向来以独立的师范院校培养师资为主的苏联，由综合大学培养师资的比例慢慢地也在增大。”③

苏联解体后，在俄罗斯联邦存在关于教师教育发展模式的争鸣。21世纪以来，俄罗斯对师范教育体系的发展问题进行了大讨论，对师范类院校是否需要独立设置，对定向型教师培养模式是否需要取消存在不同意见。最终，

---

① 谢安邦. 高等师范教育研究：教师教育理论与实践［M］. 青岛：中国海洋大学出版社，2008：56.
② 黄崴. 教师教育体制：国际比较研究［M］. 广州：广东高等教育出版社，2003：11.
③ 谢安邦. 高等师范教育研究：教师教育理论与实践［M］. 青岛：中国海洋大学出版社，2008：24.

保留和发展独立的师范教育体系的观点在俄罗斯学界逐渐成为主流声音，一些学者强调将师范教育置于影响国家安全的战略地位。俄罗斯确定了师范类院校在本国和世界教育空间中的作用和地位。俄罗斯学者涅斯捷罗夫（В. В. Нестеров）指出："教育在国家安全体系中发挥着巨大且日益重要的作用。作为国家安全的对象、资源和手段，教育可以为国家未来的福祉和国家安全提供支撑和奠定稳固的基础。这就是为什么教育领域的发展应该是国家安全政策最重要的优先事项。"① 俄罗斯学者皮斯库诺娃（Е. В. Пискунова）认为，"师范教育具有多样化社会组织活动的特点，未来社会发展的前景取决于师范教育的成就。师范教育在很大程度上决定着国家的安全"②。俄罗斯国立师范大学教育学教研室主任 А. П. 特里亚皮岑娜（А. П. Тряпицына）指出："谁都不会怀疑师范教育在解决国家、社会和人本身发展任务中的特殊重要性。显然，在现代条件下应提升师范教育作为独立的职业教育形式的意义，这也是俄罗斯联邦教育改革的根本所在。"③ 俄罗斯国家教育科学院研究者发表如下观点："师范教育制度需要创新和复苏，需要符合现代性和前瞻性的要求，这是毫无疑问的。但是，有必要确定师范教育发展战略，首先需要明确的是，我们是否应该谈论师范教育的复苏、重生、创新或者取消、摧毁高等师范教育。俄罗斯的教师培养，是遵循本国和世界历史传统，同时考虑到所有新的和先进的技术（现代信息通信技术、互联网教育、远程教学方法等），还是选择取消师范教育，用古典大学教育系统取代它？这是个开放的问题，但是，我们对这一问题的回答是显而易见的：后一种方案不是合理的，是没有希望的路径选择。"④ 不得不承认，在俄罗斯教育现代化的过程中，独立的师范院校出现了萎缩的现象，一部分师范院校被合并到了综合性大学。莫斯科国立师范大学时任校长在 2006 年发表的研究成果表明，俄罗斯独立的师范教育机

---

① Носков Евгений Алексеевич. Роль и место образования в обеспечении национальной безопасности [J]. Наука о человеке: гуманитарные исследования, 2019 (4): 59 – 65.

② Е. В. Пискунова. Изменение в профессиональной деятельности учителя как ориентир изменений в педагогическом образовании [M]. СПБ.: Герцен, 2005: 233.

③ А. П. Тряпицына. Социальная роль кафедр педагогики на современном этапе развития отечественного образования [J]. Известия Российской академии образования, 2006 (3): 52.

④ Загвязинский В. И., Плотников Л. Д., Волосникова Л. М. Педагогическое образование в России и стратегия его возможного развития [J]. Образование и наука, 2013 (4): 3 – 19.

构数量大幅减少，原有师范教育遭到削弱。① 虽然俄罗斯保留了独立的师范教育体系，但是师范类院校大大减少。

俄罗斯莫斯科心理师范大学的学者马尔戈利斯（А. А. Марголис）梳理出三种主要的师范教育模式：第一种是传统的师范教育模式。在这种模式中，理论是教师职业活动方面的主要知识，实践只是理论知识的例证，大学是理论知识的供应者，中小学主要负责验证理论知识。第二种是依据方案实现快速就业的师范教育模式，即可变的模式。在这种模式中，教师的实践知识关乎着具体的教学方式和采取的教育决策，中小学和教师是实践知识的主要来源，大学处于辅助的地位。第三种是以活动观为基础的师范教育模式。这种模式培养未来教师有两个主要组成部分：中小学负责形成实施职业行为的能力；大学负责反思这些行为并形成职业思维，在新环境中实施职业行为及重新建构职业行为的能力，形成未来教师职业行为自主发展的能力。②

从教师培养层次出发，俄罗斯博洛托夫（В. А. Болотов，В. В. Рубцов）等学者在《关于“现代化”纲要第一阶段结果的信息分析资料》（2014）一文中指出，当前俄罗斯正研制和审定四种教师培养模式，即教育学士模式、学术型硕士模式、应用型学士模式和教育硕士模式。③ 关于俄罗斯教师培养模式的类型，俄罗斯学者卡斯普拉克和卡拉什尼克夫（А. Г. Каспрак，С. П. Калашников）从教师培养规格的视角，在他们合作完成的论文《教育结果优先：教师培养方案现代化的工具》（2014）中提出了自己的观点，认为俄罗斯存在两种不同的师范教育模式，一种是传统的培养专门人才的教育方法和现实实践相结合的模式，另一种是培养理论教学法工作者的模式。④

---

① В. Л. Матросов. Модернизация высшей педагогической школы [J]. Педагогика，2006 (10)：56-58.

② Марголис А. А. Требования к модернизации основных профессиональных образовательных прогрмм (ОПОП) подготовки педагогических кадров в соответствии с профессиональным стандартом педагога：предложения к реализации деятельностного подхода в подготовке педагогических кадров [J]. Психолоческая наука и образование，2014 (3)：105-126.

③ Болотов В. А.，Рубцов В. В. Информационно-аналитические материалы по итогам первого этапа проекта “Модернизация педагогического образования” [J]. Психолоческа я наукаи образование，2015 (5)：13-28.

④ Каспрак А. Г.，Калашников С. П. Приоритет образовательных результатов как инструмент модернизации программ подготовки учителей [J]. Психолоческая наука и образование，2014 (3)：87-104.

有俄罗斯学者呼吁，在教师培养的整个过程中，要充分认识到对学生进行教育专业培训的重要性，既要对培养学生的教育理论素养给予充分的重视，也要对形成学生的教育教学能力和教学艺术给予足够的关注。培养未来教师的教育理论素养需要走出教育学教科书的路径依赖，而强化教育学经典阅读是提升学生理论素养的最佳选择。当代俄罗斯研究学者指出："我们的前辈们曾经对'无聊和枯燥得令人厌烦的'教育学教科书进行了无情痛批，而我们却将教育学的一切学习简化为阅读、记忆和复述某一个教科书的文本内容。只要未来教师的教育学认知还局限于教科书，只要未来教师还没有形成通过各种来源获取高深知识和多方面知识的需求……我们就很难期望对未来教师的专业培养会有重大改进。"① 教育学既是科学，也是艺术。教师工作既需要科学性，也需要艺术性。教育学理论为教师工作提供方法论前提。因此，教育学科和心理学科类课程在教师教育课程体系中的重要地位不可动摇。

第二节

俄罗斯教师教育思想对中国的影响

一、苏联教育理论对新中国成立初期教师教育的影响

从历史上看，苏联高等教育模式曾是包括高等师范教育在内的整个中国高等教育体系构建的样本模式。新中国成立之初，中国曾经在政治、经济、文化教育等领域全面学习苏联，包括大学制度的建设也是照搬苏联模式。后来，我国开始反思全盘移植苏联模式的弊端，转而进行本土自我探索和转向学习西方教育模式并行的轨道。

我国著名教育家顾明远先生曾经在《论苏联教育理论对中国教育的影响》论文中谈到苏联教育理论的特点及其对中国的影响。学习苏联教育经验曾经是新中国成立初期的教育方针，对我国教育有着深远的影响。苏联教育经验

---

① В. И. Смирнов. Зарождение и развитие системы педагогического образования В России（конец ⅩⅧ-начало ⅩⅩ вв.）[J]. Историко-педагогический журнал, 2013 (1): 59-74.

在中国的传播主要表现为：翻译苏联教育的理论著作和教材，邀请苏联专家担任教育部顾问、学校的顾问和教师，按照苏联的教育模式建立新型学校，派遣留学生到苏联学习，等等。苏联教育理论认为，教育是上层建筑的一部分，强调教育的阶级性和党性原则，重视教育、教学、教养在共产主义教育中的作用，重视系统知识的传授，强调教师的主导作用，等等。苏联教育的基本观念、教育制度、教学模式以至教学方法当时被我国教育学界几乎全盘接受，完成了本土化，而且有所发展。中国现在的教育传统，除了继承了中国传统的内核外，还融入了苏联教育的传统。①

在新中国成立初期，我国出于国家建设和教育发展的需要，向有了社会主义建设实践经验的苏联学习。以老解放区新教育经验为基础，吸收旧教育有用经验，借助苏联经验，建设新民主主义教育，这是 1949 年第一次全国教育工作会议确定的方针。由于老解放区新教育缺乏办新型、正规的高等师范教育的经验，而旧教育有用经验尚来不及系统整理，因而借助苏联经验在当时尤为必要。1953 年，第一次全国高等师范教育会议在北京召开，会议确定了全国高等师范教育的方针任务，讨论了高等师范学校设置和发展的五年计划。会议报告指出："苏联着手改革旧的资本主义的高等教育（包括高等师范教育）到完成根本改造，从 1918 年到 1938 年，大约经过 20 年时间，即令从 1928 年第一个五年计划算起，也经过十年时间。" 当时苏联建立的教育体系，已积累了 30 余年的经验。"苏联的高等师范教育，是建立在全面发展的普通教育的基础上，综合了十年制学校教育的特点，培养教育共产主义一代新的师资，而成长起来的世界最新型的师范教育的典范。""高等师范教育学习苏联，就要抓住高等师范教育的特点，是要学习苏联高等教育各方面的经验，从思想体系到教学组织都应该系统地学，全面地学，整体地学。不是只学这一部分，割掉那一部分；不只是学一些具体的方法，而且要学它的精神，学它的立场、观点、方法。"② 新中国建设初期，我国教育政策清晰表明了教师教育办学要效仿苏联的立场和观点。

① 顾明远. 论苏联教育理论对中国教育的影响［J］. 北京师范大学学报（社会科学版），2004（1）：5-13.

② 金长泽，张贵新. 师范教育史［M］. 海口：海南出版社，2016：44.

苏联的高等教育模式，包括教师教育模式对中国产生了很大的影响。在新中国成立后的最初阶段，我国师范教育政策主要以苏联师范教育模式为模板，建立起独立封闭的师范教育体系。1952 年在全国农学院长会议上，时任教育部部长的马叙伦指出，“高等学校中以系为管理单位，以专业为教学的主要机构”[①]。新中国高师教育专业以及专业背后的教研室组织模式，形成于1952 年下半年，即新中国成立后第一次院系调整时期，完全是模仿苏联教育的做法。当时的高师调整也是以苏联的经验为模板进行的，几乎把苏联高师整个教学体系都照搬过来。[②]

我国引进和学习苏联的教师教育思想和教育实践，旨在快速发展新中国的教师教育。苏联凯洛夫教育学理论对当时中国教育学理论和教师教育的办学实践都产生了非常重大的影响。正如我国著名教育家顾明远先生所言，苏联教育理论虽然反映在多种著作中，但中国教育界学习的主要是凯洛夫主编的 1948 年出版的《教育学》[③]，它是那时我国师范院校广泛使用的教育学教材。

由于中苏社会制度和意识形态的原因，凯洛夫《教育学》进入初建时期的中国，并对中国教育学的发展产生很大影响。由刘佛年主编的第一本中国《教育学》开始，凯洛夫《教育学》就成为当时中国教育学编写时参照的模板。“文革”结束后，中国多次反省、努力，然终没能彻底摆脱凯洛夫《教育学》的影响。凯洛夫《教育学》（1948 年版）在苏联出现后，仅仅八年就遭到批判，后渐渐退出苏联的教育舞台，而在中国则影响深远。这就形成了一种教育理论在其诞生地影响短暂，在异国他乡影响长久的现象，有学者将其称作“凯洛夫《教育学》现象”[④]。赞科夫的教育思想自 1979 年被介绍到我国，特别是在 1980 年他的《和教师的谈话》这一著作翻译出版以后，他的发展性教学思想曾对我国中小学教师更新教育观念、对师范教育内容与方法的

① 卢晓东，陈孝戴. 高等学校“专业”内涵研究［J］. 教育研究，2002（7）：47-52.

② 谢安邦. 高等师范教育研究：教师教育理论与实践［M］. 青岛：中国海洋大学出版社，2008：5.

③ 顾明远. 论苏联教育理论对中国教育的影响［J］. 北京师范大学学报（社会科学版），2004（1）：5-13.

④ 杨大伟. 凯洛夫《教育学》在中国和苏联的命运之研究［D］. 上海：华东师范大学，2008.

改革都起到了积极的促进作用。

新中国在短时间内根据“苏联模式”迅速建立起结构完整的师范教育体系，对在短时间内快速、有效地培养出大量各级各类师资，基本上满足建国初期对教师的需求方面发挥了积极作用。20 世纪 50 年代后期中苏政治关系恶化，教育界对“苏联模式”质疑之声渐起。在此背景下，“苏联模式”最终以“黯然谢幕”的形式退出了历史舞台——在有形的体制方面的退出。①

二、苏霍姆林斯基的教师思想对改革开放后中国教师教育的影响

苏霍姆林斯基教育思想在中国的研究、实践与影响非常广泛。苏霍姆林斯基是改革开放以后中国先介绍的教育家之一，他的思想一直在中国及世界各国流传，发出耀眼的光芒。② 已有研究将苏霍姆林斯基教育思想在中国的传播划分为三个时期：20 世纪 80 年代初中期；20 世纪 90 年代中末期；21 世纪初期。它们各自呈现的传播热度既与中国教育改革的实践相关，也与苏霍姆林斯基教育思想的特点有关。③ 改革开放后，苏霍姆林斯基教育思想在我国引起广泛关注，大批教育理论和实践工作者对其教育思想进行了深入研究和广泛实践。改革开放头 10 年，翻译介绍苏霍姆林斯基教育思想的著作和文章相当多。至 20 世纪 80 年代中后期，我国引介苏霍姆林斯基教育思想，《帕夫雷什中学》《胸怀祖国》《少年的教育和自我教育》《苏霍姆林斯基论智育》《怎样培养真正的人——给教育工作者的建议》等著作相继编译出版。特别值得一提的是，基于教育教学中的实例，苏霍姆林斯基专为中小学教师而写的《给教师的一百条建议》引入中国后，深受我国中小学教师的喜爱。苏霍姆林斯基关于德育、智育、体育、美育和劳动教育的经验在国内都有不同程度的介绍，其思想对我国教育的目标、学生主体地位的确立、教师专业成长以及

① 陆道坤. 短暂的体制与长存的精神：中国高等师范教育“苏联模式”的历史解读与反思 [J]. 大学教育科学，2013 (5)：77-83.

② 顾明远. 苏霍姆林斯基教育思想在中国的传播及其现实意义 [J]. 比较教育研究，2007 (4)：1-4.

③ 朱小蔓，张男星. 一丛能在异国开花的玫瑰：苏霍姆林斯基教育思想在当代中国的传播与生长 [J]. 北京大学教育评论，2006 (4)：110-125，192.

学校管理等方面产生了重要影响。这里主要阐释对我国教师专业成长方面的影响。

苏霍姆林斯基对教育的坚定信念、对教育事业的无比坚持和热爱，无疑是对专业情意的最佳诠释。苏霍姆林斯基认为，教育者的使命就是让孩子各方面和谐发展，这种和谐发展的前提是尊重每一个学生的个性。和谐的教育就是发现深藏在每一个人内心的财富，使每一个人在他的天赋所及的一切领域中最充分地表现自己。我国教育研究者及广大教师赞赏苏霍姆林斯基在专业情意上的执着追求，尤其是《给教师的一百条建议》在我国教师队伍中得到广泛流传，鼓舞教师关注、尊重、相信每一个学生，切切实实“把整个心灵献给孩子”。在中国知网上以“苏霍姆林斯基教师”为主题进行搜索，相关论文很多，可见其教师观对我国教师影响巨大且深远。①

苏霍姆林斯基是对当代中国中小学校长和一线教师影响很大的外国教育家。较早开始有意识在实践中运用苏霍姆林斯基教育思想指导自己教育教学活动的一线教师有魏书生、李镇西、李吉林、吴辰等。被誉为“中国的苏霍姆林斯基”的魏书生曾经指出：“多年来为把学校办成一个学习的团体，我倡导学习苏霍姆林斯基，实践苏霍姆林斯基，从读教育名著开始，制订一生的读书计划，实现我们的教育理想。”李镇西把苏霍姆林斯基的思想比喻成他“教育生涯的早晨投下的第一缕金色的霞光”。他认为自己能在教育教学中取得成功，得益于苏霍姆林斯基对自己的影响。② 半个多世纪以来，中国教师学习苏霍姆林斯基，产生心灵上的共鸣，得到精神上的洗礼，引发对教师职业、幸福感以及专业发展的思考，最终化作教育教学的自觉行动。学习、践行苏霍姆林斯基教育思想的过程，是一些教师专业成长的心路历程。③

---

① 徐辉．苏霍姆林斯基教育思想在中国的研究、实践与影响［J］．教育评论，2019（3）：146-150.

② 朱小蔓，张男星．一丛能在异国开花的玫瑰：苏霍姆林斯基教育思想在当代中国的传播与生长［J］．北京大学教育评论，2006（4）：110-125，192.

③ 史道祥．苏霍姆林斯基教育思想影响中国教师的历程和意义［J］．中小学班主任，2019（1）：15-17.

第三节 中俄教师教育理论研究与实践领域的合作展望

一、教育是中俄两国重要的人文交流领域

俄罗斯是中国重要的战略合作伙伴之一。2019 年 6 月，习近平主席与普京总统共同签署联合声明，宣布将两国关系提升为“新时代全面战略协作伙伴关系”。中俄两国的关系达到了前所未有的高水平，双方在政治、经济、科技、军事技术等领域保持高度互信与合作。

2016 年 7 月 13 日我国教育部印发了《推进共建“一带一路”教育行动》的通知，明确提出了在推进共建“一带一路”进程中的教育使命。“一带一路”沿线国家教育加强合作、共同行动，既是共建“一带一路”的重要组成部分，又为共建“一带一路”提供人才支撑。教育为国家富强、民族繁荣、人民幸福之本，在共建“一带一路”中具有基础性和先导性作用。教育交流为沿线各国民心相通架设桥梁，人才培养为沿线各国政策沟通、设施联通、贸易畅通、资金融通提供支撑。中国将一以贯之地坚持教育对外开放，深度融入世界教育改革发展潮流。推进“一带一路”教育共同繁荣，既是加强与沿线各国教育互利合作的需要，也是推进中国教育改革发展的需要。

教育合作是中俄全面战略合作的重要内容。俄罗斯是“一带一路”沿线的大国，其教育体系是独一无二的。中俄教育领域的交流与合作不仅促进两国教育领域的提质增效，而且服务于两国各自的国家利益，与中国的“一带一路”倡议和俄罗斯的“欧亚经济联盟”政策进行对接并提供有效服务。中国和俄罗斯与时俱进，调整合作领域，不仅重视传统的政治、经济和军事领域的合作，而且强调科学、教育、技术和创新领域的学术交流。回顾进入 21 世纪以来的中俄合作历程，在各年度以不同主题互办国家年活动是推动中俄双边关系最重要的途径之一。特别值得一提的是近几年的国家年活动：2018—2019 年互办“中俄科学、教育和创新年”，2020—2021 年互办“中俄

科技创新年”，这表明学术交流是中俄两国的优先合作领域。中俄同为世界科技大国，深化科技创新合作符合两国利益。科技创新年的举办，必将有力促进“欧亚经济联盟”与“一带一路”建设对接，推动两国关系高水平发展。

教育交流是中俄人文交流的重要领域。2021 年 6 月 28 日，中华人民共和国和俄罗斯联邦关于《中俄睦邻友好合作条约》签署 20 周年联合声明，指出：“中俄视彼此为优先合作伙伴，将根据条约进一步深化在政治、安全、军事、经贸、人文、国际等各个领域的协调与合作。”人文交流对加深两国人民相互了解、传承睦邻友好传统发挥着重要作用，双方将继续对人文领域的广泛交流给予高度重视。为此，双方商定落实的任务之一是拓展两国教育、高校间和学术交流，鼓励在华俄文教学和在俄中文教学。加强中俄两国在教师教育领域的合作，是教育国际交流与合作的应有之义。

二、中俄两国需要加大力度开展教师教育领域的交流与合作

俄罗斯师范教育有着悠久的历史。从 1779 年俄国第一所师范学校——莫斯科大学附属师范学校的建立，到当代建立了较为完善和发达的师范教育体系，俄罗斯师范教育走过了一段漫长而曲折、独具特色的发展道路，其教育学理论和教师教育思想具有世界影响。俄罗斯的教育学理论和教育思想对中国教育学和教师教育的发展产生了很大影响。俄罗斯教育家们对教育理论发展的贡献和影响不止于中国，当代俄罗斯积极地参与了很多国际项目。

俄罗斯教育科学院院士、莫斯科国立师范大学小学教育系教授卓林斯基（Джуринский，А. Н.）在他 2023 年的《教育学史和教育史》中谈及以下观点：在充满幸福、关爱和理解的氛围中对儿童进行家庭教育被认为是促进儿童和谐发展的重要途径。必须要为儿童在社会中的独立生活做好准备，培养儿童的和平、尊严、宽容、自由、平等和团结精神。保障儿童受教育的权利和个性发展，每一个有责任感的人都有必要关注教育的目标和手段。在 21 世纪的今天，一个人必须要学会认知（有理解世界上发生的事情的能力）、学会行动（做出必要的改变）、学会在社会中生存（参与各种人类活动，与他人合作）。教师要拒绝和摒弃教育领域中的百科全书主义，重要的是必须要培养学

生的想象思维素养（культура ассоциативного мышления），培养学生的关键能力（能力、技能和社会行为的总和），帮助学生形成对各民族的相似性和相互依存性的认识。①

教师教育既要培养和发展教师的知识能力，同时要帮助教师掌握教书育人、立德树人的方法。教师不仅要掌握从事教育教学工作所需要的本体性知识、条件性知识、程序性知识和实践性知识等，还需要培养学生的想象思维、创新思维和批判思维，培养学生的关键能力、学科核心素养和综合素质，同时，需要建构核心素养导向的教育教学评价标准。这些问题需全世界共同面对，要求各国共同对教师教育进行探索和改革。

面向世界、面向未来、面向现代化是教师教育发展应秉持的基本方针。我国教师教育理论的构建和教师教育实践的发展，既需要本土自觉，也需要国际视野。俄罗斯在教师教育领域的理论和实践探索非常值得我国学者关注。当今，出于地缘政治和本国教育发展的现实需要，中国和俄罗斯不断地拓展各领域的交流与合作，当然，也需要加大力度开展中俄教师教育领域的合作。对俄罗斯教师教育理论和教师教育思想的研究，可以为未来中俄教师教育在科学研究方面的合作奠定基础，也是保障中俄教师教育在各方面进行高质量合作的需要，可以丰富当代教师培养的理论基础。加强中俄教师教育研究领域的合作对中国构建和发展教师教育理论能起到助推作用。

---

① Джуринский, А. Н. История педагогики и образования в 2 ч. Часть 2. XX-XXI века：учебник для вузов -3-е изд., испр. и доп. ［M］. Москва：Издательство Юрайт, 2023：9-10.

参考文献

一、中文参考文献

[1] 李广. 新时代师范大学高质量发展：现实诉求、历史依据与实践逻辑 [J]. 清华大学教育研究，2021，42 (4).

[2] 杜岩岩. 21 世纪俄罗斯师范教育现代化的价值取向及制度安排研究 [M]. 北京：中央编译出版社，2016.

[3] 朱旭东，等. 教师教育思想流派研究 [M]. 北京：北京师范大学出版社，2017.

[4] 郭芳. 教师哲学思想研究：以 20 世纪下半叶的美国为例 [M]. 北京：北京师范大学出版社，2017.

[5] 郭志明. 美国教师教育 200 年 [M]. 北京：中国社会科学出版社，2017.

[6] 王长纯，等. 教师教育思想史研究：上、下册 [M]. 长春：东北师范大学出版社，2016.

[7] 白娜，马强. 苏联教师群体的深描画像：《教师的日常生活》导读 [J]. 民族高等教育研究，2021，9 (2).

[8] 吴式颖，李明德. 外国教育史教程：第三版 [M]. 北京：人民教育出版社，2015.

[9] 衷克定，申继亮，辛涛. 论教师知识结构及其对教师培养的意义 [J]. 中国教育学刊，1998 (3).

[10] 杨大伟. 凯洛夫《教育学》在中国和苏联的命运之研究 [D]. 上海：华东师范大学，2008.

［11］郭元捷. 教师质量：美国教改的下一个重心［N］. 中国教育报，2007-03-12（8）.

［12］黄崴. 教师教育体制：国际比较研究［M］. 广州：广东高等教育出版社，2003.

［13］教育部师范教育司. 教师专业化的理论与实践［M］. 北京：人民教育出版社，2003.

［14］翁泽仁. 东正教与俄罗斯教育［J］. 思想战线，2010，36（2）.

［15］H. A. 康斯坦丁诺夫，等. 苏联教育史［M］. 吴式颖，等译. 北京：商务印书馆，1996.

［16］高金岭. 俄罗斯基础教育［M］. 广州：广东教育出版社，2004.

［17］朱淑华，唐泽静，吴晓威. 教师知识结构的学理分析：基于对西方教师知识研究的回溯［J］. 外国教育研究，2012，39（11）.

［18］林崇德. 教育的智慧：写给中小学教师［M］. 北京：开明出版社，1999.

［19］关文信. 初等教育课程与教学论：第二版［M］. 北京：中国人民大学出版社，2011.

［20］刘忠晖，李有增. 叙事在教师教育思想史研究上的运用［J］. 中国高等教育，2019，（2）.

［21］H. X. 罗佐夫，张男星. 俄罗斯的教师教育：过去与现在［J］. 大学（研究与评价），2007（1）.

［22］彭运潮. 论俄罗斯帝国的建立及其文化特点［J］. 内蒙古师范大学学报（哲学社会科学版），2002（S2）.

［23］张建华. 西方文化之于俄国：动力？抑或阻碍？［J］. 俄罗斯文艺，2005（1）.

［24］吴式颖. 俄国教育史：从教育现代化视角所作的考察［M］. 北京：人民教育出版社，2006.

［25］单中惠. 外国教育思想史：第 2 版［M］. 北京：高等教育出版社，2007.

［26］冯绍雷. 东西方文明结合部：俄国研究的一个基本分析范畴［J］.

俄罗斯研究，2012（6）.

［27］杨昌宇. 俄罗斯法治进程中的核心文化因素及其影响［J］. 俄罗斯中亚东欧研究，2012（1）.

［28］戈·瓦·普列汉诺夫. 俄国社会思想史：第二卷［M］. 孙静工，译. 北京：商务印书馆，1999.

［29］雷蕾. 当代俄罗斯爱国主义教育研究［D］. 长春：东北师范大学，2016.

［30］高添. 农奴制压迫下的个性异化与自我消解［J］. 渤海大学学报（哲学社会科学版），2020，42（2）.

［31］靳会新. 俄罗斯民族性格形成的历史文化因素［J］. 俄罗斯中亚东欧研究，2011（1）.

［32］滕大春. 外国教育通史：第3卷［M］. 济南：山东教育出版社，2005.

［33］谢雪峰. 彼得一世与18世纪俄罗斯高等教育改革［J］. 高等教育研究，2000（2）.

［34］姜晓燕. 试析叶卡捷琳娜二世时期的教育改革［J］. 纪念《教育史研究》创刊二十周年论文集（17）：外国教育政策与制度改革史研究，2009.

［35］姜磊. 俄罗斯知识分子群体的缘起和演变研究［J］. 国外社会科学，2016（6）.

［36］李雅君. 俄罗斯暴风骤雨式教育改革模式探析［J］. 外国教育研究，2010，37（5）.

［37］周玉梅. 俄罗斯教师教育发展研究［D］. 石河子：石河子大学，2015.

［38］张广翔，李青. 19世纪至20世纪初俄国地方自治局兴学之举［J］. 俄罗斯学刊，2012，2（2）.

［39］顾明远，梁忠义. 世界教育大系：教师教育［M］. 长春：吉林教育出版社，2000.

［40］帕纳钦. 苏联师范教育：重要历史阶段和现状［M］. 李子卓，赵玮，译. 北京：文化教育出版社，1981.

［41］赞科夫. 教学论与生活［M］. 俞翔辉，杜殿坤，译. 北京：教育科

学出版社，2001.

［42］张斌贤. 教育思想史与教育制度史的关系：脱节与重构［J］. 教育史研究，2021，3（4）.

［43］乌申斯基. 乌申斯基教育文选［M］. 张佩珍，冯天向，郑文樾，译. 北京：人民教育出版社，1991.

［44］吴式颖，李明德. 外国教育史教程：第三版［M］. 北京：人民教育出版社，2015.

［45］洛尔德基帕尼泽. 乌申斯基教育学说［M］. 范云门，何寒梅，译. 南京：江苏教育出版社，1987.

［46］康斯坦丁诺夫. 世界教育史纲：第一册［M］. 冯可大，李子卓，陈友松，等译. 北京：人民教育出版社，1995.

［47］常思亮. 苏联、美国、日本高师教育实习改革的基本经验［J］. 外国教育研究，1990（3）.

［48］中共中央马克思恩格斯列宁斯大林著作编译局. 列宁选集：第4卷［M］. 北京：人民出版社，1995.

［49］赞科夫. 教学与发展［M］. 杜殿坤，等译. 北京：人民教育出版社，2008.

［50］乌申斯基. 人是教育的对象：上卷［M］. 郑文樾，译. 北京：人民教育出版社，2007.

［51］张建华. 苏联知识分子群体转型研究：1917—1936［M］. 北京：北京师范大学出版社，2012.

［52］张斌贤. 外国教育史［M］. 北京：教育科学出版社，2008.

［53］瞿葆奎，杜殿坤，等. 教育学文集·苏联教育改革：上册［M］. 北京：人民教育出版社，1988.

［54］成有信. 九国普及义务教育［M］. 北京：人民教育出版社，1985.

［55］瞿葆奎，杜殿坤，等. 教育学文集·苏联教育改革：下册［M］. 北京：人民教育出版社，1988.

［56］刘畅，白红梅，贺柏霖，等. 俄罗斯民族教育：发展回顾、时代转向与当代启示［J］. 民族高等教育研究，2019，7（5）.

［57］阿依提拉·阿布都热依木，古力加娜提·艾乃吐拉. 俄罗斯民族教育政策价值取向的时代转向［J］. 民族教育研究，2018，29（4）.

［58］肖甦，王义高. 俄罗斯教育10年变迁［M］. 北京：北京师范大学出版社，2003.

［59］胡艳. 当代教师教育问题研究［M］. 郑州：大象出版社，2010.

［60］顾明远. 战后苏联教育研究［M］. 南昌：江西教育出版社，1991.

［61］吴遵民. 教育政策学入门［M］. 上海：上海教育出版社，2010.

［62］张男星. 当前俄罗斯师范教育改革研究［J］. 全球教育展望，2007（7）.

［63］张建华. 论苏联联邦制变形的历史原因［J］. 东欧中亚研究，1999（4）.

［64］杨大伟. 凯洛夫《教育学》在中国和苏联的命运之研究［D］. 上海：华东师范大学，2008.

［65］王天一，等. 外国教育史下册：修订本［M］. 北京：北京师范大学出版社，1993.

［66］顾明远. 巴班斯基谈苏联的教育改革和苏联教育科学院的工作［J］. 外国教育动态，1984（5）.

［67］张立岩，姜君. 俄罗斯补充教育的发展和特色探析［J］. 外国中小学教育，2011（1）.

［68］杨跃. “教师教育学科建设”的“去学科化”憧憬［J］. 中国教育学刊，2020（4）.

［69］滕大春. 外国教育通史：第5卷［M］. 济南：山东教育出版社，1993.

［70］扈中平，刘朝晖. 挑战与应答：20世纪的教育目的观［M］. 济南：山东教育出版社，1996.

［71］沈小强，沈又红，黎钰林. 论教育从“非人性化”到“人性化”的演进及启示：基于马克思关于人的发展理论的思考［J］. 湖南师范大学教育科学学报，2012，11（1）.

［72］王森，单中惠. 杜威的“苏联之行”及对苏联教育的印象［J］. 教

育史研究，2020，2（1）.

［73］郭戈. 兴趣课程观述评［J］. 课程・教材・教法，2012，32（3）.

［74］钟启泉. 凯洛夫教育学批判：兼评“凯洛夫教育学情结”［J］. 全球教育展望，2009，38（1）.

［75］腾大春. 外国教育通史：第 4 卷［M］. 济南：山东教育出版社，1992.

［76］吴式颖. 克鲁普斯卡雅及其教育思想简论［M］//克鲁普斯卡雅. 克鲁普斯卡雅教育文选：上、下卷. 卫道治，译. 北京：人民教育出版社，2006.

［77］克鲁普斯卡雅. 国民教育和民主主义［M］//克鲁普斯卡雅. 克鲁普斯卡雅教育文选：上卷. 卫道治，译. 北京：人民教育出版社，1987.

［78］华东师范大学教育系. 列宁论教育［M］. 北京：人民教育出版社，1990.

［79］顾明远，梁忠义. 世界教育大系：苏俄教育［M］. 长春：吉林教育出版社，2000.

［80］吕渭源，李子健，苏兵民. 中外著名教育家大全［M］. 北京：警官教育出版社，1995.

［81］凯洛夫. 教育学［M］. 沈颖，南致善，等译. 北京：人民教育出版社，1953.

［82］王隐雄. 凯洛夫与赞科夫教学论思想的比较研究［J］. 外国教育资料，1982（5）.

［83］Б. 沃尔科夫，陈华平，高文. 列・符・赞科夫：纪念赞科夫诞辰八十周年［J］. 全球教育展望，1981（5）.

［84］杜殿坤. 列・符・赞科夫的教学论思想［J］. 外国教育资料，1978（6）.

［85］王义高. 向凯洛夫教学论体系的挑战：评赞科夫的教学论专著［J］. 读书，1983（7）.

［86］赞科夫. 论小学教学［M］. 俞翔辉，译. 北京：教育科学出版社，2001.

[87] 何源. 重读赞科夫的“教学与发展” [J]. 教育，2011 (16).

[88] 胡白云，李森. 赞科夫的教师观及其启示 [J]. 教学与管理，2006 (30).

[89] 赞科夫. 和教师的谈话 [M]. 杜殿坤，译. 北京：教育科学出版社，1980.

[90] 杨江丁. 发展：教学革新的主题：解读赞科夫的《和教师的谈话》[J]. 现代教学，2008 (12).

[91] 宋洋洋. 谈苏霍姆林斯基的教师教育思想 [J]. 辽宁教育，2016 (11).

[92] 徐辉. 苏霍姆林斯基教育思想在中国的研究、实践与影响 [J]. 教育评论，2019 (3).

[93] 肖甦，宋瑞洁. 新时代教师角色的应然、实然与使然：基于苏霍姆林斯基人学教育思想的审视 [J]. 现代教育管理，2021 (3).

[94] 苏霍姆林斯基. 关于全面发展教育的问题 [M]. 王家驹，等译. 长沙：湖南教育出版社，1987.

[95] 苏霍姆林斯基. 给教师的建议 [M]. 杜殿坤，译. 北京：教育科学出版社，2018.

[96] 张谦. 阿莫纳什维利的教育实验思想评介 [J]. 比较教育研究，1993 (2).

[97] 刘爽. 一种被忽视的俄语教学法：试论阿莫纳什维利的语言教学法 [J]. 教育教学论坛，2017 (41).

[98] 朱佩荣. 阿莫纳什维利的教学法 [J]. 外国教育资料，1991 (1).

[99] 张谦. 阿莫纳什维利的教师观 [J]. 天津教育，1989 (Z1).

[100] 郭丽双. 俄罗斯主流社会价值观的重建及其困境 [J]. 马克思主义与现实，2015 (1).

[101] 李艳辉，李雅君. 俄罗斯加强中小学教师队伍建设的制度评析 [J]. 外国教育研究，2014，41 (7).

[102] 肖甦，单丽洁. 俄罗斯师范教育改革指导思想评述 [J]. 比较教育研究，2001 (11).

［103］夏辽源，曲铁华. 新世纪俄罗斯教师教育现代化面临的机遇、挑战及发展策略［J］. 现代教育管理，2018（7）.

［104］杜岩岩. 俄罗斯师范教育现代化再出发：方向与措施［J］. 教育研究，2015，36（9）.

［105］朱小蔓，H. E. 鲍列夫斯卡娅，B. П. 鲍利辛柯夫. 20—21 世纪之交中俄教育改革比较［M］. 北京：教育科学出版社，2006.

［106］苏真. 各国师范教育的现状比较［J］. 高等师范教育研究，1993（3）.

［107］许明. 教师教育伙伴合作模式国际比较［M］. 北京：人民教育出版社，2012.

［108］刘楠. 俄罗斯教师教育大学化的原因及模式分析［J］. 当代教师教育. 2017，10（4）.

［109］杜岩岩. 教师教育国家标准的制定与实施：俄罗斯的经验及启示［J］. 大学（研究与评价），2007（2）.

［110］高金岭. 社会转型期的教育变革：在矛盾中寻求统一：苏联解体后的俄罗斯教育改革［J］. 清华大学教育研究，2003（2）.

［111］李艳辉. 俄罗斯第三代教师教育国家标准的内容与特点［J］. 比较教育研究，2014，36（8）.

［112］李艳辉，O. A. 玛什金娜. 俄罗斯第三代高等教育国家标准：背景、框架、特点［J］. 高等教育研究，2014，35（2）.

［113］谢安邦. 高等师范教育研究：教师教育理论与实践［M］. 青岛：中国海洋大学出版社，2008.

［114］肖甦. 世纪之交的俄罗斯教师教育改革：打造连续师范教育的完整体系［J］. 比较教育研究，2003（4）.

［115］王颖，胡国华，赵静. 本世纪俄罗斯教师专业发展政策与启示［J］. 教育理论与实践，2015，35（5）.

［116］王一兵. 八十年代发达国家教育改革的动向和趋势述评［M］. 北京：人民教育出版社，1994.

［117］吕达，周满生. 当代外国教育改革著名文献：苏联-俄罗斯卷

[M]. 北京：人民教育出版社，2004.

[118] 克拉耶夫斯基. 教育学原理 [M]. 张男星，曲程，等译. 北京：教育科学出版社，2007.

[119] 李艳辉. 俄罗斯高等师范教育改革的人本取向 [J]. 辽宁教育研究，2007 (3).

[120] 李莉. 大学与政府：俄罗斯高等教育与国家崛起 [M]. 北京：社会科学文献出版社，2012.

[121] 玛莎·努斯鲍姆. 告别功利：人文教育忧思录 [M]. 北京：新华出版社，2010.

[122] 舒克舒诺夫. 俄罗斯21世纪的教育：优先发展战略和2010年教育现代化构想 [J]. 人民教育，2002 (10).

[123] 石隆伟. 造就个性化新型教师：俄罗斯师范教育的战略性发展 [J]. 比较教育研究，2012，34 (11).

[124] 李艳辉，郜红晶. 基于大学生能力培养的俄罗斯高等师范教育课程改革 [J]. 现代教育管理，2016 (2).

[125] 赵康. 专业、专业属性及判断成熟专业的六条标准：一个社会学角度的分析 [J]. 社会学研究，2000 (5).

[126] 叶澜，白益民，王枬，等. 教师角色与教师发展新探 [M]. 北京：教育科学出版社，2001.

[127] 李广平. 从国际教师资格制度的发展趋势看我国教师资格证书制度的完善 [J]. 外国教育研究，2004 (3).

[128] 朱旭东. 我国现代教师教育制度构建 [J]. 北京师范大学学报：社会科学版，2007 (4).

[129] 麦丁斯基. 世界教育史：下 [M]. 天枢，子诚，译. 北京：五十年代出版社，1953.

[130] 张晓燕. 论教育人性化：兼谈以人为本教育观与人本主义教育观的区别 [J]. 上海教育科研，2010 (1).

[131] 顾明远. 论苏联教育理论对中国教育的影响 [J]. 北京师范大学学报（社会科学版），2004 (1).

［132］金长泽，张贵新. 师范教育史［M］. 海口：海南出版社，2016.

［133］卢晓东，陈孝戴. 高等学校“专业”内涵研究［J］. 教育研究，2002（7）.

［134］陆道坤. 短暂的体制与长存的精神：中国高等师范教育“苏联模式”的历史解读与反思［J］. 大学教育科学，2013（5）.

［135］顾明远. 苏霍姆林斯基教育思想在中国的传播及其现实意义［J］. 比较教育研究，2007（4）.

［136］朱小蔓，张男星. 一丛能在异国开花的玫瑰：苏霍姆林斯基教育思想在当代中国的传播与生长［J］. 北京大学教育评论，2006（4）.

［137］徐辉. 苏霍姆林斯基教育思想在中国的研究、实践与影响［J］. 教育评论，2019（3）.

［138］史道祥. 苏霍姆林斯基教育思想影响中国教师的历程和意义［J］. 中小学班主任，2019（1）.

二、俄文参考文献

［1］Б. А. Введенский. Энциклопедический словарь（в 3 т.）［M］. Москва：Большая советская энциклопедия, 1954.

［2］В. В. Давыдов. Российская педагогическая энциклопедия：в 2 т. Т. 1. А – М［EB/OL］. Гл. ред. В. В. Давыдов. Москва：Большая Российская энциклопедия, 1992, 1993. – 608 с. http：//niv. ru/doc/dictionary/pedagogical-encyclopedia/articles/254/pedagogicheskoe-obrazovanie. htm.

［3］Т. Б. Санжиева, Ю. Г. Резникова, Т. К. Солодухина и др. Краткий словарь современной педагогики［M］. Под. ред. Л. Н. Юмсуновой. Изд – е 2–е, перераб. доп. – Улан – Удэ：Издательство Бурятского гос – университета, 2001.

［4］Ягофаров Д. А. Правовое регулирование системы образования［EB/OL］. https：//lexed. ru/obrazovatelnoe – pravo/knigi/detail. php? ELEMENT_ ID = 1761］2010.

［5］Пирогов Н. И. Избранные педагогические сочинения［M］. М.：

Изд-во Академии педагогических наук РСФСР, 1953.

[6] Половецкий Сергей Дмитриевич. Современные подходы к изучению истории педагогической мысли России в первой половине XIX века [J]. Проблемы современного образования, 2017 (5).

[7] Джуринский, А. Н. История российской педагогики: учебное пособие [M]. Южно-Сахалинск: СахГУ, 2010.

[8] Андреев А. Л. Российское образование: социально-исторические контексты [M]. Издательство: Наука, 2008.

[9] В. И. Смирнов. Зарождение и развитие системы педагогического образования В России (конец XVIII - начало XX ВВ.) [J]. Историко-педагогический журнал, 2013 (1).

[10] Т. К. Авдеева. Эволюция педагогического образования в России XIX - начала XX века [J]. Ученые записки Орловского государственного университета. Серия: Гуманитарные и социальные науки, 2012 (2).

[11] Слепенкова Е. А., Аксёнов С. И. Становление и развитие педагогического образования в России: XVIII-XX вв. [J]. Вестник Мининского университета, 2021 (1).

[12] О. ПОПОВА. Высшее женское образование и Русская православная церковь [J]. Высшее образование в России, 2008 (7).

[13] Под ред. В. Г. Кинелева. Высшее образование в России. Очерк истории до 1917года [M]. М.: НИИ ВО, 1995.

[14] А. В. Кирьякова, Е. А. Гараева. История педагогики и образования: учебное пособие [M]. Оренбургский гос. ун-т. Оренбург: ОГУ, 2020.

[15] Войтеховская М. П. История педагогического образования в России: учебное пособие. Часть I [M]. -Томск: Издательство Томского государственного педагогического университета, 2013.

[16] Богуславский Михаил Викторович. П. Ф. Каптерев - классик отечественной педагогики [J]. Отечественная и зарубежная педагогика, 2014

(6).

[17] Богданова А. А., Левшин Б. В., Киселева Л. Н. и др. Уставы Академии наук СССР [M]. Москва: Издательство "Наука", 1975.

[18] Калинникова Н. Г. Педагогическое образование в России: уроки истории [J]. Народное образование, 2005 (4).

[19] Глава Развитие высшего педагогического образования в России (XVIII–начало XX века) [EB/OL]. https: //www. rsu. edu. ru/wp-content/uploads/e-learning/ZUMK-razvitie-vishego-pedagogicheskogo-obrazovaniya-za-rubezhom-i-v-rossii/htm.

[20] Н. В. Седова. История педагогического образования в России [EB/OL]. http: //ideashistory. org. ru/pdfs/33sedova. pdf.

[21] Желваков Н А. Хрестоматия по истории педагогики [M]. Москва: Учпедгиз, 1938.

[22] Рождественский С. В. Материалы для истории учебных реформ в России в XVIII – XIX веках [M]. Петербург: Товарищество "Обществ. польза", 1910.

[23] История Московского университета [EB/OL]. http: // www. msu. ru/info/history. html.

[24] Аксентьева Е А. Из истории подготовки учительских кадров в России во второй половинеXIX начале XX вв [J]. Народное образование, 2009 (3).

[25] Браиловский, С. Педагогика, как предмет обучения в женских гимназиях [J]. Русская школа, 1896 (7).

[26] История МПГУ [EB/OL]. http: //mpgu. su/ob-mpgu/nasha-istoriya/.

[27] Ушинский К. Д. Избранные педагогические сочинения [M]. Москва: Издательство Академии Педагогических Наук, 1954.

[28] Фоминых, М. В. Некоторые условия успешного развития педагогического образования в России [J]. Образование и воспитание, 2015

(3).

[29] А. В. Луначарский. А. В. Луначарский о народном образовании [M]. M.: Издательство АПН РСФСР, 1958.

[30] Ленин В. И. "Полное" собрание сочинений Ульянова-Ленина в 47 томах [M]. Москва: Издательство политической литературы, 1960.

[31] Крупская Н К. О подготовке педагога [C] // Крупская Н К. Педагогические сочинения в 3 томах. Москва: Издательство АПН РСФСР, 1959.

[32] Крупская Н. К. Педагогические сочинения в 2 томах [M]. Москва: Издательство АПН РСФСР, 1958.

[33] В. Г. Тросян. История образования и педагогической мысли [M]. Издательство: ВЛАДОС-ПРЕСС. Москва, 2003.

[34] А. Н. Протасова. Организация педагогической практики в педагогических учебных заведениях СССР [EB/OL]. http://mmj.ru/education_ahey.html? &article=297&cHash=03bf301425.

[35] Закон. Об образовании в Российской Федерации. со всеми изменениями на 2023 год [EB/OL]. https://zakonobobrazovanii.ru/skachat-zakon-ob-obrazovanii? ysclid=lejlf4b4ey787518528.

[36] Приказ Минобразования РФ от 24 апреля 2001 г. N 1818 "О Программе развития системы непрерывного педагогического образования в России на 2001 - 2010 годы" [EB/OL]. http://docs.cntd.ru/document/901790476.

[37] Фоминых, М. В. Некоторые условия успешного развития педагогического образования в России [J]. Образование и воспитание, 2015 (3).

[38] А. П. Тряпицына. Социальная роль кафедр педагогики на современном этапе развития отечественного образования [J]. Известия Российской академии образования, 2006 (3).

[39] В. Л. Матросов. Модернизация высшей педагогической школы [J]. Педагогика, 2006 (10).

［40］ Кукушин В. С. Общие основы педагогики（2002） ［EB/OL］. http：//www. eusi. ru/lib/kukushin_ obsie/index. php.

［41］ Парадигма образования в современной пелагогике ［EB/OL］. http：//studopedia. ru/1 _ 42084 _ paradigmi - obrazovaniya - v - sovremennoy - pedagogike. html.

［42］ Радионова Н. Ф. Современные ориентиры обновления педагогического образования и федеральный государственный образовательный стандарт третьего поколения ［J］. Вестник Герценовского университета，2008（10）.

［43］ Вроейнстийн А. И. Оценка качества высшего образования ［M］. М.：Изд-во МНЭПУ，2000.

［44］ Выступление А. Фурсенко в Совете Федерации Российской Федерации 12 октября （2011） О состоянии и перспективах подготовки педагогических кадров в условиях модернизации страны ［EB/OL］. http：//минобрнауки. рф/пресс-центр/61.

［45］ Биография основателя научной школы академика РАО，д. п. н.，профессора В. А. Сластенина ［EB/OL］. http：//fpp - mpsu. ru/index. php? name = detail&op = view&id = 651&pag = 2&num = 1.

［46］ Научная школа академика РАО，доктора педагогических наук，профессора Виталия Александровича Сластенина《Личностно - ориентированное профессиональное образование》［J］. Развитие личности，2008（2）.

［47］ Сластенин В. А.，Беловолов В. А.，Ильенко Е. В. Личностно ориентированное обучение в процессе профессиональной подготовки специалиста ［J］. Сибирский педагогический журнал，2008（1）.

［48］ Ю. Н. Кулюткин，Г. С. Сухобсквя. Мышление учителя：Личностные механизмы и понятийный аппарат ［M］. М.：Педагогика，1990.

［49］ М. П. Войтеховская，Ю. В. Куперт. Зарождение государственной системы образования в Российской империи ［J］. Вестник ТГПУ（TSPU

Bulletin), 2012 (2).

[50] В. Л. Матросов. Модернизация высшей педагогической школы [J]. Педагогика, 2006 (10).

[51] Марголис А. А. Требования к модернизации основных профессиональных образовательных прогрмм (ОПОП) подготовки педагогических кадров в соответствии с профессиональным стандартом педагога: предложения к реализации деятельностного подхода в подготовке педагогических кадров [J]. Психолоческая наука и образование, 2014, 19 (3).

[52] Болотов В. А., Рубцов В. В. Информационно-аналитические материалы по итогам первого этапа проекта《Модернизация педагогического образования》[J]. Психолоческая наукаи образование, 2015 (5).

[53] Каспрак А. Г., Калашников С. П. Приоритет образовательных результатов как инструмент модернизации программ подготовки учителей [J]. Психолоческая наука и образование, 2014 (3).

[54] Носков Евгений Алексеевич. Роль и место образования в обеспечении национальной безопасности [J]. Наука о человеке: гуманитарные исследования, 2019 (4).

[55] Е. В. Пискунова. Изменение в профессиональной деятельности учителя как ориентир изменений в педагогическом образовании [M]. СПБ.: Герцен, 2005.

[56] Загвязинский В. И., Плотников Л. Д., Волосникова Л. М. Педагогическое образование в России и стратегия его возможного развития [J]. Образование и наука, 2013 (4).

后记

《俄罗斯教师教育思想史研究》一书是“国际教师教育思想史研究丛书”中的一部，聚焦俄罗斯教师教育思想史研究。研究俄罗斯教师教育思想及其历史演进具有重要的理论价值和现实意义，有助于丰富和拓展我国教师教育理论研究领域，增加教师教育思想史研究的国别多样性，为进行教师教育思想史的国际比较提供多样选择的可能性，为进行中俄教师教育思想的比较研究奠定基础；可以为我国构建教师教育理论体系提供思想参照，为我国教师教育发展提供思想借鉴和域外经验，为我国教师教育思想的形成与构建提供新视野、新思路，有助于我国教师教育思想的丰富、发展和完善。

《俄罗斯教师教育思想史研究》系统考察了俄罗斯从 18 世纪至 21 世纪初期教师教育思想演进的历史脉络。书中将俄罗斯的教师教育思想史划分为沙俄时期、苏联时期、俄罗斯联邦时期三个历史发展阶段，遵循理论逻辑、政策逻辑和实践逻辑，分别阐述俄罗斯各历史阶段教师教育思想发展的社会背景、教师教育的改革与发展、教育政策中的主流教师教育思想以及教育家的教师教育思想，并分析俄罗斯教师教育思想的发展逻辑及其影响。

本书剖析俄罗斯教师教育思想的变化及其与中小学教育的互动发展，基于整体思维和系统思维对俄罗斯教师教育思想进行历时性考察，同时关注俄罗斯教师教育思想与国际教师教育思潮之间的关联。

俄罗斯具有独一无二的教师教育体系，而且积累形成了比较丰富的教师教育思想。从 1779 年隶属于莫斯科大学的、俄罗斯历史上第一所教师学堂的创办开始至 1917 年十月革命前，沙俄师范教育体系的形成和发展是一个具有复杂性和充满矛盾的过程。苏联成立后，开始对包括师范教育在内的整个教育体系进行社会主义改造，建立了马克思主义教育学。其对新中国建设初期的师范教育产生了重大影响，学习苏联建立独立的教师教育体系和师范院校的专业设置成为新中国发展师范教育的决策选择。在20世纪90年代以后，伴随着苏联的解体和社会制度的变革，俄罗斯从集中的计划经济向动态的市场经济模式转变。在这样的社会背景下，基于教育的民主化和人道化等理念，俄罗斯的教师教育领域也进行了一系列改革。进入21世纪以来，俄罗斯非常重视教师教育的现代化，进行教师教育体系、内容和培养模式等方面的改革，从而培养符合俄罗斯基础教育需求的新型教师，为实现普京总统提出的在2030年俄罗斯基础教育进入世界十强的目标提供师资保障。

教育与国家和社会的发展密不可分。本书基于对俄罗斯国家现代化进程的考察，分析其不同历史时期教育改革与发展的实践与国家现代化的关系，揭示俄罗斯主流教师教育思想形成、发展、更新的历史演变轨迹。俄罗斯教师教育思想的形成、发展、改造和更新都与俄罗斯历史上的制度和社会转型有关。俄罗斯教师教育思想的演进与其国家的现代化进程基本上是同步的。

需要说明的是，“主流教师教育思想”并不是“正确”的同义语。我国比较教育研究学者王长纯教授等在《教师教育思想史研究（上、下）》（2016）中指出：“主流教师教育思想同主流教育思想一样，可能是顺潮流而行，发挥着推动与促进的作用。主流教育思想也可能是错误决策的反映，逆潮流而行，贻害于国家与社会。因此，审视与批判性就成为教师教育思想史研究具有的特质。”

《俄罗斯教师教育思想史研究》的写作是在王长纯和饶从满两位教授的倡导与推荐下完成的，这两位非常具有学术影响力、令人尊敬的学者共同让我来承担这本书的写作重任，感谢他们对我的信任和鼓励。教师教育思想史研究可以说是一项巨大工程，难度很大，对我来说更是一次全新的挑战。自从2007年7月在俄罗斯获得教育学博士学位后，我实现了从俄语语言文学到教育学的专业转型，走上了教育研究之路。在接到俄罗斯教师教育思想史研究这项任务之前，尽管俄罗斯教育研究一直是我的研究方向，我也已经在此领域有了一定的积累，但是，我深知，国别教师教育思想史研究需要广博知识、知识结构和坚实研究能力，这些都是之前我力所不及的。在被委以重任之时，我的心情是双重的，既满怀欣喜，又忐忑不安。因此，在完成本研究的过程中，我阅读了俄罗斯很多学者的学术论文和著作等一手资料，也参考了大量的中文研究成果，这是一次跨学科阅读和深入学习的过程。

学术研究自然需要短跑的爆发力，但是，长跑的耐力和意志力则更为重要，特别是对于教师教育思想史的国别研究更是如此。《俄罗斯教师教育思想史研究》这部书稿是我先后置身于沈阳师范大学和宿迁学院两所大学伏案工作的成果。2021 年 9 月调入宿迁学院工作后，我在新的工作环境下自我适应的同时，在教学之余进行书稿的写作、修改及其他研究工作。在 2023 年中秋节与国庆节双节来临之际，终于完成书稿的定稿，这也算是一个大学教授给祖国的国庆献礼吧！

学术同仁的帮助、亲朋好友的支持是我写作的重要动力。对俄罗斯教师教育思想史的研究得到了尊敬的王长纯教授、饶从满教授的支持和鼓励，感谢两位学者对本书的结构框架提出的宝贵建议，对书稿的写作和修改给予的真诚帮助，他们提供的学术指导和精神激励使我最终完成了《俄罗斯教师教育思想史研究》，他们的研究态度、求真精神值得学习和传承。本书的写作也得到了同事和家人的理解和支持，得到了东北师范大学出版社各位编辑的帮助。在此，向所有支持本书写作的各位老师和亲朋好友致以深深的谢意。

19 世纪俄国教育家乌申斯基曾说：“只有正视自己的无知，才能扩大自己的知识。”《俄罗斯教师教育思想史研究》虽然已经完稿，但是，本研究仍然有很多不足之处，在俄罗斯教师教育思想的变化轨迹及其影响等方面还有待更深入的分析，恳请同行给予批评与指导，希望读者朋友们能不吝赐教。

李艳辉

2023 年于江苏宿迁